Damit Unterricht gelingt

W0054483

Münstersche Gespräche zur Pädagogik

herausgegeben von
William Middendorf

Band 30

Waxmann 2014
Münster • New York

Christian Fischer
(Hrsg.)

Damit Unterricht gelingt

Von der Qualitätsanalyse zur Qualitätsentwicklung

Waxmann 2014
Münster • New York

Gedruckt mit Unterstützung des Bistums Münster.

Herausgeberbeirat:
Stephan Chmielus
Christian Fischer
Uta Hallwirth
William Middendorf
Hermann Vortmann

Bibliografische Information der Deutschen Nationalbibliothek
Die Deutsche Nationalbibliothek verzeichnet diese Publikation
in der Deutschen Nationalbibliografie; detaillierte bibliografische
Daten sind im Internet über http://dnb.d-nb.de abrufbar.

Münstersche Gespräche zur Pädagogik, Bd. 30

ISSN 2193-7168
Print-ISBN   978-3-8309-3023-5
E-Book-ISBN   978-3-8309-8023-0

© 2014 Waxmann Verlag GmbH
www.waxmann.com
info@waxmann.com

Umschlaggestaltung: Matthias Grunert, Münster
Satz: Stoddart Satz- und Layoutservice, Münster
Druck: Hubert & Co., Göttingen

Gedruckt auf alterungsbeständigem Papier,
säurefrei gemäß ISO 9706

Printed in Germany
Alle Rechte vorbehalten. Nachdruck, auch auszugsweise, verboten.
Kein Teil dieses Werkes darf ohne schriftliche Genehmigung des
Verlages in irgendeiner Form reproduziert oder unter Verwendung
elektronischer Systeme verarbeitet, vervielfältigt oder verbreitet werden.

Inhalt

Christian Fischer

Vorwort zur Dokumentation des 30. Münsterschen Gesprächs zur Pädagogik

Damit Unterricht gelingt.
Von der Qualitätsanalyse zur Qualitätsentwicklung

Nachdem die mäßigen Resultate deutscher Schülerinnen und Schüler im internationalen Schulleistungsvergleich PISA 2000[1] einen „PISA-Schock" in den Bundesländern ausgelöst haben, ist spätestens seit Veröffentlichung der Befunde der zweiten PISA-Studie[2] in Deutschland die Evaluation von Schulen ein zentrales Thema in der bildungspolitischen Diskussion. In Orientierung an der Praxis der „PISA-Gewinner" wurde die Qualitätsanalyse bzw. die Schulinspektion als externe Schulevaluationen in den deutschen Bundesländern mit dem Ziel eingeführt, die Qualität schulischer Arbeit zu erheben, um auf Basis dieser Erkenntnisse eine Verbesserung der Schul- und insbesondere Unterrichtsqualität anzustreben.

Zehn Jahre nach Beginn der Debatte werden in diesem Themenband zum 30. Münsterschen Gespräch zur Pädagogik die bisherigen Erfahrungen bilanziert. Gefragt wird zunächst, was die eingesetzten Instrumente zur schulischen Qualitätsanalyse leisten, aber auch, ob sie einem bildungstheoretisch verantworteten Begriff von Unterricht gerecht werden. Konkrete Ergebnisse und Verfahren aus unterschiedlichen deutschen Bundesländern und von freien Schulträgern wurden dargestellt und diskutiert. Besondere Aufmerksamkeit richtet sich außerdem auf die der Analyse folgende Phase der Qualitätsentwicklung. Dabei wird gefragt, auf welche Weise die unterrichtliche Qualitätsentwicklung gelingt. Welche Unterstützungssysteme und welche Rahmenbedingungen sind erforderlich? Was sind erfolgreiche Ansätze und welche Leitvorstellungen werden künftig die Schul- und Unterrichtsentwicklung prägen? In diesem Kontext deuten sich Perspektiven einer neuen Kombination von Qualitätsanalyse und Qualitätsentwicklung an, die stärker auf Dialog und Partizipation setzt.

Diesen Fragen haben sich Wissenschaftlerinnen und Wissenschaftler, Bildungspolitikerinnern und Bildungspolitiker und Schulpraktikerinnen und

---

1   Baumert, J.; Klieme, E.; Neubrand, M.; Prenzel, M.; Schiefele, U.; Schneider, W.; Tillmann, K.J. & Weiß, M. Deutsches PISA-Konsortium (Hrsg.) (2001). *PISA 2000, Basiskompetenzen von Schülerinnen und Schülern im internationalen Vergleich.* Opladen: Leske + Büderich.
2   Prenzel, M.; Baumert, J.; Blum, W.; Lehmann, R.; Leutner, D.; Neubrand, M.; Pekrun, R.; Rost, J. & Schiefele, U. PISA-Konsortium Deutschland (Hrsg.) (2004). *PISA 2003, Der Bildungsstand der Jugendlichen in Deutschland – Ergebnisse des zweiten internationalen Vergleichs.* Münster: Waxmann.

Schulpraktiker im Rahmen des 30. Münsterschen Gesprächs zur Pädagogik 2013 gewidmet. Im vorliegenden Tagungsband werden nun zentrale Themenfelder von der schulischen Qualitätsanalyse zur Qualitätsentwicklung aus wissenschaftlicher, bildungspolitischer und schulpraktischer Perspektive dokumentiert. Zielgruppen dieser Dokumentation sind vor allem Personen, die für das Gelingen von Unterricht Verantwortung tragen: Schulleiterinnen und Schulleiter, Lehrpersonen aller Schulformen, Erziehungswissenschaftlerinnen und Erziehungswissenschaftler, Bildungspolitikerinnen und Bildungspolitiker, Schulaufsichtsbeamtinnen und Schulaufsichtsbeamte, Schulverwaltungsbeamtinnen und Schulverwaltungsbeamte, Elternvertreterinnen und Elternvertreter sowie Personen, die sich für diese Thematik interessieren.

Das 30. Münstersche Gespräch zur Pädagogik fand in Kooperation mit der Akademie Franz Hitze Haus und dem Landeskompetenzzentrum für Individuelle Förderung NRW, der Wissenschaftlichen Arbeitsstelle Evangelische Schule der EKD und der Barbara-Schadeberg-Stiftung am Comenius-Institut vom 11. bis 13. März 2013 statt. Besonderer Dank für die Konzipierung der Tagung gilt Frau Dr. Uta Hallwirth von der Wissenschaftlichen Arbeitsstelle Evangelische Schule der EKD und der Barbara-Schadeberg-Stiftung am Comenius-Institut, Herrn Oberschulrat a.D. Dr. Hermann Vortmann vom Katholischen Schulverband Hamburg sowie Herrn Hauptabteilungsleiter Dr. William Middendorf und Herrn Dr. Stephan Chmielus, beide von der Hauptabteilung Schule und Erziehung im Bischöflichen Generalvikariat Münster.

Zudem gilt Frau Elke Surmann M.A. vom Landeskompetenzzentrum für Individuelle Förderung NRW besonderer Dank für die Redigierung und Lektorierung des Tagungsbandes. Frau Julia Fuchs vom Waxmann Verlag hat das Buchprojekt sehr engagiert begleitet, wofür ihr herzlich gedankt sei. Ferner sei den Autorinnen und Autoren Herrn Manuel Ade-Thurow, Herrn Prof. em. Dr. Dr. h.c. mult. Dietrich Benner, Herrn Prof. Dr. Oliver Böhm-Kasper, Herrn Prof. Dr. Martin Bonsen, Herrn Prof. Dr. Thomas Brüsemeister, Frau Dr. Gabriele Bußmann-Strelow, Herrn Dr. Jürgen Franzen, Frau Rita Freund-Schindler, Frau Dr. Kristina Antonette Frey, Herrn Prof. Dr. Martin Heinrich, Frau Gabriele Herzberg, Herrn Wulf Homeier, Herrn Berthold Hufnagel, Frau Brunhilde Jacobi, Herrn Joachim Joosten, Frau Maike Lambrecht, Frau Barbara Manschmidt, Frau Jutta Meyer, Herrn Dr. William Middendorf, Herrn Dieter Miedza, Herrn Dr. Wolfram von Moritz, Herrn Prof. Dr. Hans Anand Pant, Frau Dr. Maike Reese, Frau Prof. 'in Dr. Sabine Reh, Herrn Dr. Dirk Richter, Herrn Dr. Wolfgang Riechmann, Herrn Walter Ruhwinkel, Frau Anna Schliesing, Herrn Peter Wertenbroch, Oberschulrat i.K., Herrn Univ.-Prof. Dr. Jochen Wissinger und Herrn Sebastian Wurster für die vielfältigen Beiträge gedankt.

William Middendorf

Einführung: von der Qualitätsanalyse zur Qualitätsentwicklung
Anfragen, Vergewisserungen und Herausforderungen

1. Einleitung

Nicht zuletzt aufgrund der eher mäßigen Ergebnisse deutscher Schüler/innen beim internationalen Schulleistungsvergleich PISA 2000 haben die Bundesländer nach entsprechenden Vorbereitungen ab 2005 externe Schulevaluationen unter der Bezeichnung „Schulinspektion" bzw. „Qualitätsanalyse"[1] (Nordrhein-Westfalen) eingeführt. Erklärtes Ziel dieser Qualitätsanalysen ist es, Erkenntnisse über die Qualität schulischer Arbeit zu gewinnen, die für die Weiterentwicklung und Verbesserung der Schulentwicklung genutzt werden sollen.[2]

Inzwischen konnten Bildungspolitik, Schuladministration, Wissenschaft und Schulen in fast zehn Jahren hinreichende Erfahrungen mit der Qualitätsanalyse sammeln, so dass eine Bestandsaufnahme (vgl. Müller, Pietsch & Bos, 2011) möglich ist, die sich sowohl mit Fragen zu Legitimität, Konzeption und den Instrumenten von Qualitätsanalyse auseinandersetzt wie auch konkrete Erfahrungen der unterschiedlichen Akteure mit der Qualitätsanalyse und der mit ihr zu verknüpfenden Qualitätsentwicklung reflektiert, um so Herausforderungen für Qualitätsanalyse und Qualitätsentwicklung zu identifizieren und Perspektiven für eine Weiterentwicklung aufzuzeigen.

2. Zur allgemeinen Legitimität und zur Konzeption staatlicher Qualitätsanalyse

Da das Schulwesen gem. Art. 7 GG unter staatlicher Aufsicht steht, gibt es keinen Zweifel an der grundsätzlichen Legalität einer staatlichen Qualitätsanalyse. Wohl aber kann die Frage gestellt werden, ob die „administrative Verortung" der Qualitätsanalyse und ihre zentral vorgegebenen Analysegegenstände dem Bildungsauftrag von Schule gemäß und einer angemessenen Qualitätsentwicklung zuträglich sind. In diesem Zusammenhang ist sowohl der Stellenwert von externer Evaluation im Verhältnis zu schulinterner Evaluation wie auch die

---

1 Nachfolgend wird in der Regel der Begriff „Qualitätsanalyse" verwendet, da die meisten Beiträge in diesem Band sich auf Erfahrungen in Nordrhein-Westfalen beziehen.
2 Vgl. http://www.schulministerium.nrw.de/docs/Schulentwicklung/Qualitaetsanalyse/ [28.01.2014]

grundsätzliche Sinnhaftigkeit staatlicher Qualitätsanalysen zu bedenken, die sich weder aus dem Grundgesetz noch aus den inzwischen teilweise überholten Ergebnissen von PISA 2000 schlüssig ableiten lässt.

Für die schulexterne Evaluation, also die Qualitätsanalyse, lässt sich grundsätzlich anführen, dass mit der Darstellung der Stärken und Schwächen der schulischen Arbeit aus einer externen distanzierten Perspektive nicht nur der schulinterne Diskussions- und Entwicklungsprozess befördert werden soll, sondern auch eine gegenüber der internen Evaluation höhere äußere Verbindlichkeit für die Weiterentwicklung der Schul- und Unterrichtsarbeit einhergehen kann (vgl. Middendorf, 2010, S. 269f.).

Bei der internen Evaluation agieren die Betroffenen selbst als Akteure der Bewertung ihrer Arbeit, wodurch die Eigenverantwortung für die Qualität der Arbeit der Schule gestärkt und das berufliche Engagement für die Weiterentwicklung von Schule und Unterricht gefördert werden kann. Nicht auszuschließen ist indes auch die Gefahr, zur Vermeidung von Konflikten solche Bereiche schulischer Arbeit in der eigenen Evaluation zu marginalisieren, in denen wegen der mutmaßlichen Ergebnisse Konflikte zwischen den in der Schule handelnden Personen oder Personengruppen bzw. eine ungewollte Außenwirkung befürchtet werden. Auch ist mit der Möglichkeit zu rechnen, dass schulische Akteure in Ermangelung der objektiven Distanz zur eigenen Arbeit bestimmte Aspekte ihres Handelns nicht im Blick haben (vgl. ebd., S. 270).

Die Grenzen einer schulinternen Evaluation lassen den Einsatz externer Evaluationen angemessen erscheinen, sofern diese bestimmte Aufgaben erfüllen und sich insoweit als sinnhaft erweisen. Diese Sinnhaftigkeit gilt es zu erläutern.

In ihrem Aufsatz für diesen Band machen Heinrich, Lambrecht, Böhm-Kasper, Brüsemeister und Wissinger diese Sinnhaftigkeit von der Erfüllung dreier Funktionen der Qualitätsanalyse abhängig. Diese sind die Erkenntnisgenerierungsfunktion (inwieweit ist Qualitätsanalyse evidenzbasiert und liefert einen Erkenntnismehrwert?), die wissensbasierte Entwicklungsfunktion (inwieweit führen die in der Qualitätsanalyse gewonnenen Erkenntnisse zu Schulentwicklungsprozessen?) und die Funktion der (speziellen) Legitimation der Qualitätsanalyse (inwieweit können die Qualitätsanalyse und ihre Akteure die Hoffnungen auf eine evidenzbasierte Steuerung des Schulsystems erfüllen?).

Die Frage nach der allgemeinen Legitimität der staatlichen Qualitätsanalyse stellt sich insbesondere für private und kirchliche Schulen, insofern diese auch einen spezifischen Bildungsauftrag haben, mit dem das Tableau der staatlichen Qualitätsanalyse nicht korreliert ist. Die großen evangelischen und katholischen Schulträger haben hier mit dem Staat eine gemeinsame Qualitätsanalyse vereinbart, bei der dieses staatliche Qualitätstableau um einen das trägerspezifische Profil fokussierenden Bereich konzeptionell ergänzt wird. Nähere Erläuterungen hierzu aus evangelischer Perspektive finden sich in dem Beitrag von Manschmidt und von Moritz in diesem Band. Dass die Qualitätsanalyse an kirchlichen

Schulen dem spezifischen Bildungsauftrag nicht nur im außerunterrichtlichen Schulleben, sondern auch in curricularer und didaktischer Hinsicht Rechnung trägt, zeigen Jacobi und Wertenbroch in ihrem Aufsatz, der einen Einblick in die praktische Umsetzung der gemeinsamen Qualitätsanalyse an einer katholischen Schule aus der Perspektive der Qualitätsprüfer gibt.

Allerdings entscheiden sich kirchliche Schulträger teilweise auch gegen eine doch weitgehend staatlich dominierte Qualitätsanalyse und bevorzugen andere Konzepte, die auf weniger standardisierte und stärker adressatenbestimmte Evaluationsformen setzen.

Ein Beispiel ist das von Franzen und Miedza in diesem Band vorgestellte dialogisch angelegte Modell *EchriS*, bei dem die Schule selbst die Indikatoren für schulextern vorgegebene Merkmale einer christlichen Schule formuliert.

Eine Alternative hierzu stellt das von Freund-Schindler in diesem Band vorgestellte Modell der evangelischen Schulstiftung Bayern dar. Hierbei werden über Fragebögen die Vorstellungen der Lehrkräfte, Schüler/innen und Eltern zu einer idealen Schule einerseits und ihre Einschätzungen zur Situation an der eigenen Schule andererseits erfasst und durch das Institut für Schulentwicklung und Evaluation (ISE) ausgewertet, um sodann über den Vergleich schulische Entwicklungsherausforderungen zu identifizieren.

Da die staatliche Qualitätsanalyse für öffentliche Schulen obligatorisch ist, stehen für diese Schulen die vorgenannten Alternativen nicht zur Verfügung. Gerade angesichts dieses obligatorischen Charakters stellt sich die Frage, inwieweit die Qualitätsanalyse aus einer schulpädagogischen und insbesondere bildungstheoretischen Perspektive Legitimität beanspruchen kann. Benner weist hier in seinem Beitrag für diesen Band auf den Bildungsauftrag zur Unterstützung der Entwicklung von Urteilskompetenz sowie zur Anbahnung reflektierten Handelns hin und leitet hieraus die Aufgabe ab, Lernprozesse Heranwachsender in Abhängigkeit von didaktischen Konzeptualisierungen pädagogischer Akteure zu thematisieren und zu erforschen.

Von der Bildungsforschung erwartet er demgemäß, dass diese sich erziehungstheoretisch, bildungstheoretisch und institutionentheoretisch ausweist, also nicht nur psychologisch orientiert ist, sondern auch pädagogisch und didaktisch argumentiert. Angesichts der Ausführungen Benners stellt sich die Frage, inwieweit diese drei Dimensionen über entsprechende Kriterien und Merkmale bei der Qualitätsanalyse Berücksichtigung finden und wie sie für die schulische Qualitätsentwicklung Bedeutsamkeit erlangen können. Hinweise gibt hier der Aufsatz von Benner und Reh in diesem Band.

3.   Zu den Methoden und Instrumenten der Qualitätsanalyse

Die Anerkennung der Legitimität der Qualitätsanalyse hängt auch von ihrer Akzeptanz ab, deren Ausmaß nicht zuletzt von der Güte der Methoden und Instrumente sowie der Qualifikation der Qualitätsprüfer bestimmt wird. Die Qualitätsprüfer absolvieren vor ihrem Einsatz eine systematische Weiterbildung, bei der die im Rahmen der Qualitätsanalyse eingesetzten Methoden und Instrumente angeeignet und praktisch erprobt werden. Die Qualitätsprüfung kann folglich nur so gut sein, wie es ihre Methoden und Instrumente zulassen. Diese sowie insbesondere die Bewertungskriterien müssen professionellen Standards entsprechen, also insbesondere die Gütekriterien der Objektivität, Reliabilität und Validität erfüllen (vgl. Kromrey, 2012, insb. Kap. 4, 5 und 7). Die bisherigen Studien zur Evaluation der Schulinspektionen bzw. Qualitätsanalysen zeigen, dass die eingesetzten Erhebungsinstrumente diese Gütekriterien nicht immer erfüllen. So kann die fehlende Transkription von Interviews zu Informationsverlusten führen. Zudem werden die messtheoretischen Skalierungsanforderungen bei der ordinal- oder gar intervallskalierten Erfassung von Beobachtungen teilweise nur unzureichend beachtet. Und die Bildung von Indikatoren erfolgt mitunter in einer Weise, die Raum für subjektive Interpretationen lässt, da es an einer hinreichenden Operationalisierung fehlt.

Immerhin bleiben diese und andere Hinweise nicht unbeachtet, wie die Weiterentwicklung der Erhebungsinstrumente der Qualitätsanalyse zeigt. So treten z.B. in der Weiterentwicklung des Unterrichtsbeobachtungsbogens dort dichotomische Skalierungen (zwei Merkmalsausprägungen: erfüllt/nicht erfüllt) an die Stelle von Ordinalskalierungen, wo sich die Objektivität der Erfassung auf einer Ordinalskala als fraglich erwiesen hat.[3]

Neben der Erfassung der Daten ist deren statistische Auswertung für die Gewinnung systemischen Wissens bedeutsam. Hier zeigt der Beitrag von Hufnagel, Joosten und Ruhwinkel, wie aus aggregierten Daten von Qualitätsanalysen Impulse für die Schulentwicklung und insbesondere die individuelle Förderung gewonnen werden können. Zugleich wird in dem Beitrag deutlich, dass nicht nur die Unterschiede zwischen den Schulen, sondern auch und insbesondere innerhalb einer Schule groß sind. Diese Erkenntnis eröffnet eine besondere Chance der Unterrichtsentwicklung, verfügen die Schulen doch zumeist selbst über eine erhebliche Expertise im Kollegium, die es für den Prozess einer kollegialen Unterrichtsentwicklung fruchtbar zu machen gilt.

Die Methoden und Instrumente, die im Rahmen von Qualitätsanalysen zum Einsatz kommen, sind nicht nur unter dem Aspekt der Korrektheit der

---

3   Vgl. Pressekonferenz der Ministerin für Schule und Weiterbildung des Landes Nordrhein-Westfalen vom 16.07.2013. Verfügbar unter: http://www.schulministerium. nrw.de/docs/bp/Ministerium/Presse/Pressekonferenzen/2013/130716-Weiterentwicklung-Qualitaetsanalyse/Sprechzettel-7.pdf [20.01.2014].

Anwendung zu betrachten, sondern auch im Hinblick auf ihren Gegenstandsbereich. Dabei erhebt sich insbesondere die Frage, ob alle für die Schulentwicklung bedeutsamen Merkmale erfasst werden. Hier bleiben offenbar Zweifel, wie der bereits erwähnte Aufsatz von Heinrich et al. in diesem Band zeigt, wenn die Autoren z.B. darauf hinweisen, dass „Indikatoren, die eine kontextuelle Einbettung der schulischen Arbeitsbedingungen und daraus resultierender Inspektionsergebnisse gestatten, nur unzureichende Berücksichtigung zu erfahren" scheinen.

4. Zu den praktischen Erfahrungen mit der Qualitätsanalyse und anderen Evaluationsformen

Da in Nordrhein-Westfalen alle öffentlichen Schulen und ein Großteil der Ersatzschulen an der staatlichen Qualitätsanalyse (die kirchlichen Schulen in erweiterter Form) teilnehmen, liegen hierfür umfängliche und dokumentierte Erkenntnisse vor. Weniger zugänglich sind Erfahrungen mit anderen Formen externer und interner Evaluation, die zumeist nur in einzelschulischen Erfahrungsberichten dargelegt werden können und Anregungen auch für die Weiterentwicklung der staatlichen Qualitätsanalyse geben können.

Bei den Praxiserfahrungen mit der Qualitätsanalyse sind die beiden Seiten Vertreter der Qualitätsanalyse einerseits und Schulvertreter andererseits zu unterscheiden. Die Vertreter der staatlichen Qualitätsanalyse stellen in diesem Band die Instrumente und den Verfahrensablauf einer Qualitätsanalyse deskriptiv dar und erläutern die hierbei in Qualitätsanalysen gewonnenen, von der Einzelschule abstrahierenden Erkenntnisse, wie der bereits erwähnte Beitrag von Jacobi und Wertenbroch zeigt. Ebenso wie dieser Beitrag zeigt auch der Aufsatz von Hufnagel, Joosten und Ruhwinkel, dass die Qualitätsteams nicht lediglich an der Qualitätsanalyse selbst interessiert sind, sondern die gewonnenen Erkenntnisse als Impulse für die weitere Schulentwicklung begreifen und in diesem Sinne auch Orientierung geben möchten. Die Impulse beziehen sich dabei entsprechend den Ergebnissen der Qualitätsanalysen in besonderer Weise auf die Unterrichtsentwicklung und hier auf Bereiche wie Binnendifferenzierung und selbstgesteuertes Lernen.

Die Vorbereitung einer Schule auf die Qualitätsanalyse und den schulischen Umgang mit den Ergebnissen im Rahmen eines Qualitätsentwicklungsprozesses beschreiben Meyer und Riechmann vom Fichte-Gymnasium in Hagen, wobei sie der pädagogischen Arbeit und dem „pädagogischen Geist" die entscheidende Bedeutung für einen erfolgreichen Schulentwicklungsprozess beimessen.

Erkenntnisse über die Qualität der eigenen schulischen Arbeit können nicht nur durch Qualitätsanalysen, sondern auch auf andere Weise systematisch gewonnen werden.

Ein Beispiel zeigen die Erfahrungen der Ludwig-Windthorst-Schule in Hannover mit der Mitgliedschaft im „Schulverbund Blick über den Zaun", die Herzberg in diesem Band vorstellt. Impulse für den schulinternen Evaluationsprozess werden hier durch konkrete Rückmeldungen gegeben, die im Zusammenhang mit wechselnden Besuchen an den Schulen des Arbeitskreises erfolgen.

Gezielte Impulse für die Schulentwicklung ermöglichen auch die Angebote der Akademie des Deutschen Schulpreises, wie Reese in diesem Band darstellt. Einer kriteriengeleiteten schulischen Selbstdarstellung in sechs Qualitätsbereichen folgt zunächst die Begutachtung durch eine Expertenjury und sodann für 20 nominierte Schulen der Besuch eines Expertenteams.

Von Erfahrungen der Realschule Bissingen mit evidenzbasierten Methoden der Unterrichtsdiagnostik und -entwicklung (EMU) berichtet Ade-Thurow, der besonders die Gelingensbedingungen bei der Durchführung kollegialer Hospitationen in den Blick nimmt und hierbei die Bedeutung des kollegialen Austausches und der Selbstreflexion der Lehrkraft im Rahmen eines Feedback-Gespräches erläutert.

5. Zur Qualitätsentwicklung

Evaluationen sind kein Selbstzweck, sondern Mittel zur Initiierung von Qualitätsentwicklungsprozessen. Qualitätsentwicklung ist auf fachliche Impulse angewiesen, aber auch an sächliche und personelle Voraussetzungen gebunden. Sie wird misslingen, wenn sie als lediglich individuelle Aufgabe verstanden wird. Sie kann gelingen, wenn sie als individueller und kollegialer Auftrag verstanden wird, der in professioneller Kooperation und kollegialer Kommunikation umgesetzt wird.

Bonsen und Frey plädieren in ihrem Aufsatz für diesen Band für die Etablierung professioneller Lerngemeinschaften an Schulen, die die Qualitätsentwicklung von Schule auch systemisch absichern und dabei als Modell für kollaborativ-reflexive interne Fortbildung agieren. Zu den Merkmalen einer solchen Lerngemeinschaft gehören Verständigung und Verbindlichkeit im pädagogischen Handeln sowie der systematisch fachlich-professionelle Austausch. Beide Autoren sehen allerdings in der systemisch angelegten Qualitätsanalyse auch Schwächen, insofern nämlich die Qualitätsanalyse nur „Ergebnisse für die Gesamtheit des schulischen Unterrichts an einer Schule rückmeldet" und damit zur ebenso notwendigen individuellen Auseinandersetzung mit der eigenen Unterrichtsqualität eher weniger anregt.

Wie eine solche Zusammenarbeit von Lehrkräften speziell bei der Planung, Durchführung und Auswertung gefördert werden kann, erläutern Benner und

Reh in ihrem Beitrag anhand eines durchgeführten Projekts an Schulen der evangelischen Schulstiftung Berlin-Brandenburg-schlesische Oberlausitz.

Von den Vorzügen eines Austausches in einem schulverbindenden Netzwerk für die schulische Qualitätsentwicklung berichtet Bußmann-Strelow in ihrem Beitrag. Sie bezieht sich hierbei auf das Projekt „Unterrichtsentwicklung und Eigenprägung für die Schulen des Bistums Münster" der Schulabteilung des Bistums Münster. Hervorgehoben wird insbesondere, dass in einem solchen Netzwerk Raum für Selbsttätigkeit und Innovation gegeben wird, die dann der Entwicklung der eigenen Schule zugute kommen.

Qualität der Schulentwicklung ist in erster Linie Qualität der Unterrichtsentwicklung. Professionelle Lerngemeinschaften in der Schule, schulverbindende Netzwerke, aber auch die herkömmlichen und für die Unterrichtsentwicklung unverzichtbaren Fachkonferenzen in einer Schule werden diesen Entwicklungsprozess nicht nur formal strukturieren, sondern auch aus erziehungs-, bildungs- und schultheoretischer Perspektive gehaltvoll gestalten müssen. Die bereits erwähnten Aufsätze von Benner sowie von Benner und Reh bieten auch hier Orientierung.

6.   Die Perspektive

Niedersachsen war das erste Bundesland, das die Schulinspektion eingeführt hat. Es ist daher nicht abwegig, den Blick nach Niedersachsen zu richten, wenn es gilt, Entwicklungsbedarfe im Bereich der Qualitätsanalyse zu identifizieren und Anregungen für ihre Weiterentwicklung zu erhalten.

Und tatsächlich zeigen sich für die Länder Niedersachsen und Nordrhein-Westfalen ähnliche Entwicklungen mit einem gewissen Vorsprung Niedersachsens.

Ob es den auch die Qualitätsanalyse (künftig) prägenden Landesreferenzrahmen für Schulqualität oder die stärkere Partizipation der Schule bei der Qualitätsanalyse betrifft – der Blick nach Niedersachsen ist hilfreich.

Dies zeigt der Aufsatz Homeiers, Präsident des Niedersächsischen Landesinstituts für schulische Qualitätsentwicklung, in diesem Band. Die Weiterentwicklung der niedersächsischen Schulinspektion zielt auf eine stärkere Unterstützung der Unterrichtsqualität und ihrer Weiterentwicklung. Dabei besteht ein neuer, stärker partizipativ ausgerichteter Ansatz der Schulinspektion darin, in einem höheren Maße mit der Schule darüber ins Gespräch zu kommen, wie sie die Qualität ihrer Arbeit selbst einschätzt, bevor es dann zu einem Abgleich von Selbst- und Fremdeinschätzung kommt. Für die schulische Selbsteinschätzung wird den Schulen ein Online-Tool zur Verfügung gestellt, dessen Erhebungskriterien auch eine Grundlage der Schulinspektion bilden.

Eine weitere Entwicklung besteht in einer verstärkt deskriptiven Darstellung der erfassten Unterrichtsaktivitäten, um so ein differenziertes Bild vom Unterrichtsgeschehen zu erhalten.

Eine ähnliche Entwicklung zeichnet sich jetzt auch für Nordrhein-Westfalen ab. Auch hier soll die Selbstevaluation der Schulen gestärkt werden. Sie sollen bei der Interpretation des Berichts zur Qualitätsanalyse intensiver beraten werden. Auch sollen sie die Möglichkeit erhalten, Unterstützungen für ihre Qualitätsentwicklung anzufordern. Das Qualitätstableau soll dabei auf den demnächst in Kraft tretenden „Referenzrahmen Schulqualität NRW" ausgerichtet werden. Zugleich wird es im Umfang reduziert werden, wobei es einen obligatorischen Bereich (u.a. Unterricht) und einen fakultativen Teil nach Entscheidung der Schule geben soll. Weiterentwickelt wird auch der Unterrichtsbeobachtungsbogen, der sowohl die Ergebnisse der Unterrichtsforschung stärker berücksichtigen als auch der Unterrichtsrealität weiter angenähert werden soll.[4]

Insgesamt zeichnet sich damit eine stärker dialogorientierte und partizipative Qualitätsanalyse ab, die auf die schulische Kernaufgabe Unterricht obligatorisch bezogen bleibt und die auf die Qualitätsanalyse folgende Phase der Qualitätsentwicklung stärker als bisher einbezieht.

Dies könnten gute Voraussetzungen sein, um ein ausgewogenes Verhältnis staatlicher und einzelschulischer Verantwortung für die Bildungs- und Erziehungsprozesse junger Menschen zu finden.

Literatur

Kromrey, H. (2012). Empirische Sozialforschung: Modelle und Methoden der Standardisierten Datenerhebung und Datenauswertung (9. Auflage). Stuttgart: UTB.

Middendorf, W. (2010). Externe Schulevaluationen des Staates als Herausforderung für das spezifische Profil freier Schulen. In W. Böttcher et al. (Hrsg.), *Evaluation, Bildung und Gesellschaft. Steuerungsinstrumente zwischen Anspruch und Wirklichkeit* (S. 269–281). Münster: Waxmann.

Müller, S., Pietsch, M. & Bos, W. (Hrsg.) (2011). *Schulinspektion in Deutschland. Eine Zwischenbilanz aus empirischer Sicht*. Münster: Waxmann.

Pressekonferenz der Ministerin für Schule und Weiterbildung des Landes Nordrhein-Westfalen vom 16.07.2013. Verfügbar unter: http://www.schulministerium.nrw.de/docs/bp/Ministerium/Presse/Pressekonferenzen/2013/130716-Weiterentwicklung-Qualitaetsanalyse/Sprechzettel-7.pdf [20.01.2014].

Qualitätsanalyse NRW. Vgl. http://www.schulministerium.nrw.de/docs/Schulent wicklung/Qualitaetsanalyse/ [28.01.2014]

---

4 Vgl. http://www.schulministerium.nrw.de/docs/Schulentwicklung/Qualitaetsanalyse/Das-zentrale-Instrument-Qualitaetsanalyse/index.html [letzter Zugriff am 21.01.2014]

Qualitätsanalyse und Qualitätsentwicklung
Systematische Perspektiven

Martin Heinrich, Maike Lambrecht, Oliver Böhm-Kasper,
Thomas Brüsemeister und Jochen Wissinger

Funktionen von Schulinspektion?

Zum Governance-Programm der Vergewisserung und Weiterentwicklung der Qualität schulischer Arbeit

1. Ein neuer Akteur! Zur Sinnhaftigkeit der Frage nach den „Funktionen von Schulinspektion"

Sobald in einem institutionellen Gefüge ein neuer Akteur auftritt, stellt sich alltagsweltlich unmittelbar, gleichsam naturwüchsig die Frage nach dem Grund hierfür – oder schärfer formuliert: nach seiner Existenzberechtigung. Diese lebensweltlich eher normativ gefärbte Frage kann aus systemischer Sicht reformuliert werden als die deskriptive Frage nach der „Funktion dieses Akteurs im Gesamtgefüge". Angesichts dieser beiden Perspektiven auf den Sachverhalt stellt sich bei der Rede von den „Funktionen" leicht eine Doppeldeutigkeit des Funktionsbegriffs ein, nämlich eine Polysemie dahingehend, ob dieses Sprechen über die funktionalen Zusammenhänge deskriptiv oder präskriptiv gemeint ist. Wird der Funktionsbegriff präskriptiv verwendet, wäre es streng genommen naheliegender, von „Zielen" und nicht von „Funktionen" zu sprechen.

Angesichts der Tatsache, dass im Schulsystem die im Grundgesetz verankerte Aufgabe, die schulische Bildung zu beaufsichtigen, traditionell den Schulaufsichten zugeschrieben wird, stellt sich analytisch betrachtet damit für den Akteur der Schulinspektion in besonderer Weise die Frage, welche „Funktion" diesem neuen Akteur nun im Gesamtsystem zukommt (vgl. ausf. Füssel, 2008). Versucht man sich nun dem – bezogen auf die lange Tradition des öffentlichen Schulsystems in Deutschland immer noch relativ – neuen Akteur der Schulinspektion anzunähern, so zeigt sich, dass hier Ziel- bzw. Funktionsbestimmungen aus zwei Bereichen ineinandergreifen, die sich nur schwerlich werden systematisieren lassen.

Hier ist zum einen die Theorie der Schule zu nennen, innerhalb derer seit Jahrzehnten über unterschiedliche Funktionen von Schule diskutiert wird (zum Folgenden vgl. Heinrich, 2006, S. 312, Anm. 23). Die Bestimmung der Funktionen reicht hier beispielsweise von 13 Funktionen bei Schwänke (1980, S. 195ff.)[1] bis hin zu 31 Funktionen mit über 100 Neben- bzw. Unterfunktionen

---

1 Schwänke (1980, S. 195ff.) fokussiert auf folgende dreizehn Funktionen: 1. Sozialisation, 2. kustodiale Betreuung, 3. Selektion, 4. Allokation, 5. Befriedigung der individuellen Nachfrage nach Bildung, 6. Qualifikation, 7. soziale Sicherung, 8. Bindung von Arbeitskraft, 9. Förderung des Wirtschaftswachstums, 10. Substitution gesellschaftlicher Funk-

bei Ballauff (1982),[2] oder der Konzentration auf drei Funktionen der Schule bei Fend (1980).[3] Die Tatsache, dass sich zwar alle Funktionen bzw. die über 100 Neben- und Unterfunktionen bei Ballauff als gut plausibilisierbar erweisen, zugleich sich aber eher die drei Funktionen der „Qualifikation", „Selektion" und „Legitimation" nach Fend im Diskurs durchgesetzt haben, deutet bereits an, dass eine Fokussierung auf zentrale Funktionen innerhalb vieler Kontexte sinnvoll ist, um eine Komplexitätsreduktion zu erreichen, die das Phänomen bearbeitbar macht.

Ähnliches gilt für den zweiten, im Kontext von Schulinspektionen relevanten Bereich, den der Evaluationsforschung. So konstatiert Kuper (2005, S. 9) zusammenfassend: „Viele Diskussionen um Evaluationsforschung beziehen sich auf ihre Funktionen und Aufgaben, die in einem Set von Grundbegriffen gut gefasst sind […]." Innerhalb dieses „Sets von Grundbegriffen" werden immer wieder die unterschiedlichen Funktionen formativer und summativer Evaluation, von Input-, Prozess- oder Outputevaluation (vgl. ausf. Kuper, 2005, S. 14–38) sowie weitere allgemeine Funktionen wie etwa eine auf Demokratisierung zielende „aufklärende Funktion" beschrieben:

> „In der Frage nach der Verwendung von Ergebnissen der Evaluationsforschung ist die Differenz zwischen einem technischen (instrumentellen) und einem aufklärerischen Nutzen von Bedeutung. Im Kräftefeld dieser Differenz, die auch bereits in der Wissensverwendungsforschung aufgezeigt wurde, müssen Funktionen und Selbstverständnis der Evaluationsforschung immer wieder aufs Neue in Balance gebracht werden." (Kuper, 2005, S. 63)

Entsprechend stehen Evaluationen mit ihrer ihnen automatisch im Erhebungs- und Auswertungsprozess innewohnenden „erkenntnisgenerierenden Funktion" immer auch im Spannungsfeld von „Entwicklungsgenerierungsfunktion" und „Kontrollfunktion" (vgl. Nisbet, 1990 nach Strittmatter, 2007, S. 94 sowie zur evaluationsbasierten Steuerung ausf. Heinrich, 2007). Entsprechend unterscheiden auch Stockmann & Meyer (2010, S. 74ff.) nicht nur die Funktion der „Gewinnung von Erkenntnissen" und der „Auslösung von Entwicklungs- und Lernprozessen", sondern auch der „Ausübung von Kontrolle" und vermittelt darüber der „Legitimation der durchgeführten Maßnahmen, Projekte oder

---

tionen, 11. Legitimation gesellschaftlicher Strukturen, 12. Stabilisierung und Reproduktion, 13. Veränderung gesellschaftlicher Strukturen und Ziele.

2   Zur Funktionsbestimmung bei Ballauf (1982) vgl. ausf. Paschen (2001, S. 241).

3   An dieser Stelle soll nicht gesondert auf die Gründe dafür eingegangen werden, warum Fend (1977) zunächst noch erläuternd von der Allokationsfunktion in Relation zur Selektionsfunktion sowie der Integrationsfunktion im Verhältnis zur Legitimationsfunktion spricht.

Programme", oder schließlich sogar – als Zerrform – eine „taktische Funktion" (a.a.O., S. 75).[4]

Die Funktionsbestimmungen in der Evaluationsforschung reproduzieren damit strukturhomolog die eingangs aufgezeigte Ambivalenz zwischen Deskription und Präskription, indem sich diese Funktionen bzw. Funktionsbestimmungen nicht wirklich trennscharf zuordnen lassen, was insbesondere bei den Überschneidungsbereichen von Kontrolle, Legitimation oder taktischer Funktion (s.o.) deutlich wird: Besteht die Legitimation nicht schon im Kontrollakt selbst und kann vermittelt darüber auch instrumentalisiert werden, d.h. zum taktischen Instrument der Legitimation werden? Hier gehen Zielsetzungen und deskriptiv beschreibbare Funktionen deutlich ineinander über, während sich unseres Erachtens daneben die Entwicklungsabsicht und erneut unterschieden die Absicht der Erkenntnisgenerierung hiervon vergleichsweise deutlich trennschärfer absetzen lassen (vgl. Kap. 3).

Dies gilt zumindest, wenn man versucht, streng innerhalb der „Paradigmen der Evaluation" zu bleiben, wie sie Klieme (2005, S. 43–45) im Anschluss an Kromrey unterschieden hat, wenn er im Kontext von Evaluation zwischen einem „Forschungsparadigma", einem „Entwicklungsparadigma" und einem „Legitimations- und Kontrollparadigma" unterscheidet (Klieme, 2005, S. 43). Klieme plädiert hier eindeutig für eine trennscharfe Unterscheidung dieser unterschiedlichen Paradigmen:

> „Innerhalb eines Paradigmas herrscht Einigkeit darüber, was als wichtig zu betrachten ist, welche Vorgehensweise legitim ist und wie argumentiert werden kann. Durch die Einschränkung auf eine Funktion leisten die Paradigmen eine Reduktion von Komplexität und geben der Evaluatorin oder dem Evaluator eine eindeutige Orientierung. Um diese nicht zu verlieren, wird das eigene Paradigma bisweilen durch die Abwertung oder Negierung anderer Herangehensweisen abgesichert. Somit ist jedem Paradigma eine Tendenz zur Verabsolutierung inhärent. Die Stärken der einzelnen Paradigmen werden in den Vordergrund gerückt und dabei wird übersehen, dass die Komplexitätsreduktion jeweils nur durch eine funktionale Einschränkung möglich war. Bei strenger Orientierung an den Paradigmen dient Evaluation entweder einem Zweck oder einem anderem, aber nicht mehreren gleichzeitig. Sobald

---

4   Im Modell von Stockmann & Meyer wird die taktische Funktion allerdings nur aufseiten der zu Evaluierenden, d.h. im Falle der Schulinspektion der „Schule", gedacht und nicht mit Blick auf die Evaluator/inn/en, d.h. im vorliegenden Fall der Schulinspektion. Den Evaluator/inn/en bzw. hier im übertragenen Fall der Administration wird eine rein zweckrationale Perspektive zugesprochen. Wir werden an späterer Stelle allerdings zeigen, dass im vorliegenden Fall einer Evaluationsinstitution, der Schulinspektion, diese, indem sie auch in die Akteurkonstellation eingebunden ist, ebenfalls zur eigenen Legitimation taktisch operieren muss (s.u.).

mehrere Zwecke durch Evaluation gleichzeitig erreicht werden sollen (z.B. Kontrolle und Entwicklung), wird es schwierig, die Komplexität der im Feld vorhanden Wirkkräfte und Ansprüche in einem Design angemessen zu berücksichtigen." (Klieme, 2005, S. 44).

Innerhalb der Forschungsliteratur zur Schulinspektion wird allerdings immer wieder deutlich, wie schwierig es ist, die hier geforderte „Reinheit der Paradigmen" aufrechtzuerhalten. So diskutiert etwa Burkard die unterschiedlichen Funktionen der externen Schulevaluation im Sinne eines „Korrektivs und Spiegels", als Instrument der „Standardüberprüfung", als Instrument der „öffentlichen Rechenschaftslegung" oder des „Systemmonitorings" insgesamt (vgl. Burkard, 2005, S. 91). Andernorts spricht er auch von der „normierenden Funktion der externen Evaluation" (a.a.O., S. 89), da mit den Inspektionsverfahren, die wiederum an einem übergreifenden Orientierungsrahmen für Schulqualität ausgerichtet sind (vgl. van Ackeren & Klemm, 2009, S. 170), immer auch eine Form der Normdurchsetzung über das Verfahren exekutiert wird (vgl. Kotthoff & Böttcher, 2010, S. 296). Dedering (2012, S. 77) wiederum akzentuiert die Funktionen, Informationen für die Schulen zu generieren, und vermittelt darüber Unterstützung anzubieten, während sie eine deutliche „Wettbewerbsfunktion" der Schulinspektion im deutschen Schulsystem derzeit nicht ausmachen kann (vgl. Dedering, 2012, S. 77 und S. 84).

Erwartungsgemäß lässt sich die Funktionsbestimmung damit nicht vereindeutigen, sondern vielmehr findet man einen „Funktionenmix", wie es Maritzen (2006, S. 9) nennt, der auf eine „Vielfalt von Funktionszuweisungen" aufmerksam macht:

„Sichtet man die offiziellen Verlautbarungen der Ministerien oder Schulverwaltungen, fällt eine gewisse Unterbestimmtheit auf. Die mit der Einführung von Schulinspektionen verbundenen Zielsetzungen bedürfen entweder keiner besonderen Nennung oder sie changieren zwischen allgemeinen Hinweisen auf die gestiegene Ergebnisverantwortung und Rechenschaftspflicht der Einzelschule einerseits und verweisen auf abstrakte Funktionen andererseits. Solche Verweise offenbaren eine Vielfalt von Funktionszuweisungen. Inspektionen haben
- Spiegel- oder Feedbackfunktion aus externer Sicht,
- Qualitätssicherungsfunktion im Rahmen staatlicher Gewährleistungsverantwortung,
- Unterstützungsfunktion v.a. für Schulleitungen und Lehrkräfte,
- Impulsfunktion für die Schul- und Unterrichtsentwicklung,
- Erkenntnisfunktion hinsichtlich der Wirkungen schulischer Arbeit."
(Maritzen, 2006, S. 8)

Der Durchgang durch die Diskussionen zu unterschiedlichen Funktionsbestimmungen sowohl aus Sicht der Schultheorie, der Evaluationsforschung sowie der Schulinspektionsforschung zeigt, dass sich wohl auch auf längere Sicht keine eindeutige Funktionsbestimmung für die Verfahren der externen Evaluation von Schulen wird finden lassen, sondern eine Vielfalt von Funktionen bzw. Funktionszuschreibungen wahrscheinlich ist – zugleich aber das Bedürfnis verständlich ist, sich auf ein paar wenige Funktionen zu konzentrieren, um den Gegenstand im Sinne einer empirischen Bildungsforschung bearbeitbar zu halten.

Die bislang referierten Positionen sind primär „präskriptive Funktionen", die dem Akteur Schulinspektion zugesprochen bzw. zugemutet werden. Uns wird es im Folgenden darauf ankommen, nicht nur dieser „normativen" Denkweise zu folgen, sondern uns demgegenüber – dies ist der Vorteil einer nicht unter Handlungszwängen stehenden Forscherperspektive – analytisch-reflexiv hierzu zu verhalten.

Die Differenz lässt sich womöglich am deutlichsten anhand der Legitimationsfunktion illustrieren: Aus der Perspektive einer analytisch-deskriptiven Fassung der „Legitimationsfunktion" geht es nicht nur um Zielbestimmungen, die erreicht werden oder nicht, sondern jenseits der Frage nach der Erfüllung dieser Ansprüche um die Frage: „Wie wird legitimiert?" Unsere empirischen Untersuchungen beziehen sich gleichsam auf die präskriptiven Funktionen als „Forschungsgegenstand". Damit erweitern wir den Stand der Forschung, indem wir zu den präskriptiven Funktionen, die typischerweise aufgezählt werden (s.o.), analytische Funktionsbeschreibungen hinzufügen.

Im Folgenden möchten wir einen Vorschlag für ein solches Forschungsprogramm entwickeln und skizzieren, indem wir ausgehend vom Stand der Schulinspektionsforschung Forschungsdesiderate ableiten, die zu einem konzentrierten analytischen Modell von drei Funktionen der Schulinspektion führen, das wiederum governancetheoretisch gerahmt wird, um die Differenz zwischen „Präskription" (=„Governance-Programm") und „Deskription" (=„Governance-Analyse") zu verdeutlichen bzw. zu reflektieren.

Es muss also das Ziel einer Governanceforschung mit analytisch-rekonstruktivem Anspruch sein, möglichst eindeutig von präskriptiven Funktionsbeschreibungen zu abstrahieren, d.h. es bedarf der empirischen Forschung, die auch jenseits der präskriptiven Funktionszuschreibungen versucht, deskriptiv festzuhalten, was der Fall ist. In Vorbereitung hierzu skizzieren wir deswegen im Folgenden für unsere weiteren Überlegungen zunächst kurz den Stand der empirischen Forschung zum Gegenstand „Schulinspektion".

2.   Bestandsaufnahme zur Schulinspektionsforschung

Die Schulinspektionsforschung konzentriert sich überwiegend auf die Frage der Wirksamkeit des Instruments in Bezug auf Schul- und Unterrichtsentwicklung einerseits und Schülerleistungen andererseits. In den Studien zur Wirksamkeit des Instruments auf die Schul- und Unterrichtsentwicklung wird insbesondere der Frage nach der Akzeptanz des Instruments seitens unterschiedlicher Akteursgruppen ein hoher Stellenwert beigemessen (vgl. Böttcher & Keune, 2010; Husfeldt, 2011; Lambrecht & Rürup, 2012). Die überwiegende Zahl der Studien zeigt dabei international lediglich geringe bzw. uneindeutige Auswirkungen der Schulinspektion auf die schulische Qualität. Vor allem auf die Unterrichtsentwicklung scheint die Schulinspektion wenig Einfluss zu haben (z.B. Chapman, 2001; Brimblecombe, Shaw & Ormston, 1996). Böttcher und Keune resümieren hierzu: „Inspektion ist ein aufwändiges Verfahren, das den ‚Kernbereich' der Schule weitgehend ignoriert" (2010, S. 158). Der Zusammenhang zwischen Schülerleistungen und Schulinspektion ist v.a. in England untersucht worden, wobei sich hier entweder keine oder sogar negative Effekte der Inspektion bei generell steigenden Schülerleistungen zeigen (vgl. Cullingford & Daniels, 1999; Shaw, Newton, Aitkin & Darnell, 2003; Rosenthal, 2004). Lediglich eine von der Schulinspektionsagentur Ofsted selbst in Auftrag gegebene Studie führt die gesteigerten Schülerleistungen ursächlich auf die Schulinspektion zurück (Matthews & Sammons, 2004).

Im deutschsprachigen Raum finden sich zunächst eine Reihe Studien, die auf die Optimierung des Instruments fokussieren. Dies ist u.a. darauf zurückzuführen, dass das Instrument hierzulande noch relativ neu ist und ein Großteil der Schulinspektionsforschung verwaltungsnah bzw. verwaltungsintern durchgeführt wird (Lambrecht & Rürup, 2012, S. 61). Ganz im Sinne der Programmatik einer evidenzbasierten Schulsystemsteuerung stehen hier in erster Linie Fragen der validen Messung (z.B. Gärtner & Pant, 2011; Müller & Pietsch, 2011; Brandt & Reimers, 2011) oder auch der angemessenen Rückmeldung (z.B. Pietsch, Schulze, Schnack & Krause, 2011) im Zentrum. Daneben existieren Studien zur Akzeptanz der Schulinspektion bei schulischen Akteuren sowie zu Auswirkungen der Schulinspektion auf die Schulentwicklung. Festzuhalten ist hier: Während das englische *high stakes*-Inspektionssystem zum Teil zu erheblichem psychischem Stress bei schulischen Akteuren führt (z.B. Perryman, 2007; Perryman, 2006; Gray & Gardner, 1999, Ferguson, Earley, Ouston & Fidler, 1999), scheinen die deutschsprachigen Schulinspektionskonzeptionen bei schulischen Akteuren – insbesondere bei Schulleitungen – gut akzeptiert zu sein (z.B. Dedering, Fritsch & Weyer, 2012; Sommer, 2011; Gärtner, Hüsemann & Pant, 2009; Preuß, Brüsemeister & Wissinger, 2012). Die Wirksamkeit des Instruments auf die Schulentwicklung wird in der Regel über die nach der Schulinspektion eingeleiteten schulischen Maßnahmen zu erfassen versucht. Ein eindeutiger

Zusammenhang zwischen Maßnahmenanzahl und Inspektionsergebnis bzw. Schulqualität lässt sich jedoch nicht feststellen (z.b. Gärtner, Hüsemann & Pant, 2009, ähnlich für die Niederlande: Ehren & Visscher, 2008). Dedering, Fritsch und Weyer (2012) stellen keine ausgeprägten Aktivitäten nach Ankündigung eines Schulbesuchs durch die Schulinspektion fest. Zu beachten ist, dass die Befunde in der Regel auf selbstberichteten Meinungen basieren; Böttcher und Keune konstatieren deshalb methodenkritisch, dass Schulinspektionsforschung in erster Linie „Meinungsforschung" sei (2010, S. 162). Es ist außerdem fraglich, ob die Anzahl der ergriffenen Schulentwicklungsmaßnahmen nach der Schulinspektion ein geeigneter Indikator zur Analyse der Wirksamkeit ist (vgl. Husfeldt, 2011, S. 274).

Neben Studien zur empirischen Erfassung der Wirkung des Instruments finden sich eine Reihe von Publikationen, die zunächst versuchen, die Schulinspektionen als empirischen Gegenstand deskriptiv zu fassen. Vor allem zu Beginn der Einführung in Deutschland wurden mehrfach Bestandsaufnahmen verfasst (z.B. Maritzen, 2006; Bos, Holtappels & Rösner, 2006; Bos, Dedering, Holtappels, Müller & Rösner, 2007), die das neue Steuerungsinstrument als Steuerungsimpuls charakterisieren. Daneben werden Schulinspektionen im Bundesländervergleich (Döbert, Rürup & Dedering, 2008) bzw. in historisch (Geißler, 2008) oder international (z.B. Böttcher & Kotthoff, 2007; Döbrich, Schnell & Sroka, 2008) vergleichender Perspektive beschrieben. Ziel ist hier in der Regel die Vereindeutigung des Phänomens Schulinspektion, um es so einer empirischen Untersuchung zugänglich zu machen: „Kaum veröffentlicht, erweisen sich die Beschreibungen angesichts der hohen Dynamik und Variabilität der schulpolitischen Anwendung und Ausgestaltung zum Teil schon als überholt. Nicht selten war die Praxis den Veröffentlichungen vorausgeeilt" (Döbert, Rürup & Dedering, 2008, S. 63). Im Jahr 2008 formulieren Döbert, Rürup und Dedering allerdings noch die Hoffnung, dass sich das Instrument Schulinspektion nach einer Implementationsphase konsolidieren könnte: „Mittlerweile ist die externe Evaluation von Schulen nach der sehr dynamischen Phase der Einführung zu einem weithin etablierten, sich nunmehr konzeptionell und prozessual konsolidierenden Steuerungsinstrument geworden" (ebd.). Die forschungsmethodisch begründete Hoffnung auf Konsolidierung, die eine evaluative empirische Überprüfung im Zeitverlauf allererst ermöglichen würde, hat sich allerdings nicht bestätigt. Vielmehr sind Schulinspektionsverfahren nach wie vor permanenten Transformationsprozessen und Modifikationen unterworfen (vgl. Kap. 4.1). Auch international ist ein Trend zur regelmäßigen Neuerfindung des Instruments zu beobachten. Besonders deutlich wird dies anhand der niederländischen Inspektion, die bereits mehrere Metamorphosen – von der Vollinspektion zur punktuellen Metaevaluation und teilweise wieder zurück – durchlaufen hat (van Bruggen, 2006). Das englische Schulinspektionssystem wurde 2005 grundlegend reformiert und fokussiert seitdem auch auf Selbstevaluations- und Schulentwicklungsprozesse (vgl. Kotthoff & Böttcher, 2010, S. 305f.).

Im Rahmen des BMBF-Verbundprojekts „Schulinspektion als Steuerungsimpuls zur Schulentwicklung und seine Realisierungsbedingungen auf einzelschulischer Ebene" (10/2010–09/2013) konnten die Ergebnisse der bisherigen Schulinspektionsforschung repliziert werden. Vor allem in den Ergebnissen der quantitativen Teilstudie bildet sich der für deutschsprachige Schulinspektionssysteme typische Befund ab: Bei relativ hoher Akzeptanz des Instruments auf Schulleitungsebene – der Schulleitung wird im Hinblick auf die Qualitätssicherung und Entwicklung der Schule sowohl von der Politik als auch von der Schuleffektivitäts- und Schulentwicklungsforschung eine Schlüsselrolle zugewiesen (vgl. Wissinger, 2011, 2013) – ist bundesländerübergreifend eine eher geringe bzw. uneindeutige Wirksamkeit des Steuerungsimpulses Schulinspektion auf die Schulentwicklung auszumachen (Böhm-Kasper & Selders, 2013). Gleichzeitig gehen die governancetheoretisch orientierten Analysen des Verbundprojekts über die „klassischen" Themenfelder, Befunde und Vorannahmen der Schulinspektionsforschung, die stark auf die Frage der (intendierten) Wirkungen fokussiert (paradigmatisch Ehren & Visscher, 2006), hinaus. Die Analysen machen deutlich, dass:

a) Schulinspektionen keinen einheitlichen Steuerungsimpuls darstellen (Lambrecht, 2015/i.Vorb.),
b) Evidenzbasierung nicht einfach als eigentlich wirksamer Steuerungsmechanismus vorausgesetzt werden kann (Dietrich & Lambrecht, 2012),
c) die Einführung von Schulinspektionen jenseits der intendierten Wirkung auf Schulentwicklung Konsequenzen für die Schulsystemsteuerung haben, indem sie die Verhältnisbestimmung einzelner Akteure zueinander (Preuß, Brüsemeister & Wissinger, 2012) sowie deren formaler Bezugnahme aufeinander neu regelt (Dietrich, Heinrich & Lambrecht, 2015/i. Vorb.) und
d) lose Kopplung nicht reduziert, sondern reproduziert (Dietrich, 2015/i.Vorb.).

Die Aspekte (a) und (b) verweisen darauf, dass Schulinspektion nicht einfach als evidenzbasiertes Steuerungsinstrument deklariert werden kann, sondern der eigentliche Wirkmechanismus und Mehrwert von Schulinspektionen, und hier insbesondere die Bedeutung der generierten Evidenzen für die Schulsystemsteuerung, empirisch expliziert werden muss. Der Aspekt (c) macht deutlich, dass die im Kontext von Schulinspektionen stattfindenden Steuerungsprozesse in komplexe Akteurskonstellationen eingebunden sind und Wirkungen der Schulinspektion daher – auch für die Befragten selbst – nicht einfach linear ableitbar sind. Der letzte Punkt (d) bietet einen möglichen Erklärungsansatz für die hohen Akzeptanzwerte bei gleichzeitig bislang nicht nachweisbarer Wirksamkeit des Instruments: Über Schulinspektion lassen sich administrative und schulische Praxis über formale Mechanismen lose koppeln, was beiden Akteursgruppen jenseits der Wirkungsfrage die Legitimation ihrer Arbeit ermöglicht.

Angesichts der skizzierten internationalen Befunde zur Wirksamkeit des Instruments muss konstatiert werden, dass das Instrument der Schulinspektion politisch zurzeit nur schwer allein über dessen Wirksamkeit legitimiert werden kann. Gleichzeitig zeigt sich, dass es schwierig ist, die wissenschaftlichen Vorannahmen zur Initiierung von Schulentwicklungsprozessen, die beispielsweise im zentralen Wirkungsmodell zur Schulinspektion (Ehren & Visscher, 2006) zum Ausdruck kommen, empirisch zu bestätigen, insbesondere über die bisher gewählten methodischen Designs. Die Analysen zeigen darüber hinaus, dass Steuerungsinstrumente wie die Schulinspektion nicht lediglich auf eine intentionale, normativ-hierarchisch strukturierte Steuerungsfunktion reduziert werden können ("Verbesserung von Schulqualität"), sondern vager sind, als die Wissenschaft vermutet – und möglicherweise gerade deshalb unabhängig von ihrer Wirksamkeit für das Mehrebenensystem Schule funktional sein können. Solche Aspekte von Steuerung jenseits der Wirkungsfrage werden zwar organisationstheoretisch, z.B. vor dem Hintergrund des Neo-Institutionalismus (vgl. Meyer & Rowan, 1977; DiMaggio & Powell, 1983; Brunsson, 1989) bearbeitet, finden jedoch in der erziehungswissenschaftlichen Forschung zu bildungspolitischen Steuerungsinstrumenten bisher kaum Beachtung. Für die weitere Erforschung der Schulinspektion ergeben sich folgende Desiderate:

– *Instrumentenbezogene Wirkungsforschung*: Die schulinspektionsbezogene Wirkungsforschung steht zum einen vor der Herausforderung, zunächst den eigentlichen Steuerungsimpuls näher zu bestimmen, um dann empirisch die Frage klären zu können, was neben anderen Steuerungsinstrumenten der spezifische Mehrwert der Schulinspektion für eine "evidenzbasierte Steuerung" sein kann. Zum anderen bedarf es einer adäquaten theoretischen Modellierung und methodischen Erfassung von Schulentwicklungsprozessen im Kontext von Schulinspektionen.
– *Rekonstruktion der Strukturlogik administrativen Handelns*: Um bildungspolitische Steuerungsprozesse und deren Bedeutung für die Innovation des Schulsystems zu verstehen, muss zum einen die administrative Handlungspraxis stärker berücksichtigt werden und zum anderen müssen Transformationsprozesse des Untersuchungsgegenstands nicht als Störungen der Untersuchung, sondern als eigenständiges empirisches Phänomen begriffen werden. In den Blick kommen dann administrative Legitimationsweisen der Schulinspektionsverfahren sowie Formen der Selbstlegitimation der Institution Schulinspektion.

Mit den folgenden governancetheoretischen Überlegungen zu den „Funktionen der Schulinspektion" (vgl. Kap. 3) reagieren wir auf diese Forschungsdesiderata mit drei unterschiedlichen Zugriffen, wobei die ersten beiden Zugriffe (Erkenntnisgenerierungsfunktion und wissensbasierte Entwicklungsfunktion, vgl. Kap. 4 & 5) bei der Weiterentwicklung der instrumentenbezogenen Wirkungsforschung ansetzen, der dritte Zugriff (Legitimationsfunktion, vgl. Kap. 6) dagegen bei der Rekonstruktion der Strukturlogik administrativen Handelns am Beispiel der Schulinspektion.

3. Fokus der Governance-*Analysen* angesichts der veränderten Situation der Schulinspektion in Deutschland

Schulinspektionen gehören zu den bildungspolitischen Steuerungsinstrumenten, die „nach PISA" zumindest zeitweilig flächendeckend in allen deutschen Bundesländern eingeführt und in der Öffentlichkeit mit großen Steuerungshoffnungen verbunden wurden (Maritzen, 2008; Füssel, 2008). Inzwischen ist bundesweit nicht mehr ein so eindeutiger Trend zur Installierung externer Schulevaluation zu beobachten. Vielmehr zeigt sich, dass sich die Schulinspektionspraxen ausdifferenziert haben und zum Teil Bundesländer nach einer anfänglichen flächendeckenden Implementation von Schulinspektionen ihr Engagement zurücknehmen, die Schulinspektionen ganz auflösen oder sie in alte schulaufsichtliche Strukturen integrieren bzw. „rücküberführen". Obwohl noch nicht lange implementiert, unterliegen Schulinspektionen damit in fast allen Bundesländern z.T. umfassenden Transformationsprozessen. Diese beziehen sich sowohl auf die organisationale Verfasstheit von Schulinspektion als auch auf die Schulinspektionsverfahren. Diese Entwicklung ist, so unsere Annahme, auch auf den empirisch schwer zu erbringenden Nachweis der Wirksamkeit von Schulinspektion auf die Schulentwicklung zurückzuführen, der offensichtlich eine Anpassung und Legitimation des Instruments erforderlich macht. Nach der Sichtung des internationalen und nationalen Forschungsstands (s.o.) zur Schulinspektion sowie nach den Befunden des Verbundprojekts „Schulinspektion als Steuerungsimpuls zur Schulentwicklung" (s.o.) nehmen wir an, dass sich die große Dynamik der politischen Veränderungen im Bereich der Schulinspektion aus einer grundlegenden Skepsis hinsichtlich zweier Aspekte erklären lässt:

1. Es ist fraglich, inwieweit durch Schulinspektionen eine relevante Abbildung der Schulwirklichkeit geleistet werden kann, und welche Erkenntnisse auf diese Art und Weise hervorgebracht werden, die vor der Einführung von Schulinspektionen nicht existierten. Damit steht die Frage nach dem Erkenntnismehrwert durch Schulinspektionen im Raum.

2. Ähnlich wie bei anderen Steuerungsinstrumenten wie beispielsweise Vergleichsarbeiten oder regionalen Bildungsberichten ist es fraglich, inwieweit die Schulinspektion tatsächlich Effekte auf die Schulentwicklung hat.

Vor dem Hintergrund dieser kritischen Datenlage wird verständlich, weshalb in so vielen Bundesländern derzeit die Systeme der Schulinspektionen umgebaut, verändert, reformiert – oder eben abgeschafft werden. Zusammengenommen kann man dies unter einem dritten Punkt akzentuieren:

3. Es ist fraglich, inwieweit Schulinspektionen ein effektives und effizientes Instrument für die evidenzbasierte Steuerung von Schulentwicklung darstellen: Dies gilt nicht nur im Vergleich zu anderen Steuerungsinstrumenten, sondern auch im Vergleich zu derjenigen Institution, die traditionell die Aufgabe der „Inspektion von Schulen" innehat: die Schulaufsicht.

An dieser Stelle ist ein Blick in die kurze Historie der Implementierung der Schulinspektionsverfahren in Deutschland aufschlussreich. Wie bereits eingangs eingeführt bedarf es innerhalb eines funktional ausdifferenzierten Systems zunächst einer Rechtfertigung dafür, dass ein neuer Akteur die Arena (oder „Bühne") betritt (vgl. Füssel, 2008), in diesem Falle der Akteur „Schulinspektion". Die Etablierung von Schulinspektionen wird dabei in der Regel mit den suboptimalen deutschen PISA-Ergebnissen begründet: „Ein besonders wichtiges Motiv für die Einführung der Schulinspektion war das Misstrauen gegenüber den Schulen – seitens der Politik, der Eltern und der Wissenschaft" (van Bruggen, 2012, S. 58). Damit geriet auch die traditionelle Schulaufsicht in die Krise. Maritzen konstatierte vor dem Hintergrund der Einführung der Schulinspektion eine „durchschlagende Wirkungslosigkeit" der Schulaufsicht in der schulischen Qualitätssicherung (2008, S. 88). Während sich heute die Schulinspektionsverfahren in einer Legitimationskrise befinden, galt in Zeiten der Einführung der Schulinspektionen also das genaue Gegenteil: die „Einführung von Schulinspektionen […] als Antwort auf eine Krise der Schulaufsicht" (Maritzen, 2008, S. 88). Angesichts der Politik einer evidenzbasierten Steuerung des Bildungssystems und den Programmen datenbasierter Schulentwicklungsarbeit schwand das Vertrauen in Schulaufsichtstätigkeiten und ließ den Ruf nach einer modernisierten, d.h. evidenzbasierten Institution entstehen: „Schulinspektionen werden in Abgrenzung zur staatlichen Schulaufsicht eingerichtet. Damit wird vor allem die Schulaufsicht von Teilen ihrer bisherigen Aufgaben – der Schulevaluation – entlastet und wird dieser Arbeitsaspekt der Schulaufsicht verselbstständigt, aufgewertet und professionalisiert" (Rürup 2008, S. 469). Und weiter: „Insgesamt erscheint Schulinspektion in Deutschland als eine Ausdifferenzierung, Professionalisierung und Verwissenschaftlichung einer Teilaufgabe des bisherigen Spektrums schulaufsichtlicher Tätigkeit" (Rürup, 2008, S. 470).

Die Institution der Schulinspektion erfüllte damit neben den traditionellen Aufgaben der Rechtsaufsicht und der Dienstaufsicht, die bei der Schulaufsicht verblieben (vgl. Füssel, 2008), die Aufgabe einer zumindest teilweisen funktionalen Ausdifferenzierung der Fachaufsicht der Schulaufsicht. Im Sinne einer funktionalen Ausdifferenzierung als Antwort auf die „Krise der Schulaufsicht" sollte die Schulinspektion damit aus der Historie der bildungspolitischen Entwicklungen heraus zu diesem Zeitpunkt neben anderen Funktionen (vgl. Kap. 1) aus unserer Sicht insbesondere die folgenden drei „Funktionen" erfüllen:

1. *Erkenntnisgenerierungsfunktion:* Die wenig systematisierten und auf Erfahrungsurteilen bzw. der individuellen Expertise von Schulaufsichtsbeamten aufruhenden Formen der Erfassung schulischer Wirklichkeit sollten im Sinne eines modernen Schulmonitoring durch wissenschaftliche bzw. an den Erhebungsverfahren wissenschaftlicher Forschung ausgerichtete datenbasierte Evaluationen ersetzt werden.
2. *Wissensbasierte Entwicklungsfunktion:* Ausgehend von den empirischen Evidenzen, die den Schulen in Form von Rückmeldegesprächen und Berichten übermittelt werden, sollten vor Ort Schulentwicklungsprozesse im Sinne einer datenbasierten Schulentwicklung initiiert werden.
3. *Legitimationsfunktion:* Vor dem Hintergrund der datenbasierten Dokumentation von Schulwirklichkeit (Schulmonitoring) und messbarer Schulentwicklungserfolge sollte das bildungspolitische Handeln im Sinne einer evidenzbasierten Steuerung legitimiert werden als auch vice versa damit die Institution „Schulinspektion". Damit umfasst die Legitimationsfunktion sowohl administrative Legitimationsweisen der Programmatik evidenzbasierter Steuerung, des Steuerungsinstruments „Schulinspektion" selbst sowie Formen der Selbstlegitimation dieser Institution.

Diesen Überlegungen zufolge würde die Legitimationskrise der Schulinspektion darin begründet liegen, dass diese Institution nicht zweifelsfrei plausibilisieren kann, dass sie die ihr zugedachten Funktionen auch in der erwarteten Weise erfüllt. Damit reproduziert sich nach verhältnismäßig kurzer Zeit die ursprüngliche Legitimationskrise der Schulaufsicht in Bezug auf den neuen Akteur Schulinspektion. Die ursprüngliche „Krise der Schulaufsicht" (vgl. Preuß, Brüsemeister & Wissinger, 2012, S. 102) wird zur „Krise der Schulinspektion".

Durch die neue „Krise der Schulinspektion" verschiebt sich somit bspw. auch die Semantik der Legitimationsfunktion weg von der Legitimation der Bildungspolitik (ursprüngliche Legitimationsfunktion) hin zur (z.T. selbstreferenziellen) Legitimationsfunktion der Schulinspektionssysteme, die sich nunmehr selbst in ihrer Existenz rechtfertigen müssen. Indem die Bildungspolitik ein Instrument erfunden und eingesetzt hat, dass die Qualität des Schulsystems sicherstellen soll, d.h. die Schulinspektionssysteme eigentlich die Bildungspolitik legitimieren sollten, verschiebt sich die Aufmerksamkeit auf die Wirkungsfähigkeit des Instruments: „Wird das Instrument den Ansprüchen gerecht?" Wenn nicht, gerät die Schulinspektion und vermittelt darüber dann gleichsam im „Schlepptau" die Bildungspolitik selbst in erneute Legitimationsnöte. Damit verschiebt sich innerhalb der Legitimationsfunktion der Referenzpunkt bzw. changieren die Funktionsbestimmungen, so dass gefragt werden muss: Wer wird durch die Qualitätssicherungsmaßnahmen eigentlich legitimiert: die Schulen, die Schulinspektionssysteme oder die Bildungspolitik?

Auf den ersten Blick könnte dies den Ruf nach weiterer Wirkungsforschung zum Instrument der „Schulinspektion" laut werden lassen. Allerdings haben wir bereits in dem Verbundprojekt „Schulinspektion als Steuerungsimpuls zur Schulentwicklung" versucht, eine engere Vorstellung von Wirkungsforschung durch den governancetheoretischen Ansatz zu erweitern, um so auch Transformationsprozesse in den Blick zu bekommen. Dieser Zugriff muss allerdings vor dem Hintergrund der diagnostizierten Legitimationskrise und der sich stark wandelnden Schulinspektionsverfahren in Deutschland nochmals ausdifferenziert werden. Hierzu entwerfen wir ein heuristisches Modell zu den Funktionen von Schulinspektion im multiperspektivisch gefassten „Governance-Programm evidenzbasierter Steuerung" (vgl. unten Abb. 1).

Die zu Beginn des Beitrags diskutierte Mehrdeutigkeit des „Funktionsbegriffs", die ihm auch in den meisten strukturfunktionalistisch argumentierenden Studien eigen ist, kann in diesem heuristischen Modell gleichsam als gewollte Polysemie gelten: Einerseits referiert der Funktionsbegriff auf Funktionen, die einer Institution oder einem Akteur innerhalb der strukturellen Bedingungen zukommen und damit entsprechend empirischer Untersuchungen als empirisches Faktum gelten können (= Deskription), andererseits können mit dem Funktionsbegriff auch normative Ansprüche gemeint sein, die dann eher beschreiben, welche Funktionen eine Institution oder ein Akteur gemäß der Ansicht des/der so argumentierenden Sprechers/Sprecherin haben *sollten* (= Präskription). Governanceanalytisch lässt sich dieser Sachverhalt noch weiter ausdifferenzieren:

> „Die Governance-Perspektive hat also – angesichts der komplexen Phänomene, mit denen sie es zu tun hat, schon aus analyseökonomischen Gründen – einen *bias* in Richtung der Bevorzugung von Phänomenen kollektiver Regelung gegenüber dem Handeln einzelner Akteure (vgl. Benz et al., 2007, S. 19). Daraus können sich einige *mögliche Analysedefizite* ergeben, wenn nicht geeignete Gegenmaßnahmen ergriffen werden: [...] Die Beschäftigung mit umfassenden sozialen

Akteuren kann […] einen ‚*impliziten Funktionalismus*' (ebd.) nahe legen, der komplexere und widersprüchliche Prozesse, die durch längerfristige Improvisation, Experimentieren und schrittweise Modifikation charakterisiert waren, auf ihre übergreifende ‚Funktion' reduziert" (Altrichter & Heinrich, 2007, S. 58).

Daraus ergibt sich die Notwendigkeit, die Bestimmungen der Funktionen von Schulinspektion im Kontext der sie umgebenden *Akteurskonstellation* zu beschreiben. Angesichts der Tatsache, dass diese Akteurskonstellation im Rahmen eines Governance-Programms evidenzbasierter Steuerung verortet ist, erscheint es zudem sinnvoll, zusätzlich zwischen einer *Instrumentenkonstellation* und einer *Datenkonstellation* zu differenzieren, um entsprechende reduktionistische Verkürzungen eines impliziten Funktionalismus, wie sie im obigen Zitat für die Bestimmung von Funktionen in Akteurskonstellationen beschrieben wurden, zu vermeiden:

– *Instrumentenkonstellation:* Die evidenzbasierte Steuerung des Bildungssystems kennt zahlreiche Instrumente, die zur Qualitätssicherung und Qualitätsentwicklung im Bildungssystem eingesetzt werden. Neben einem Monitoring durch Large Scale Assessments und der Überprüfung von Bildungsstandards sollen Lernstandserhebungen, Vergleichsarbeiten und zentrale Prüfungen Qualitätsstandards sichern; Schulprogrammarbeit und Change-Management sollen die schulische Organisationsentwicklung vorantreiben. Die externe Evaluation von Schulen, d.h. die „Schulinspektion", ist hier nur *ein* Instrument unter anderen, das dementsprechend seinen besonderen Mehrwert für die Schulentwicklung erst herausstellen muss.

– *Datenkonstellation:* Angesichts der Vielzahl anderer Steuerungsinstrumente im Rahmen des Governance-Programms evidenzbasierter Steuerung wird die Datenlage im System immer dichter. Es wird eine Vielzahl von Daten produziert, bei denen jedoch unklar ist, ob sie von den Adressat/inn/en produktiv verarbeitet werden können. Damit stellt sich zunehmend die Frage der Effizienz und Effektivität der einzelnen Datengewinnungsformen für die Qualitätssicherung und Qualitätsentwicklung des Bildungssystems. Die Institution Schulinspektion muss hier deutlich machen, worin der Mehrwert der Inspektionsdaten für die Schulentwicklung liegt.

– *Akteurskonstellation:* Die Krise der Schulinspektion läge demnach in der Akteurskonstellation begründet, dass sie auch von bildungspolitischer Seite zunehmend weniger als Erfolg versprechender bzw. alternativloser Akteur für die Qualitätssicherung im Schulsystem angesehen wird. Schulinspektion muss sich – nicht zuletzt angesichts hoher Kosten – gegenüber anderen Akteuren (insbesondere der Schulaufsicht und den Unterstützungssystemen, aber auch der Bildungspolitik selbst) als effizienter und effektiver Akteur im Sinne seiner funktionalen Bestimmung beweisen.

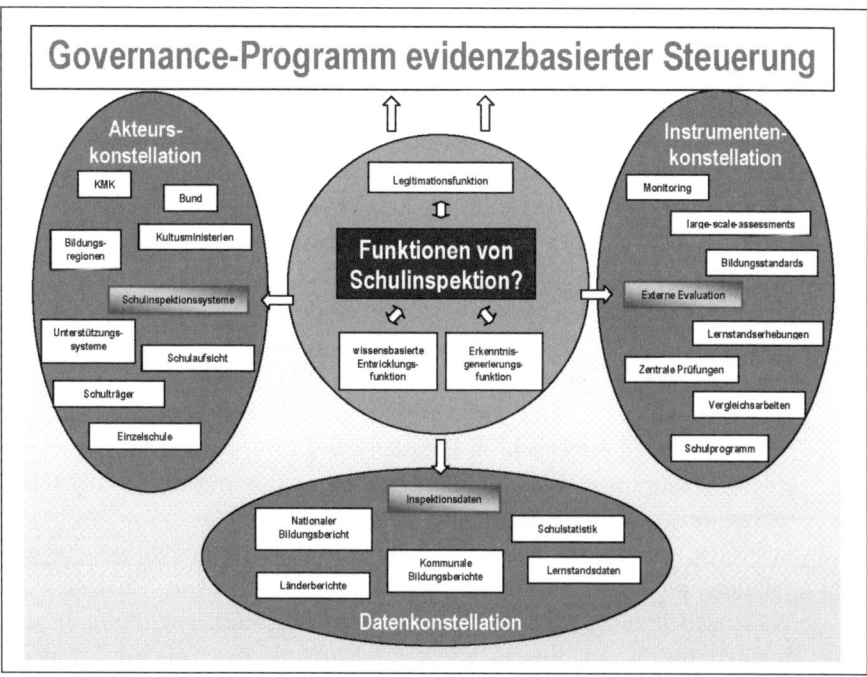

Abb. 1:   Heuristisches Modell zu den Funktionen von Schulinspektion im multiperspektivisch gefassten Governance-Programm evidenzbasierter Steuerung

Die Frage nach den *Funktionen von Schulinspektion* im funktional ausdifferenzierten bildungspolitischen Governance-Programm evidenzbasierter Steuerung
lässt sich damit konkretisieren als Frage nach der *Erkenntnisgenerierungsfunktion*,
der *wissensbasierten Entwicklungsfunktion* sowie der *Legitimationsfunktion*,
die sich wiederum governancetheoretisch beantworten lässt, indem die
Instrumentenkonstellation, die *Datenkonstellation* und die *Akteurskonstellation* in
den Blick genommen wird, innerhalb derer sich die Schulinspektion behaupten
muss.

4. Funktionen von Schulinspektion im multiperspektivisch gefassten Governance-Programm evidenzbasierter Steuerung?

Entsprechend der in vielen Bundesländern veränderten Ausgangslage und der Befunde aus dem nationalen und internationalen Forschungsstand stellen sich vor dem Hintergrund des heuristischen Modells zu den Funktionen von Schulinspektion im multiperspektivisch gefassten Governance-Programm evidenzbasierter Steuerung (vgl. Abb. 1) und angesichts der bildungspolitisch forcierten Transformationsprozesse der Schulinspektionssysteme folgende Fragen,

1. inwieweit die Schulinspektionsverfahren Daten generieren, die den Steuerungsakteuren ohne diese Verfahren nicht zur Verfügung stünden und inwiefern diese Daten im Rahmen einer evidenzbasierten Steuerung einen Erkenntnismehrwert für die Bildungsadministration darstellen (*Erkenntnisgenerierungsfunktion*),
2. inwieweit durch die Schulinspektionsverfahren Erkenntnisse in den Schulen produziert werden und daran anschließend Prozesse der Wissensaneignung, Wissensweitergabe und Wissensverwendung an den Schulen durch Schulinspektionen ausgelöst werden, die zu Schulentwicklungsprozessen führen (*wissensbasierte Entwicklungsfunktion*), und
3. wie die sich aus dem Unterlaufen der Erwartungen bezüglich der Wirkmächtigkeit der Schulinspektion auf Schulentwicklungsprozesse ergebende Legitimationsproblematik im Zuge der Etablierung und/oder Transformation der Schulinspektion bemerkbar macht und beantwortet wird (*Legitimationsfunktion*).

Im Sinne einer empirischen Fundierung governancetheoretischer Ansätze ist bei der Bearbeitung dieser Desiderate[5] systematisch zwischen dem bildungspolitisch forcierten Governance-*Programm* einer evidenzbasierten Steuerung (Heinrich, 2011) und den Befunden governancanalytischer Forschung (Heinrich, 2010), die ein empirisch vorfindbares Governance-*Regime* beschreiben (Altrichter et al., 2011, S. 37), zu unterscheiden:

„Mit dem Begriff *Governance-Regime* bezeichnen Lange & Schimank (vgl. 2004, S. 15) die Kernaufgabe und den ‚Königsweg‘ der Governance-Analyse – nämlich den Versuch, auf einer mittleren Abstraktionsebene die formgebenden Prinzipien und Muster der Handlungskoordination in einem Bereich oder Handlungssektor herauszuarbeiten und zu zei-

---

5 Die Beantwortung der genannten drei Fragestellungen soll im Rahmen eines an unsere bisherigen Forschungen anschließenden BMBF-Verbundprojekts: „Funktionen von Schulinspektion – Erkenntnisgenerierung, wissensbasierte Schulentwicklung und Legitimation" erfolgen.

gen, wie die Handlungskoordination in einem spezifischen gesellschaftlichen System durch spezifische Relationierungen von Akteuren und Strukturen aufgebaut, aufrechterhalten und transformiert wird. Solche Governance-Regime sind also in begründeter Weise selektiv, indem sie als besonders bedeutsam erachtete Koordinationsprinzipien herausarbeiten. Sie sind zeitlich, örtlich und in Hinblick auf gesellschaftliche Teilbereiche situiert und können daher nicht ohne Weiteres auf andere Situationen übertragen werden. Und sie müssen in der Lage sein, empirische Veränderungen erfassen zu können" (Altrichter et al., 2011, S. 37).

5. Zur Erkenntnisgenerierungsfunktion der Schulinspektion

Mit der Durchführung von Schulinspektionen wird – zumindest von politischer und administrativer Ebene – die Erwartung verbunden, dass eine systematische und evaluative Bestandsaufnahme der für die Prozessqualität von Schulen relevanten Arbeitsbedingungen, -weisen und -ergebnisse von Schule erfolgt, die gegenüber traditionellen schulaufsichtlichen Eingriffen einen „verobjektivierten" Zugriff auf Schulwirklichkeit erlaubt. Vor dem Hintergrund der beschriebenen Erkenntnisgenerierungsfunktion (s.o.) stellt sich die Frage, inwieweit die Schulinspektionsverfahren Daten generieren, die den Steuerungsakteuren ohne diese Verfahren nicht zur Verfügung gestanden hätten und inwiefern diese Daten im Rahmen einer evidenzbasierten Steuerung einen Erkenntnismehrwert für die Bildungsadministration darstellen können.

Die der systematischen Evaluation der für die Prozessqualität von Schulen relevanten Arbeitsbedingungen, -weisen und -ergebnissen zugrundeliegenden evaluativen Bezugsnormen basieren in der Regel auf einem öffentlich vorliegenden Orientierungsrahmen für Schulqualität, der normative Erwartungen an die Qualität von Schule und Unterricht formuliert (vgl. Kotthoff & Böttcher, 2010, S. 295f.). In den daraus abgeleiteten Schulinspektionsverfahren scheinen jedoch Indikatoren, die eine kontextuelle Einbettung der schulischen Arbeitsbedingungen und daraus resultierender Inspektionsergebnisse gestatten, nur unzureichende Berücksichtigung zu erfahren (vgl. Wendt & Bos, 2011, S. 217). Nimmt man diese Kritik ernst, erscheint es auf den ersten Blick fraglich, ob Schulinspektion tatsächlich eine umfassende und relevante Abbildung der Schulwirklichkeit leistet und somit den angezielten Erkenntnismehrwert für die Bildungsadministration erreichen kann.

Kontextuelle Merkmale der Schulwirklichkeit umfassen neben den regionalen und lokalen Besonderheiten eines Schulstandortes vor allem die soziale und leistungsbezogene Zusammensetzung (Komposition) der Schülerschaft. Damit einhergehende Kompositionseffekte beinhalten alle Einflüsse auf die leistungsmäßige und psychosoziale Entwicklung von Schülerinnen und Schülern, die zusätzlich zu den individuellen Ausgangslagen einer einzelnen Person aus der sozialen und leistungsbezogenen Zusammensetzung der relevanten Bezugsgruppe (Schulklasse, Lerngruppe, Schule) resultieren. So zeigen die ergänzenden Analysen zu den PISA-Untersuchungen, dass in Deutschland aufgrund der sozialen Komposition der Schülerschaft Kontextbedingungen in Schulen existieren, in denen unter äußerst schwierigen Bedingungen unterrichtet und erzogen wird (vgl. Schräpler, 2009; Stanat, 2006, Baumert et al., 2006). Inwieweit Schulinspektion auf die dadurch entstehenden unterschiedlichen Herausforderungen an Schulen systematisch reagiert und eine angepasste Deutung des Orientierungsrahmens für Schulqualität vornimmt, ist bislang empirisch nicht untersucht.

Baumert et al. (ebd.) weisen darauf hin, dass nicht allein „(…) die soziale Zusammensetzung der Schülerschaft das entscheidende, das Lern- und Entwicklungsmilieu einer Schule bestimmende Kompositionsmerkmal ist". Vielmehr ist davon auszugehen, dass Lehrkräfte vor allem auf das mit der sozialen Zusammensetzung kovariierende Fähigkeitsniveau der Schüler über organisatorische, curriculare und didaktische Arrangements reagieren. Wie Fallstudien an neuseeländischen Schulen zeigen, wird auch die Innovationsbereitschaft des pädagogischen Personals, der Führungsstil der Schulleitung und die Lehrerwahrnehmung von Inspektionen durch die Zusammensetzung der Schülerschaft beeinflusst (vgl. Wendt & Bos, 2011, S. 222). Diese genannten Merkmale gelten im Rahmenmodell zur Wirkung von Schulinspektionen (Ehren & Visscher 2006) als bedeutsame Mediatorvariablen zwischen der Wahrnehmung der Schulinspektion und den darauf ausgerichteten Entwicklungsimpulsen.

In der Bildungsadministration werden mit der Anwendung von sogenannten „Sozial-Indizes" zusätzliche Stellenzuweisungen gesteuert, die auf die sozialräumlichen Herausforderungen der Schulen reagieren sollen (z.B. durch Kompensation von Unterrichtsausfall oder zusätzliche Stunden für individuelle Förderung). Die Sozial-Indizes werden in der Regel durch Sozialindikatoren wie Arbeitslosenquote, Sozialhilfequote und Migrantenanteil gebildet. Wendt und Bos (2011) machen darauf aufmerksam, dass auch weitere Merkmale und deren Kombination herangezogen werden müssten, um die bildungsförderlichen Ressourcen der Elternhäuser und damit – vermittelt über die Komposition einer entsprechenden Schülerschaft – die Arbeits- und Lernbedingungen einer Schule angemessen beschreiben zu können. In Rückgriff auf die Arbeiten von Bourdieu und Coleman schlagen beide Autoren eine Operationalisierung von Merkmalen des kulturellen und sozialen Kapitals vor (vgl. Wendt & Bos, 2011, S. 229). Die Erfassung dieser Kompositionsmerkmale der Schülerschaft erfolgt in der Regel jedoch über aufwändige Paper-and-Pencil-Erhebungen bei Schülern und Eltern und können kaum im Rahmen von Schulinspektionen mit erhoben werden.

Es könnte jedoch umgekehrt auch gefragt werden, ob die Kritik einer unzureichenden Kontextualisierung der schulischen Arbeitsbedingungen im Rahmen von Schulinspektionen überhaupt zutreffend ist. Wenn es vor allem die Lehrer und die Schulleitungen sind, die durch organisatorische, curriculare, didaktische und soziale Arrangements adaptiv auf die Komposition der jeweiligen Lerngruppen regieren (vgl. ebd., S. 222), dann müssten sich derartige Bemühungen durchaus auch in den von Schulinspektionen erfassten Merkmalen der genutzten Qualitätsrahmen bzw. in den qualitativ über Interviews mit Schulleitungen, Lehrern und Eltern erhobenen Schulcharakteristika widerspiegeln. Ein empirisch belastbares Wissen zu dieser Vermutung besteht jedoch bislang nicht.

6. Zur wissensbasierten Entwicklungsfunktion von Schulinspektion

In der Governance-Perspektive wird Wissen mit konflikthaften Prozessen der Professionalisierung in Verbindung gebracht (Kussau & Brüsemeister, 2007; Brüsemeister, 2011). Wissen unterliegt dabei Prozessen der Rekontextualisierung (Fend, 2006). Aus dem Projekt „Schulinspektion als Steuerungsimpuls zur Schulentwicklung" wissen wir, dass es dabei teilweise zu grenzüberschreitender Zusammenarbeit zwischen Akteuren kommen kann (vgl. Preuß, Wissinger & Brüsemeister, 2014/i.Vorb.). Dies verstehen wir mit Argyris & Schön (1978) so, dass Akteure im Rückblick auf eigene Praktiken darin liegende Entwicklungsaspekte erkennen und Ziele und Werte neu reflektieren. Mit der Governance-Perspektive wird davon ausgegangen, dass derartige Aspekte einer lernenden Organisation sehr stark von Akteurskonstellationen beeinflusst werden, die die Art der Rekontextualisierung beeinflussen. Um die Frage der Entwicklungsoptionen für Schulen vor dem Hintergrund von Schulinspektionsergebnissen bzw. Schulinspektionswissen theoretisch fassbar zu machen, kombinieren wir im folgenden heuristischen Modell grundlegende Kategorien der Governance-Forschung und der Schulentwicklungsforschung: Entlang der Governance-Perspektive (Schimank, 2000; Lange & Schimank, 2004) und der governancetheoretischen Perspektive von Schulentwicklung (Heinrich, 2007) lässt sich die Wissenshandhabung differenziert innerhalb von *Deutungs-, Erwartungs- und Konstellationsstrukturen* (Schimank, 2000; Lange & Schimank, 2004) betrachten. Wir nutzen hierfür die von Strittmatter (2001) in Bezug auf die Handlungspraxis in Schulentwicklungsprozessen in den Diskurs eingeführte Trias von „Wollen", „Sollen" und „Können" in einer governancetheoretisch reformulierten Neufassung:

– *Deutungsstrukturen* sind nach Schimank (2000, S. 177) Sinn-Strukturen, die aus gesellschaftlichen Teilsystemen hervorgehen, die kognitive und evaluative Orientierungen geben und damit das „Wollen" der Akteure beeinflussen. Dies beinhaltet grundsätzlich, dass Akteure zwischen verschiedenen Kommunikationen unterscheiden, dass die Kommunikationsarten gesellschaftlicher Teilsysteme grundlegende Sinnbereiche für die Akteure markieren sowie evaluative Orientierungen ermöglichen, also festhalten, was im Bereich des Wünschenswerten liegt. Die Schulinspektion bietet hier ein bestimmtes Muster von Sichtweisen an, die in einer „Instrumentenkonstellation" mit verschiedenen anderen schulischen Instrumenten und deren Sichtweisen konkurrieren.

— *Erwartungsstrukturen*: Zu ihnen gehören „rechtliche Regelungen ebenso wie die formalisierten Regeln innerhalb von Organisationen, aber auch alle Arten von informellen sozialen Regeln, wie sie innerhalb größerer oder kleinerer Gruppen Geltung besitzen" (ebd., S. 176f.). Die Inspektion besteht aus einem Mix an Verhaltensanforderungen und Normen („du sollst"), der freilich in ein erweitertes Normensystem eingebettet ist, in dem es umfassendere Regeln (verrechtlichte, informelle) gibt, die die Erwartungen der Akteure in Verbindung mit je spezifischen Sanktionsgewalten beeinflussen. Des Weiteren ist davon auszugehen, dass Schulentwicklung nicht einfach als „Sollen" vorgegeben werden kann, sondern stattdessen bestimmte Freiheitsgrade benötigt. Die Entwicklungsfunktion der Schulinspektion interagiert hierbei mit den Soll-Normen der Inspektion und mit dem Kontext des umfassenderen schulischen Normensystems.

— Schließlich sind *Konstellationsstrukturen* zu berücksichtigen: Sie beschreiben das „Können" von Akteuren, ihr Handeln in Interdependenzbeziehungen zu realisieren. Beobachtet wird, wie sich ein Wollen im Kontext anderen Handelns realisieren *kann*. Konstellationsstrukturen bilden Phänomene eigener Art, da „ein bestimmtes Muster handelnden Zusammenwirkens von Akteuren sich in dem Sinne verfestigt, dass keiner der Beteiligten allein von sich aus einfach seine Handlungsweise ändern kann" (ebd., S. 177f.). Darunter fallen positiv bewertete Gleichgewichte wie z.B. Beziehungsnetzwerke, aber auch negativ bewertete Gleichgewichte wie etwa „Konkurrenz- oder Feindschaftsverhältnisse" (ebd., S. 178). Ein Instrument wie die Schulinspektion wird in diesem Punkt, analytisch gesehen, abhängig gemacht

1. von den Interdependenzen, die die Akteure mit Blick auf das Instrument einrichten. Greift z.B. kaum jemand in der Schule die Entwicklungsimpulse der Schulinspektion auf, so könnten sich andere Akteure daran anpassen. Des Weiteren ist die Schulinspektion

2. in Abhängigkeit von bereits bestehenden Interdependenzen zu sehen. Insbesondere ist zu untersuchen, dass und wie im Inspektionsverfahren das Problem verarbeitet wird,

3. dass durch die Inspektion die Funktionen Aufsicht und Kontrolle zwischen Inspektion und Schulaufsicht neu verhandelt werden,
4. dass Schulleitungen jeweils besondere Entwicklungsimpulse geben können und
5. dass pro Schulstandort jeweils regionale Akteure eine besondere Unterstützung mobilisieren.

Diese auf Schulentwicklungsprozesse bezogene wissensbasierte Perspektive auf die Akteurskonstellation muss entsprechend des heuristischen Modells des Governance-Programms evidenzbasierter Steuerung (vgl. Abb. 1) noch einmal vor dem Hintergrund der Einbettung der Schulinspektion in andere Datenformen (Datenkonstellationen) sowie dem Verhältnis zu anderen Steuerungsinstrumenten (Instrumentenkonstellationen) gedacht werden. Insgesamt werden damit alle drei Konstellationsformen in den Blick genommen. Die Befunde aus dem Verbundprojekt „Schulinspektion als Steuerungsimpuls zur Schulentwicklung" zeigen, dass diese theoretische Rahmung bei der Analyse einer Akteurskonstellation, die durch einen Impuls von außen (Schulinspektion) mit neuen Wissensformen umgehen muss, heuristisch aufschlussreich sein kann:

– *Beispiel Deutungsstrukturen:* Einige schulische Akteure aktivieren eine regionale Unterstützung für die Entwicklung der Schule, sei es durch den Schulträger (vgl. Preuß, 2013), sei es durch Beteiligung von Akteuren der Zivilgesellschaft und/oder der Wirtschaft. Befördert das Verfahren der Schulinspektion derartige externe Unterstützungen direkt oder indirekt, da es ja ebenfalls eine systematische Außenbeobachtung für die Schulen darstellt, wie etwa die Zivilgesellschaft und/oder Wirtschaft? Stellen sich in diesem Punkt Interaktionseffekte zwischen der Außenbeobachtung durch die Schulinspektion einerseits und der Außenbeobachtung zivilgesellschaftlicher und/oder wirtschaftlicher Akteure für die Schulen ein? Die Schulen bringen mit diesen Aktivitäten ihr „Wollen" in Bezug auf Schulentwicklungsprozesse zum Ausdruck.
– *Beispiel Erwartungsstrukturen:* Aus den Entwicklungen der Neuordnung der Schulinspektionsverfahren in den Bundesländern ergibt sich, nachdem die Inspektionsberichte vorliegen, als ein erster neuralgischer Punkt die avisierte Zielvereinbarung zwischen Schule und Schulaufsicht. Wie wird dieser Punkt in der Wahrnehmung der Akteure mit welchen Strategien bearbeitet? Wie können die Schulen diesem Regelwerk bzw. dieser neuen Form von Verbindlichkeit entsprechen („Sollen")?
– *Beispiel Konstellationsstrukturen:* In den Befunden des Projekts „Schulinspektion als Steuerungsimpuls zur Schulentwicklung" wird eine strukturelle Überschätzung der Rolle der Schulleitung deutlich, da sie durch das Verfahren der Inspektion speziell herausgehoben wird. Können die Schulleitungen ihre neue Rolle tatsächlich zur Schulentwicklung nutzen, und

wenn ja, mittels welcher Strategien gelingt ihnen dies? Wie wird damit ggf. das Schulinspektionswissen im Rahmen der Schulentwicklung auch in ein „Können" überführt?

Das Schulinspektionswissen, so wie es den Schulen in der Form des Rückmeldeberichts bzw. der mündlichen Rückmeldungen übermittelt wird, stellt derzeit allerdings nur eine Quelle für Schulentwicklungswissen dar (vgl. bspw. Wacker, Maier & Wissinger, 2012), neben vielen anderen Quellen, wie beispielsweise Ergebnissen von Lernstandserhebungen und Vergleichsarbeiten oder auch den z.T. selbst evidenzbasierten Ergebnissen schulinterner Evaluationen (SEIS). Die Akteure müssen die Ergebnisse der Schulinspektion erst zu diesen anderen Erkenntnisquellen relationieren, um sie in ein Wissen zu überführen, das dann für die Schulentwicklungsprozesse relevant werden kann (vgl. bspw. für Vergleichsarbeiten Maier & Schymala, 2011).

Im Governance-Programm evidenzbasierter Steuerung haben wir allerdings derzeit die Situation, dass im Mehrebenensystem die Akteure pro Ebene eine je spezifische Kombination von Instrumenten handhaben. Dies ist insbesondere vor dem Hintergrund der unterschiedlichen Wissensgenerierungsfunktionen dieser Instrumente bedeutsam (vgl. Heinrich, 2012; Dedering & Tillmann, 2012), da dadurch auch Missverständnisse zwischen den unterschiedlichen Ebenen entstehen können, je nachdem, ob die Reichweite der Instrumente richtig eingeschätzt wird. Besonders hervorzuheben ist in diesem Zusammenhang die Tatsache, dass einige Instrumente dem Systemmonitoring und andere dem Schulmonitoring dienen, und sich allein hieraus schon unterschiedliche Gegenstände der Messung, Messergebnisse sowie Möglichkeiten der Wissensverwendung ergeben: „Jede Vermessung folgt ihrer eigenen Logik und hat ihre spezifische Erhebungseinheit – dies muss bei der Interpretation ihrer Ergebnisse mitbedacht werden" (Heinrich, 2012, S. 43). Insofern können und müssen Bildungsberichte, Vergleichsarbeiten sowie Daten der Schulinspektion von den unterschiedlichen Akteuren im System auch unterschiedlich bewertet bzw. unterschiedlich weitreichend interpretiert werden, damit sie Entwicklungsprozesse anleiten können.

7. Zur Legitimationsfunktion von Schulinspektion

Fokussiert man den Blick in Bezug auf die Schulinspektion auf die administrativen Akteure sowie auf deren Legitimationsstrategien, ist es notwendig, zwischen politischen und administrativen Akteuren zu unterscheiden und dadurch die besondere Rolle der Administrativen als „intermediäre Akteure" (Altrichter & Heinrich, 2007, S. 61) für die Schulsystemsteuerung zu betonen:

„So liegt die Hauptfunktion von Verwaltung darin, die Intentionen und Festlegungen der Makro-Ebene klein zu arbeiten und an die weiteren Systemelemente zu ‚vermitteln‘. Unnötig zu sagen, dass sie nicht *nur* *dies* tut, nicht nur um eine reibungslose Koordination bemüht ist, sondern auch weitere Themen und Kriterien in die Systemkoordination einbringt. Die Verwaltung hat, wie alle anderen intermediären und sonstigen Akteure mit längerer Geschichte, eine eigene Kultur aufgebaut mit eigenen Traditionen und Vorlieben, die in diesem ‚Vermittlungsprozess‘ wirksam werden und daher dazu führen, dass Entscheidungen und Intentionen der Makro-Ebene – immer, besonders aber dann, wenn diese Entscheidungen traditionelle Werte und Funktionsweisen der Verwaltung selbst berühren – in je spezifischer Weise getönt werden." (Altrichter & Heinrich, 2007, S. 66)

Das New Public Management (NPM), das auch den Hintergrund für die aktuelle evidenzbasierte Schulsystemsteuerung darstellt, geht von der folgenden rationalistischen Grundprämisse aus: „Das zu lösende Problem der Verwaltung ist Effizienz und Effektivität, nicht Legalität oder Legitimation" (Schedler & Proeller, 2011, S. 57). Aus systemtheoretischer Sicht stellt die Möglichkeit politischer Steuerung dagegen lediglich eine „notwendige Fiktion" (Czada & Schimank, 2000, S. 25) des politischen Systems dar. Den Akteuren der Bildungsadministration kommt dabei die Rolle zu, politische Steuerungsversuche umzusetzen, d.h. mit Sinn zu versehen, sie in die schulische Praxis zu vermitteln und sie ggf. zu legitimieren. Schulinspektionen können insofern nicht nur als Steuerungsinstrumente aufgefasst werden; Schulinspektionen als Institutionen sind Teil der Bildungsadministration und damit in Strategien der „Steuerung des letztlich Unsteuerbaren" eingebunden. Der Aspekt der Legitimation wird im Rahmen der aktuellen Debatte um eine evidenzbasierte, an Strategien des NPM orientierten Schulsystemsteuerung allerdings systematisch vernachlässigt.

Im frühen Neo-Institutionalismus (vgl. Koch, 2009, S. 125ff.) stellt Legitimation einen Wesenszug von Institutionen dar, d.h. der Nexus von Institution und Legitimation wird als Konvergenzphänomen gedeutet. Folglich können Organisationen allein durch die Integration institutionalisierter Bedeutungsmuster quasi-automatisch Legitimität erlangen (Koch, 2009, S. 125f.). In diesem Sinne gilt: „A completely legitimate organization would be one about which no question could be raised" (Meyer & Scott, 1983, S. 201, zit. n. Koch, 2009, S. 126). Mit Blick auf die Debatte über ‚Organizational Legitimacy‘ (Deephouse & Suchman, 2008) kommt Koch (2009, S. 126) im Anschluss an Suchman zu einem erweiterten Legitimitätsbegriff, der Legitimität nun als Ergebnis von Zuschreibungen und damit von Aushandlungsprozessen fasst:

„Während bis dahin Legitimität konzeptionell als Eigenschaft von Institutionen verstanden wurde und gewissermaßen zwangsläufig mit der Adoption institutionalisierter Elemente auf die Organisation überging, wird dieser Automatismus nun unterbrochen. Das Legitimitätsverständnis gemäß Suchman stellt eine fundamentale ‚Ortsverlagerung‘ der Quelle von Legitimität dar: Legitimität meint die im Beurteiler stattfindende Zuschreibung und nicht mehr primär ein Charakteristikum von Institutionen. Die Umsetzung gesellschaftlicher Erwartungen in organisationale Strukturen und Praktiken *kann* Legitimität erzeugen, *muss* dies aber nicht zwangsläufig, da Legitimität nun von der Einschätzung der relevanten Bezugsgruppen in der Organisationsumwelt abhängt" (Koch, 2009, S. 126).

Angesichts der Legitimationskrise von Schulinspektion (vgl. Kap. 3) gewinnt diese neo-institutionalistische Neufassung des Legitimitätsbegriffs aus Governance-Perspektive eine besondere Bedeutung. Im Fall der Schulinspektion steht sowohl infrage, inwieweit die Vorstellung einer evidenzbasierten Schulsystemsteuerung „institutionalisiertes Allgemeingut" im Sinne eines gültigen und damit an sich legitimen kulturellen Bedeutungsmusters ist, als auch die „Institution Schulinspektion" selbst, die an die Frage gekoppelt ist, ob sie in ihrer empirisch vorfindbaren Organisationsform die Steuerungshoffnungen einer evidenzbasierten Schulsystemsteuerung erfüllen kann, und die im Rahmen einer multiperspektivischen Akteurskonstellation kritisierbar wird, wenn dies nicht gelingt:

„Wenn Legitimität nicht mehr als Wesenszug von Institutionen verstanden, sondern in der prozesshaften Zuschreibung durch andere organisationale Akteure verortet wird, entsteht ein Handlungs- und Kommunikationsraum zwischen der Organisation und ihren Bezugsgruppen, in dem die Frage von Legitimität sozial verhandelt wird. Mit dem von Suchman vorgeschlagenen Legitimitätskonzept gewinnt demnach die Frage nach den von Organisationen verwendeten *Inhalten* (Legitimationen) sowie nach dem *Prozess* ihrer Erstellung, Anwendung und Anerkennung (Legitimierung) an Bedeutung." (Koch, 2009, S. 127)

Infrage steht damit, vor welche Herausforderungen die Schulinspektion als Administration gestellt wird, d.h. wie sie die politische Forderung nach einer evidenzbasierten Schulsystemsteuerung mittels Schulinspektion mit Leben füllt, wie sie die Idee der Schulinspektion versucht in die schulische und die Verwaltungspraxis hinein zu vermitteln und wie sie sich selbst sowie die bildungspolitische Idee der Evidenzbasierung, über die sie sich u.a. von der klassischen Schulaufsicht abgrenzt, angesichts fraglicher Effekte legitimiert (vgl. Koinzer & Nikolai, 2012). Diese Legitimierungsprozesse erhalten im Zusammenspiel der Akteure Schulinspektion, Schulaufsicht und Unterstützungssystem zudem eine spezifische Dynamik, innerhalb derer wechselseitig Legitimierungen und Delegitimierungen adressiert werden können. Schulinspektion erfüllt damit ihre Legitimationsfunktion – sowohl für die Bildungspolitik gegenüber der Öffentlichkeit als auch im Sinne der Selbsterhaltung –, wenn sie die infrage stehende Legitimität gegenüber den relevanten anderen Akteuren plausibilisieren kann. Pointiert formuliert bedeutet dies, dass Schulinspektionen ihre Legitimationsfunktion gegenüber evidenzbasierter Bildungspolitik dann erfüllt, wenn sie sich selbst legitimieren kann.

8.   Ausblick: empirische Governanceanalysen zu den „Funktionen von Schulinspektion"

Aus dem internationalen und nationalen Stand zur Wirkungsforschung zum Themenbereich Schulinspektion sowie aus den Befunden des BMBF-Projekts „Schulinspektion als Steuerungsimpuls zur Schulentwicklung" lässt sich für Deutschland angesichts der vielfältigen Transformations- und Modifikationsprozesse der Schulinspektionsverfahren und der sich verändernden Institutionalisierungsformen eine „Krise der Schulinspektion" ableiten. Diese speist sich vornehmlich aus der Skepsis, inwieweit Schulinspektionen den Steuerungserwartungen der evidenzbasierten Schulentwicklung gerecht werden, die ihnen im Rahmen des Governance-Programms einer evidenzbasierten Steuerung zugeschrieben werden. Im vorgestellten heuristischen Modell (vgl. Kap. 3) wurde governanceanalytisch das Zusammenspiel der verschiedenen Steuerungsinstrumente (Instrumentenkonstellation), verfügbaren Daten (Datenkonstellation) und Beteiligten (Akteurskonstellation) in den Blick genommen. Der Schulinspektion kommt in diesem Modell insbesondere für die Steuerungsakteure eine *Erkenntnisgenerierungsfunktion*, für die Schulen vor allem eine *wissensbasierte Entwicklungsfunktion* sowie für die bildungspolitische Öffentlichkeit vornehmlich eine *Legitimationsfunktion* zu.

Empirische Analysen zu den drei Funktionen von Schulinspektion im multiperspektivisch gefassten Governance-*Programm* evidenzbasierter Steuerung müssen nun die Funktionsweise dieses Steuerungsinstruments – jenseits der bildungspolitischen Programmatik evidenzbasierter Steuerung –, d.h. das empirisch vorfindbare Governance-*Regime* rekonstruieren, um zu zeigen, inwieweit die Erkenntnisgenerierungsfunktion und die wissensbasierte Entwicklungsfunktion für die Legitimation der Institution Schulinspektion relevant werden. Hierfür muss untersucht werden, inwiefern im Rahmen von Schulinspektionen faire Vergleiche der pädagogischen Bemühungen von Schulen erfolgen bzw. möglich sind. Damit wird geklärt, inwieweit die Schulinspektion ein adäquates Bild der Arbeitsbedingungen, -prozesse und -ergebnisse der Einzelschule liefert und somit die reklamierte *Erkenntnisgenerierungsfunktion* – insbesondere für die politisch-administrativen Steuerungsakteure – erfüllt. Die Generierung schuladäquater Evidenzen erscheint dabei als notwendige Voraussetzung für eine *wissensbasierte Schulentwicklung.* Bedeutsam wird hier, inwieweit durch die Schulinspektion Prozesse der Wissensaneignung, Wissensweitergabe und Wissensverwendung an den Schulen ausgelöst werden, die zu Schul- und Organisationsentwicklungsprozessen führen.

Ausgehend vom heuristischen Modell zu den Funktionen von Schulinspektion im multiperspektivisch gefassten Governance-Programm evidenzbasierter Steuerung (vgl. Abb. 1) wird deutlich, dass die spezifische Legitimationsfunktion von Schulinspektion nur im Kontext der diese Institution umgebenden Akteurskonstellation, Instrumentenkonstellation und Datenkonstellation rekonstruierbar wird und dass diese dabei eng mit der Erkenntnis- und Entwicklungsfunktion verknüpft ist. Die Spezifität der Erkenntnisgenerierungsfunktion von Schulinspektionen lässt sich nur bestimmen, wenn man sie komparativ mit anderen Erkenntnisquellen der empirischen Bildungsforschung in Relation setzt. Nur in Form eines solchen Abgleichs wird der spezifische Erkenntnismehrwert dieses Steuerungsinstruments deutlich. Vergleichbares gilt für die wissensbasierte Entwicklungsfunktion, deren spezifische Impulse für das Governance-Programm einer „evidenzbasierten Steuerung" erst deutlich wird, wenn sie im Vergleich zu anderen Instrumenten (Monitoring, Lernstandserhebungen, Schulprogrammarbeit etc.) herausgearbeitet wird. Die Art und Weise, wie die Schulinspektion diesen beiden Funktionen gerecht wird, ist wesentlich für die Frage danach, wie sich die Legitimationsfunktion der Schulinspektion ausgestaltet. Je nachdem, wie plausibel Schulinspektion im Rahmen der Datenkonstellation und der Instrumentenkonstellation ihren Mehrwert machen kann, desto prekärer oder eben auch bruchloser stellt sich das Verhältnis dieser beiden Funktionen zur Legitimationsfunktion dar. Dies wird deutlich, wenn man sich vergegenwärtigt, dass im empirischen Grenzfall Erkenntnisgenerierungsfunktion, wissensbasierte Entwicklungsfunktion und Legitimationsfunktion in eins fallen können. Dies wäre dann der Fall, wenn der Mehrwert von Erkenntnisgenerierung und Schulentwicklung ganz außer Frage stehen würde und sich somit die Legitimationsfunktion im Verweis auf den großen Mehrwert der anderen beiden Funktionen von Schulinspektion erschöpfen könnte. In diesem Falle würde die Legitimationsfunktion mit den beiden anderen Funktionen verschmelzen (vgl. Meyer & Scott, 1983, S. 201). Sobald dieser empirische Grenzfall allerdings nicht eintritt, sondern auch Zweifel an der Erkenntnisgenerierungsfunktion und der wissensbasierten Entwicklungsfunktion deutlich werden, ist eine Ausdifferenzierung bzw. Spezifität der administrativen Legitimationsstrategien zu erwarten. Zu klären ist damit nicht nur, inwieweit die Erkenntnisgenerierungsfunktion und die wissensbasierte Entwicklungsfunktion für die Legitimation der Institution Schulinspektion relevant werden, sondern ob ggf. die Legitimation der Institution bildungspolitisch auch jenseits der konkreten Evidenzen gelingen kann.[6]

Literatur

Ackeren, I. v. & Klemm, K. (2009). *Entstehung, Steuerung und Struktur des deutschen Schulsystems.* Wiesbaden: VS-Verlag.

Altrichter, H. & Heinrich, M. (2007). Kategorien der Governance-Analyse und Transformationen der Systemsteuerung in Österreich. In H. Altrichter, T. Brüsemeister & J. Wissinger (Hrsg.), *Educational Governance. Handlungskoordination und Steuerung im Bildungssystem* (S. 55–103). Wiesbaden: VS.

Altrichter, H., Heinrich, M. & Soukup-Altrichter, K. (Hrsg.). (2011). *Schulprofilierung. Zur Veränderung von Koordinationsmechanismen im Schulsystem.* Wiesbaden: VS-Verlag.

Argyris, C. & Schön, D. A. (1978). *Organizational Learning. A Theory of Action Perspective.* Reading: Addison Wesley Longman.

Ballauff, Th. (1982). *Funktionen der Schule. Historisch-systematische Analysen zur Scolarisation.* Köln: Boehlau.

Baumert, J., Stanat, P. & Watermann, R. (Hrsg.). (2006). *Herkunftsbedingte Disparitäten im Bildungswesen. Vertiefende Analysen im Rahmen von Pisa 2000.* Wiesbaden: VS.

Benz, A., Lütz, S., Schimank, U. & Simonis, G. (2007). Einleitung. In A. Benz, S. Lütz, U. Schimank & G. Simonis (Hrsg.), *Governance. Ein Handbuch* (S. 9–25). Wiesbaden: VS.

Böhm-Kasper, O. & Selders, O. (2013). „Schulinspektionen sollten regelmäßig durchgeführt werden"? Ländervergleichende Analyse der Wahrnehmung und Akzeptanz von Schulinspektionsverfahren. *Die Deutsche Schule* [Beiheft 2013], 121–153.

Bos, W., Dedering, K., Holtappels, H. G., Müller, S. & Rösner, E. (2007). Schulinspektion in Deutschland. Eine kritische Bestandsaufnahme. In J. van Buer & C. Wagner (Hrsg.), *Qualität von Schule. Ein kritisches Handbuch* (S. 241–257). Frankfurt a. M.: Lang.

Bos, W., Holtappels, H. G. & Rösner, E. (2006). Schulinspektion in den deutschen Bundesländern. Eine Baustellenbeschreibung. *Jahrbuch der Schulentwicklung, 14,* 81–123.

Böttcher, W. & Keune, M. (2010). Funktionen und Effekte der Schulinspektion. Ausgewählte nationale und internationale Forschungsbefunde. In W. Böttcher, J. N. Dicke & N. Hogrebe (Hrsg.), *Evaluation, Bildung und Gesellschaft. Steuerungsinstrumente zwischen Anspruch und Wirklichkeit* (S. 151–164). Münster: Waxmann.

---

6 Vgl. hierzu die MISTEL-Studie von Tillmann et al. (2008) zum Steuerungsphänomen „PISA" als bildungspolitischem Ereignis.

Böttcher, W. & Kotthoff, H.-G. (Hrsg.). (2007). *Schulinspektion. Evaluation, Rechenschaftslegung und Qualitätsentwicklung.* Münster: Waxmann.

Brandt, S. & Reimers, H. (2011). Lassen sich starke und schwache Schulen eindeutig unterscheiden, wenn man eine Rangordnung gemäß von Inspektionsdaten bildet? In S. Müller, M. Pietsch & W. Bos (Hrsg.), *Schulinspektionen in Deutschland. Eine Zwischenbilanz aus empirischer Sicht* (S. 79–95). Münster: Waxmann.

Brimblecombe, N., Shaw, M. & Ormston, M. (1996). Teachers' Intention to change Practice as a Result of OFSTED School Inspections. *Educational Management & Administration, 24* (4), 339–354.

Brunsson, N. (1989). *The Organization of Hypocrisy. Talk, Decisions and Actions in Organizations.* Chichester: John Wiley.

Brüsemeister, T. (2011). Educational Governance. Aufriss von Perspektiven für die empirische Bildungsforschung. In C. Hof, J. Ludwig & B. Schäffer (Hrsg.), *Steuerung – Regulation – Gestaltung. Dokumentation der Jahrestagung der Sektion Erwachsenenbildung der Deutschen Gesellschaft für Erziehungswissenschaft (DGfE)* (S. 7–17). Baltmannsweiler: Schneider.

Burkard, C. (2005). Ergebnisorientierte Systemsteuerung: Konsequenzen für die externe Evaluation. In G. Brägger, B. Bucher & N. Landwehr (Hrsg.), *Schlüsselfragen zur externen Schulevaluation* (S. 79–110). Bern: hep-Verlag.

Chapman, C. (2001). Changing Classrooms through Inspection. *School Leadership & Management, 21* (1), 59–73.

Cullingford, C. & Daniels, S. (1999). Effects of Ofsted Inspections on School Performance. In C. Cullingford (Ed.), *An Inspector calls. Ofsted and its Effect on School Standards* (S. 59–69). London: Kogan.

Czada, R. & Schimank, U. (2000). Institutionendynamiken und politische Institutionengestaltung. Die zwei Gesichter sozialer Ordnungsbildung. In R. Werle & U. Schimank, U. (Hrsg.), *Gesellschaftliche Komplexität und kollektive Handlungsfähigkeit* (S. 23–43). Frankfurt a. M.[u.a.]: Campus.

Dedering, K. (2012). Schulinspektion als wirksamer Weg der Systemsteuerung? *Zeitschrift für Pädagogik, 58* (1), 70–88.

Dedering, K., Fritsch, N. & Weyer, C. (2012). Die Ankündigungen von Schulinspektionen und deren innerschulische Effekte. Hektisches Treiben oder genügsame Gelassenheit? In S. Hornberg & M. Parreira do Amaral (Hrsg.), *Deregulierung im Bildungswesen* (S. 205–222). Münster: Waxmann.

Dedering, K. & Tillmann, K.-J. (2012). Schulqualität Qualitätsrahmen – Schulinspektion. In N. Berkemeyer, K. Dedering, M. Heinrich, W. Kretschmer, M. Schratz & B. Wischer (Hrsg.), *Schule vermessen* [Friedrich Jahresheft 30] (S. 44–47). Seelze: Friedrich.

Deephouse, D. L. & Suchman, M. (2008). Legitimacy in Organizational Institutionalism. In R. Greenwood, C. Oliver, R. Suddaby & K. Sahlin (Hrsg.), *The Sage Handbook of Organizational Institutionalism* (S. 49–77). Los Angeles.

Dietrich, F. (2015). „Schulleitersicht" aus rekonstruktiver Perspektive. Bezugnahmen auf die Schulinspektion jenseits evaluativer Auskünfte (Arbeitstitel). In Vorbereitung für: F. Dietrich, M. Heinrich & M. Lambrecht (Hrsg.), *Schul-*

steuerung in rekonstruktiver Perspektive. Fallanalysen zur Eigensinnigkeit im Mehrebenensystem (Arbeitstitel). Wiesbaden: VS.

Dietrich, F., Heinrich, M. & Lambrecht, M. (2015/i. Vorb.). Diffuse Diffusion. How School Administrators Argue the Needs for External Evaluations or What's the Purpose of Evaluation? Vortrag im Rahmen der ECER am 14.09.2011 in Berlin. Einreichung des überarbeiteten Vortragsmanuskripts in Vorbereitung.

Dietrich, F. & Lambrecht, M. (2012). Menschen arbeiten mit Menschen. Schulinspektion und die Hoffnung auf den zwanglosen Zwang der „besseren Evidenz". *Die Deutsche Schule, 104* (1), 57–70.

DiMaggio, P. J. & Powell, W. W. (1983). The iron Cage revisited. Institutional Isomorphism and collective Rationality in Organizational Fields. *American Sociological Review, 48*, 147–160.

Döbert, H., Rürup, M. & Dedering, K. (2008). Externe Evaluation von Schulen in Deutschland. Die Konzepte der Bundesländer, ihre Gemeinsamkeiten und Unterschiede. In H. Döbert & K. Dedering (Hrsg.), *Externe Evaluation von Schulen. Historische, rechtliche und vergleichende Aspekte* (S. 63–151). Münster: Waxmann.

Döbrich, P., Schnell, H. & Sroka, W. (2008). Schulinspektion in ausgewählten Ländern. In H. Döbert & K. Dedering (Hrsg.), *Externe Evaluation von Schulen. Historische, rechtliche und vergleichende Aspekte* (S. 165–237). Münster: Waxmann.

Ehren, M. C. M. & Visscher, A.J. (2006). Towards a Theory on the Impact of School Inspections. *British Journal of Educational Studies, 54* (1), 51–72.

Ehren, M. C. M. & Visscher, A. J. (2008): The Relationships between School Inspections, School Characteristics and School Improvement. *British Journal of Educational Studies, 56* (2), 205–227.

Fend, H. (1977). *Gesellschaftliche Bedingungen schulischer Sozialisation. Soziologie der Schule. Teil I.* (4. Auflage). Weinheim/Basel: Beltz.

Fend, H. (1980). *Theorie der Schule.* München [u.a.]: Urban & Schwarzenberg.

Fend, H. (2006). *Neue Theorie der Schule. Einführung in das Verstehen von Bildungssystemen.* Wiesbaden: VS.

Ferguson, N., Earley, P., Ouston, J. & Fidler, B. (1999). New Heads, OFSTED Inspections and the Prospects for School Improvement. *Educational Research, 41* (3), 241–249.

Füssel, H.-P. (2008). Schulinspektion und Schulaufsicht, Schulinspektion oder Schulaufsicht, Schulinspektion versus Schulaufsicht, Schulinspektion als Schulaufsicht? In H. Döbert & K. Dedering (Hrsg.), *Externe Evaluation von Schulen. Historische, rechtliche und vergleichende Aspekte* (S. 153–164). Münster: Waxmann.

Gärtner, H., Hüsemann, D. & Pant, H. A. (2009). Wirkungen von Schulinspektion aus Sicht betroffener Schulleitungen. Die Brandenburger Schulleiterbefragung. *Empirische Pädagogik, 23* (1), 1–18.

Gärtner, H. & Pant, H. A. (2011). Validierungsstrategien für Verfahren und Ergebnisse von Schulinspektionen. In S. Müller, M. Pietsch & W. Bos (Hrsg.), *Schulinspektionen in Deutschland. Eine Zwischenbilanz aus empirischer Sicht* (S. 9–31). Münster: Waxmann.

Geißler, G. (2008). Geschichtliches zur „Vornahme periodischer Untersuchungen" der Schulen. In H. Döbert & K. Dedering (Hrsg.), *Externe Evaluation von Schulen. Historische, rechtliche und vergleichende Aspekte* (S. 23–61). Münster: Waxmann.

Gray, C. & Gardner, J. (1999). The Impact of School Inspections. *Oxford Review of Education, 25* (4), 455–468.

Heinrich, M. (2006). *Autonomie und Schulautonomie. Die vergessenen ideengeschichtlichen Quellen der Autonomiedebatte der 1990er Jahre.* Münster: MV-Verlag.

Heinrich, M. (2007). *Governance in der Schulentwicklung. Von der Autonomie zur Evaluationsbasierten Steuerung.* Wiesbaden: VS.

Heinrich, M. (2010). Bildungsgerechtigkeit durch Evidence-based-policy? In W. Böttcher, J. Dicke & N. Hogrebe, *Evaluation, Bildung und Gesellschaft. Steuerungsinstrumente zwischen Anspruch und Wirklichkeit* (S. 47–68). Münster: Waxmann.

Heinrich, M. (2011). Empirische Erforschung schulischer Governance. Handlungsleitendes Wissen für Administration und Bildungspolitik? In D. Fickermann & K. Schwippert (Hrsg.), *Wissen für Handeln. Ansätze zur Neugestaltung des Verhältnisses von Bildungsforschung und Bildungspolitik* [= ZUSE Berichte 01] (S. 31–49). Hamburg.

Heinrich, M. (2012). Was misst eigentlich was? Zur Vermessungslogik der Reforminstrumente. In N. Berkemeyer, K. Dedering, M. Heinrich, W. Kretschmer, M. Schratz & B. Wischer (Hrsg.), *Schule vermessen* [Friedrich Jahresheft 30], (S. 42–43). Seelze: Friedrich.

Husfeldt, V. (2011). Wirkungen und Wirksamkeit der externen Schulevaluation. Überblick zum Stand der Forschung. *Zeitschrift für Erziehungswissenschaft, 14* (2), 259–282.

Klieme, E. (2005). Zur Bedeutung von Evaluation für die Schulentwicklung. In K. Maag Merki, A. Sandmeier, P. Schuler & H. Fend (Hrsg.), *Schule wohin? Schulentwicklung und Qualitätsmanagement im 21. Jahrhundert* (S. 40–61). Zürich.

Koch, S. (2009). Die Bausteine neo-institutionalistischer Organisationstheorie. Begriffe und Konzepte im Lauf der Zeit. In S. Koch & M. Schemmann (Hrsg.), *Neo-Institutionalismus in der Erziehungswissenschaft. Grundlegende Texte und empirische Studien* (S. 110–131). Wiesbaden: VS.

Koinzer, T. & Nikolai, R. (2012). *Prekäre Legitimität? Schulinspektion in Berlin und ihre materielle und prozedurale Gültigkeit.* Vortrag im Rahmen der KBBB-Tagung „Mixed Modes of Governance in Education", Justus-Liebig-Universität Gießen, 2. Oktober 2012.

Kotthoff, H.-G. & Böttcher, W. (2010). Neue Formen der „Schulinspektion": Wirkungshoffnungen und Wirksamkeit im Spiegel empirischer Bildungsforschung. In H. Altrichter & K. Maag-Merki (Hrsg.), *Ein neues Steuerungsmodell für das Schulwesen? Forschungsstrategien und Ergebnisse der schulischen Governance-Forschung* (S. 295–325). Wiesbaden: VS-Verlag.

Kuper, Harm (2005). *Evaluation im Bildungssystem. Eine Einführung.* Stuttgart: Kohlhammer.

Kussau, J. & Brüsemeister, T. (2007). *Governance, Schule und Politik. Zwischen Antagonismus und Kooperation.* Wiesbaden: VS.

Lambrecht, M. (2015/i.Vorb.). Die Evolution der Evaluation. Rekonstruktionen zum „Steuerungsimpuls Schulinspektion" aus administrativer Perspektive. In Vorbereitung für die Reihe: Berkemeyer, N./Bormann, I./Brüsemeister, Th./ Niedlich, S./Schemmann, M. (Hrsg.): Institutionenforschung im Bildungsbereich. Beltz/Juventa.

Lambrecht, M. & Rürup, M. (2012). Bildungsforschung im Rahmen einer evidence based policy. Das Beispiel „Schulinspektion". In A. Wacker, U. Maier & J. Wissinger (Hrsg.), *Schul- und Unterrichtsreform durch ergebnisorientierte Steuerung. Empirische Befunde und forschungsmethodische Implikationen* (S. 57–77). Wiesbaden: VS.

Lange, S. & Schimank, U. (2004). Governance und gesellschaftliche Integration. In S. Lange & U. Schimank (Hrsg.). *Governance und gesellschaftliche Integration* (S. 9–46). Wiesbaden: VS.

Maier, U. & Schymala, M. (2011). Reduktion von sozialen Disparitäten durch datenbasierte Schulentwicklung? Voraussetzungen für die Rezeption und Nutzung zentraler Testrückmeldungen in Fach- und Gesamtlehrerkonferenzen. In F. Dietrich, M. Heinrich & N. Thieme (Hrsg.), *Neue Steuerung – alte Ungleichheiten? Steuerung und Entwicklung im Bildungssystem* (S. 291–303). Münster: Waxmann.

Maritzen, N. (2006). Eine Trendanalyse. Schulinspektion zwischen Aufsicht und Draufsicht. In H. Buchen, L. Horster & H.-G. Rolff (Hrsg.), *Schulinspektion und Schulleitung* (S. 7–26). Berlin: Raabe.

Maritzen, N. (2008). Schulinspektion. Zur Transformation von Governance-Strukturen im Schulwesen. *Die Deutsche Schule, 100* (1), 85–95.

Matthews, P. & Sammons, P. (2004). Improvement through Inspection. An Evaluation of the Impact of Ofsted's Work. OFSTED [HMI 2244]. Verfügbar unter: www.ofsted.gov.uk [17.02.2013].

Meyer, J. W. & Rowan, B. (1977). Institutionalized Organizations. Formal Structure as Myth and Ceremony. *American Journal of Sociology, 83*, 340–363.

Meyer, J. W. & Scott, W. R. (1983). Centralization and the Legitimacy Problems of Local Government. In J. W. Meyer & W. R. Scott (Ed.), *Organizational Environments. Ritual and Rationality* (S. 199–215). Newbury Park.

Müller, S. & Pietsch, M. (2011). Was wir messen, wenn wir Unterrichtsqualität messen. Inter-Beurteilerübereinstimmung und -Reliabilität bei Unterrichtsbeobachtungen im Rahmen von Schulinspektion. In S. Müller, M. Pietsch & W. Bos (Hrsg.), *Schulinspektionen in Deutschland. Eine Zwischenbilanz aus empirischer Sicht* (S. 33–55). Münster: Waxmann.

Nisbet, J. (1990). Rapporteur's Report. In Council of Europe/Scottish Council for Research in Education (Hrsg.), *The Evaluation in Educational Programmes. Methods, Uses and Benefits* (S. 1–9). Amsterdam: Swets/Zeitlinger.

Paschen, H. (2001). Schulische Funktionen und Systematik schulpädagogischer Alternativen. In U. Sandfuchs & W. Melzer (Hrsg.), *Was Schule leistet. Funktionen und Aufgaben von Schule* (S. 241–253). Weinheim: Juventa.

Perryman, J. (2006). Panoptic Performativity and School Inspection Regimes. Disciplinary Mechanisms and Life under special Measures. *Journal of Educational Policy, 21* (2), 147–161.

Perryman, J. (2007): Inspection and Emotion. *Cambridge Journal of Education, 37* (2), 173–190.

Pietsch, M., Schulze, P., Schnack, J. & Krause, M. (2011). Elaborierte Rückmeldungen zur Qualität von Unterricht. Über empirisch abgesicherte Bezugsnormen als Grundlage für die Weiterentwicklung von Unterricht und Schule. In S. Müller, M. Pietsch & W. Bos (Hrsg.), *Schulinspektionen in Deutschland. Eine Zwischenbilanz aus empirischer Sicht* (S. 193–216). Münster: Waxmann.

Preuß, B. (2013). Akteurkonstellation zwischen Schulträger und Schule. Empirische Analysen zur Governance von Schulinspektion. *Die Deutsche Schule* [Beiheft 2013], 154–171.

Preuß, B., Brüsemeister, T. & Wissinger, J. (2012). Einführung der Schulinspektion und die Rolle der Schulleitung aus governanceanalytischer Perspektive. *Empirische Pädagogik, 26* (1), 101–120.

Preuß, B., Wissinger, J. & Brüsemeister, T. (2014/i.Vorb.). Einführung der Schulinspektion. Struktur und Wandel regionaler Governance im Schulsystem. Vortrag im Rahmen der KBBB-Tagung „Mixed Modes of Governance in Education" der JLU Gießen, 1.-2. Oktober 2012. In Vorbereitung für: H. J. Abs, T. Brüsemeister, M. Schemmann & J. Wissinger (Hrsg.), *Mixed Modes of Governance in Education. Tagungsband zur Herbsttagung der KBBB 2012.* Wiesbaden: VS.

Rosenthal, L. (2004). Do School Inspections improve School Quality? Ofsted Inspections and School Examination Results in the UK. *Economics of Education Review, 23* (2), 143–151.

Rürup, M. (2008). Typen der Schulinspektion in den deutschen Bundesländern. *Die Deutsche Schule, 100* (4), 467–477.

Schedler, K. & Proeller, I. (2011). *New Public Management.* Bern: Haupt.

Schimank, U. (2000). *Handeln und Strukturen. Einführung in die akteurtheoretische Soziologie.* Weinheim: Juventa.

Schräpler, J.-P. (2009). Verwendung von SGB II-Dichten als Raumindikator für die Sozialberichterstattung am Beispiel der „sozialen Belastung" von Schulstandorten in NRW – ein Kernel-Density-Ansatz [Statistische Analysen und Studien Nordrhein-Westfalen (57)]. Düsseldorf.

Schwänke, U. (1980). *Die Interdependenz von Bildungssystem und Gesellschaft: ein Beitrag zur Theorie der Schule.* Weinheim/Basel: Beltz.

Shaw, I., Newton, D. P., Aitkin, M. & Darnell, R. (2003). Do OFSTED Inspections of Secondary Schools make a Difference to GCSE Results? *British Educational Research Journal, 29,* 63–75.

Sommer, N. (2011). Wie beurteilen schulische Gruppen die erlebte Schulinspektion? Ergebnisse einer Befragung. In S. Müller, M. Pietsch & W. Bos (Hrsg.), *Schulinspektionen in Deutschland. Eine Zwischenbilanz aus empirischer Sicht* (S. 137–164). Münster: Waxmann.

Stanat, P. (2006). Schulleistungen von Jugendlichen mit Migrationshintergrund. Die Rolle der Zusammensetzung der Schülerschaft. In J. Baumert, P. Stanat & R. Watermann (Hrsg.), *Herkunftsbedingte Disparitäten im Bildungswesen. Vertiefende Analysen im Rahmen von Pisa 2000* (S. 189–219). Wiesbaden: VS.

Stockmann, R. & Meyer, W. (2010). *Evaluation. Eine Einführung*. Verlag Barbara Budrich: Opladen/Farmington Hills/MI.

Strittmatter, A. (2001). Bedingungen für die nachhaltige Aufnahme von Neuerungen an Schulen. *Journal für Schulentwicklung, 5* (4), 58–66.

Strittmatter, A. (2007). Zwischen Solbad und Polizeiradar. Über das sensible Verhältnis von interner und externer Evaluation von Bildungsinstitutionen. In W. Böttcher & H.G. Kotthoff (Hrsg.), *Schulinspektion. Evaluation, Rechenschaftslegung und Qualitätsentwicklung* (S. 93–112). Münster: Waxmann.

Tillmann, K.-J., Dedering, K., Kneuper, D., Kuhlmann, C. & Nessel, I. (2008). *PISA als bildungspolitisches Ereignis*. Wiesbaden: VS.

van Bruggen, J. (2006). Schulinspektion in den Niederlanden. Metaevaluation und punktuelle Tiefe auf Wunsch der Schulen. In H. Buchen, L. Horster & H.-G. Rolff (Hrsg.), *Schulinspektion und Schulleitung* (S. 107–124). Berlin: Raabe.

van Bruggen, J. (2012). „Vermessungsart" mit Historie. Die Geschichte der Schulinspektion. In N. Berkemeyer, L. Dedering, K., Heinrich, M., Kretschmer, W., Schratz, M. & Wischer, B. (Hrsg.), *Schule vermessen* [Friedrich Jahresheft 30] (S. 57–59). Seelze: Friedrich.

Wacker, A., Maier, U. & Wissinger, J. (Hrsg.). (2012). *Schul- und Unterrichtsreform durch ergebnisorientierte Steuerung. Empirische Befunde und forschungsmethodische Implikationen*. Wiesbaden: VS.

Wendt, H. & Bos, W. (2011). Indikatoren zur Kontextuierung von Inspektionsergebnissen. Bedeutung und Anforderung. In S. Müller, M. Pietsch & W. Bos (Hrsg.), *Schulinspektion in Deutschland. Eine Zwischenbilanz aus empirischer Sicht* (S. 217–236). Münster: Waxmann.

Wissinger, J. (2011). Schulleitung und Schulleitungshandeln. In E. Terhart, H. Bennewitz & M. Rothland (Hrsg.), *Handbuch der Forschung zum Lehrerberuf* (S. 98–115). Münster: Waxmann.

Wissinger, J. (2013). Schulleitungshandeln und Förderung der Professionalität unter Lehrpersonen. Eine Analyse institutioneller und struktureller Entwicklungsbedingungen. In M. Keller-Schneider, S. Albisser & J. Wissinger (Hrsg.), *Professionalität und Kooperation in Schulen* (S. 185–208). Bad Heilbrunn: Klinkhardt.

Sebastian Wurster, Dirk Richter, Anna Schliesing und Hans Anand Pant

Nutzung unterschiedlicher Evaluationsdaten an Berliner und Brandenburger Schulen[1]

Rezeption und Nutzung von Ergebnissen aus Schulinspektion, Vergleichsarbeiten und interner Evaluation im Vergleich

1. Einleitung

In der vergangenen Dekade sind im deutschen Bildungssystem auf vielen Ebenen Qualitätsstandards formuliert und, darauf bezogen, neue Formen der Evaluation schulischer Qualität eingeführt worden. Diese Instrumente sind Ausdruck der Neuausrichtung der Steuerung im Schulwesen. Diese Entwicklung geht auf den so genannten Konstanzer Beschluss der Kultusministerkonferenz (KMK) von 1997 zurück, der u.a. vorsieht, Instrumente zur Evaluation zu entwickeln und regelmäßig länderübergreifende Vergleichsuntersuchungen zum Leistungsstand von Schülerinnen und Schülern durchzuführen. Er stellt eine Reaktion auf die Ergebnisse internationaler Schulleistungsstudien dar, die die KMK veranlasst haben, Qualitätssicherung zum zentralen Thema zu machen (vgl. KMK, 2006). Neben einem nationalen Bildungsmonitoring in Form einer Bildungsberichterstattung und der kontinuierlichen Teilnahme an nationalen und internationalen Schulleistungsstudien wurden verschiedene Instrumente zur Evaluation schulischer Arbeit in den Ländern eingeführt. Dazu zählen die von der KMK beschlossenen, bundesweit durchgeführten Vergleichsarbeiten (VERA) sowie die nicht zentral von der KMK eingeführte, in den einzelnen Bundesländern ausgestaltete, externe Evaluation von Schulen durch Schulinspektionen sowie die gesetzliche Verpflichtung zur Selbstevaluation. Die eingeführten Verfahren evaluieren auf Basis ebenfalls neu formulierter Qualitätskriterien unterschiedliche Aspekte schulischer Arbeit. Zum einen wurden die KMK-Bildungsstandards eingeführt, die beschreiben, welche Kompetenzen Schülerinnen und Schüler zu einem bestimmten Zeitpunkt in ihrer Schulkarriere erreicht haben sollen. Sie wurden von jedem Land spezifisch (z.B. in Form neuer Rahmenlehrpläne) implementiert. Zum anderen wurden in den Ländern Schulqualitätsrahmen entwickelt, die definieren, was unter „guter Schule" verstanden werden soll. Schulen bekommen folglich Rückmeldungen aus verschiedenen Informationsquellen, die potenziell alle als Evaluation ihrer Arbeit angesehen werden können (vgl. Maag Merki, 2009) und damit ein

---

[1] Dieser Beitrag wurde zuerst veröffentlicht in: van Ackeren, Isabell, Heinrich, Martin, Thiel, Felicitas (Hrsg.) (2013): Evidenzbasierte Steuerung im Bildungssystem? Befunde aus dem BMBF-SteBis-Verbund. In: Die Deutsche Schule Beiheft, Band 12.

möglicher Ausgangspunkt für Qualitätssicherung und Qualitätsentwicklung von Schulen sind.

Ausgehend von der zugedachten Funktion, Qualitätsentwicklung in Schulen anzustoßen, stellt sich die Frage, inwiefern dies den unterschiedlichen Evaluationsverfahren gelingt. Bislang wurden verschiedene Evaluationsinstrumente zumeist getrennt voneinander empirisch analysiert, ohne diese miteinander in Beziehung zu setzen und verfahrensübergreifend bzw. vergleichend zu untersuchen. Diese Studie betrachtet exemplarisch für die Länder Berlin und Brandenburg die Evaluationsverfahren VERA, Schulinspektion und interne Evaluation hinsichtlich ihrer Nutzung für Entwicklungsmaßnahmen sowie der Akzeptanz durch die Evaluationsbetroffenen.

2. Evaluation im Deutschen Bildungssystem

2.1 Evaluationsverfahren als Teil der Steuerung des Bildungssystems

Die Einführung von Schulinspektionen, VERA und interner Evaluation ist Ausdruck der „neuen Steuerung" im Schulsystem. Altrichter (vgl. 2010, S. 220f.) fasst die Leitideen der „neuen Steuerung" in den folgenden vier Merkmalen zusammen: 1. Evidenzbasierung, 2. Outputorientierung, 3. Unterrichtsfokussierung und 4. Zielorientierung (vgl. Klieme, 2004). Entwicklungsentscheidungen sollen auf geprüften Informationen basieren (Evidenzbasierung), und die Umsetzung wird empirisch evaluiert. Die Erträge von Bildungseinrichtungen haben einen hohen Stellenwert (Outputorientierung). Diese werden durch Unterricht erbracht und durch die Messung von Schülerleistungen überprüft (Unterrichtsfokussierung). Die intendierten Entwicklungsziele sollen den Akteuren des Bildungssystems deutlich kommuniziert werden, und ihre Tätigkeit soll darauf ausgerichtet sein (Zielorientierung). Ein wesentliches Element in der „neuen Steuerung" ist dabei die Verknüpfung von Standards bzw. Qualitätskriterien mit einer Überprüfung ihrer Erfüllung, z.B. durch Tests (vgl. Altrichter, 2010). Im Folgenden werden die Evaluationsverfahren kurz umrissen. Die Darstellung erfolgt für die Ausgestaltung der Verfahren in den Ländern Berlin und Brandenburg, aus denen die Teilnehmer und Teilnehmerinnen der vorliegenden Studie rekrutiert wurden.

2.1.1 Vergleichsarbeiten

Standardisierte Lernstandserhebungen bzw. Vergleichsarbeiten (VERA) ermöglichen es festzustellen, inwiefern die in den Bildungsstandards für das

Ende der vierten Jahrgangsstufe bzw. das Ende der Sekundarstufe I definierten Kompetenzen bereits vorher von Schülerinnen und Schülern einer bestimmten Jahrgangsstufe erreicht wurden. Vergleichsarbeiten sollen folglich der Standortbestimmung dienen und damit Ausgangspunkt für kompetenzorientierte Entwicklungs- und Fördermaßnahmen sein. Bislang finden sie länderübergreifend in den Jahrgangsstufen 3 und 8 statt und werden in den Fächern Deutsch, Mathematik und in weiterführenden Schulen zusätzlich in der ersten Fremdsprache (Englisch oder Französisch) durchgeführt. Die Testung findet ein Jahr bzw. zwei Jahre früher statt, als die Erreichung der Bildungsstandards vorgesehen ist (Primarstufe in Klasse 4; Sekundarstufe I in Klasse 9 für den Hauptschulabschluss bzw. 10 für den Mittleren Schulabschluss), um den Lehrkräften frühzeitig diagnostische Anhaltspunkte über den erreichten Kompetenzstand der Lerngruppe zurückzumelden. Die Ergebnisse von VERA dienen primär der Unterrichtsentwicklung; sie sollen jedoch auch über die Klassenebene hinaus zur Schulentwicklung genutzt werden (vgl. KMK, 2010). Auf Schulebene können Vergleiche zwischen Lerngruppen sowie Vergleiche mit Referenzgruppen Anlass für Schulentwicklungsmaßnahmen sein. In Berlin und Brandenburg bekommen Schulen angepasste Rückmeldungen für verschiedene Ebenen (Individualebene, Klassenebene und Schulebene; vgl. Pant u.a., 2011). Außer in ihrer primären Entwicklungsfunktion werden die VERA-Ergebnisse in einigen Ländern darüber hinaus zum regionalen Monitoring des Schulsystems eingesetzt.

2.1.2 Schulinspektion

Die Schulinspektion stellt ein externes Evaluationsverfahren dar, bei dem schulfremde Inspektorinnen und Inspektoren Schulen begutachten. Im Zentrum des Inspektionsverfahrens steht die Erfassung der Unterrichts- und Schulqualität, also der schulischen Prozesse (vgl. Döbert & Dedering, 2008; Dedering & Müller, 2011). Die Bewertung der Schulen erfolgt auf Basis von Orientierungsrahmen für Schulqualität, die die (normative) Zielvorstellung einer „guten Schule" beschreiben (vgl. z.B. Brandenburger Orientierungsrahmen zur Schulqualität (MBJS, 2008a) oder Berliner Handlungsrahmen (SenBJS, 2006)). Die Orientierungsrahmen enthalten als Qualitätsdimensionen neben den Erträgen einer Schule (z.B. Kompetenzen der Schülerinnen und Schüler) hauptsächlich Prozessdimensionen wie z.B. Schulmanagement, Maßnahmen der Qualitätsentwicklung und insbesondere die Unterrichtsqualität. Als Grundlage für die Bewertung der Schulen werden Daten mit verschiedenen Methoden erhoben (z.B. Unterrichtsbeobachtung, Interviews, schriftliche Befragungen, Dokumentenanalyse), die zu einem Stärken-Schwächen-Profil der erfassten Qualitätskriterien zusammengeführt werden. Die Rückmeldung der Ergebnisse soll als Ausgangspunkt zur weiteren Qualitätsentwicklung dienen, z.B. in Zusammenarbeit mit der Schulaufsicht durch die gemeinsame Formulierung von Entwicklungszielen. Andere Evaluationsverfahren (z.B. Ergebnisse aus VERA, Durchführung interner Evaluation) sind Teil der Bestandsaufnahme der Schulinspektion.

2.1.3 Interne Evaluation

Unter interner Evaluation bzw. Selbstevaluation werden zahlreiche Verfahren subsumiert, die es der Schule ermöglichen sollen, Erkenntnisse über den Erfolg der eigenen Arbeit zu gewinnen (vgl. Berkemeyer & Müller, 2010). Die Verantwortung für die Gestaltung und Durchführung liegt bei der einzelnen Schule. Interner Evaluation wird deshalb eine große Bedeutung hinsichtlich professionellen Lehrerhandelns und einer lernenden Organisation zugeschrieben (vgl. ebd.; Thiel & Thillmann, 2012). Anwendungsfelder interner Evaluation sind beispielsweise Bestandsaufnahmen zu schulischen Prozessen (z.B. mittels standardisierter Instrumente wie „Selbstevaluation in Schulen" (SEIS); vgl. Stern, Ebel & Müncher, 2008), Feedback zum Unterricht mittels standardisierter Instrumente (z.B. das „Selbstevaluationsportal" (SEP); vgl. Gärtner, 2010) oder Selbstevaluation als eigenständige individuelle Reflexion und Weiterentwicklung des eigenen Unterrichts (vgl. Berkemeyer & Müller, 2010).

Den genannten Evaluationsverfahren VERA, Schulinspektion und interne Evaluation ist gemeinsam, dass sie Wissen über Aspekte schulischer Arbeit generieren sollen, wobei das generierte Wissen differiert (vgl. Tab. 1) und Schulen unterschiedliche Informationen erhalten. Dies verdeutlicht für alle Verfahren gleichermaßen die Evidenzbasierung als Merkmal der „neuen Steuerung". Die Zielorientierung zeigt sich durch die Bildungsstandards (VERA) und Qualitätsrahmen (Schulinspektion), die jeweils klare Bezüge zu schulischen Erträgen (Outputorientierung) und ebenso – zumindest partiell – einen Fokus auf Unterrichtsprozesse enthalten. Tabelle 1 stellt zur besseren Vergleichbarkeit die Verfahren gegenüber, um Unterschiede in den *Durchführungsmodalitäten* und *Evaluationsgegenständen* aufzuzeigen.

Tab. 1: Unterschiede zwischen den Evaluationsverfahren am Beispiel Berlin und
Brandenburg

	Vergleichsarbeiten	Schulinspektion	Interne Evaluation am Beispiel SEP[1]
Turnus	jährlich	ca. alle 5 Jahre	Entscheidung durch Schule; teilw. gesetzliche Vorgaben
Datenerhebung	standardisierte Leistungstests (Korrektur und Dateneingabe durch Lehrkräfte)	Beobachtung, standardisierte Fragebögen, Interviews, Dokumentenanalyse	Onlinebefragung mit standardisierten Fragebögen
Evaluationsgegenstand	Erreichung der Bildungsstandards	Erfüllung der Kriterien im Qualitätsrahmen	Selbst-/Fremdeinschätzung der Qualität des Schulmanagements und der Unterrichtsqualität
Rückmeldung *Form*	Schul-, Klassen-, Individualrückmeldung: Rückmeldung auf Aufgaben- und Kompetenzebene	Bericht über die erhobenen Merkmale, Stärken-Schwächen-Profil	Profilgrafik mit Vergleich der Selbst- und Fremdeinschätzung, Tipps zur Weiterarbeit
Rückmeldung *Vergleichsmöglichkeiten*	kriterial (Kompetenzstufenverteilung), sozial (Vergleichsgruppe)	kriterial (erfasste Bereiche Qualitätsrahmen); Vergleich eigene Schule mit aggregierten Werten in Landesberichten	kriterial (erfasste Qualitätsaspekte), sozial (bei ausreichend großer Vergleichsgruppe)
Rückmeldung *Stellungnahme*	nein	möglich	nein

1 Am Beispiel des vom Institut für Schulqualität der Länder Berlin und Brandenburg seit 2008 bereitgestellten „Selbstevaluationsportals" (SEP; vgl. Gärtner, 2010) wird hier eine Möglichkeit zur Selbstevaluation dargestellt.

Quelle: eigene Darstellung

Die Verfahren unterscheiden sich in Bezug auf die evaluierten Inhalte und in der Durchführung. Wie im folgenden Abschnitt beschrieben, ist jedoch die Art und Weise, wie sie in den Schulen Entwicklungsprozesse stimulieren sollen, ähnlich.

2.2 Intendierte Funktionen und Wirkungsweise der Evaluationsverfahren

Die Funktionen der Evaluationsverfahren sind als Mix aus Wissensgewinnung, Orientierung an Zielvorgaben, Rechenschaftslegung sowie Schul- und Unterrichtsentwicklung beschreibbar (vgl. Altrichter, 2010; Landwehr, 2011; Maritzen, 2006). Die Funktion der *Wissensgewinnung* zeigt sich darin, dass alle Evaluationsverfahren Informationen über ihren Evaluationsgegenstand generieren. Die *Orientierung an Zielvorgaben* wird durch die der Evaluation zugrunde liegenden Bezugsrahmen deutlich. Während die Schulinspektion auf den länderspezifischen Qualitätsrahmen Bezug nimmt und VERA auf die nationalen Bildungsstandards, basiert interne Evaluation in ihrer sehr heterogenen Ausgestaltungsmöglichkeit nicht zwangsläufig auf expliziten Bezugsrahmen. Die *Rechenschaftslegung* bzw. *Kontrollfunktion* soll durch die Kontrolle der Erreichung extern gesetzter Kriterien bzw. Zielvorgaben erfüllt werden, indem die Bildungsverwaltung bzw. schulische Akteure über die in der einzelnen Schule erreichten Leistungen und die Erfüllung von Qualitätskriterien informiert werden. Die Evaluationsverfahren unterscheiden sich hinsichtlich ihrer Adressaten. VERA-Ergebnisse können innerhalb der Schule Einzelpersonen zugeordnet werden; bei der Schulinspektion werden auf Schulebene aggregierte Ergebnisse zurückgemeldet. Schulgenaue Ergebnisse von Schulinspektion und VERA werden zudem an die Bildungsadministration weitergegeben.

Gemeinsam ist allen Verfahren, dass die an die Schule zurückgemeldeten Ergebnisse von den schulischen Akteuren verarbeitet und anschließend, wenn notwendig, Maßnahmen ergriffen werden sollen. Dies entspricht der Funktion der *Schul-* bzw. *Unterrichtsentwicklung*. Eine Grundlage zur Veranschaulichung der Entwicklungsfunktion und zur Auswahl von Einflussfaktoren und Nutzungsvariablen ist das Rahmenmodell zur Nutzung von Vergleichsarbeiten (vgl. Helmke, 2004), das für das Instrument Schulinspektion adaptiert wurde (vgl. Sommer, 2011). Das Modell ist prinzipiell auch zur Beschreibung der Nutzung von Selbstevaluationsdaten geeignet, weshalb es hier zur Beschreibung der Nutzung aller Evaluationsverfahren verwendet werden soll.

Das Zyklenmodell von Helmke (2004), dargestellt in Abbildung 1, nimmt eine sequenzielle Verarbeitung von Evaluationsergebnissen an: von der Rezeption der Ergebnisse über die Reflexion hin zur Aktion und Evaluation. Dieser Informationsverarbeitungszyklus wird von verschiedenen individuellen, schulischen und externen Bedingungen beeinflusst und bildet die idealtypische Wirkungsweise von Evaluationen ab.

Die erste Verarbeitungsphase, die *Rezeption*, beschreibt das Wahrnehmen und Verstehen der Informationen aus Evaluationen; *Reflexion* bezieht sich auf die Analyse von Ergebnissen und deren Ursachen. Ausgehend vom konkreten Ergebnis können Entwicklungsmaßnahmen eingeleitet werden, sofern Handlungsbedarf festgestellt wird. Die Entscheidung kann bspw. auf einem Vergleich zwischen Soll-Zustand (Bildungsstandards, Qualitätsrahmen) und Ist-Zustand basieren. *Aktion* umfasst Maßnahmen, die infolge der Ergebnisse zur Verbesserung der Qualität von Schule und Unterricht initiiert werden. Die Beschreibung der Ergebnisverarbeitung durch Kommunikation und Reflexion, also der Auseinandersetzung mit den Ergebnissen, sowie die Ableitung von Maßnahmen finden sich in ähnlicher Form auch in anderen Modellen (vgl. Ehren & Visscher, 2006; KMK, 2010; Schildkamp u.a., 2012; Sommer, 2011). Diese Modelle verbindet, dass sie auf der Kollektivebene (z.B. Fachgruppe, Schule als Organisation) und auf der Individualebene anwendbar sind. In der letzten Phase, der *Evaluation*, werden die durchgeführten Maßnahmen auf ihre

Abb. 1:   Zyklenmodell schulischer Evaluation

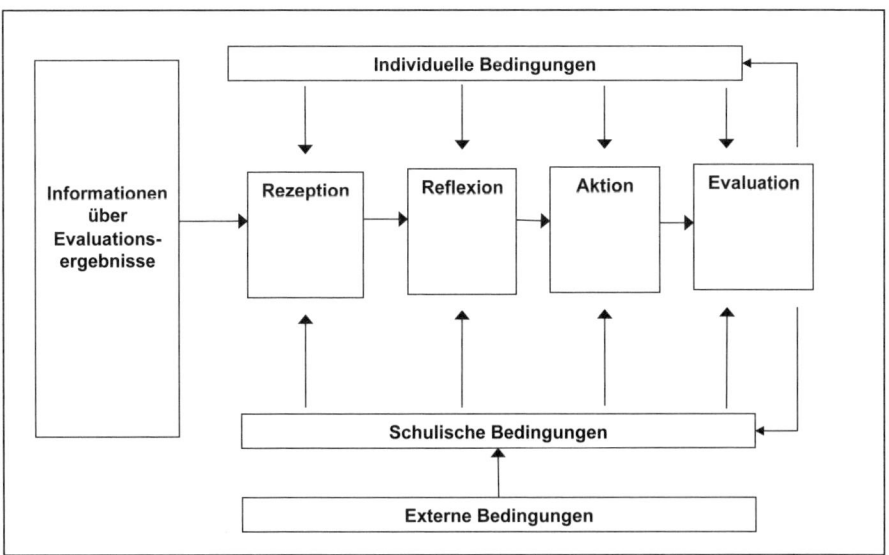

Quelle: in Anlehnung an Helmke (2004)

Wirkung hin überprüft. Nach Helmke (2004) kann dies beispielsweise durch eine Wiederholung der Vergleichsarbeiten geschehen, wodurch ein Zyklus entsteht. Dies ist auf andere Evaluationsverfahren übertragbar. Resultat dieser datengestützten Entwicklungskreisläufe soll eine Verbesserung von Prozessen sein, die Einfluss auf das Lernen der Schülerinnen und Schüler haben.

Im Zyklenmodell (Helmke, 2004) werden verschiedene den Verarbeitungsprozess beeinflussende Faktoren aufgeführt. *Individuelle* Faktoren sind u.a. die Akzeptanz von Evaluation, das Vorwissen oder die Selbstwirksamkeitserwartung, Veränderungen auch erfolgreich initiieren zu können. *Externe* Bedingungen umfassen beispielsweise Art und Umfang schulexterner Unterstützung, z.B. durch Schulaufsicht oder Weiterbildung. *Merkmale der Schule* betreffen u.a. die Schulausstattung oder das Evaluations- und Kooperationsklima. Diese Faktoren lassen sich auch in anderen Modellen identifizieren (vgl. Ehren & Visscher, 2006; Sommer, 2011; Stamm, 2003). So wird eine positive Einstellung gegenüber den Evaluationsverfahren regelmäßig als determinierend für die Ergebnisnutzung verstanden (vgl. zu VERA: Maier, 2008; Tresch, 2007; zu Schulinspektion: Ehren & Visscher, 2006; Husfeldt, 2011; zu interner Evaluation: Meuret & Morlaix, 2003; Vanhoof, van Petegem & de Maeyer, 2009).

2.3 Forschungsstand

In der vergangenen Dekade gab es einige verfahrensspezifische Forschungsarbeiten für die Evaluationsverfahren VERA, Schulinspektion und interne Evaluation. Anknüpfend an das beschriebene Modell wird im Folgenden der Forschungsstand, insbesondere zur schulinternen Auseinandersetzung mit Evaluationsergebnissen (Rezeption und Reflexion), zur Nutzung für Entwicklungsmaßnahmen und zur individuellen Einstellung gegenüber den Verfahren, zusammengefasst.

2.3.1 Vergleichsarbeiten

Mit Ergebnissen aus Vergleichsarbeiten bzw. Lernstandserhebungen findet in Schulen durchaus eine Auseinandersetzung durch Schulleitungen und Lehrkräfte statt (vgl. Koch u.a., 2006; Maier, 2008; Nachtigall & Jantowski, 2007). Häufig werden Ergebnisse darüber hinaus Schülerinnen und Schülern sowie Eltern gegenüber kommuniziert (vgl. Koch u.a., 2006; Tresch, 2007). Trotz der schulischen Auseinandersetzung mit Ergebnissen aus Lernstandserhebungen mangelt es an daraus resultierenden Maßnahmen der Schul- und Unterrichtsentwicklung. Werden Maßnahmen abgeleitet, so sind diese vor allem im Bereich der Leistungsbeurteilung zu finden. Es werden eher Einzelmaßnahmen, wie z.B. die Übung bestimmter Aufgabentypen, eingeleitet als umfassende Vorhaben der Unterrichtsentwicklung. Die eingeleiteten Maßnahmen gehen selten über die Klassenebene hinaus (vgl. Groß Ophoff, Hosenfeld & Koch, 2007; Koch u.a., 2006; Maier, 2008; Nachtigall & Jantowski, 2007).

Die bislang in Studien erfasste Einstellung der Schulleitungen und Lehrkräfte gegenüber VERA bzw. Lernstandserhebungen ist überwiegend positiv. Schulleitungen stehen Lernstandserhebungen tendenziell noch positiver gegenüber als Lehrkräfte (vgl. Maier, 2008; Nachtigall & Jantowski, 2007; Schrader & Helmke, 2003; Tresch, 2007). Die Bereitschaft zur Auseinandersetzung mit den Ergebnisrückmeldungen ist abhängig von der Akzeptanz und der eingeschätzten Nützlichkeit und weniger von der Verständlichkeit der Rückmeldungen (vgl. Kühle & Peek, 2007). Hosenfeld (2010) weist ebenfalls auf den Einfluss der wahrgenommenen Nützlichkeit und der Akzeptanz auf die tatsächliche Nutzung hin.

Groß Ophoff, Hosenfeld und Koch (2007) beschreiben *Rezeptionstypen* von Lehrkräften im Umgang mit Vergleichsarbeiten. Diese unterscheiden sich hinsichtlich der aus VERA-Ergebnissen abgeleiteten Maßnahmen, der wahrgenommenen Verständlichkeit und Nützlichkeit sowie der Auseinandersetzung mit den Ergebnissen. Ein Rezeptionstyp zeigt auf allen erfassten Merkmalen hohe Ausprägungen, während bei einem zweiten Typ alle Merkmale im Vergleich zum ersten Typ niedriger ausgeprägt sind. Der dritte Rezeptionstyp zeichnet sich zwar durch intensive Auseinandersetzung aus, schätzt Verständlichkeit und Nützlichkeit jedoch gering ein und zeigt die geringste Aktivität.

2.3.2 Schulinspektion

Im Bereich der Forschung zur Schulinspektion liegen in Deutschland bislang vornehmlich Befragungen von Schulleitungen und Lehrkräften zu innerschulischen Verarbeitungsprozessen, Einstellungen gegenüber dem Verfahren und Folgemaßnahmen bzw. anderen Reaktionen auf die Inspektionen vor (vgl. Dedering, 2012; Husfeldt, 2011). Die Auseinandersetzung mit Inspektionsergebnissen erfolgt in der Mehrheit der Schulen unter Beteiligung verschiedener Akteure, insbesondere des Kollegiums. Die Ergebnisse werden in der Lehrerkonferenz und teilweise in der Schulkonferenz kommuniziert (vgl. Böttcher, Keune & Neiwert, 2010; Dedering & Müller, 2011; Gärtner & Wurster, 2009a, 2009b; Huber, 2006).

Studien zur Nutzung der Ergebnisse für Entwicklungsaktivitäten zeigen, dass in der Mehrheit der untersuchten Schulen Maßnahmen in den Bereichen Schulprogrammarbeit, interne Evaluation und Unterrichtsentwicklung eingeleitet und umgesetzt werden (vgl. Dedering & Müller, 2011; Gärtner, Hüsemann & Pant, 2009; Gärtner & Wurster, 2009a, 2009b; Huber, 2006). Von der Inspektion festgestellte Schwächen werden in die Zielvereinbarungen mit der Schulaufsicht aufgenommen und haben so Einfluss auf die eingeleiteten Maßnahmen (vgl. Gärtner & Wurster, 2009a, 2009b; Huber, 2006). Studien zur Qualität der Maßnahmen liegen derzeit noch nicht vor (vgl. Husfeldt, 2011). Studien zur Einschätzung des Verfahrens deuten darauf hin, dass die Schulleitungen inspizierter Schulen mehrheitlich der Inspektion gegenüber positiv eingestellt waren und dass – ähnlich wie bei der Akzeptanz von Vergleichsarbeiten – Schulleitungen tendenziell positiver eingestellt sind als Lehrkräfte (vgl. Böttcher, Keune & Neiwert, 2010; Dedering & Müller, 2011; Gärtner & Wurster, 2009a, 2009b; Huber, 2006; Sommer, 2011).

Eine differenzielle Betrachtung zeigt, dass auch auf Schulebene verschiedene *Typen* im Umgang mit Schulinspektionen und deren Ergebnissen beschrieben werden können (vgl. Wurster & Gärtner, 2013). So finden sich Schulen, die sehr aktiv Maßnahmen ergreifen und eine positive Einstellung gegenüber dem Verfahren haben, sowie Schulen, bei denen das Gegenteil zutrifft. Daneben gibt es Schulen, die trotz Unzufriedenheit mit dem Verfahren aktiv werden. Ein gutes Inspektionsergebnis ist bei einem weiteren Typ mit Inaktivität verbunden. Zudem werden Schulen beschrieben, die vor allem durch Aktivitäten im Vorfeld der Inspektion charakterisiert werden können.

2.3.3 Interne Evaluation

Im deutschsprachigem Raum ist der Forschungsstand zur internen Evaluation sehr begrenzt (vgl. Berkemeyer & Müller, 2010; Thiel & Thillmann, 2012). Dies liegt zum einen an einer fehlenden eindeutigen Definition des Verfahrens, zum anderen an der Vielzahl eingesetzter Verfahren. Aus Deutschland gibt es bislang nur auf Fallstudien oder Pilotprojekten basierende empirische Studien, die von positiven Aspekten wie verstärkter Kommunikation, Offenheit, Selbstwirksamkeit und positiven Auswirkungen auf den Unterricht berichten. Diese sind jedoch nur bedingt verallgemeinerbar (vgl. Thiel & Thillmann, 2012). Ergebnisse aus Schulinspektionen lassen darauf schließen, wie viele Schulen von interner Evaluation Gebrauch machen (vgl. Berkemeyer & Müller, 2010). So stellt man beispielsweise in den Ländern Berlin und Brandenburg fest, dass im Schuljahr 2007 zwischen 60 Prozent und 80 Prozent der Schulen im Bereich interner Evaluation auf der vierstufigen Bewertungsskala der Schulinspektion als „eher schwach" oder „schwach" eingestuft wurden (vgl. MBJS, 2008b; SenBWF, 2009). Das zeigt eine relativ geringe Verbreitung von interner Evaluation im Sinne der Qualitätsrahmen.

Studien aus Belgien und den Niederlanden von Vanhoof, van Petegem und de Maeyer (2009) sowie Schildkamp und Visscher (2009) unterstreichen die Bedeutung einer positiven Einstellung gegenüber interner Evaluation für die Nutzung der Ergebnisse. So hat die wahrgenommene Nützlichkeit und Anwendbarkeit der Daten einen positiven Einfluss auf die Nutzung (vgl. Meuret & Morlaix, 2003). In einer anderen Studie wird berichtet, dass in gut einem Viertel der Schulen Ergebnisse interner Evaluation umfassend kommuniziert und genutzt werden (vgl. Schildkamp, Visscher & Luyten, 2009). Rund die Hälfte der Schulleitungen und ein Viertel der Lehrkräfte geben an, Qualitätsentwicklungsmaßnahmen auf Basis der Ergebnisse unternommen zu haben. Diese werden vor allem in den Bereichen Personalentwicklung und Kommunikation über die Arbeitsweise und Qualität der Schule berichtet.

2.3.4 Vergleichende Analyse verschiedener Evaluationsverfahren

Forschung mit einer vergleichenden Analyse verschiedener Evaluationsverfahren gibt es, abgesehen von einer Ausnahme, bislang nicht. Demski u.a. (2012) untersuchen die Einschätzung der Nützlichkeit, Nutzung und Auseinandersetzung mit verschiedenen Evidenzquellen durch Schulleitungen und Lehrkräfte. Evidenzquellen, die der internen Evaluation zuzuordnen sind (z.B. Schülerfeedback, kollegiale Unterrichtsentwicklung), weisen die höchste wahrgenommene Nützlichkeit bzw. den höchsten Grad der Auseinandersetzung und Nutzung auf. Vergleichsarbeiten und Schulinspektion werden dagegen als deutlich weniger nützlich eingeschätzt. Ergebnisse der Schulinspektion werden durch Schulleitungen jedoch in gleichem Ausmaß für Weiterentwicklungen genutzt wie die der internen Evaluation. Schulleitungen schätzen ihre Auseinandersetzung mit und Nutzung von VERA am geringsten ein. Die Auseinandersetzung mit der Schulinspektion ist von allen Evidenzquellen am höchsten. Lehrkräfte nehmen die Auseinandersetzung, Nützlichkeit und Nutzung aller Verfahren als geringer ausgeprägt wahr als Schulleitungen.

3. Fragestellungen

Für die Evaluationsverfahren Schulinspektion und Vergleichsarbeiten liegen bereits einige empirische Befunde vor, Verfahren der internen Evaluation waren in Deutschland bislang hingegen kaum Gegenstand empirischer Forschung. Ebenso wurden bislang fast ausschließlich verfahrensspezifische Aspekte untersucht, obwohl die Verfahren bei unterschiedlichen Durchführungsmodalitäten und Evaluationsgegenständen ähnliche intendierte Funktionen aufweisen. Der Fokus dieser Studie liegt deshalb auf der vergleichenden Betrachtung aller Evaluationsverfahren hinsichtlich ihrer Entwicklungsfunktion. In Anlehnung an das Modell von Helmke (2004) werden die schulinterne Kommunikation und Nutzung von Maßnahmen sowie, als mögliche Einflussfaktoren darauf, der eingeschätzte Aufwand und Nutzen und die attestierte Diagnosegüte analysiert. Anknüpfend an den Forschungsstand, der bei allen Verfahren auch differenzielle Nutzungsmuster zeigt, werden entsprechende verfahrensübergreifende Analysen durchgeführt.

Die Forschungsfragen lauten:
1) Wie werden interne Evaluation, Vergleichsarbeiten und Schulinspektion in Bezug auf folgende Aspekte beschrieben?
   • Kommunikation der Ergebnisse
   • wahrgenommener Aufwand und Nutzen
   • wahrgenommene Diagnosegüte
   • Nutzung von Evaluationsergebnissen
2) Gibt es hinsichtlich dieser Aspekte Unterschiede in der Perzeption zwischen den verschiedenen Evaluationsverfahren?
3) Gibt es auf Schulebene unterschiedliche Konfigurationen der Nutzung der Evaluationsverfahren?

4. Methode

4.1 Stichprobe

Für einen adäquaten Vergleich der Verfahren wurden an das Vorgehen bisheriger Studien anschließend schulische Akteure um Auskunft gebeten. Es wurden Schulleiterinnen und Schulleiter befragt, da diese Experten für die Prozesse an ihren Schulen sind. Die Datengrundlage der vorliegenden Studie stammt aus einer zwischen November 2011 und Februar 2012 flächendeckend durchgeführten Onlinebefragung in den Ländern Berlin und Brandenburg zur schulischen Evaluationspolitik und -praxis. Insgesamt nahmen 329 Schulleiterinnen und Schulleiter an der Befragung teil (27 Prozent Rücklauf). Davon waren 65 Prozent weiblich. Die durchschnittliche Dauer der Schulleitungstätigkeit beträgt 10,4 Jahre (SD=8,0). Mehr als die Hälfte der Befragten ist zwischen 51 und 60 Jahren alt (57 Prozent; 31 bis 40 Jahre: 2 Prozent; 41 bis 50 Jahre: 29 Prozent; über 60 Jahre: 12 Prozent). Die Verteilungen der Schularten und des geografischen Standorts der Schulen entsprechen weitgehend denen in der Grundgesamtheit aller Berliner und Brandenburger Schulen. Tabelle 2 beschreibt die Stichprobe für beide Bundesländer aufgeschlüsselt nach Schulart. Zur besseren Vergleichbarkeit der Ergebnisse zwischen den Bundesländern wurden die Schularten in Grundschulen, Gymnasien und andere weiterführende Schulen unterteilt.

Tab. 2: Stichprobe nach Bundesland und Schulart

	Brandenburg		Berlin		Insgesamt	
	N	in %	N	in %	N	in %
Gesamt	215	65	114	35	329	100
Schulart:						
Grundschule	140	65	63	55	203	62
Gymnasium	26	12	25	22	51	16
Andere weiterführende Schulen	49	23	26	23	75	23

Quelle: eigene Darstellung

4.2 Instrumente

Die Einschätzung der Evaluationsverfahren erfolgt durch Skalen zum perzipierten Aufwand, Nutzen und der attestierten Diagnosegüte der Evaluationsverfahren. Tabelle 3 enthält eine Übersicht der eingesetzten Skalen mit jeweils einem Beispielitem. Alle Skalen weisen eine gute bis sehr gute interne Konsistenz auf.

Tab. 3:   Übersicht der eingesetzten metrischen Skalen mit Angabe der Reliabilität

Skalen	Items	Cronbachs α	Evaluationsverfahren
Wahrgenommener Aufwand	je 3	.85	VERA
Der zeitliche Aufwand war zu hoch.		.86	Schulinspektion
		.85	Interne Evaluation
Wahrgenommener Nutzen	je 3	.86	VERA
Für die pädagogische Arbeit waren die Ergebnisse sehr nützlich.		.82	Schulinspektion
		.81	Interne Evaluation
Eingeschätzte Diagnosegüte	je 4	.85	VERA
Die Stärken unserer Schule wurden in den Ergebnissen hinreichend abgebildet.		.83	Schulinspektion
		.93	Interne Evaluation

Anmerkungen. Antwortmöglichkeiten: „Stimme überhaupt nicht zu" = 1 bis „Stimme vollständig zu" = 6.
Quelle: eigene Darstellung

In Tabelle 4 werden weitere (kategoriale) Items vorgestellt. Die Nutzung von Evaluationsdaten in Form von konkreten Entwicklungsmaßnahmen wurde in ausgewählten Bereichen für VERA und die Schulinspektion erfasst. Zur detaillierten Erfassung der Nutzung waren offene Antworten zu konkret umgesetzten Maßnahmen möglich. Items zur Kommunikation der Ergebnisse in Konferenzen bilden die Rezeption und Reflexion der Ergebnisse ab. Die Veröffentlichung der Ergebnisse im Internet wurde als Indikator für die Kommunikation der Ergebnisse nach außen erfragt.

Tab. 4: Übersicht über die erhobenen kategorialen Indikatoren

Items	Antwortkategorien	Verfahren
Kommunikation der Evaluationsergebnisse		
Wie intensiv fand in den folgenden Gremien ein Austausch über die Ergebnisse der letzten Schulvisitation/-inspektion[1] statt? – in der Gesamt-/Lehrerkonferenz – in der Schulkonferenz	Kein Austausch Einmaliger Austausch Mehrfacher Austausch	VERA Schulinspektion Interne Evaluation
Veröffentlichung der Ergebnisse		
Hat Ihre Schule die folgenden Evaluationsergebnisse im Internet veröffentlicht? (dichotom)	Ergebnisse der Schulvisitation/-inspektion Schulergebnisse aus VERA Ergebnisse der schulinternen Evaluation	VERA Schulinspektion Interne Evaluation
Nutzung von Evaluationsergebnissen		
Wenn Sie an die letzte Schulinspektion denken: Konnten Sie – unabhängig von dem festgestellten Entwicklungsbedarf – die Inspektionsergebnisse für die Entwicklung von Maßnahmen nutzen? – (z.B. Lehr- und Lernprozesse (Unterricht))	Dichotom (ja/nein) und offene Antwort (Mehrfachantworten möglich)	Schulinspektion
Wenn Sie an die letzten Vergleichsarbeiten denken: Haben Sie auf der Grundlage der VERA-Rückmeldungen an Ihrer Schule Entwicklungsprozesse in den folgenden Bereichen angestoßen? – (z.B. Kollegiale Unterrichtsentwicklung)	Dichotom (ja/nein) und offene Antwort (Mehrfachantworten möglich)	VERA

1   In Brandenburg wird die Schulinspektion als Schulvisitation bezeichnet.

Quelle: eigene Darstellung

4.3 Auswertungsmethoden

Neben deskriptiven Analysen zur Beantwortung der ersten Forschungsfrage werden Varianzanalysen (ANOVA) für Mittelwertsvergleiche eingesetzt. Neben den Unterschieden zwischen den Evaluationsverfahren sollen gleichzeitig auch mögliche Unterschiede zwischen den beiden Bundesländern und den Schularten betrachtet werden. Deshalb werden 3-faktorielle ANOVAs durchgeführt. Um die Größe der berichteten Effekte interpretieren zu können, werden die Effektgrößen η^2 bei ANOVAs und Cohens d beim Vergleich zweier Mittelwerte berichtet.[2] Für die Berechnungen wurde die Software R 14.2 (vgl. R Development Core Team, 2011) verwendet.

2   $\eta^2 > .14$: großer Effekt, $\eta^2 > .06$: mittlerer Effekt, $\eta^2 > .01$: kleiner Effekt; $d=.8$: großer Effekt, $d=.5$: mittlerer Effekt, $d=.2$: kleiner Effekt (vgl. Cohen 1988).

Um Konfigurationen der Nutzung von Ergebnissen zu analysieren (dritte Fragestellung) wurden Latent-Class-Analysen (LCA) für dichotome Items eingesetzt (vgl. Rost, 2004). Die LCA ist ein Klassifikationsverfahren, das auf Basis der Antwortmuster einer Person diese einer (latenten) Klasse zuordnet, für die die Zuordnungswahrscheinlichkeit am größten ist. Jede Person wird nur einer einzigen Klasse zugeordnet. Die Bestimmung der Anzahl der Klassen erfolgte einerseits über die Informationskriterien Akaike Information Criterion (AIC), Corrected Akaike Information Criterion (AICC), Bayesian Information Criterion (BIC) und Sample Adjusted Bayesian Information Criterion (aBIC). Zusätzlich wurden die Modellgeltungstests Vuong-Lo-Mendell-Rubin-Likelihood-Test (LMR; vgl. Lo, Mendell & Rubin, 2001) und Bootstrap-Likelihood-Ratio-Differenzentest (BLRT) durchgeführt. Für die LCA wurde die Software Mplus 6.1 (vgl. Muthén & Muthén, 1998-2010) verwendet.

5. Ergebnisse

5.1 Einschätzung und Nutzung der Evaluationsverfahren – Gibt es Unterschiede zwischen den Evaluationsformen?

5.1.1 Einschätzung des Aufwands, Nutzens und der Diagnosegüte der Evaluationsverfahren

Zur Beantwortung der ersten und zweiten Forschungsfrage, wie die Evaluationsinstrumente hinsichtlich des wahrgenommenen Aufwands, Nutzens und der attestierten Diagnosegüte eingeschätzt werden und ob sie sich unterscheiden, wurden 3-faktorielle Varianzanalysen durchgeführt (vgl. Tabelle 5). Die Haupteffekte zeigen mittlere signifikante Unterschiede zwischen den Evaluationsverfahren in allen drei abhängigen Variablen (η^2=.04 bis .05). Zudem unterscheiden sich die Befragten bei den zwei Variablen wahrgenommener Nutzen (η^2=.05) und attestierte Diagnosegüte (η^2=.02) nach Bundesland, aber nicht nach Schulart. Signifikante, aber kleine Interaktionseffekte gibt es zwischen Verfahren und Bundesland sowie zwischen Bundesland und Schulart.

Tab. 5:   Wahrgenommener Aufwand und Nutzen und attestierte Diagnosegüte nach
Evaluationsverfahren, Bundesland und Schulart (ANOVA) im Urteil von
Schulleitungen (N=235)

		Aufwand		Nutzen		Diagnosegüte	
	df	F	η²	F	η²	F	η²
Evaluationsverfahren (A)	2	14.85***	.04	19.90***	.05	17.25***	.05
Bundesland (B)	1	0.01	.00	35.36***	.05	12.13***	.02
Schulart (C)	2	0.31	.00	1.55	.00	2.46	.01
A x B	2	2.87	.01	7.98***	.02	5.24**	.02
A x C	4	2.59*	.01	0.82	.00	0.28	.00
B x C	2	0.75	.00	8.49***	.02	4.48*	.01
A x B x C	4	1.06	.01	0.43	.00	0.04	.00

Anmerkungen.   *** $p<.001$, ** $p<.01$, * $p<.05$; Evaluationsverfahren: VERA, Schulinspektion und interne Evaluation; Bundesland: Berlin und Brandenburg; Schulart: Grundschule, Gymnasium und andere weiterführende Schulen.

Quelle: eigene Darstellung

Ausgehend von den Ergebnissen der ANOVA werden in Tabelle 6 die Mittelwerte und Standardabweichungen für die Variablen wahrgenommener Aufwand, Nutzen und attestierte Diagnosegüte nach Evaluationsverfahren und Bundesländern differenziert dargestellt. Die Ausprägungen aller Evaluationsverfahren in den Variablen Nutzen und Diagnosegüte liegen oberhalb bzw. dicht am „theoretischen" Mittelwert der Skala von 3.5. Beim Aufwand ist es umgekehrt. Die Evaluationsverfahren werden folglich insgesamt im Durchschnitt eher positiv wahrgenommen, da der Aufwand tendenziell als eher gering, der Nutzen und die Diagnosegüte in der Tendenz als eher hoch bewertet werden. Unterschiede zwischen den Evaluationsverfahren zeigen sich bei allen drei Variablen (vgl. Tabelle 5). Der Aufwand, aber auch der Nutzen werden für die interne Evaluation im Vergleich zu VERA und der Schulinspektion als höher wahrgenommen ($d=.39$ bis .49). VERA und die Schulinspektion liegen hier auf gleichem Niveau. Die Diagnosegüte wird verfahrensübergreifend durchweg eher positiv beurteilt ($M>3.5$), wobei Schulinspektion und interne Evaluation noch positiver eingeschätzt werden als Vergleichsarbeiten ($d=.41$ und .47).

Tab. 6: Mittelwerte und Standardabweichungen für den wahrgenommenen Aufwand und Nutzen und die attestierte Diagnosegüte nach Evaluationsverfahren im Urteil von Schulleitungen

Skala		N	VERA $M(SD)$	SI $M(SD)$	IE $M(SD)$
Aufwand		244	3.08_a (1.47)	2.99_a (1.46)	3.64_b (1.39)
Nutzen		244	3.45_a (1.39)	3.55_a (1.33)	4.09_b (1.21)
Diagnosegüte		235	3.76_a (1.34)	4.29_b (1.21)	4.37_b (1.26)
Länderunterschiede					
Aufwand	BE	91	2.92_a (1.49)	$3.21_{a/b}$ (1.59)	3.52_b (1.44)
	BB	153	3.16_a (1.45)	2.87_a (1.37)	3.71_b (1.35)
Nutzen	BE	91	2.72_a (1.25)	3.42_b (1.39)	3.82_b (1.30)
	BB	153	3.85_a (1.30)	3.63_a (1.29)	4.26_b (1.12)
Diagnosegüte	BE	90	3.28_a (1.35)	4.27_b (1.30)	4.24_b (1.26)
	BB	145	4.03_a (1.26)	4.30_b (1.16)	4.45_b (1.25)

Anmerkungen. N enthält nur Fälle, die gültige Antworten bei allen Evaluationsverfahren aufweisen. a/b: Ergebnisse des Post-Hoc Tests (TukeyHSD); gleicher Buchstabe in einer Zeile bedeutet, dass es keine signifikanten Unterschiede zwischen beiden Mittelwerten gibt; ungleiche Buchstaben zeigen signifikante Unterschiede an; SI = Schulinspektion, IE = interne Evaluation, BE = Berlin, BB = Brandenburg.

Quelle: eigene Darstellung

Betrachtet man die Unterschiede zwischen den Bundesländern, lässt sich festhalten, dass die Antworten aus Brandenburg insgesamt tendenziell positiver ausfallen. Beim Nutzen und der Diagnosegüte sind einige der oben beschriebenen Wahrnehmungsunterschiede zwischen den Evaluationsverfahren auf besonders große Effekte in einem der beiden Bundesländer zurückführbar. Auffällig ist die besonders große Differenz zwischen VERA und interner Evaluation in Berlin (d=.86), die durch eine niedrige Bewertung des Nutzens von VERA zustande kommt. Dies zeigt sich auch beim Vergleich mit dem Nutzen der Schulinspektion (d=.53). Die im länderübergreifenden Vergleich gezeigten Unterschiede im Nutzen zwischen Schulinspektion und interner Evaluation gibt es vor allem in Brandenburg (d=.52). Die Diagnosegüte von VERA wird im Vergleich zu den anderen Verfahren als geringer eingeschätzt. Dies ist auf die Berliner Befragten zurückzuführen (d=.74 und .73). Der Nutzen und die Diagnosegüte von VERA werden vor allem in Berlin im Durchschnitt eher negativ eingeschätzt (M<3.5).

5.1.2 Kommunikation über Evaluationsergebnisse

Die Kommunikation über Evaluationsergebnisse kann als wichtig für die schulinterne Rezeption und Reflexion der Ergebnisse und damit als Voraussetzung für die Durchführung von Entwicklungsmaßnahmen auf Schulebene angesehen werden. In der institutionalisierten Kommunikation in Schul- und Lehrerkonferenzen werden die Ergebnisse aller Evaluationsverfahren in der Regel mindestens einmal thematisiert (vgl. Tabelle 7). Dennoch gibt es Unterschiede zwischen den Verfahren. Die Ergebnisse der Schulinspektion werden in den Konferenzen in der Mehrheit der Schulen mehrfach thematisiert, während die Ergebnisse interner Evaluationen eher einmalig besprochen werden. Vergleichsarbeiten werden im Vergleich dazu öfter mehrfach thematisiert, allerdings immer noch weniger oft als die Ergebnisse aus Schulinspektionen. In der Schulkonferenz werden die Ergebnisse der Evaluationsverfahren insgesamt weniger häufig besprochen als in der Lehrerkonferenz, die jedoch in der Regel öfter stattfindet.

Tab. 7:   Kommunikation über Evaluationsergebnisse in Konferenzen nach Angaben von Schulleitungen (in %)

Konferenz	Häufigkeit des Austausches	VERA	SI	IE	X^2-Test
Lehrerkonferenz[a]/	Kein Austausch	7	1	10	
	Einmaliger Austausch	45	21	63	X^2=132.91, df=4, p<.001
Gesamtkonferenz[b]	Mehrfacher Austausch	48	79	27	
	Kein Austausch	16	0	24	
Schulkonferenz	Einmaliger Austausch	60	50	68	X^2=132.66, df=4, p<.001
	Mehrfacher Austausch	24	50	9	

Anmerkungen.   VERA = Vergleichsarbeiten, SI = Schulinspektion, IE = Interne Evaluation; [a]: Bezeichnung in Brandenburg, [b]: Bezeichnung in Berlin.

Quelle: eigene Darstellung

Evaluationsergebnisse können nicht nur schulintern kommuniziert werden, sondern auch an schulexterne Akteure. Die *Veröffentlichung der Ergebnisse im Internet* ist ein Indikator dafür. Am häufigsten wurden nach Angaben der Schulleitungen Ergebnisse der Schulinspektion im Internet veröffentlicht (43 Prozent der Schulen), gefolgt von Ergebnissen der Vergleichsarbeiten (20 Prozent) und denen interner Evaluationen (16 Prozent).

5.1.3 Nutzung der Evaluationsergebnisse

Für die Verfahren Schulinspektion und VERA liegen Informationen vor, in welchen Bereichen Evaluationsergebnisse zur Ableitung von Entwicklungsmaßnamen von den Schulen genutzt werden (vgl. Tabelle 8).

Tab. 8: Nutzung von Evaluationsergebnissen: abgeleitete Maßnahmen nach Angaben von Schulleitungen

Bereich	N (in %)	Beispielnennungen offene Antworten
Schulinspektion		
Lehr- und Lernprozesse (Unterricht)	207 (66)	Binnendifferenzierung, schulinternes Curriculum wurde abgestimmt und erweitert, Fortbildungen
Schulkultur	146 (47)	Neue Strukturen bei der Schüler- und Elternbeteiligung werden geschaffen, Kooperationen, Etablierung schulischer Höhepunkte
Schulmanagement	163 (52)	Hospitation von der Schulleitung, bessere Aufgabenverteilung, Personalgespräche
Personalentwicklung	148 (47)	Fortbildungen, kollegiale Hospitationen, Personalgespräche
Ziele und Strategien der Qualitätsentwicklung	167 (54)	Überarbeitung Schulprogramm, Arbeit am schulinternen Curriculum, Einführung Selbstevaluation
Vergleichsarbeiten		
Lehr- und Lernprozesse (Unterricht)	222 (75)	Binnendifferenzierung, Festlegung von Lernschwerpunkten, Leseförderung
Arbeit am Schulprogramm	102 (34)	Überarbeitung der Formulierungen schulinterner Ziele und Maßnahmen
Ausbau schulinterner Strukturen	117 (40)	Intensivierung der Arbeit der Fachkonferenzen, Arbeitsgruppe zur Erarbeitung des Übungsmaterials
Personalentwicklung	119 (40)	Fortbildungen; Hospitationen
Kollegiale Unterrichtsentwicklung	181 (61)	gegenseitige Unterrichtsbesuche, fächerverbindendes Arbeiten

Anmerkungen. Schulinspektion: N=312, VERA: N=296.

Quelle: eigene Darstellung

Schulleitungen geben an, dass sowohl die Ergebnisse der Schulinspektion (66 Prozent) als auch die der Vergleichsarbeiten (75 Prozent) vor allem im Bereich Lehr- und Lernprozesse (Unterricht) für Entwicklungsmaßnahmen genutzt werden. Für die anderen erfragten Bereiche, die auf dem Orientierungsrahmen Schulqualität basieren, gaben jeweils ca. die Hälfte der Schulleitungen an, die Schulinspektionsergebnisse für Maßnahmen genutzt zu haben. Vergleichsarbeiten werden nach Schulleitungsangaben erwartungsgemäß öfter für unterrichtsbezogene Entwicklungsmaßnahmen verwendet als für Maßnahmen der Schulentwicklung, wie beispielsweise die Arbeit am Schulprogramm. Maßnahmen der Schulentwicklung werden dennoch in mehr als einem Drittel der Schulen auf Basis von VERA-Rückmeldungen durchgeführt.

Die offenen Antworten verdeutlichen, dass es eine große Bandbreite an abgeleiteten Maßnahmen gibt. Aus beiden Verfahren werden am häufigsten Maßnahmen zur Binnendifferenzierung abgeleitet. Sowohl Schulinspektions- als auch VERA-Ergebnisse werden zur Einführung von Maßnahmen der internen Evaluation genutzt (z.B. Hospitationen in verschiedenen Konstellationen).

Im Zuge von Schulinspektionen erhalten Schulen Hinweise, in welchen Bereichen es in der Schule Entwicklungsbedarf gibt. Tabelle 9 zeigt, in welchen Bereichen Entwicklungsbedarf bestand und ob Schulen dort Aktivitäten eingeleitet haben.

Tab. 9: Anteil der Schulen mit diagnostiziertem Entwicklungsbedarf und Schulen mit eingeleiteten Entwicklungsmaßnahmen nach Angaben von Schulleitungen (in %; N=312)

	Entwicklungsbedarf		Kein Entwicklungsbedarf	
	Gesamt	Maßnahmen abgeleitet	Gesamt	Maßnahmen abgeleitet
		ja	nein		ja	nein
Lehr- und Lernprozesse (Unterricht)	67	67	33	33	64	36
Schulkultur	13	53	48	87	46	54
Schulmanagement	28	60	40	72	49	51
Personalentwicklung	38	48	52	62	47	53
Ziele und Strategien der Qualitätsentwicklung	51	56	44	49	51	49

Quelle: eigene Darstellung

Von den 67 Prozent der Schulen, für die Entwicklungsbedarf im Bereich Lehr- und Lernprozesse durch die Schulinspektion festgestellt wurde, geben zwei Drittel an, entsprechende Maßnahmen eingeleitet zu haben. Ein Drittel der Schulen mit Entwicklungsbedarf wurde demzufolge nicht aktiv. Auf der anderen Seite haben von dem Drittel Schulen ohne Entwicklungsbedarf 64 Prozent dessen ungeachtet Maßnahmen abgeleitet. Qualtätsentwicklungsmaßnahmen bei festgestelltem Entwicklungsbedarf zeigen sich außer im Bereich Lehr- und Lernprozesse vor allem beim Schulmangement (60 Prozent), aber auch bei der Hälfte der Schulen in den anderen Bereichen. Das bedeutet im Umkehrschluss, dass in den Bereichen Schulmanagement, Personalentwicklung sowie Ziele und

Strategien der Qualitätsentwicklung auch in etwa 40 bis 50 Prozent der Schulen trotz des Entwicklungsbedarfs keine Nutzung der Ergebisse für Entwicklungsmaßnahmen stattfindet. Qualitätssicherungsmaßnahmen ohne festgestellten Entwicklungsbedarf sind ebenfalls im Bereich Lehr- und Lernprozesse am häufigsten anzutreffen (64 Prozent). In den anderen Bereichen findet Qualitätssicherung in etwa der Hälfte der Schulen statt.

5.2 Konfigurationen der Nutzung von Schulinspektionen und Vergleichsarbeiten

In Schulen werden nach Angaben der befragten Schulleitungen auf Basis der Evaluationsergebnisse verschiedene Maßnahmen abgeleitet. Es wurden Latent-Class-Analysen durchgeführt, um unterschiedliche *Konfigurationen der Maßnahmen* basierend auf dem Feedback aus Schulinspektionen und Vergleichsarbeiten zu beschreiben. So kann nicht nur festgestellt werden, welche Maßnahmen durchgeführt werden, sondern auch, in welcher Kombination die Maßnahmen ergriffen werden.

Für die Auswahl der Anzahl der Antwortmuster (Klassen) wurden Modellgütetests und Informationskriterien herangezogen (vgl. Tabelle 10). Die Informationskriterien AIC und aBIC haben die niedrigsten Werte beim 6-Klassen-Modell und weisen damit für dieses Modell die beste Passung auf. Das Informationskriterium BIC und der Modelltest LMR weisen beim 3-Klassen-Modell die beste Passung auf, während der AICC und BLRT ein 5-Klassen-Modell indizieren. Die Unterschiede zwischen dem 6- und 5-Klassen-Modell sind beim AIC und aBIC nicht groß. Der BLRT ist zudem ein sehr zuverlässiger Indikator (vgl. Nylund, Asparouhov & Muthén, 2007), weshalb das Modell mit fünf Klassen präferiert wird. Die mittlere Klassen-Zuordnungswahrscheinlichkeit ist mit .80 bis .97 zufriedenstellend hoch.

Tab. 10: Ergebnisse der Modellgütetests und Informationskriterien der Latent-Class-Analysen (*N*=295)

Modell	LL	AIC	BIC	aBIC	AICC	BLRT	LMR
2 Klassen	-1700	3442	3519	3452	3445	.00	.00
3 Klassen	-1587	3239	3357	3255	3247	.00	.00
4 Klassen	-1553	3192	3351	3214	3207	.00	.00
5 Klassen	-1535	3179	3378	3207	3203	.00	.31
6 Klassen	-1521	3172	3412	3206	3209	.10	.56

Anmerkungen. LL: Loglikelihood, BLRT: *p*-Wert des Bootstrap Likelihood Ratio Differenzentests, LMR: *p*-Wert des Vuong-Lo-Mendell-Rubin-Likelihood-Tests.

Quelle: eigene Darstellung

Die Itemprofile (vgl. Abb. 2) zeigen für jede identifizierte Gruppe (Klasse) für jedes Item die Wahrscheinlichkeit an, dieses mit ja zu beantworten. Es lassen sich zunächst zwei entgegengesetzte Muster der Nutzung von Ergebnissen im Itemprofil unterscheiden. Ein Itemprofil (Klasse 1, 23 Prozent) zeichnet sich durch eine in allen Bereichen umfangreiche Nutzung aus, da die Werte für alle Variablen nahe 1 liegen. Das heißt, Ergebnisse der Schulinspektion und der Vergleichsarbeiten werden in allen Bereichen für Entwicklungsmaßnahmen verwendet. Konträr dazu ist ein Itemprofil durch weitgehende Nicht-Nutzung in allen Bereichen gekennzeichnet (Klasse 2, 11 Prozent). Zwei weitere Itemprofile lassen sich ebenfalls als gegensätzlich beschreiben, allerdings liegen die Unterschiede bei den Verfahren. In Klasse 3 (21 Prozent) werden primär die Schulinspektionsergebnisse für Entwicklungsmaßnahmen genutzt. In geringerem Umfang werden in diesem Nutzungsprofil auch VERA-Ergebnisse genutzt, allerdings nur für direkt unterrichtsbezogene Aktivitäten. Dem gegenüber gibt es eine Gruppe (Klasse 4, 21 Prozent), deren Schwerpunkt auf der Nutzung von VERA-Daten liegt, auch hier mit dem Fokus auf Unterricht. Das letzte Nutzungsprofil (Klasse 5, 23 Prozent) ist durch den primären Fokus auf Unterrichtsentwicklungsmaßnahmen charakterisierbar, unabhängig davon, ob die Ergebnisse aus der Schulinspektion oder VERA stammen.

Abb 2:   Itemprofile der Nutzung von Schulinspektions- und VERA-Ergebnissen

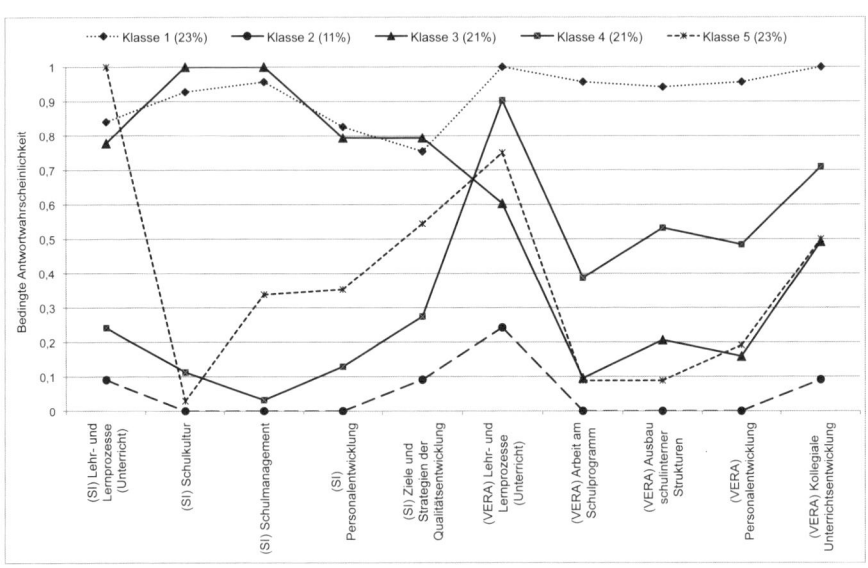

Quelle: eigene Darstellung

Im Anschluss an die Identifikation unterschiedlicher Konfigurationen von Entwicklungsmaßnamen wird exploriert, ob es einen Zusammenhang zwischen diesen und der Schulformzugehörigkeit bzw. dem Bundesland gibt. Tabelle 11 zeigt, dass die Verteilung der latenten Klassen zwischen den Ländern und Schulformen variiert (χ^2=48, df=22, p<.001, ω=.27). In Berlin gehören Schulen unterproportional Klasse 1 (aktive Schulen) und überproportional Klasse 2 (inaktive Schulen) an. Auffällig ist insbesondere der geringe Anteil an Gymnasien in Klasse 1. Abweichungen gibt es weiterhin auch für die anderen latenten Klassen, insbesondere bei den weiterführenden Schulen, die unterproportional zu Klasse 4 (primär VERA-Nutzung mit Fokus Unterricht) zugeordnet sind. Diese Ergebnisse sind allerdings statistisch nicht signifikant (χ^2=3, df=8, p=.90, ω=.20). Hinsichtlich der Gymnasien gibt es in Brandenburg (χ^2=28, df=8, p<.001, ω=.28) ein sehr ähnliches Bild: Gymnasien gehören überproportional Klasse 2 (inaktive Schulen) an und sind nahezu nicht in Klasse 1 (aktive Schulen) zu finden. Bei den Grundschulen ist das Gegenteil der Fall: Diese gehören überproportional Klasse 1 und unterproportional Klasse 2 an. Länderübergreifend lässt sich feststellen, dass sich die befragten Schulleitungen in den Angaben zur Nutzung von Evaluationsergebnissen zwischen den Schulformen unterscheiden. Insbesondere in Gymnasien wird zwar überproportional häufig keine Aktivität berichtet. Dies betrifft jedoch nur eine Minderheit der Gymnasien; in der Mehrzahl wird von der Nutzung der Ergebnisse in spezifischen Konfigurationen berichtet.

Tab. 11: Anteil der Klassen nach Bundesland und Schulform, absolut (in %)

		Klasse 1	Klasse 2	Klasse 3	Klasse 4	Klasse 5	Gesamt
Berlin	Grundschule	8 (14%)	9 (16%)	15 (27%)	9 (16%)	17 (29%)	58
	Gymnasium	1 (4%)	4 (17%)	6 (26%)	6 (26%)	6 (26%)	23
	Andere weiterführende Schulen	4 (17%)	4 (17%)	6 (26%)	3 (13%)	6 (26%)	23
Branden-burg	Grundschule	44 (36%)	3 (2%)	23 (19%)	30 (24%)	23 (19%)	123
	Gymnasium	1 (4%)	7 (29%)	6 (25%)	4 (17%)	6 (25%)	24
	Andere weiterführende Schulen	11 (25%)	6 (14%)	7 (16%)	10 (23%)	10 (23%)	44
	Gesamt	69 (23%)	33 (11%)	63 (21%)	69 (23%)	68 (23%)	295

Quelle: eigene Darstellung

6. Diskussion und Ausblick

Evaluationsverfahren, wie Vergleichsarbeiten, Schulinspektion und interne Evaluation, sollen als Impuls für Qualitätsentwicklung und -sicherung in Schulen dienen. Die vorliegende Studie untersucht, inwiefern dies gelingt und ob es Unterschiede zwischen den genannten Verfahren gibt. In Anlehnung an das Modell von Helmke (2004) wurden Angaben von Schulleitungen zur Nutzung der Ergebnisse der verschiedenen Evaluationsverfahren als Indikator für Qualitätsentwicklung analysiert. Zudem wurden die Verfahren hinsichtlich möglicher Einflussfaktoren darauf, wie Ergebniskommunikation sowie wahrgenommener Aufwand, Nutzen und Diagnosegüte, eingeschätzt. Auch hier wurde analysiert, ob es Unterschiede zwischen den Verfahren gibt.

6.1 Unterschiede zwischen Evaluationsverfahren in der Einschätzung und Nutzung

6.1.1 Einschätzung der Evaluationsverfahren

Die Einschätzung der Schulleitungen hinsichtlich des wahrgenommenen Aufwandes und Nutzens und der zugeschriebenen Diagnosegüte unterscheidet sich bedeutsam zwischen den Evaluationsverfahren. Analog zur Studie von Demski u.a. (2012) wird die Nützlichkeit von interner Evaluation am höchsten eingeschätzt. Dennoch zeigen die Ergebnisse, dass alle Evaluationsverfahren tendenziell eher positiv gesehen werden. Eine Ausnahme ist VERA in Berlin, wo der Nutzen und die Diagnosegüte als eher gering bewertet werden (zu den Länderunterschieden vgl. Maier u.a., 2011; Maier, 2008). Dass VERA im Vergleich der Verfahren als am wenigsten nützlich eingeschätzt wird, zeigt sich auch bei Demski u.a. (2012).

Die positiven Einschätzungen der Diagnosegüte und des Nutzens interner Evaluation hängen möglicherweise damit zusammen, dass im Gegensatz zu den anderen Verfahren in den Schulen weitgehend selbst über Inhalte und Vorgehensweise bestimmt werden kann. Allerdings ist unbekannt, welche internen Evaluationsverfahren in den Stichprobenschulen eingesetzt werden. Weiterhin könnte auch die Implementation der Verfahren eine Rolle bei der Einschätzung spielen. VERA und die Schulinspektion sind top-down initiiert worden, ohne dass die Schulen beteiligt wurden, was eine mögliche Erklärung für niedrigere Akzeptanz sein kann. Diese These wird jedoch nicht durch das Ergebnis gestützt, dass sich insbesondere bei der Einschätzung der Diagnosegüte und des Nutzens von VERA bundeslandspezifische Unterschiede zeigen, obwohl VERA in beiden Ländern vom selben Institut durchgeführt und ausgewertet wird.

6.1.2 Kommunikation der Evaluationsergebnisse

Die hier präsentierten Befunde zur Kommunikation in Schul- und Lehrerkonferenzen zeigen, dass sich mit VERA-Ergebnissen weniger auseinandergesetzt wird als mit den Ergebnissen anderer Verfahren. Dieses Resultat in Bezug auf die Ergebniskommunikation deckt sich mit den Ergebnissen der Studie von Demski u.a. (2012). Informationen auf Basis der befragten Schulleitungen über die Kommunikation in Fachkonferenzen liegen nicht vor. Möglicherweise ist hier die Kommunikation über VERA-Ergebnisse anders ausgeprägt. Die Kommunikation über Schulinspektionsergebnisse ist im Vergleich am stärksten gegeben; dies wird ebenfalls von Demski u.a. (2012) berichtet. Die beschriebene umfangreiche Kommunikation deckt sich zudem mit bisherigen Befunden zur Auseinandersetzung mit Inspektionsergebnissen (vgl. zusammenfassend Dedering, 2012). Die Unterschiede zwischen den Verfahren könnten damit zusammenhängen, dass die Schulinspektion bis zum Befragungszeitpunkt lediglich einmal stattgefunden hatte und nicht wie VERA jährlich stattfindet. Zudem ist die Vorstellung der Inspektionsergebnisse zumindest für einen Teil der schulischen Akteure im Ablauf des Verfahrens vorgesehen.

6.1.3 Nutzung von Evaluationsverfahren

Die in dieser Studie untersuchten Evaluationsverfahren liefern Erkenntnisse, die in Schulen zur Ableitung von Entwicklungsmaßnahmen genutzt werden können. Die zu VERA und der Schulinspektion befragten Schulleitungen berichten, dass Nutzung auf Schulebene stattfindet und zwar vor allem im „Kerngeschäft" der Schule, dem Unterricht. Die Ableitung von Maßnahmen im Bereich des Unterrichts (z.B. Binnendifferenzierung) wird auch in anderen Studien berichtet (vgl. zur Schulinspektion: Dedering, 2012; zu VERA: z.B. Groß Ophoff, Hosenfeld & Koch, 2007; Koch u.a., 2006). Die in der Mehrheit der Schulen berichtete Nutzung zeigt, dass Unterrichtsentwicklung basierend auf Evaluationsergebnissen auch auf Schulebene initiiert wird. Dies unterstreicht die als Merkmal der „neuen Steuerung" formulierte Unterrichtsfokussierung der Verfahren. Nach Angaben der Schulleitungen wird das von der KMK intendierte Ziel der Unterrichtsentwicklung in der Mehrzahl der Schulen berichtet. Zudem findet die Ableitung von Schulentwicklungsmaßnahmen nach Auskunft der Schulleitungen je nach Verfahren in einem Drittel bis zur Hälfte der Schulen statt. Weitere beschriebene Maßnahmen sind solche zur internen Evaluation und Schulprogrammarbeit, deren Nennung ebenfalls mit anderen Studien über-einstimmt (zur Schulinspektion vgl. zusammenfassend Dedering, 2012).

Trotz der insbesondere in Berlin negativeren Einschätzung von VERA ge-ben Schulleitungen in über zwei Drittel der Schulen an, die Testergebnisse für Entwicklungsmaßnahmen im Bereich Unterricht genutzt zu haben. Den Zusammenhang zwischen der Einschätzung von Evaluationsverfahren und der Nutzung von Evaluationsergebnissen gilt es in weiterführenden Studien genau-er zu untersuchen. Zudem ist bislang kaum erforscht, inwiefern festgestellter Entwicklungsbedarf bzw. das Abschneiden bei VERA zu Aktivitäten führen.

Die Ergebnisse der Schulinspektion in Form festgestellten Entwicklungs-bedarfs sollen wie das Feedback aus VERA einen Anlass bieten, Maßnahmen ein-zuleiten. In etwa der Hälfte der Schulen werden auch ohne Entwicklungsbedarf in einem bestimmten Bereich Maßnahmen abgeleitet. Das bedeutet: Schulen nutzen die Inspektionsergebnisse auch in Bereichen, in denen kein aku-ter Handlungsbedarf besteht. Das kann als Hinweis auf die Orientierung an Zielvorgaben interpretiert werden. Zwischen einem Drittel und der Hälfte der Schulen ergreifen aber auch trotz diagnostizierten Entwicklungsbedarfs kei-ne Maßnahmen. Gründe dafür könnten sein, dass Schulen die Ergebnisse ab-lehnen, der Zeitraum zwischen Inspektion und Umsetzungsmöglichkeit zu kurz war (vgl. Gärtner & Wurster, 2009a, 2009b) oder Schulen nicht dazu in der Lage sind, eigenständig geeignete Maßnahmen zu ergreifen (vgl. Ehren & Visscher, 2006). Hier besteht Bedarf für weiterführende Forschung.

Ein weiterer Befund zur Nutzung der Verfahren ist, dass Schulinspektion und VERA mit der Einführung von Formen interner Evaluation zusammen-hängen. Beispiele dafür sind der Einsatz von Hospitationen oder die Arbeit am Schulprogramm als eine mögliche Grundlage interner Evaluation. Andere Befunde bestätigen dies: In 25 Prozent der Schulen berichten Schulleitungen, dass die Inspektion zu einem anderen Umgang mit VERA und zentralen Abschlussprüfungen und in mehr als der Hälfte der Schulen zu interner Evaluation geführt hat (vgl. Gärtner, Hüsemann & Pant, 2009). Die allgemeine Funktion der Zielvorgaben bzw. Normendurchsetzung wird durch den be-richteten Zusammenhang von Schulinspektions- und VERA-Ergebnissen mit Maßnahmen interner Evaluation deutlich, da interne Evaluation als eine Ziel-vorgabe in den Qualitätsrahmen genannt wird.

6.1.4 Konfigurationen der Nutzung von Schulinspektion und Vergleichsarbeiten

Das Zusammenspiel und die gemeinsame Betrachtung verschiedener Evalua-tionsverfahren sind zur Beantwortung der Forschungsfrage nach Konfigura-tionen der Nutzung unterschiedlicher Verfahren bedeutsam. Zur Analyse wurden Latent-Class-Analysen durchgeführt. Unterschiedliche Nutzungskonfigurationen zeigen, dass es in substanziellem Ausmaß sowohl Schulen gibt, die Schulinspektionen und VERA gleichermaßen nutzen, als auch Schulen, die keines der beiden Evaluationsinstrumente bzw. nur eines nutzen. Dabei wurden auch Unterschiede zwischen Schularten sichtbar. Unterschiedliche Konfigurationen der Nutzung wurden bereits separat bei Lehrkräften für VERA (vgl. Groß Ophoff, Hosenfeld & Koch, 2007) und auf Schulebene für die Schulinspektion (vgl. Wurster & Gärtner, 2013) beschrieben. In diesen Studien, wie auch in der vorliegenden, wird deutlich, dass ein Teil der befragten Lehrkräfte bzw. Schulen die Ergebnisse nicht nutzt. Dies kann einerseits damit zusammenhängen, dass es keinen Bedarf an Veränderungsprozessen gibt (vgl. ebd.), andererseits aber auch damit, dass die Verfahren eher abgelehnt werden oder Schulen bzw. Lehrkräfte nicht dazu in der Lage sind, eigenständig geeignete Maßnahmen zu ergreifen.

6.2   Limitationen der Studie

Einschränkend muss festgehalten werden, dass die vorgestellten Ergebnisse auf einer Stichprobe basieren, die möglicherweise verzerrt ist. Die Ausschöpfungsquote der Vollerhebung liegt bei 27 Prozent. Ein Abgleich zwischen Stichprobe und Grundgesamtheit konnte nur für die regionale Verteilung der Schulen und die Schulart durchgeführt werden, wobei keine Verzerrungen festgestellt wurden. Weiterhin sind hier Schulleitungen als Expertinnen und Experten ihrer Schule befragt worden. Mit Blick auf bisherige Forschungsergebnisse fallen Antworten von Schulleitungen tendenziell etwas positiver aus als Auskünfte von Lehrkräften (vgl. Böttcher, Keune & Neiwert, 2010; Demski u.a., 2012; Gärtner & Wurster, 2009a, 2009b; Maier, 2008). Insgesamt muss bei der Interpretation der Ergebnisse dieser Studie beachtet werden, dass die Ergebnisse auf Selbstauskünften schulischer Akteure und auf Querschnittsdaten beruhen.

6.3   Implikationen der Studie

Die analysierten Evaluationsverfahren sind Thema aktueller bildungspolitischer Entscheidungen zur Qualitätssicherung im Bildungssystem. Die KMK hat jüngst die „Vereinbarung zur Weiterentwicklung von VERA" beschlossen (vgl. KMK, 2012). In Berlin wurde 2011 ein Qualitätspaket (SenBWF, 2011) verabschiedet, dass u.a. die Veröffentlichung der Schulinspektionsergebnisse, eine Verpflichtung der Schulen zur regelmäßigen Nutzung eines standardisierten Instruments zur internen Evaluation (SEP; vgl. Gärtner, 2010) und für die VERA-Rückmeldung Vergleichsmöglichkeiten mit ähnlich zusammengesetzten Schulen vorsieht.

Anknüpfend an die aktuellen Entwicklungen lassen sich auf Basis der Ergebnisse dieser Arbeit unter Berücksichtigung der Limitationen erste Hinweise und Hypothesen zur Gestaltung und Weiterentwicklung schulischer Evaluationsverfahren formulieren. Zunächst zeigen die Befunde, dass insbesondere in Berlin die Akzeptanz von VERA eine Diskrepanz zur Bedeutung aufweist, die die Bildungsadministration VERA zumisst. Welche Maßnahmen konkret zu einer Verbesserung der Akzeptanz beitragen können, muss durch systematisch variierte Angebote ermittelt werden.

Die Bereitstellung von standardisierten Verfahren zur internen Evaluation könnte den im Vergleich zu den anderen Verfahren als höher eingeschätzten Aufwand reduzieren, da Schulen keine eigenen Prozeduren entwickeln müssen. Dabei sollte allerdings beachtet werden, dass nicht bekannt ist, welche Formen interner Evaluation konkret zu der im Vergleich als hoch wahrgenommenen Diagnosegüte und Nützlichkeit interner Evaluation geführt haben. Es ist folglich nicht auszuschließen, dass Schulen ein standardisiertes Instrument nicht so positiv wahrnehmen.

Weiterhin kann die gleichzeitige Verwendung von VERA und Schulinspektionsergebnissen in einem Teil der Schulen als Anlass genommen werden, perspektivisch die unterschiedlichen Verfahren stärker aufeinander zu beziehen. Dies könnte beispielsweise über eine gemeinsame Betrachtung aller Evaluationsergebnisse in der Maßnahmenplanung oder in Beratungssettings erfolgen. Dafür spricht auch der Befund, dass aufgrund der VERA- und Inspektionsergebnisse Maßnahmen zur internen Evaluation ergriffen werden. Die Nicht-Nutzung in einem vergleichsweise kleinen Teil der Schulen könnte auf einen grundlegenden Unterstützungs- bzw. Fortbildungsbedarf im Umgang mit den Verfahren in diesen Schulen hinweisen.

6.4 Ausblick

Neben den oben genannten Aspekten lässt sich weiterführende Forschung aus den theoretischen Modellen zur Evaluationsnutzung ableiten. Beispielsweise kann das Zyklenmodell von Helmke (2004) als Heuristik zur Systematisierung möglicher Einflussfaktoren auf die Nutzung zu Grunde gelegt werden. Eine verfahrensübergreifende Betrachtung sollte um die organisationalen und externen Bedingungen der Nutzung von Evaluationsergebnissen erweitert werden, wie dies bereits in Ansätzen für einzelne Verfahren geschehen ist (vgl. Maier u.a., 2011; Schildkamp u.a., 2012). Außerdem gehen die Modelle von einer wechselseitigen Beeinflussung der Modellbestandteile aus. Diese wäre ebenfalls in zukünftigen Arbeiten in den Blick zu nehmen, z.B. über Analysen zum Einfluss von individuellen, organisationalen und externen Faktoren auf die Nutzung der Daten, die auf diese Weise erklärt werden kann. Die vorliegende Studie hat mit der Herausarbeitung von verfahrensübergreifenden Konfigurationen schulinterner Verarbeitung von Evaluationsergebnissen einen ersten Schritt in diese Richtung geleistet.

Literatur und Internetquellen

Altrichter, H. (2010). Schul- und Unterrichtsentwicklung durch Datenrückmeldung. In: Altrichter, H. & Maag Merki, K. (Hrsg.), Handbuch Neue Steuerung im Schulsystem. Wiesbaden: VS, S. 219–254.

Berkemeyer, N. & Müller, S. (2010). Schulinterne Evaluation – nur ein Instrument zur Selbststeuerung von Schulen? In: Altrichter, H. & Maag Merki, K. (Hrsg.), Handbuch Neue Steuerung im Schulsystem. Wiesbaden: VS, S. 195–218.

Böttcher, W., Keune, M. & Neiwert, P. (2010). Evaluationsbericht zum Projekt „Schulinspektion in Hessen – Wirkungen auf die Qualitätsentwicklung von Schulen und die Arbeit der Schulaufsicht". Münster: Westfälische Wilhelms-Universität.

Cohen, J. (1988). Statistical Power Analysis for the Behavioral Science. Hillsdale, NJ: Erlbaum.

Dedering, K. (2012). Schulinspektion als wirksamer Weg der Systemsteuerung. In: Zeitschrift für Pädagogik 58, H. 1, S. 69–88.

Dedering, K. & Müller, S. (2011). School Improvement through Inspections? First Empirical Insights from Germany. In: Journal of Educational Change 12, H. 3, S. 301–322.

Demski, D., Rosenbusch, C., van Ackeren, I., Clausen, M. & Schmidt, U. (2012). Steuerung von Schule durch evidenzbasierte Einsicht? Konzeption und erste Befunde des Forschungsverbundes EviS. In: Hornberg, S. & Parreira do Amaral, M. (Hrsg.), Deregulierung im Bildungswesen. Münster u.a.: Waxmann, S. 131–150.

Döbert, H. & Dedering, K. (Hrsg.) (2008). Externe Evaluation von Schulen. Historische, rechtliche und vergleichende Aspekte. Münster u.a.: Waxmann.

Ehren, M.C.M. & Visscher, A.J. (2006). Towards a Theory on the Impact of School Inspections. In: British Journal of Educational Studies 54, H. 1, S. 51–72.

Gärtner, H. (2010). Das ISQ-Selbstevaluationsportal. Konzepte eines Online-Angebots, um die Selbstevaluation in Schule und Unterricht zu unterstützen. In: Die Deutsche Schule 102, H. 2, S. 163–175.

Gärtner, H., Hüsemann, D. & Pant, H.A. (2009). Wirkungen von Schulinspektion aus Sicht betroffener Schulleitungen. Die Brandenburger Schulleiterbefragung. In: Empirische Pädagogik 23, H. 1, S. 1–18.

Gärtner, H. & Wurster, S. (2009a). Befragung zur Wirkung von Schulinspektion in Berlin. Ergebnisbericht. Berlin: Institut für Schulqualität der Länder Berlin und Brandenburg.

Gärtner, H. & Wurster, S. (2009b). Befragung zur Wirkung von Schulvisitation in Brandenburg. Ergebnisbericht. Berlin: Institut für Schulqualität der Länder Berlin und Brandenburg.

Groß Ophoff, J., Hosenfeld, I. & Koch, U. (2007). Formen der Ergebnisrezeption und damit verbundene Schul- und Unterrichtsentwicklung. In: Empirische Pädagogik 21, H. 4, S. 411–427.

Helmke, A. (2004). Von der Evaluation zur Innovation: Pädagogische Nutzbarmachung von Vergleichsarbeiten in der Grundschule. In: Das Seminar, H. 2, S. 90–112.

Hosenfeld, A. (2010). Führt Unterrichtsrückmeldung zu Unterrichtsentwicklung? Die Wirkung von videographischer und schriftlicher Rückmeldung bei Lehrkräften der vierten Jahrgangsstufe. Münster u.a.: Waxmann.

Huber, F. (2006). Konsequenzen aus der externen Evaluation an Bayerns Schulen. Auswertung einer Befragung von Schulleiterinnen und Schulleitern zu den Entwicklungen an ihren Schulen. München: Staatsinstitut für Schulqualität und Bildungsforschung (ISB).

Husfeldt, V. (2011). Wirkungen und Wirksamkeit der externen Schulevaluation. Überblick zum Stand der Forschung. In: Zeitschrift für Erziehungswissenschaft 14, H. 2, S. 259–282.

Klieme, E. (2004). Begründung, Implementation und Wirkung von Bildungsstandards. In: Zeitschrift für Pädagogik 50, S. 625–634.

KMK (Sekretariat der Ständigen Konferenz der Kultusminister der Länder in der Bundesrepublik Deutschland) (1997). Grundsätzliche Überlegungen zu Leistungsvergleichen innerhalb der Bundesrepublik Deutschland – Konstanzer Beschluss. (Beschluss der Kultusministerkonferenz vom 24.10.1997.) URL: http://www.kmk.org/fileadmin/veroeffentlichungen_beschluesse/1997/1997_10_24-Konstanzer-Beschluss.pdf; Zugriffsdatum: 18.07.2013.

KMK (Sekretariat der Ständigen Konferenz der Kultusminister der Länder in der Bundesrepublik Deutschland) (2006). Gesamtstrategie der Kultusministerkonferenz zum Bildungsmonitoring. München: Wolters Kluwer.

KMK (Sekretariat der Ständigen Konferenz der Kultusminister der Länder in der Bundesrepublik Deutschland) (2010). Konzeption der Kultusministerkonferenz zur Nutzung der Bildungsstandards für die Unterrichtsentwicklung. Köln: Wolters Kluwer.

KMK (Sekretariat der Ständigen Konferenz der Kultusminister der Länder in der Bundesrepublik Deutschland) (2012). Vereinbarung zur Weiterentwicklung von VERA. (Beschluss der Kultusministerkonferenz vom 08.03.2012.) URL: http://www.kmk.org/fileadmin/veroeffentlichungen_beschluesse/2012/2012_03_08_Weiterentwicklung-VERA.pdf; Zugriffsdatum: 17.05.2013.

Koch, U., Groß Ophoff, J., Hosenfeld, I. & Helmke, A. (2006). Qualitätssicherung: Von der Evaluation zur Schul- und Unterrichtsentwicklung – Ergebnisse der Lehrerbefragung zur Auseinandersetzung mit den VERA-Rückmeldungen. In: Eder, F., Gastager, A. & Hofmann, F. (Hrsg.), Qualität durch Standards? Beiträge zum Schwerpunktthema der 67. Tagung AEPF. Münster u.a.: Waxmann, S. 187–199.

Kühle, B. & Peek, R. (2007). Lernstandserhebungen in Nordrhein-Westfalen. Evaluationsbefunde zur Rezeption und zum Umgang mit Ergebnisrückmeldungen in Schulen. In: Empirische Pädagogik 21, H. 4, S. 428–447.

Landwehr, N. (2011). Thesen zur Wirkung und Wirksamkeit der externen Schulevaluation. In: Quesel, C., Husfeldt, V., Landwehr, N. & Steiner, P. (Hrsg.), Wirkungen und Wirksamkeit der externen Schulevaluation. Bern: hep, S. 35–69.

Lo, Y., Mendell, N.R. & Rubin, D.B. (2001). Testing the Number of Components in a Normal Mixture. In: Biometrika 88, H. 3, S. 767–778.

Maag Merki, K. (2009). Evaluation im Bildungsbereich Schule in Deutschland. In: Widmer, T., Beywl, W. & Fabian, C. (Hrsg.), Evaluation. Ein systematisches Handbuch. Wiesbaden: VS, S. 157–162.

Maier, U. (2008). Vergleichsarbeiten im Vergleich – Akzeptanz und wahrgenommener Nutzen standardbasierter Leistungsmessungen in Baden-Württemberg und Thüringen. In: Zeitschrift für Erziehungswissenschaft 11, H. 3, S. 453–474.

Maier, U., Bohl, T., Kleinknecht, M. & Metz, K. (2011). Einflüsse von Merkmalen des Testsystems und Schulkontextfaktoren auf die Akzeptanz und Rezeption von zentralen Testrückmeldungen durch Lehrkräfte. In: Journal for Educational Research Online. Journal für Bildungsforschung Online 3, H. 2, S. 62–93.

Maritzen, N. (2006). Eine Trendanalyse. Schulinspektion zwischen Aufsicht und Draufsicht. In: Buchen, H., Horster, L. & Rolff, H.-G. (Hrsg.), Schulinspektion und Schulleitung. Stuttgart: Raabe, S. 7–26.

MBJS (2008a). Orientierungsrahmen Schulqualität in Brandenburg. Qualitätsbereiche und Qualitätsmerkmale guter Schulen/Version 2.0. Potsdam: Ministerium für Bildung, Sport und Jugend.

MBJS (2008b). Schulvisitation im Land Brandenburg. Jahresbericht zum Schuljahr 2006/2007. Potsdam: Ministerium für Bildung, Jugend und Sport.

Meuret, D. & Morlaix, S. (2003). Conditions of Success of a School's Self-Evaluation: Some Lessons of an European Experience. In: School Effectiveness and School Improvement 14, H. 1, S. 53–71.

Muthén, L.K. & Muthén, B.O. (1998–2010). Mplus. Statistical Analysis with Latent Variables. User's Guide. Sixth Edition. Los Angeles, CA: Muthén & Muthén.

Nachtigall, C. & Jantowski, A. (2007). Die Thüringer Kompetenztests unter besonderer Berücksichtigung der Evaluationsergebnisse zum Rezeptionsverhalten. In: Empirische Pädagogik 21, H. 4, S. 401–410.

Nylund, K.L., Asparouhov, T. & Muthén, B. (2007). Deciding on the Number of Classes in Latent Class Analysis and Growth Mixture Modeling: A Monte Carlo Simulation Study. In: Structural Equation Modeling 14, H. 4, S. 535–569.

Pant, H.A., Emmrich, R., Harych, P. & Kuhl, P. (2011). Leistungsüberprüfungen durch Schulleistungsstudien und Vergleichsarbeiten. In: Sacher, W. & Winter, F. (Hrsg.), Professionswissen für Lehrerinnen und Lehrer, Bd. 4: Diagnose und Beurteilung von Schülerleistungen. Grundlagen und Reformansätze. Baltmannsweiler: Schneider Verlag Hohengehren, S. 123–142.

R Development Core Team (2011). R: A Language and Environment for Statistical Computing. Wien: R Foundation for Statistical Computing. URL: http://www.R-project.org/; Zugriffsdatum: 10.07.2013.

Rost, J. ([2]2004). Lehrbuch Testtheorie – Testkonstruktion. Bern: Huber.

Schildkamp, K., Vanhoof, J., van Petegem, P. & Visscher, A. (2012). The Use of School Self-Evaluation Results in the Netherlands and Flanders. In: British Educational Research Journal 38, H. 1, S. 125–152.

Schildkamp, K. & Visscher, A. (2009). Factors Influencing the Utilisation of a School Self-Evaluation Instrument. In: Studies in Educational Evaluation 35, H. 4, S. 150–159.

Schildkamp, K., Visscher, A. & Luyten, H. (2009). The Effects of the Use of a School Self-Evaluation Instrument. In: School Effectiveness and School Improvement 20, S. 69–88.

Schrader, F.-W. & Helmke, A. (2003). Evaluation – und was danach? Ergebnisse der Schulleiterbefragung im Rahmen der Rezeptionsstudie WALZER. In: Schweizerische Zeitschrift für Bildungswissenschaften 25, H. 1, S. 79–110.

SenBJS (2006). Bildung für Berlin. Handbuch Schulinspektion. Berlin: Senatsverwaltung für Bildung, Jugend und Sport.

SenBWF (2009). Bildung für Berlin. Schulinspektionen im Schuljahr 2007/2008. Berlin: Senatsverwaltung für Bildung, Wissenschaft und Forschung.

SenBWF (2011). Qualitätspaket Kita und Schule. Berlin: Senatsverwaltung für Bildung, Wissenschaft und Forschung. URL: http://www.berlin.de/imperia/md/content/sen-bildung/schulqualitaet/qualitaetspaket.pdf?start&ts=1304676467&file=qualitaetspaket.pdf; Zugriffsdatum: 17.05.2013.

Sommer, N. (2011). Wie beurteilen schulische Gruppen die erlebte Schulinspektion? Ergebnisse einer Befragung. In: Müller, S., Pietsch, M. & Bos, W. (Hrsg.), Schulinspektion in Deutschland. Eine Zwischenbilanz aus empirischer Sicht. Münster u.a.: Waxmann, S. 137–164.

Stamm, M. (2003). Evaluation und ihre Folgen für die Bildung. Eine unterschätzte pädagogische Herausforderung. Münster u.a.: Waxmann.

Stern, C., Ebel, C. & Müncher, A. (Hrsg.) (³2008). Bessere Qualität in allen Schulen. Praxisleitfaden zur Einführung des Selbstevaluationsinstruments SEIS in Schulen. Gütersloh: Bertelsmann Stiftung.

Thiel, F. & Thillmann, K. (2012). Interne Evaluation als Instrument der Selbststeuerung von Schulen. In: Wacker, A., Maier, U. & Wissinger, J. (Hrsg.), Schul- und Unterrichtsreform durch ergebnisorientierte Steuerung. Empirische Befunde und forschungsmethodische Implikationen. Wiesbaden: VS, S. 35–55.

Tresch, S. (2007). Potenzial Leistungstest. Bern: hep.

Vanhoof, J., van Petegem, P. & de Maeyer, S. (2009). Attitudes Towards School Self-Evaluation. In: Studies in Educational Evaluation 35, H. 1, S. 21–28.

Wurster, S. & Gärtner, H. (2013). Schulen im Umgang mit Schulinspektion und deren Ergebnissen. In: Zeitschrift für Pädagogik 59, H. 3, S. 425–445.

Dietrich Benner

Gibt es eine pädagogisch ausgewiesene und didaktisch anschlussfähige empirische Bildungsforschung?

Zur Bedeutung der Konzeption des erziehenden Unterrichts für bildende Erfahrungserweiterungen und gesellschaftliche Partizipation

1. Einleitung

Niemand, der sachkundig ist, bezweifelt heute, dass es eine erziehungsphiloso-phisch ausgerichtete Bildungsforschung[1] und innerhalb derselben eine erzie-hungswissenschaftliche Biografie-Forschung (vgl. Krüger & Marotzki, [2]2006) sowie weitere etablierte spezifische Forschungsfelder der Allgemeinen Erzie-hungswissenschaft gibt.[2] Wie aber verhält es sich mit einer pädagogisch ausge-wiesenen und an Fragen der systematischen Didaktik anschlussfähigen empiri-schen Bildungsforschung? Diese Frage soll im Folgenden erörtert werden.

Glaubt man den erziehungswissenschaftlichen Kritikern der unter dem Namen PISA bekannt gewordenen, heute aber weiter reichenden empiri-schen Bildungsforschung, so handelt es sich bei dieser eher um eine psycho-logische, nicht aber um eine erziehungswissenschaftliche Forschungsrichtung (vgl. Koch, 2004). Mit dieser These setzen meine Überlegungen ein. Sie ist des-halb von zentraler Bedeutung, weil sie nicht nur von Kritikern der empirischen Bildungsforschung, sondern auch von empirischen Bildungsforschern selbst ver-treten wird. So hat beispielsweise Detlev Leutner in einem Streitgespräch im Rahmen des 2012 an der Universität Osnabrück ausgetragenen 49. Kongresses der DGfE die Auffassung vertreten, was unter empirischer Bildungsforschung zu verstehen ist, sei für pädagogische Psychologen weitgehend geklärt. Ungeklärt aber sei der Beitrag, den die Erziehungswissenschaft zur empirischen Bildungsforschung erbringe oder erbringen könne (siehe Leutner, 2013).

Ich greife Leutners These hier auf, weil sie die Erziehungswissenschaft vor zwei nur im Zusammenhang zu klärende Fragen stellt. Die eine Frage lautet, was trägt die empirische Bildungsforschung zu einer erziehungswissenschaft-lichen Bildungsforschung bei? Die andere: Welchen Beitrag könnte eine er-ziehungswissenschaftlich ausgewiesene Bildungsforschung zur empirischen Bildungsforschung leisten? Legt man das Thema meines Beitrags so aus, dann kann man sagen, dass die Frage, was unter einer erziehungswissenschaftlichen

---

1   Vgl. Breinbauer & Weiß (2011); Koller, Marotzki & Sanders (2007); Thompson (2009).
2   Vgl. Reichenbach (2001); Wigger, Cloer, Ruhloff, Vogel & Wulf (2002); Zedler (2013).

Bildungsforschung zu verstehen ist, nicht nur an die Erziehungswissenschaft selbst zu richten, sondern für alle an empirischer Bildungsforschung beteiligten Disziplinen und Subdisziplinen von Bedeutung ist. An ihrer Erörterung sollten sowohl die erziehungswissenschaftlichen Kritiker empirischer Bildungsforschung als auch die im Bereich der empirischen Bildungsforschung arbeitenden Wissenschaftler – welcher Couleur auch immer – und nicht zuletzt systematische und historische Erziehungswissenschaftler mitwirken. Nur dann besteht m.E. eine begründete Aussicht, dass Abgrenzungen, Anschlussmöglichkeiten und übergreifende Fragestellungen umfassender erörtert werden können.[3]

Bei meinem Versuch über die Frage, was unter einer erziehungswissenschaftlichen ausgewiesenen empirischen Bildungsforschung zu verstehen ist, konzentriere ich mich auf Problemstellungen einer pädagogisch und didaktisch argumentierenden empirischen Bildungsforschung und verbinde damit keinerlei Anspruch, weiter ausholende Antworten auf die Frage zu geben, wie eine erziehungswissenschaftlich und eine psychologisch ausgerichtete empirische Bildungsforschung auch in anderen Themen- und Forschungsfeldern kooperieren könnten. Bei meinem thematisch also eng begrenzten Versuch gehe ich in drei Schritten vor:

— In einem ersten Schritt suche ich zu zeigen, dass eine pädagogisch ausgewiesene Bildungsforschung ihre Bezüge zu drei Basistheorien der Pädagogik reflektieren und sich erziehungstheoretisch, bildungstheoretisch und institutionentheoretisch mit Blick auf die Grundstruktur pädagogischer Prozesse im öffentlichen Bildungssystem ausweisen muss.

— In einem zweiten Schritt stelle ich Ansatz, Fragestellungen, Testinstrumente sowie Ergebnisse aus zwei von mir mitinitiierten Forschungsprojekten zur Modellierung und Erfassung moralischer und religiöser Kompetenzen von 15-Jährigen vor (KERK und ETiK),[4] die sich selbst als Beitrag zu einer pädagogisch argumentierenden und didaktisch anschlussfähigen empirischen Bildungsforschung verstehen.

— In einem dritten Schritt wende ich mich dann wieder der eingangs gestellten Frage zu, um auf sie eine vorläufige Antwort zu geben. Diese versucht, über den irrigen Dual von Erziehungswissenschaft und Bildungsforschung hinauszuführen und Abgrenzungen, Gemeinsamkeiten und Kooperations-

---

3   Siehe den Vorschlag in Benner (2013).
4   Der vollständige Titel des gemeinsam mit Rolf Schieder, Henning Schluß und Joachim Willems geleiteten und zusammen mit Roumiana Nikolova und Thomas Weiß durchgeführten, inzwischen abgeschlossenen Projekts im Bereich öffentliche Bildung und Religion lautet „Konstruktion und Erhebung von Religiösen Kompetenzniveaus am Beispiel des evangelischen Religionsunterrichts". Vgl. Benner, Schieder, Schluß & Willems (2011); der Titel des noch laufenden Projekts im moralisch-evaluativen Bereich ist: Entwicklung eines Testinstruments zu einer didaktisch und bildungstheoretisch ausgewiesenen Erfassung moralischer Kompetenzen im Ethik-Unterricht an öffentlichen Schulen"; vgl. Benner, von Heynitz, Ivanov, Nikolova, Pohlmann & Remus (2010); Benner, Nikolova, von Heynitz, Ivanov & Tschnjajew (2013).

möglichkeiten zwischen einer stärker pädagogisch und didaktisch argumentierenden und einer stärker psychologisch orientierten Bildungsforschung zu skizzieren.

2. Gegenstandkonstitutive Bezüge erziehungswissenschaftlicher Bildungsforschung zu drei Basistheorien der Pädagogik und zur Grundstruktur pädagogischer Prozesse im öffentlichen Bildungssystem

Der Terminus „erziehungswissenschaftliche Bildungsforschung" macht im Bereich der empirischen Bildungsforschung nur Sinn, wenn mitbedacht wird, dass empirische Bildungsforschung heute der Name für ein interdisziplinäres Forschungsgebiet ist, in dem mehrere Disziplinen tätig sind. Hieraus folgt, dass eine pädagogisch argumentierende erziehungswissenschaftliche Bildungsforschung, wenn sie ihren Namen zu Recht tragen will, spezifische, theoretisch ausweisbare Fragestellungen verfolgen muss, durch die sie sich von disziplinär anders justierten Ansätzen der empirischen Bildungsforschung unterscheidet, und zugleich bestimmte Kriterien erfüllen muss, die für Bildungsforschung generell gelten. Zugleich freilich gilt, dass sich umgekehrt Ansätze der empirischen Bildungsforschung, die sich bewusst als außerhalb der Erziehungswissenschaft zu verortende Ansätze verstehen, als Ansätze einer Bildungsforschung ausweisen müssen, die den Bildungsbegriff mit guten Gründen in ihrem Namen führen und zumindest anschlussfähig an pädagogische und erziehungswissenschaftliche Problemstellungen sind.

Zu den spezifischen und unverzichtbaren pädagogischen Fragestellungen einer erziehungswissenschaftlichen Bildungsforschung aber gehören unter anderem Problemstellungen und theoretische Prämissen, die in drei klassischen Basistheorien der Pädagogik bearbeitet und reflektiert werden. Sie befassen sich mit elementaren Sachverhalten von Erziehung und Bildung sowie mit Erziehungs- und Bildungsprozessen in pädagogischen Institutionen. Bildungsforschung, die ihren Namen verdient, muss innerhalb der Erziehungswissenschaft auf sie explizit Bezug nehmen und als disziplinär anders orientierte Bildungsforschung zumindest Fragen ihrer Anschlussfähigkeit an die genannten pädagogischen Problemstellungen und Konzepte mitreflektieren.

Ohne ein Definitionsmonopol in Fragen der Erziehung, der Bildung und der Institutionalisierung von Erziehungs- und Bildungsprozessen in pädagogischen Institutionen bei der Pädagogik und ihrer forschenden Schwester, der Erziehungswissenschaft, verankern zu wollen, möchte ich an dieser Stelle Leutners eingangs zitierte These um die für Pädagogik, Erziehungswissenschaft und Bildungsforschung insgesamt bedeutsame These ergänzen, dass sich Lehr-

Lernprozesse im öffentlichen Bildungssystem sachangemessen nur thematisieren und erforschen lassen, wenn die in diesen zu erzielenden Leistungen mit den erziehungs-, bildungs- und institutionentheoretischen Wirkungsmöglichkeiten und Aufgabenstellungen des öffentlichen Bildungssystems abgestimmt werden. Die bisher nur kursorisch angesprochenen, im Folgenden aber etwas genauer zu umschreibenden erziehungs-, bildungs- und institutionentheoretischen Aspekte sind, wie Elmar Anhalt und Klaus Prange erst kürzlich auf einem Symposion der Internationalen Herbart-Gesellschaft an der Universität Duisburg-Essen gezeigt haben,[5] nicht nur für die Konzeptualisierung erziehungswissenschaftlicher Vorhaben im Bereich der Bildungsforschung, sondern darüber hinaus auch für die Interpretation von Ergebnissen anderer, z.B. psychologisch ausgewiesener Richtungen der Bildungsforschung von grundlegender Bedeutung.

2.1 Erziehungstheoretische Aspekte erziehungswissenschaftlicher Bildungsforschung

Zu den weithin vernachlässigten erziehungstheoretischen Prämissen (vgl. Zedler, 2011/12) einer pädagogisch und erziehungswissenschaftlich ausgewiesenen Bildungsforschung gehört, dass Lehrpersonen an öffentlichen Schulen durch Unterricht erziehen. Durch Unterricht erziehen aber bedeutet erstens, Erfahrung und zwischenmenschlichen Umgang Heranwachsender durch Lehr-Lernprozesse so zu erweitern, dass sich diese in grundlegenden Domänen ein Basiswissen aneignen, das durch Erfahrung und Umgang unmittelbar nicht erworben, sondern nur in unterrichtlich organisierten Lehr-Lernprozessen vermittelt werden kann. Es bedeutet zweitens, dass die unterrichtliche Erfahrungs- und Umgangserweiterung so konzipiert wird, dass vermittelt über sie die Lernenden und die von ihnen begriffene Welt in einem noch genauer zu fassenden Sinne andere werden.

Zu den Inhalten und Gegenständen, die von einer unterrichtlichen Vermittlung abhängig sind, wurde schon immer die Schriftsprache gerechnet, die anders als die mündliche Sprache im Raum unmittelbarer Welterfahrung und zwischenmenschlichen Umgangs nicht erlernt und tradiert werden kann. Sprechen lernen Kinder zu Hause von den Eltern, Lesen, Schreiben, Rechnen sowie geometrisches Zeichnen u.a.m. dagegen von Elementarlehrern, die die Schriftzeichen in einem künstlich und kunstvoll veranstalteten Unterricht vermitteln und einüben. Dieser findet in schulisch organisierten Unterrichtsanstalten statt, die in europäischen Staaten und Ländern mit der Einführung einer allgemeinen Schulplicht im 18. und 19. Jahrhundert als obligatorisch zu besuchende Anstalten errichtet wurden und sich im 20. Jahrhundert weltweit als

---

5   Anhalt (im Druck); Prange (im Druck).

Organisationsform gemeinsamer und öffentlicher Lehr-Lernprozesse durchgesetzt haben (vgl. Adick, 1992).

Zum Gegenstand eines Schrift-Sprach-Unterrichts, der erzieht, gehört nicht nur die Vermittlung der formalen Schriftsprachkompetenz, sondern auch die Einführung der Heranwachsenden in jene rhetorischen und ästhetischen Kulturpraktiken, die seit alters her eng mit der Schrift verbunden sind. Ein pädagogisch ausgewiesener erziehender Unterricht vermittelt darum nicht nur Lesekompetenz, sondern auch Schreib-, Interpretations- und Redekompetenzen und ein diese überwölbendes ästhetisches Interesse an sprachlichen Ausdrucksformen. Die Vermittlung und Einübung des Gebrauchs der Schrift in der Artikulation freier Rede gehört ebenso zu seinen Aufgaben wie die Vermittlung der Fähigkeit, verschiedene Textsorten unterscheiden und selber verfassen sowie schriftgebundene kulturelle Objektivationen aus den Bereichen von Literatur und Poesie verstehen und interpretieren zu können. Für die Frage nach den Beziehungen zwischen einer psychologisch forschenden und einer pädagogisch und erziehungswissenschaftlich ausgewiesenen empirischen Bildungsforschung bedeutet dies, dass erstere sich in Richtung auf letztere hin z.B. in dem Maße weiterentwickeln kann, in dem sie ihre Konzentration auf „Lesekompetenz" um weitere, für den Gegenstand der Aneignung und des Gebrauchs der Schriftsprache grundlegende Facetten erweitert.[6]

2.2 Bildungstheoretische Aspekte erziehungswissenschaftlicher Bildungsforschung

Zu der im Begriff des erziehenden Unterrichts angesprochenen erziehungstheoretischen Struktur und Aufgabenstellung von Lehr-Lernprozessen im öffentlichen Bildungssystem kommt eine nicht minder unverzichtbare bildungstheoretische Problem- und Aufgabenstellung hinzu. Unter bildungstheoretischen Fragestellungen sind schulische Lehr-Lernprozesse so zu institutionalisieren, dass sie die Form bildender Lehr-Lernprozesse annehmen. Von bildenden Lehr-Lernprozessen aber sprechen wir immer dann, wenn in ihnen Erfahrung und Umgang so erweitert werden, dass dadurch das lernende Selbst und die von ihm angeeignete und verstandene Welt in einem qualitativen Sinne bildende Veränderungen erfahren und dadurch, wie bereits angedeutet, andere werden. Was hierunter zu verstehen ist, soll im Folgenden an zwei Modellen für die bildungstheoretische Erweiterungsfunktion des erziehenden Unterrichts aufgezeigt werden. Von diesen stammt das erste von Herbart und wurde Anfang des 19. Jahrhunderts mit Blick auf die bildende Funktion von Fächern entwickelt, die

---

6   Vgl. den auf das Jahr 2000 zurückgehenden, frühen Versuch einer bildungstheoretischen Rahmung von PISA in Benner (2002).

bis heute als „Kunden" beschrieben werden und der Sekundarstufe I zuzuordnen sind. Das zweite Modell unterscheidet nicht zwischen Kunden, sondern zwischen ausdifferenzierten Wissensformen. Es ermöglicht eine bildungstheoretische Orientierung des Oberstufenunterrichts, aber auch der Eingangsphase des wissenschaftlichen Studiums.

Die bildungstheoretische Aufgabenstellung des erziehenden Unterrichts gründete Herbart auf zwei Reihen, die im Unterricht getrennt zu behandeln und reflexiv miteinander zu verknüpfen sind, auf die Reihe der erfahrungserweiternden Erkenntnis und auf die Reihe der umgangserweiternden Teilnahme. Erstere bereichert Welterfahrung um wissenschaftliche und ästhetische Erfahrungsformen, letztere erweitert den unmittelbar zwischenmenschlichen Umgang um Horizonte und Praxisformen einer Teilnahme an Gesellschaft/Politik und Religion.[7]

Erziehender und bildender Unterricht, nach Herbart erweitert			
(1)	Welterfahrung in der Reihe der Erkenntnis zu	(2)	Wissenschaft und
		(3)	Kunst
(4)	zwischenmenschlichen Umgang in der Reihe der Teilnahme zu	(5)	Politik und
		(6)	Religion

Abb. 1: Herbarts Konzeption des erziehenden Unterrichts

Die von Herbart geforderte Umgangserweiterung durch erziehenden und bildenden Unterricht in der Reihe der Teilnahme lässt sich heute vor dem Hintergrund der im 19. und 20. Jahrhundert entwickelten Denkformen damit begründen, dass moderne Gesellschaften ihre Geschichte nicht mehr unmittelbar im Zusammenleben der Menschen erinnern können und daher auf eine unterrichtliche Förderung von Teilnahme- und Partizipationsmöglichkeiten der nachwachsenden Generation angewiesen sind, welche die durch Sitten und Gebräuche tradierbaren Umgangsformen um Erinnerungen an die gesellschaftlich-politischen und religiösen Dimensionen des Zusammenlebens der Menschen erweitert (vgl. Ritter, 1974; Krause, 2013).

Eine analoge Legitimation lässt sich für die von Herbart für notwendig gehaltene erfahrungserweiternde Funktion des erziehenden und bildenden Unterrichts anführen. Unter den Bedingungen einer fortschreitenden Verwissenschaftlichung aller Weltverhältnisse liegen heute schon der alltäglichen

---

7   Siehe Herbart (1806). Erstes Buch, drittes Kapitel.

Erfahrung wissenschaftliche Denkformen zugrunde, die in dieser selbst unerkannt bleiben, weil sie mit dem Einsatz und Gebrauch der modernen Techniken selbst nicht schon vermittelt und erlernt werden. Die moderne Welt versteht daher nur, wer ihre wissenschaftlichen Grundlagen in unterrichtlich konzipierten Lehr-Lernprozessen kennengelernt und in der Reihe der Erkenntnis nicht nur eine szientifische, sondern auch eine ästhetische Erfahrungserweiterung durchlaufen und einen Begriff davon gewonnen hat, dass Sachverhalte des Natur- und des Kunstschönen überszientifische Dimensionen und Aspekte haben (vgl. hierzu Schelsky, 1965).

An zwei Bildern von Paul Klee, die dieser in einem zeitlichen Abstand von ca. vier Jahren malte, lässt sich das Gemeinte verdeutlichen. Das erste Bild stammt aus einer kleinen Kollektion, die Klee 1921 für sein Patenkind malte. Es führt unten rechts den Hinweis: „Diese Bilder hat der olle Onkel Klee gemacht" und unten links den Titel: „Wo die Eier herkommen und der gute Braten. (für Florina-Irene)"

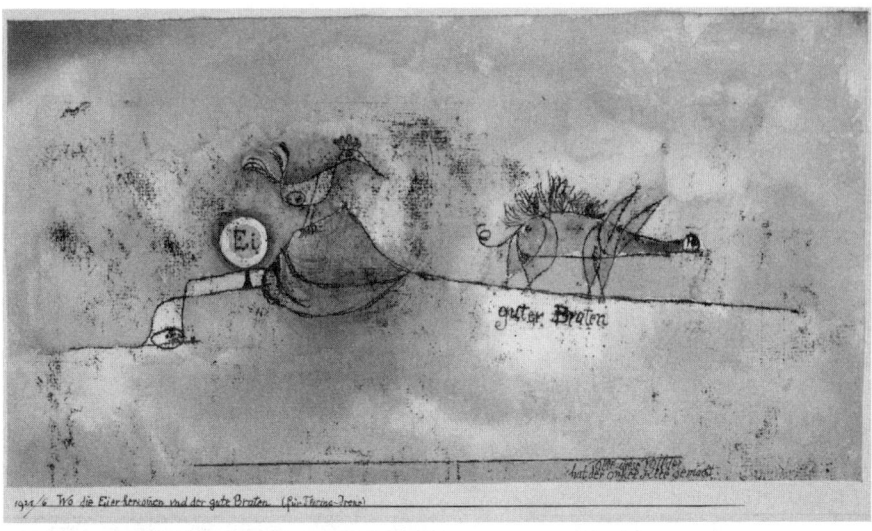

Abb. 2:   Paul Klee: „Wo die Eier herkommen und der gute Braten." (1921)

Das Bild beansprucht für das Patenkind eine im herbartschen Sinne erfahrungserweiternde Funktion. Es zeigt etwas diesem zunächst Verborgenes, nämlich woher die ihm vertrauten Eier und der von ihm so geschätzte Braten kommen. Das im Bild selbstbewusst auf dem Braten stehende Huhn scheint das Ei ebenso fröhlich für den Menschen in den Eierbecher zu legen wie das nach links schreitende Schwein einen Teil seiner selbst fröhlich zum Festschmaus beisteuert. Zusammenhänge zwischen der dem Kind bekannten Welt und der durch das Bild erweiterten Welt werden in diesem Bild noch nicht reflektiert. Vielmehr wird der Schein erweckt, als lege das Huhn das zunächst in seinem Hinterteil verborgene Ei unmittelbar für unser Frühstück und als sei der aus dem Schwein herausgelöste Braten für nichts anderes als unsere Verköstigung bestimmt. Nur ein im rechten Hinterteil des Schweines eingesetztes Auge deutet darauf hin, dass es sich bei den gezeigten Zusammenhängen noch um andere handeln könnte als jenen, der in der unter dem Schwein stehenden Notiz „guter Braten" angesprochen wird.

Das aus dem Jahre 1925 stammende zweite Bild hat eine andere Thematik und ist auch anders aufgebaut. In ihm wird dargestellt, was im ersten nur gezeigt, aber noch nicht reflektiert wird. Unter dem Bild findet sich der handschriftliche Vermerk „Betrachtung beim Frühstück". Was ist der Gegenstand der im Bild artikulierten ästhetischen Betrachtung?

Abb. 3:   Klee: „Betrachtung beim Frühstück" (1925)

Anders als im ersten Bild ist der Eierbecher nicht mit einem Ei besetzt, sondern leer. An Stelle des Eis findet sich über dem Becher ein rotes Ausrufezeichen. Das sich auf der linken Seite des Ausrufezeichens vom Eierbecher weg bewegende Huhn und das rechts neben dem Ausrufezeichen – im Rücken, aber auf Augenhöhe des Huhns – dargestellte Ei stehen in einer eigentümlichen Spannung zu dem unter dem Huhn abgebildeten halbierten, hart gekochten Ei mit Eierlöffel. Umrahmt wird die gesamte Komposition von Gräsern und Gewächsen, die nicht auf den Frühstückstisch, sondern auf die „natürliche" Umgebung des Huhns hinweisen. Was Gegenstand dieser „Betrachtung beim Frühstück" ist, wird in dem unter dem Bild stehenden Text nicht ausgeführt. Das Bild präsentiert eine ästhetische Betrachtung, die dem Betrachter das im ersten Bild Dargestellte in einem handlungsentlasteten Raum jenseits von Festbraten und Frühstück vor Augen führt. Das zweite Bild zeigt verschiedene Erscheinungsformen des Huhns, die wiederum auf unterschiedliche Erfahrungs-, Umgangs- und Wissensformen verweisen. Während im Bild des Jahres 1921 das Ei des Huhns im Frühstücksei des Menschen seinen Zweck zu erreichen scheint, rückt das zweite Bild Unterschiede zwischen jenen Bedeutungen in den Blick, die dem Hühnerei für die Erhaltung der Art der Hühner und für die Ernährung des Menschen zukommen. Sie sind es, die der Maler in seiner „Betrachtung beim Frühstück" imaginiert und die er im Bild darstellt. Er wollte durch das Bild keinen bestimmten Gedanken übermitteln, sondern einen Anstoß dazu zu geben, dass die ästhetisch dargestellte Spannung zuerst im Bild bemerkt, dann in der Wirklichkeit erfahren und schließlich im Denken und Handeln des Betrachters weiter bearbeitet werde.

Vergleichbare Blickwechsel und Erfahrungserweiterungen wie die an den gezeigten Bildern von Paul Klee verdeutlichten kann erziehender und bildender Unterricht heute nicht nur im Kunstunterricht, sondern auch in den Weltkunden von der Naturkunde über die Sach- und Sozialkunde bis hin zur Geschichts-, Sprach-, Musik- und Religionskunde hervorlocken oder anbahnen. Herbart entwickelte seine Konzeption eines Erfahrung und Umgang erweiternden Unterrichts noch vor dem im 19. Jahrhundert einsetzenden Prozess der Verwissenschaftlichung der modernen Welt. Seine Konzeption zielte 1806 auf eine Erziehung und Unterweisung, welche die noch in traditionellen Geburts- und vorbürgerlichen Berufsständen sozialisierten Heranwachsenden auf moderne bürgerliche Erfahrungs- und Partizipationsformen vorbereiten wollte. Sie muss heute nicht nur angesichts veränderter Aufgaben und Ansprüche öffentlicher Erziehung im Kontext einer verwissenschaftlichten Welt, demokratischer Politiksysteme und einer international diskutierenden Öffentlichkeit neu interpretiert, sondern auch mit Blick auf den wissenschaftspropädeutischen Unterricht der Oberstufe um Bezugnahmen auf domänenübergreifende, aber domänenspezifisch auszulegende Wissensformen erweitert werden, die erst im 20. Jahrhundert ausdifferenziert wurden und heute für ein Verstehen der modernen Welt grundlegend und unverzichtbar sind.

Zu den Wissensformen, die für erziehenden und bildenden Unterricht in allen auf Kunden bezogenen Fächern sowie in wissenschaftspropädeutischen Fächern bedeutsam sind, gehören

– erstens die Unterscheidung zwischen lebensweltlichen und szientifischen Formen der Erfahrung und des Wissens, von denen erstere leibzentriert konstituiert und phänomenologisch zu erforschen sind und letztere paradigmatisch unterschiedlichen meta-theoretischen Ansätzen zugeordnet werden können;

– zweitens die Unterscheidung nach paradigmatischen Ansätzen selbst, beispielsweise dem teleologischen, auf Aristoteles zurückgehenden Wissenschaftsparadigma, dem szientifisch-hypothetischen, auf Bacon zurück gehenden und von Popper schärfer konturierten Paradigma, den historisch-hermeneutischen, ideologiekritischen und transzendentalkritischen Paradigmen sowie pragmatischen Wissensformen, die zwischen ökonomischen, moralischen, pädagogischen, politischen, ästhetischen und religiösen Handlungsaspekten zu unterscheiden erlauben.

Eine zeitgemäße Definition der erfahrungs- und umgangserweiternden Funktion des erziehenden Unterrichts in der Oberstufe des Bildungssystems und in der Eingangsstufe der wissenschaftlichen Studien an Hochschulen weist diesem die domänenspezifisch auszulegende Aufgabe zu, die alltäglichen Erfahrungen der Heranwachsenden um die ausdifferenzierten Wissensformen moderner Wissensgesellschaften zu erweitern.

**Kompetenzen und Wissensformen
eines Erfahrung und Umgang zu sogenannten „Kunden" erweiternden
und in wissenschaftliche Wissensformen einführenden
wissenschaftspropädeutischen Unterrichts**

Unterrichtliche Lehr-Lernprozesse sind daraufhin zu konzeptionalisieren und zu evaluieren, dass Schülerinnen und Schüler in ihnen lernen,

(1) zwischen lebensweltlichen und wissenschaftlichen Erfahrungen und Problemstellungen zu unterscheiden,

(2) Theorien neuzeitlicher Wissenschaft als hypothetische Aussagesysteme zu begreifen,

(3) wissenschaftliche Aussagesysteme im Hinblick auf die in sie eingegangenen historisch-gesellschaftlichen Erfahrungen zu reflektieren,

(4) Vermischungen szientifischer und hermeneutischer Sachverhalte ideologiekritisch zu analysieren,

(5) Hypostasierungen wissenschaftlicher Aussagen zu erkennen

(6) und die Verwendungssituationen neuzeitlicher Wissenschaft unter ökonomischen, pädagogischen, ethischen, politischen, ästhetischen und religiösen Perspektiven zu diskutieren.

Abb. 4:   Wissensformen eines wissenschaftspropädeutisch orientierten Unterrichts (vgl. Benner, [7]2012, S. 256ff.)

Damit ist ein anspruchsvolles Programm für eine pädagogisch ausgewiesene didaktisch anschlussfähige empirische Bildungsforschung umschrieben. Sie bedarf über die bereits angesprochenen Orientierungen an erziehungs- und bildungstheoretischen Fragestellungen hinaus auch einer schul- und institutionentheoretischen Grundlegung und Orientierung.

2.3 Schultheoretische Aspekte erziehungswissenschaftlicher Bildungsforschung

Zu den beiden bisher angesprochenen Merkmalen schulischer Lehr-Lernprozesse, dass diese erziehungstheoretisch über Unterricht und bildungstheoretisch mit Blick auf die Vielheit Erfahrung und Umgang erweiternder Interessen und Wissensformen zu konzipieren sind, kommt eine dritte Besonderheit hinzu, die sich auf die Reflexion und Thematisierung des Tatbestands bezieht, dass erziehende und bildende Lehr-Lernprozesse im öffentlichen Bildungssystem immer auch einer schultheoretisch ausgewiesenen Prüfung und Legitimation bedürfen.

In öffentlichen Schulen soll und muss nichts gelehrt und gelernt werden, was im außerschulischen Leben Heranwachsende von selbst lernen, sondern nur das, was auf eine schulische Vermittlung und Aneignung angewiesen ist. Alles, was einer künstlichen Vermittlung durch erziehenden Unterricht bedarf und von grundlegender Bedeutung für unterrichtliche Lehr-Lernprozesse und die Verwendung des in schulischen Einrichtungen Gelernten in außerschulischen Kontexten ist, fällt in den schulischen Funktionsbereich erfahrungs- und umgangserweiternder Lehr-Lernprozesse. Heranwachsende lernen in Schulen für das Leben, was im außerschulischen Leben nicht von selbst erlernt und durch Sozialisation nicht erworben werden kann, sondern schon gelernt und gekonnt sein muss, um im Leben sinnvoll gebraucht werden zu können. Die Wissensorientierung von erziehendem Unterricht muss daher um eine Kompetenzorientierung erweitert werden, deren Entwicklung über die unterrichtliche Erweiterung von Erfahrung und Umgang gefördert wird. Eine erziehungswissenschaftlich ausgewiesene Bildungsforschung, die sich dieser Aufgabe verpflichtet weiß, wird nicht für eine Ablösung der traditionellen Inputorientierung von Unterricht durch Lehrpläne und Richtlinien durch eine outputorientierte Steuerung, sondern für ihre Ergänzung durch eine bildungstheoretisch, bereichsdidaktisch und empirisch ausgewiesene Kompetenzorientierung eintreten und daran festhalten, dass Kompetenzen in öffentlichen Lehr-Lernprozessen nur auf dem Umweg über eine wissensbasierte Erweiterung von Erfahrung und Umgang zu vermitteln und zu erwerben sind.

Was unter einer wissensbasierten Kompetenzmessung zu verstehen ist, welche mit den erziehungstheoretischen, bildungstheoretischen und institutionentheoretischen Aspekten öffentlicher Erziehungs- und Bildungsprozesse abgestimmt ist, versucht das folgende Schema auf einen vorläufigen Begriff zu bringen:

Aufgabenbereiche einer pädagogisch ausgewiesenen Wissens- und Kompetenzorientierung eines erziehenden und bildenden öffentlichen Schul-Unterrichts

1. Vermittlung grundlegender Kenntnisse,
   - die für das Verstehen und Handeln in der modernen Welt notwendig sind,
   - durch Erfahrung und Umgang nicht vermittelt und erworben werden können
   - und daher auf schulisch institutionalisierte Lehr-Lernprozesse angewiesen sind;
2. Vermittlung einer domänenspezifischen Reflexionskompetenz, die sich daran zeigt, dass Wissen nicht nur gewusst, sondern in der Interpretation und Deutung von Erfahrungen und domänenspezifischen Sachverhalten auch produktiv eingesetzt werden kann;
3. Anbahnung einer praktischen Kompetenz, die anzeigt, dass Schülerinnen und Schüler im Unterricht erworbene Grundkenntnisse nicht nur erkennend und reflektierend verwenden, sondern auch in die Planung eigener Handlungen und die Teilnahme an öffentlichen Diskursen einbringen können.

Abb. 5:   Aufgabenbereiche einer erziehungs-, bildungs- und institutionentheoretisch ausgewiesenen, über unterrichtliche Lehr-Lernprozesse zu realisierenden Kompetenzorientierung

Das Schema fasst den bisher entwickelten Gedankengang zusammen und leitet zugleich zum nächsten Abschnitt über. Es stellt jene allgemeine Ordnung von erziehungs-, bildungs- und institutionentheoretisch ausweisbaren Teilkompetenzen vor, auf deren Grundlage in zwei DFG-Projekten, von denen im zweiten Abschnitt kurz die Rede sein soll, allgemein-pädagogisch und fachdidaktisch ausgewiesene Modelle für moralische und religiöse Kompetenzen als Teil öffentlicher Bildung entwickelt und mit den Instrumenten der empirischen Bildungsforschung auf unterscheidbare Kompetenzniveaus in den jeweils ausgewiesenen Teilkompetenzen hin untersucht wurden.

3.   Die Trias „Grundkenntnisse", „Urteils-" und „Handlungskompetenz", erläutert an Aufgabenbeispielen aus der Testung moralischer und religiöser Kompetenzen

Die erziehungs-, bildungs- und schultheoretisch begründete allgemeine Trias von (1) Grundkenntnissen, (2) domänenspezifischer Reflexionskompetenz und (3) domänenspezifischer Handlungsentwurfskompetenz wurde in zwei von der DFG geförderten Projekten einmal auf religiöse Kompetenz und dann auch auf moralische Kompetenz als Teil öffentlicher Bildung ausgelegt. Die Trias von (1) religionskundlichen Grundkenntnissen, (2) religiöser Deutungs- und (3) religiöser Partizipationskompetenz folgt Begrifflichkeiten, die im Bereich der Religionspädagogik und der Diskurse über Bildung und Religion eingeführt sind. Die Kompetenzen-Trias von (1) moralischen Grundkenntnissen, (2) moralische Urteils- und (3) moralische Partizipationskompetenz lehnt sich an Begriffe aus der philosophischen Ethik, der psychologischen Moralforschung und der pädagogischen Theorie moralischer Erziehung und Bildung an (vgl. hierzu Benner, Dehghani, Nikolova, Scharrel, Schieder, Schluß, Weiß & Willems, 2010).

Die erfahrungs- und umgangserweiternde Funktion öffentlicher Unterweisung suchen wir in den genannten Projekten dadurch zu fassen, dass wir religiöse und moralische Sachverhalte in jeweils eigene bzw. solche der Bezugsreligion des Unterrichts sowie in fremde und öffentliche ausdifferenzieren und diese Differenzierung dann noch einmal auf die jeweils domänenspezifischen Teilkompetenzen auslegen.

Materiale Themenbereiche für
(1) Grundkenntnisse, (2) Reflexions- und (3) Handlungsentwurfskompetenz

im Bereich religiöser Bildung	im Bereich moralischer Bildung
eigene Religion/ Bezugsreligion	eigene Moral
andere Religionen	fremde Moralen
öffentliche Funktion von Religion	öffentliche Funktion von Moral

Abb. 6:   Trias von Eigenem, Anderem/Fremdem und Öffentlichem

Modellierung religiöser Kompetenz im DFG-Projekt KERK[8]

(2) religiöse Deutungskompetenz	(3) religiöse Partizipationskompetenz
(1) religionskundliche Kenntnisse	

Abb. 7:   Teilkompetenzen religiöser Kompetenz

Während sich religiöse Kompetenz mit Bezug auf Schleiermacher in Wissensformen, Deutungen und Partizipationsverhältnissen artikuliert, die sich im Gefühl der schlechthinnigen, d.h. nicht vermeidbaren, allenfalls übersehbaren, jedenfalls erinnerbaren und kultivierbaren Abhängigkeit des Menschen vom Kosmos, vom Absoluten bzw. von Gott artikulieren und über die Erfahrung, Wahrnehmung und Reflexion dieses Gefühls vermittelt sind, bezieht sich moralische Kompetenz auf die Fähigkeit des Menschen, nicht nur aus Beweggründen,

---

8   Siehe ausführlich hierzu Benner, Schneider et al. (2011), S. 125ff.

sondern aus Einsicht zu handeln, d.h. Distanz zu seinem Willen zu gewinnen, diesen zu beurteilen und zu erweitern sowie im Handeln nicht einem stärksten Handlungsantrieb zu folgen, sondern der Einsicht und dem begründeten moralischen Urteil über das eigene Wollen.

Modellierung moralischer Kompetenz
im DFG-Projekt ETiK[9]

(2) moralische Urteilskompetenz		*(3) moralische Handlungskompetenz*
bestimmende Urteilskraft	reflektierende Urteilskraft	Fähigkeit, zu moralischen Problemen handelnd Stellung zu nehmen
(1) moralische Grundkenntnisse		

Abb. 8:   Teilkompetenzen moralischer Kompetenz

Gegenstände im Bereich individueller und sozialer, nicht nach Berufen ausdifferenzierter Moral sind nach Herbart einfache Willensverhältnisse, über die jeweils zu urteilen ist. Die zugehörigen Elementarurteile beziehen sich auf Verhältnisse
– zwischen Wille und Urteil,
– zwischen mehreren Willen,
– zwischen dem Willen einer Person gegenüber einer bloß vorgestellten fremden Person,
– zwischen den Willen mehrerer aktiv aufeinander einwirkender Personen,
– zwischen dem aktiven Willen einer Person und dem darunter leidenden Wollen einer anderen Person.

Elementarurteile über elementare Willensverhältnisse (Ideen)
nach J. F. Herbarts „Allgemeiner praktischer Philosophie" von 1808

Willensverhältnisse	Elementar-Urteil nach Herbart	Aristoteles	
{ Wille } → Urteil	Innere Freiheit	hekon	εκων
{ Wille 1 : 2 }	Vielseitigkeit	teleiotes	τελειοτης
{ Wille Ich : vorgest. Du }	Wohlwollen	eunoia	ευνοια
{ Wille Ich → DU }	Recht	dike	δικη
{ Wille Ich aktiv: Du passiv }	Billigkeit	epieikeia	επιεικεια

Abb. 9:   Tableau der praktischen Ideen oder Elementarurteile nach Herbart

---

9   Siehe die in Fußnote 4 genannte Literatur.

In seiner Allgemeinen Praktischen Philosophie von 1808 hat Herbart die Elementarurteile über die genannten fünf Willensverhältnisse in einem System aller nur denkbarer Willensverhältnisse verortet und orientiert an praktischen Ideen der Tradition kategorial bestimmt. Von den im Tableau aufgelisteten Urteilen besagt die Idee

— der „inneren Freiheit", dass das Urteil, um über den Willen zu urteilen, sich innerlich frei von dem zu beurteilenden Willen machen muss,

— der Vielseitigkeit, dass Freiheit damit zusammenhängt, nicht nur einen, sondern viele Willen zu haben,

— des Wohlwollens, dass man dem unbekannten Willen eines fremden Du mit motivlosem Wohlwollen begegnen soll,

— des Rechts, dass bei einander widerstreitenden Willen mehrerer Personen eine Regel zu suchen ist, die künftigem Streit vorbeugt,

— der Billigkeit, dass bei Nicht-Einhaltung einer vereinbarten Rechtsregel der konkrete Fall so zu beurteilen ist, dass der entstandene Schaden wieder gut gemacht und die Regel verbessert wird.

Die Diskursformationen für Urteile, auf die sich Einsicht und Gehorsam der eigenen Einsicht gegenüber gründen lassen, können mit Sokrates als aporetische, mit Aristoteles als teleologische, mit Kant als kategorische, mit Nietzsche und Marx als ideologiekritische und in verschiedenen handlungstheoretischen Traditionen als pragmatische Diskursformation definiert und beschrieben werden, in denen letztere die in deutschen Diskursen oft ausgeklammerte Orientierung an utilitären Moralkonzepten und deren Beurteilung in den Blick nehmen. Das Schema will die Vielfalt betonen, ohne eine Hierarchie der unterschiedlichen moralischen Urteilsformen herauszustellen.

Ethische Reflexionsformen
von der sokratischen Aporetik bis zu aktuellen Formen von Pragmatik

Sokrates	aporetisch
Platon	epagogisch
Aristoteles	teleologisch
Kant	kategorisch
Nietzsche	ideologiekritisch
Marx	gesellschaftskritisch
Dewey	pragmatisch

Abb. 9a: Tableau ausgewählter ethischer Reflexionsformen

Im Schema zu Herbarts Ideenlehre verweisen die deutschen Begriffe auf beliebige, bei genauerem Hinsehen am ehesten auf kategorische Urteilsformationen im Sinne Kants und die griechischen Begriffe auf eine teleologische Urteilsformation im Sinne des Aristoteles. Für Urteile gemäß der Idee des Wohlwollens bedeutet dies, dass sie als kategorische Urteile ein menschheitliches Wohlwollen gegenüber jeder fremden Person verlangen, als teleologische Urteile dagegen nur ein Wohlwollen gegenüber dem Freund. Nimmt man noch Kants Unterscheidung zwischen bestimmender und reflektierender Urteilskraft hinzu, so lassen sich Urteilsformationen, die einen konkreten Fall unter eine vorgegebene Regel subsummieren und darüber entscheiden, was im Sinne der Regel der Fall ist, als solche einer bestimmenden Urteilkraft und -kompetenz genauer fassen und von Urteilsformationen einer reflektierenden Urteilskraft und -kompetenz unterscheiden, welche eine Regel so ausgelegt und interpretiert, dass sie die Probleme eines konkreten Falls erfasst. In pragmatischer Hinsicht schließlich lässt sich die Frage nach dem Nutzen für den Einzelnen zu den Fragen nach dem Nutzen für die Gemeinschaft bzw. die größtmögliche Zahl von Menschen in Beziehung setzen.

Ich konzentriere mich im Folgenden auf wenige Beispiele von Testaufgaben, die im Projekt ETiK zur Erfassung von moralischen Grundkenntnissen, moralischer Urteils- und moralischer Handlungskompetenz entwickelt wurden.[10]

Die erste Aufgabe ist eine Grundkenntnisaufgabe. Sie argumentiert mit den Dualen Frauen – Männer, Ältere – Jüngere, Staatsbürger – Nicht-Staatsbürger, Jungen – Mädchen, krank – gesund sowie Ausländer und Inländer und fragt, welche der sich dieser Duale bedienenden Aussagen den Tatbestand einer illegitimen Diskriminierung erfüllen. In der Abbildung der Aufgabe sind die beiden richtigen Antworten mit x markiert:

---

10 Die ersten drei Beispiele werden genauer und detaillierter vorgestellt in Benner, Nikolova, von Heynitz, Ivanov & Tschernjajew (2013).

Beispiel für eine Grundkenntnisaufgabe

Unter Diskriminierung versteht man Abgrenzungen, Ausgrenzungen und Ausschlüsse, die unzulässig sind, weil sie die Würde des Menschen, allgemeine Menschenrechte oder bestehendes Recht verletzen.

Welche der folgenden Beispiele stellen eine Diskriminierung dar?
Es gibt *mehrere* richtige Antworten! Kreuze alle zutreffenden Kästchen an!
Wenn

A [x] Stellen generell nur für Frauen oder nur für Männer ausgeschrieben werden.

B [ ] Unternehmen bei körperlich belastenden Tätigkeiten keine 60-Jährigen mehr einstellen.

C [ ] zwischen den Rechten von Staatsbürgern und Nicht-Staatsbürgern unterschieden wird.

D [ ] Mädchen und Jungen im Fach Sport getrennt voneinander unterrichtet werden.

E [x] Krankenkassen nur gesunde Säuglinge aufnehmen.

F [ ] Ausländer Deutschkenntnisse erwerben und nachweisen müssen, um eine Aufenthaltsgenehmigung zu erhalten.

Abb. 10: Beispiel einer Grundkenntnisaufgabe

Die zweite Aufgabe ist eine Aufgabe zur Erfassung moralischer Urteilskompetenz in der Variante „bestimmende Urteilskraft". Es sollen sechs Beispiele für Regeln und Maximen menschlichen Verhaltens dahingehend bestimmt werden, ob sie den Bereichen (A) ethische Grundsätze, (B) gesellschaftliche Konventionen, (C) ethische Grundsätze und gesellschaftliche Konventionen zuzuordnen sind.

Aufgabe zur Erfassung von Urteilskompetenz (bestimmende Urteilskraft)

Ethische Grundsätze lassen sich von gesellschaftlichen Konventionen unterscheiden:

Ethische Grundsätze sind Leitideen für das Verhalten des Einzelnen. Sie können zur Prüfung von Beweggründen des Handelns herangezogen werden. Sie sind weitgehend unveränderlich, auch wenn sie nicht immer von allen beachtet werden.

Gesellschaftliche Konventionen können nach verschiedenen, nicht ausschließlich ethischen Gesichtspunkten bewahrt oder verändert werden.

Konventionen und konventionelles Verhalten können unter anderem auch danach beurteilt werden, welche ethischen Grundsätze in ihnen anerkannt oder nicht anerkannt werden.

Nicht immer lassen sich gesellschaftliche Konventionen und ethische Grundsätze an konkreten Handlungen trennscharf voneinander abgrenzen. Insgesamt kann man das Verhalten einer Person aber danach beurteilen, inwieweit es vorrangig

A mit ethischen Grundsätzen übereinstimmt oder nicht;
B gesellschaftlichen Konventionen folgt oder nicht;
C sowohl ethische Grundsätze als auch gesellschaftliche Konventionen reflektiert.

Ordne die nachfolgenden Beispiele (1–6) den Bereichen (A–C) zu.

Trage den zutreffenden Buchstaben (A–C) in das jeweilige Kästchen (1–6) ein.

Beispiele:

1. Mützen müssen im Schulgebäude abgenommen werden.
2. Der PC-Arbeitsplatz muss so verlassen werden, dass ein anderer ihn nutzen kann.
3. Zur Begrüßung gibt man sich ein Küsschen.
4. In einer Liebesbeziehung muss man treu sein, wenn man vom anderen Treue erwartet.
5. Für einen hilfsbedürftigen Menschen sollte man im Bus einen Platz freimachen.
6. Man darf niemanden belügen, wenn man an der Wahrheit interessiert ist.

1	2	3	4	5	6
B	C	B	A	C	A

Abb. 11: Beispiel einer bestimmenden Urteilskompetenzaufgabe

Das dritte Beispiel stellt eine Aufgabe zur Testung von Urteilskompetenz in der Variante reflektierende Urteilskraft vor. Eine minderjährige, schwangere Frau mit Namen Lisa steht vor der Entscheidung, ob sie ihr Kind austragen oder abtreiben lassen will. Die Maximen, ein Kind austragen zu sollen, oder, wenn schwerwiegende Gründe dafür sprechen, abtreiben zu dürfen, sollen in dem Beispiel nicht bestimmend angewendet, sondern daraufhin reflektiert werden, ob und wie sie im Lichte eines konkreten Falles auszulegen sind. Der konkrete Fall wurde so konstruiert, dass er über den Dual von ‚Austragen‘ oder ‚Abtreiben‘ hinausführt. Der Fall konfrontiert die beiden Moralen des kategorischen Austragens eines Kindes bzw. der in Grenzen erlaubten Abtreibung mit einer Situation, die insofern von individueller und zugleich öffentlicher Bedeutung ist, als sie eine Perspektive jenseits dieses Duals zulässt. Von den im Beispiel angesprochenen Antworten ist nur eine richtig:

Aufgabe zur Erfassung von Urteilskompetenz (reflektierender Urteilskraft)

4. Lisa geht zur Schwangerschaftsberatungsstelle. Dort erfährt sie, dass sie nicht nur vor der Wahl steht, das Kind auszutragen oder abzutreiben, sondern dass es auch die Möglichkeit gibt, das Kind zur Adoption freizugeben.
   Wie verändert sich Lisas moralischer Entscheidungsspielraum durch diese Information?

   Kreuze an. Es gibt *eine* richtige Antwort!

   A ☐ Lisa kann sich nun nicht mehr gegen ihre Mutterschaft entscheiden.

   B ☒ Lisa kann sich gegen die Mutterschaft entscheiden, ohne das ungeborene Kind zu töten.

   C ☐ Lisa hat nun bis zum Geburtstermin Zeit, eine Entscheidung für oder gegen die Abtreibung vorzunehmen.

   D ☐ Lisa kann sich nun für die Abtreibung entscheiden, wenn die Adoptionsstelle nicht bereits Eltern nennen kann.

Abb. 12: Beispiel einer reflektierenden Urteilskompetenzaufgabe

Das letzte Beispiel ist ein Beispiel für eine Testaufgabe zur Erfassung moralischer Handlungskompetenz. Ihre Bearbeitung verlangt Grundkenntnisse hinsichtlich der Unterscheidung zwischen Freundschaft und Liebe, bewegt sich aber weder im Horizont einer Grundkenntnisaufgabe noch im Horizont einer Aufgabe im Sinne bestimmender oder reflektierender Urteilskraft. Es soll kein Fall unter einer vorgegebenen Regel subsummiert und auch keine vorgegebene Regel im Lichte eines konkreten Falles interpretiert werden, sondern es soll eine Handlung unter Beachtung verschiedener Rücksichten und Problemstellungen entworfen werden. Die Aufgabe gibt nicht vor, wie die Handlung konkret aussehen soll, verlangt auch nicht die Wahl zwischen verschiedenen, konkret vorgegebenen Antworten, sondern wurde bewusst als offene Aufgabe konstruiert:

Aufgabe zur Erfassung von moralischer Handlungskompetenz

> ### Aus: Aufgabenkomplex „Moralisch unterwegs"
> ### (in Anlehnung an Christine Nöstlingers Essay aus dem Jahre 1980)
>
> Stellen Sie sich vor, Sie haben einen Partner/ eine Partnerin, die von Ihnen verlangt, Ihre Freundschaften und Bekanntschaften abzubrechen und Ihre Zeit sowie Ihre Interessen allein auf die Partnerschaft zu konzentrieren. Sie wollen Ihren Partner/ Ihre Partnerin nicht verlieren, aber Sie möchten zugleich eine Partnerschaft führen, in der auch für freundschaftliche Beziehungen zu anderen Menschen Platz ist.
> Hierüber sprechen Sie mit Personen aus Ihrer Familie, die jeweils unterschiedliche Moralauffassungen (A–C) vertreten:
>
> A. *Moral Ihrer Großmutter*:
> Die Großmutter ist der Meinung, dass Sie alle Beziehungen nach der Person ausrichten sollten, die Sie als Ihren Lebensmittelpunkt wählen, und dass Sie darum in Zukunft nur mehr Freundschaften anstreben und pflegen dürfen, an denen Ihr Partner beteiligt ist.
> B. *Moral Ihres Vaters*:
> Der Vater ist der Meinung, dass Treue in einer Beziehung nicht verlangt, alle anderen Beziehungen abzubrechen, sondern diese so zu führen und weiterzuentwickeln, dass stets klar bleibt, welche Person Ihr Lebensmittelpunkt ist.
> C. *Moral Ihrer Mutter*:
> Ihre Mutter ist der Meinung, dass Sie sich nicht zu früh binden, sondern zu vielen unterschiedlichen Menschen Beziehungen entwickeln und unterhalten sollten, ohne dass es dabei einen einzigen Lebensmittelpunkt geben muss.
>
> Mit welchen Argumenten aus den Moralen A–C könnten Sie Ihren Partner/ Ihre Partnerin davon überzeugen, dass Freundschaften zu anderen Menschen neben der gemeinsamen Partnerschaft für Sie und für ihn sinnvoll sind?
>
> Formulieren Sie auf der Grundlage der Moralen 1–3 diejenigen Argumente, die Sie gegenüber Ihrem Partner/ Ihrer Partnerin verwenden möchten.
>
> **Ergänzen Sie den folgenden Text:**
>
> „Ich möchte dich nicht verlieren. Ich möchte aber auch meine Freundschaften außerhalb unserer Partnerschaft nicht aufgeben und halte dies auch nicht für sinnvoll, weil ...

Abb. 13: Beispiel einer Handlungskompetenzaufgabe

Der Text stellt die zu testenden Schülerinnen und Schüler vor die Aufgabe, Argumente aus drei unterschiedlichen, ihnen bekannten Moralen zu reflektieren und so zu gewichten, dass in einem fiktiven Gespräch mit dem Partner Ansprüche einer herausgehobenen Beziehung (Partnerschaft) mit Ansprüchen einer oder mehrerer Freundschaften abgestimmt werden können.

Die Codieranleitung für die Auswertung der Antworten sieht vor, dass Antworten, die sich auf die Frage nicht einlassen, aus der Bewertung herausgenommen werden, und dass problembezogene Antworten bei Berücksichtigung und Inbeziehungsetzung der Ansprüche von Partnerschaft und Freundschaft mit Full Credit (2 Punkte), bei Harmonisierung der Ansprüche mit Partial Credit

(1 Punkt) und bei Berücksichtigung nur eines oder keines Anspruchs mit No Credit (0 Punkte) bewertet werden:

Auszug aus der Codieranleitung

Ohne Bewertung: wenn Antworten zu erkennen geben, dass Testpersonen sich nicht zur Sache äußern wollten.

Schülerbeispiele:
– *Ich esse heute Abend 2 Dönner.*
– *Ich penne mit jeder Frau, für mich gibt es das Problem gar nicht.*

Full Credit: wenn die unterschiedlichen Anforderungen von Liebe und Freundschaft angesprochen und für bedeutsam gehalten werden, wobei beide miteinander harmonieren oder auch konfligieren können, ohne dass Entscheidungen nur von einer Seite aus zu begründen sind.

Schülerbeispiele:
– *Ich halte es für wichtig, neben unserer Beziehung, die für mich wichtig ist, jeweils eigene Freundschaften zu führen, da jeder von uns auch seine eigenen Interessen verfolgen sollte, um sich als eigenständiger Mensch in die Partnerschaft einbringen zu können.*
– *Davon kann unsere Partnerschaft unter Umständen sogar profitieren, wenn wir uns auf diese Weise gut entwickeln und vielleicht noch interessanter füreinander werden.*
– *Ich kann mich noch nicht endgültig binden, will aber an der Beziehung zu dir festhalten und mich auf Freunde verlassen können, wenn unsere Beziehung einmal kaputt gehen sollte.*
– *Du bist mein besonderer Lebensmittelpunkt, aber ich habe auch noch andere Lebensmittelpunkte.*

Partial Credit: wenn beide Ansprüche so harmonisiert werden, dass Konflikte wie der in der Frage angesprochene ausgeschlossen werden.

Schüler-Beispiele:
– *Ich bleibe dir trotzdem treu, weil du mein Lebensmittelpunkt bist, und wir können auch gemeinsame Freunde finden.*
– *Wichtig ist die Treue in der Beziehung.*
– *Es gibt bei uns ein Sprichwort: Der Freund ist der Bruder der Liebe.*
– *Durch die Beziehung zu anderen Freunden kann unsere Partnerschaft gestützt werden.*
– *Wenn es nur uns gibt und dann einer von uns geht, dann hat der andere keinen zum Trösten oder Versorgen und geht daran kaputt.*
– *Mir ist eine Freundschaft sehr wichtig und wenn man immer aufeinander hängt kann das auch nach hinten gehen. Blut ist dicker als Wasser.*
– *Wenn wir mal Streit haben, möchte ich einfach mal raus und ich kann nicht immer bei dir sein. Ich möchte auch mal mit Freundinnen weggehen. Du bestimmt doch auch mal mit deinen Freunden!*

No Credit: wenn nur ein Aspekt betrachtet wird, die Liebe also generell über die Freundschaft oder umgekehrt gesetzt wird.

Schüler-Beispiele:
– *Ich bin deiner Meinung!*
– *Ich liebe Dich und du bist mir wichtiger als alle anderen.*
– *Freunde sind für mich immer wichtiger.*

Abb. 14: Codieranleitung zum Beispiel einer Handlungskompetenzaufgabe

Mit Hilfe des vom dänischen Mathematiker und Statistiker Georg Rasch entwickelten Modells für die Berechnung der Wahrscheinlichkeit, mit der individuelle Schüler Aufgaben lösen bzw. nicht lösen, lassen sich Schwierigkeitsgrade einzelner Aufgaben, bestimmte Merkmale einzelner Items wie Trennschärfe u.a.m. berechnen und auf dem Wege einer Interpretation von Zäsuren in den Schwierigkeitsgraduierungen Aufgaben nach Anforderungsniveaus ordnen. Die von leichter nach schwieriger zu ordnenden Anforderungsniveaus können schließlich so unterschieden werden, dass sie Anforderungsniveaus einzelner Teilkompetenzen oder auch übergreifende Anforderungsniveaus mehrerer Teilkompetenzen voneinander abgrenzen (vgl. hierzu Ivanov & Nikolova, 2009; Benner et al., 2013).

Anforderungsniveaus moralischer Urteils- und Handlungskompetenz

Anforderungs-Niveaus	
IV	Schüler/innen können gesellschaftliche Konventionen/ Normen problematisieren und die Geltung allgemeiner Regeln im Lichte von konkreten Abstimmungsproblemen thematisieren/ reflektieren und/ oder zwischen verschiedenen Handlungsoptionen abwägen.
III	Schüler/innen können ethische Sachverhalte und Handlungsoptionen nach allgemeinen Regeln kontextbezogen beurteilen und unterschiedliche Handlungsoptionen prinzipiengeleitet prüfen.
II	Schüler/innen können moralische Sachverhalte im Spannungsfeld verschiedener (eigener, fremder, öffentlicher) Moralen auch jenseits der eigenen Lebenswelt reflektieren und zwischen verschiedenen Handlungsoptionen abwägen.
I	Schüler/innen können moralische Sachverhalte und Handlungsoptionen nach Maßgabe eines eigenen ethischen Horizonts oder eines ausgewiesenen ethischen Ansatzes am Beispiel konkreter lebensnaher Fälle beurteilen.

Abb. 15: Vorläufige Abgrenzung von Anforderungsniveaus moralischer Urteils- und Handlungskompetenz aus Benner et al. (2013)

Sollte sich am Ende der Auswertung im Projekt zeigen, dass diese oder eine vergleichbare Differenzierung von Anspruchsniveaus nicht nur aus bildungstheoretischen und fachdidaktischen Gesichtspunkten überzeugen, sondern auch empirisch valide nachweisbar sind, so läge damit ein Forschungsergebnis vor, das gleichermaßen für die Entwicklung und Setzung von domänenspezifischen Bildungsstandards, für die Weiterentwicklung von Lehrplänen und Richtlinien, für die Entwicklung neuer Schulbücher und Lehr-Lernmittel und nicht zuletzt für die Fachdidaktik des Ethik-Unterrichts gerade dann bedeutsam werden könnte, wenn unterrichtsbezogene Deduktionen aus Kompetenzmodellen auf didaktische Konzeptionalisierungen und Entscheidungen vermieden und Anschlussfragen, wie die im letzten Abschnitt angesprochenen, unter allen beteiligten Instanzen und Teildisziplinen in jeweils alle Richtungen diskutiert werden.[11]

4. Anschlussprobleme zwischen einer stärker pädagogisch und didaktisch ausgewiesenen und einer psychologisch orientierten Bildungsforschung

Aus der Fülle der angedeuteten Anschlussfragen werden abschließend zwei herausgegriffen. Von diesen bezieht sich die erste auf Abgrenzungen und Beziehungen zwischen einer stärker pädagogisch und didaktisch orientierten und einer stärker psychologisch orientierten Bildungsforschung, die zweite auf die Bedeutung empirischer Bildungsforschung für die Konzeptualisierung fachdidaktischer Aufgaben und Unterrichtseinheiten.

4.1 Abgrenzungen, Gemeinsamkeiten und Kooperationsmöglichkeiten zwischen einer pädagogisch und didaktisch argumentierenden erziehungswissenschaftlich und einer stärker psychologisch ausgewiesenen Bildungsforschung

Das DFG-Projekt ETiK war ursprünglich weiter konzipiert und nicht ausschließlich auf die Entwicklung eines bildungstheoretisch, fachdidaktisch und empirisch ausgewiesenen Modells und Instruments zur Erfassung moralischer Kompetenz und Teilkompetenzen von 15-Jährigen zugeschnitten. Vielmehr sollten auch Affinitäten und Differenzen einer pädagogisch argumentierenden und didaktisch anschlussfähigen Kompetenzmodellierung zu anderen, insbesondere psychologischen Modellierungen und Skalen mituntersucht werden.

Die Bewilligungsbescheide der DFG und die Summe der zur Verfügung gestellten Forschungsmittel machten dann aber eine stärkere Konzentration der Arbeit im Projekt auf im engeren Sinne erziehungswissenschaftliche Problemstellungen notwendig, die erst in der letzten Phase der Projektarbeit wieder gelockert werden konnten. Nach einer ausführlichen Beratung mit Jürgen Baumert unmittelbar vor Beginn der Hauptuntersuchung entschied sich das ETiK-Team, in die Testhefte Aufgaben aus proximalen Skalen einzuarbeiten und für deren Auswertung zusätzliche Mittel einzuwerben.

Um eine Rezeption von ETiK nicht nur in der allgemeinen Erziehungswissenschaft, der systematischen Didaktik und der Didaktik des Ethikunterrichts sowie in Diskursen über moralische Erziehung und Bildung, sondern auch in der

---

11 Zur Unterscheidung zwischen Testaufgaben und didaktischen Aufgaben siehe Benner (2011).

psychologischen Theorieentwicklung und Forschung offenzuhalten und Fragen der Validität des in ETiK entwickelten Modells auch im Vergleich zu proximalen Skalen psychologischer und anderer sozialwissenschaftlicher Modellierungen diskutieren zu können, fügten wir nach vorausgegangener Einholung entsprechender Erlaubnisse in die Testhefte Aufgaben aus

- dem „Moralisches-Urteil-Test" (MUT) von Lind,
- der Skala „Allgemeiner Gerechte-Welt-Glaube" von Schmitt, Dobert und Montada,
- dem „Gerechtigkeits-Inventar" von Schmitt, Baumert, Gollwitzer und Maes,
- verschiedenen Skalen aus der BIJU-Studie und der Skala Delinquenz-gefährdung

ein und ließen diese von denselben Testpersonen bearbeiten, die in der Hauptuntersuchung Testaufgaben aus ETiK und dem Schwesterprojekt KERK zu lösen hatten.

Die von uns entwickelten Testaufgaben unterscheiden sich von den Aufgaben zur Entwicklung und Validierung proximaler Skalen dadurch, dass sie sich auf Fragen aus den Bereichen moralische Grundkenntnisse, bestimmende und reflektierende moralische Urteilskraft und moralische Handlungskompetenz beziehen, die durch Unterscheidungen zwischen richtigen und falschen bzw. eher angemessenen und eher unangemessenen Antworten zu bearbeiten sind, derweil die Aufgaben aus den proximalen Skalen weitgehend auf Unterscheidungen dieser Art verzichten und Einstellungen sowie Meinungen erheben, um Korrelationen zwischen diesen und bestimmten Wert- und Verhaltensmustern zu ermitteln.

Wir hoffen, dass zwischen den Bearbeitungsergebnissen der ETiK-Aufgaben und den Ergebnissen der Bearbeitung der Aufgaben aus den proximalen Skalen Vergleiche möglich werden, die Aussagen über Beziehungen, Abgrenzungen, Gemeinsamkeiten und Differenzen zwischen einer stärker erziehungswissenschaftlich orientierten und einer überwiegend psychologisch ausgerichteten Bildungsforschung erlauben.

Mit Blick auf den MUT-Test von Georg Lind, der sich an Kohlbergs Entwicklungsstufenschema orientiert und dessen Abgrenzung formaler Stufen moralischen Argumentierens u.a. durch Berücksichtigung motivational-affektiver Komponenten empirisch gehaltvoll überprüfbar macht, interessiert z.B. die Frage, wie sich das moralischen Entwicklungsstufen und motivationalen Strukturen zuzuordnende Antwortverhalten von Testpersonen zu deren Bearbeitung von Fragen und Problemen aus den Bereichen moralische Grundkenntnisse, Urteilskraft und Handlungskompetenz verhält und ob sich bestimmte Zuordnungen zwischen den Anspruchsniveaus, die Probanden im ETiK-Test erreichen, zu ihrer Platzierung auf von Lind entwickelten Skala nachweisen lassen. Die in ETiK entwickelten Testaufgaben erheben Schülerantworten, die bestimmende mit reflektierender Urteilskraft kombinieren und Beziehungen zwischen Urteils- und Handlungskompetenz thematisieren. In ihnen wird auf eine formale Graduierung nach präkonventionellen, konventionellen und postkonventionellen Urteilsstrukturen bewusst verzichtet und es bleiben motivational-affektive Faktoren weitgehend ausgeblendet. Dennoch könnte es sein, dass Probanden, die auf der Skala von ETiK höhere Anspruchsniveaus erreichen, auch auf der Skala von Lind höhere Werte erzielen. Aber auch für den zu erwartenden Fall, dass sich einfache und lineare Zuordnungen nicht durchgängig vornehmen lassen werden, können die Ergebnisse Aufschlüsse darüber geben, ob und inwieweit mit dem in ETiK entwickelten Instrument eine von anderen Modellierungen abgrenzbare spezifische, an unterrichtliche Lehr-Lernprozesse des Ethik-Unterrichts zurückzubindende moralische Kompetenz gemessen wird.

Analoge Fragen lassen sich auch mit Blick auf die anderen angesprochenen proximalen Skalen diskutieren. Deren Graduierungen von Meinungen, Einstellungen und Einschätzungen beziehen sich auf den Glauben an eine gerechte oder ungerechte Welt, die Zufriedenheit oder auch Unzufriedenheit von Personen mit sich selbst und der Situation, in der sie leben, politische Einstellungen u.a.m., nicht aber auf moralische Grundkenntnisse, Urteils- und Handlungskompetenz im Sinne des in ETiK entwickelten Tests. Vergleiche der im ETiK-Test erreichten Anforderungsniveaus mit in den proximalen Skalen erreichten Graduierungen könnten daher sowohl aus erziehungswissenschaftlicher als auch aus psychologischer Sicht interessant sein, weil sich aus ihnen womöglich weiterführende Erkenntnisse über Zusammenhänge zwischen moralischen Grundkenntnissen, moralischen Urteilen und moralischer Handlungskompetenz sowie bestimmten Einstellungen und Werthaltungen gewinnen und – vermittelt über diese – Aussagen über die mögliche Relevanz der durch den Ethik-Unterricht an öffentlichen Schulen zu unterstützenden Kompetenzentwicklung auf Einstellungs- und Wertfragen formulieren lassen. Aus bildungstheoretischer Hinsicht interessiert in diesem Zusammenhang u.a., welche Einstellungen, Meinungen und Überzeugungen Testpersonen, die über differenziertere moralische Grundkenntnisse verfügen und sich urteilend und ihre Handlungen entwerfend auf höheren moralischen Anspruchsniveaus bewegen, hinsichtlich der weit von einander entfernten Einstellungen eines Glaubens an eine gerechte bzw. ungerechte Welt zeigen und ob sie reflektiertere Formen von Zufriedenheit bzw. Unzufriedenheit vertreten, die sich in duale Schemata wie das konservativer versus progressiver Gesinnungen nicht ohne Weiteres einfügen.

Dietrich Benner

4.2 Zur Bedeutung kompetenztheoretischer Erkenntnisse für die Konstruktion didaktischer Aufgaben und Unterrichtseinheiten

Ganz unabhängig davon, zu welchen Ergebnissen die im vorausgegangenen Abschnitt skizzierten Analysen führen werden, unmittelbare Folgerungen für die Entwicklung, Konstruktion und Erprobung didaktischer Aufgaben und Unterrichtsreihen und eine Unterrichtsforschung, die Schülerkompetenzen in Abhängigkeit von Lehrerkompetenzen untersucht, werden sich aus ihnen nicht ziehen lassen. Weder lassen sich aus Testaufgaben didaktische Aufgaben noch aus Schülerkompetenzen Lehrerkompetenzen ableiten oder gewinnen. Und doch werden sich Abhängigkeiten zwischen Lehrerkompetenzen und der Förderung von Schülerkompetenzen zeigen.

Eine pädagogisch argumentierende erziehungswissenschaftliche Bildungsforschung ist daher nicht nur auf eine erziehungs-, bildungs- und institutionentheoretisch orientierte Aufgaben- und Funktionsbestimmung öffentlicher Lehr-Lernprozesse an Schulen, sondern ebenso auf eine mit denselben Basistheorien abgestimmte Lehre vom Unterricht und Unterrichtsforschung angewiesen. Die Veranstaltung, die erziehungs- und bildungswissenschaftliche Fragestellungen und Ansätze auf dem Osnabrücker Kongress der DGfE zusammenführen sollte, hatte das Thema „Unterrichtsstörungen" im Blick. Die Vorträge zeigten, wie sehr Unterricht in bestimmten Kontexten der gegenwärtigen Schulwirklichkeit durch Unterrichtsstörungen überlagert wird, die zuweilen gar keinen Unterricht mehr zulassen. Dass Unterrichtsstörungen und ein mit ihnen zusammenhängendes Fehlen von Unterricht, nicht aber Unterricht selbst im Zentrum der Forschungsvorhaben standen, über die berichtet wurde, war weder den Veranstaltern noch den Referenten bewusst. Man versuchte Forschungsmethoden zu kombinieren und merkte gar nicht, dass die Sache selbst, nämlich unterrichtliche Erfahrungs- und Umgangserweiterung im Medium eines Dritten, der zu unterrichtenden Sache, weder in der beschriebenen Wirklichkeit noch in dem erfasst wurde, was in den Projekten über diese ausgesagt wurde.

Vergleichbare Lektüreerfahrungen stellen sich ein, wenn man das Beiheft 59 der Zeitschrift für Pädagogik mit dem Thementeil von Heft 3 des Jahrgangs 2013 vergleicht. Das Beiheft versucht, aus „Pisa 2009 ... Impulse für die Schul- und Unterrichtsforschung" zu gewinnen und dringt in keinem seiner Beiträge bis zu einer Analyse von Lehr-Lernprozessen im Unterricht vor. Der Thementeil arbeitet „Gemeinsamkeiten und Differenzen" heraus, die sich zwischen „Quantitativer und qualitativer Unterrichtforschung" nachweisen lassen. Die auf Unterrichtsforschung bezogenen Beiträge thematisieren u.a. in Anlehnung an K. Pranges operativer Pädagogik Zusammenhänge zwischen didaktischem „Zeigen und Adressieren" (Reh & Rabenstein, 2013) und erkennen einer „Verständnisorientierung", die sich auf die Aneignung der unterrichtlich zu vermittelnden Sache bezieht, ein zentrales Merkmal von „bildendem Unterricht" zu (Reusser & Pauli, 2013). Zwar argumentiert auch das Beiheft nicht ohne Erkenntnisgewinn, es kommt jedoch anders als der Themententeil ohne Bezug auf pädagogische Theorien des Unterrichts und damit auch ohne einen erziehungswissenschaftlich begründeten Begriff von Unterrichtsforschung aus. Zusammenhänge zwischen einer theoretischer Didaktik und Unterrichtsforschung, wie sie seit geraumer Zeit thematisiert und als Desiderat angemeldet werden, werden nur im Themenheft thematisiert.

Weitergehende Anstrengungen, die systematische Einsichten der Tradition heranziehen, um erziehungs-, bildungs- und schultheoretische Grundlagenreflexionen mit empirischer Forschung abzustimmen, werden Schlussfolgerungen vermeiden, die, ohne ein pädagogisch und didaktisch ausgewiesenes Verständnis von Unterrichten und Unterricht aus Kompetenzmodellierungen Reformkonzepte für Unterricht und aus der Bildungsforschung Konzepte für Unterrichtsforschung abzuleiten suchen.

4.3 Schlussbemerkung

Wenn die Unterstützung der Entwicklung von Urteilskompetenz und die Anbahnung reflektierten Handelns im Übergang von schulischen in außerschulische Handlungsfelder unverzichtbare Momente für die Beschreibung der Aufgaben öffentlicher Erziehung und die Struktur unterrichtlicher Lehr-Lernprozesse sind, dann müssen eine pädagogisch ausgewiesene Didaktik und eine erziehungswissenschaftlich orientierte Unterrichtsforschung theoretische Orientierungen und empirische Konzepte entwickeln, die den Hiatus zwischen Bildungsforschung und Unterrichtswirklichkeit weder schließen noch überspringen, sondern theoretisch und empirisch bearbeiten und reflektieren. Konturen von Lehr-Lernprozessen, die am Spalt zwischen Wissen und Nicht-Wissen, Können und Nicht-Können stattfinden, lassen sich aus Kompetenzmodellierungen nicht ableiten, und zwar auch dann nicht, wenn bei deren Ausarbeitung die für sie konstitutiven Blickwechsel berücksichtigt werden.

Ein erziehungswissenschaftlich ausgewiesene empirische Bildungsforschung bindet die Arbeit an der Entwicklung von Kompetenzmodellen, welche die Wirkungen von Unterricht an den Leistungen von Heranwachsenden überprüfen, an Begriffe eines Erziehens durch Unterrichten und eines domänenspezifischen Unterrichtens im Medium ausdifferenzierter Wissensformen zurück (vgl. hierzu Benner, 2009). Sie konzipiert Unterrichtsforschung umgekehrt so, dass Lernprozesse Heranwachsender in Abhängigkeit von didaktischen Konzeptualisierungen pädagogischer Akteure thematisiert und erforscht werden (vgl. hierzu Reusser, 2008; Benner & Reh, 2011). Die von der empirischen Bildungsforschung eingeleiteten Fortschritte in der Erzeugung empirischer

Daten und der Nutzung mathematischer Modelle für deren Aufbereitung und Interpretation stellen wichtige Grundlagen für Kompetenz- und Unterrichtsforschung bereit. Eine erziehungswissenschaftliche Bildungs- und Unterrichtsforschung muss hieran anschließen und zugleich dem bereits weit fortgeschrittenen Vergessen pädagogischer Problemstellungen, Kategorien und Theorien entgegenwirken. Nur in dem Maße, in dem beides gelingt, wird die Frage, ob es eine erziehungswissenschaftlich ausgewiesene Bildungsforschung gibt, positiv beantwortet werden können. Ihre Leistungen aber bemessen sich danach, ob es mit ihrer Hilfe gelingt, die Kraft einer Erziehung, die auf Unterricht setzt, zu stärken und wieder deutlicher ins öffentliche Bewusstsein zu heben, wonach sich die von Hegel umfassend beschriebenen Leistungen bemessen, die das öffentliche Bildungssystem in und für moderne Gesellschaften zu erbringen hat:

> „Was durch die Schule zu Stande kommt, die Bildung der Einzelnen, ist die Fähigkeit derselben, dem öffentlichen Leben anzugehören. Die Wissenschaft, die Geschicklichkeiten, die erworben werden, erreichen erst ihren wesentlichen Zweck in ihrer außer der Schule fallenden Anwendung. Sie kommen ferner in der Schule nur insofern in Betracht, als sie von diesen Kindern erworben werden; die Wissenschaft wird darin nicht fortgebildet, sondern nur das schon Vorhandene und zwar erst nach seinem elementarischen Inhalte erlernt; und die Schulkenntnisse sind etwas, das Andere längst wissen. Die Arbeiten der Schule haben nicht ihr vollständiges Ende in sich selbst, sondern legen nur den Grund zur Möglichkeit eines anderen ... Werks." (Hegel, 1811, S. 273).

Dieses aber liegt in der schulischen Aneignung der Grundkenntnisse, der erfahrungs- und wissensbasierten Entwicklung domänenspezifischer Urteilskompetenzen und der Stärkung der Fähigkeit der Einzelnen zu gesellschaftlicher Partizipation.

Literatur

Adick, C. (1992). *Die Universalisierung der modernen Schule.* Paderborn: Schöningh.

Anhalt, E. (2013). Bildsamkeit – Bildung – Erziehung. In Internationale Herbart Gesellschaft, Band zur 7. Fachtagung mit dem Thema: *„Einheimische Begriffe" und Disziplinentwicklung* (im Druck).

Benner, D. (2002). Die Struktur der Allgemeinbildung im Kerncurriculum moderner Bildungssysteme. *Zeitschrift für Pädagogik 48,* 68–90.

Benner, D. (2009). Auf der Suche nach einer Didaktik der Urteilsformen und einer auf ausdifferenzierte Handlungsfelder bezogenen partizipatorischen Erziehung. *Pädagogische Korrespondenz 39,* 5–20.

Benner, D. (2011). Unterricht – Wissen – Kompetenz. In Derselbe, *Bildungstheorie und Bildungsforschung*. Paderborn: Schöningh.

Benner, D. (2012). *Allgemeine Pädagogik* (7. Auflage). Weinheim: Juventa.

Benner, D. (2013). Wohin geht die empirische Bildungsforschung? Statement zum Wissenschaftlichen Streitgespräch vom 14. März 2012 zwischen Sabine Reh, Dietrich Benner, Detlev Leutner und Hans-Rüdiger Müller an der Universität Osnabrück. In H.-R. Müller, S. Bohne & W. Thole (Hrsg.), *Erziehungswissenschaftliche Grenzgänge. Markierungen und Vermessungen. Beiträge zum 23. Kongress der Deutschen Gesellschaft für Erziehungswissenschaft* (S. 135–144). Leverkusen u.a.: Barbara Budrich.

Benner, D., Dehghani, S., Nikolova, R., Scharrel, J., Schieder, R., Schluß, H., Weiß, Th. & Willems, J. (2010). Modellierung und Testung religiöser und ethischer Kompetenzen im Interesse ihrer Vergleichbarkeit. *Zeitschrift für Pädagogik und Theologie 62* (2), 165–174.

Benner, D., Nikolova, R., von Heynitz, M., Ivanov, St. & Tschernjajew, M. (2013). *Normativität als Gegenstand erziehungswissenschaftlicher Bildungsforschung. Ansatz, erste Ergebnisse und vorläufige Modellierungen im DFG-Projekt ETiK.* (im Druck).

Benner, D. & Reh, S. (2011). Ordnungen des Unterrichts. Didaktische Innovation und ihre Evaluation durch Lehrerinnen. *Pädagogik 63* (7/8), 68–72.

Benner, D., Schieder, R., Schluß, H. & Willems, J. (Hrsg.). (2011). *Religiöse Kompetenz als Teil öffentlicher Bildung*. Paderborn: Schöningh.

Benner, D., von Heynitz, M., Ivanov, St., Nikolova, R., Pohlmann, Cl. & Remus, Cl. (2010). Ethikunterricht und moralische Kompetenz jenseits von Werte- und Tugenderziehung. *Zeitschrift für Didaktik der Philosophie und Ethik 32* (4), 304–312.

Breinbauer, I. M. & Weiß, G. (Hrsg.). (2011). *Orte des Empirischen in der Bildungstheorie*. Würzburg: Klinkhardt.

Hegel, G. W. Fr. (1811). Gymnasialrede vom 2. September 1811. In Derselbe, *Sämtliche Werke*, Band 3 (S. 264–280). Stuttgart – Bad Cannstadt: Fromann.

Herbart, J. Fr. (1806). *Allgemeine Pädagogik*. Göttingen: Röwer.

Ivanov, St. & Nikolova, R. (2009). Psychometrische Modellierung des kompetenztheoretischen Ansatzes im DFG-Projekt ETiK. *Vierteljahrsschrift für wissenschaftliche Pädagogik 85*, 531–543.

Koch, L. (2004). Allgemeinbildung und Grundbildung. Identität oder Alternativer? *Zeitschrift für Erziehungswissenschaft 7*, 183–191.

Koller, H.-Ch., Marotzki, W. & Sanders, O. (Hrsg.). (2007). *Bildungsprozesse und Fremdheitserfahrung. Beiträge zu einer Theorie transformatorischer Bildungsprozesse*. Bielefeld: Klinkhardt.

Krause, S. (2013). *Performativität und Reflexivität als pädagogische Aufgabe in Prozessen der Erinnerung und Tradierung*. Dissertation an der Philosophischen Fakultät IV der Humboldt-Universität Berlin.

Krüger, H.-H. & Marotzki, W. (Hrsg.). (2006). *Handbuch erziehungswissenschaftlicher Biographieforschung* (2. Auflage). Wiesbaden: Leske & Budrich.

Leutner, D. (2013). Empirische Bildungsforschung. Positionspapier anlässlich des DGfE-Kongresses 2012. Statement. In H.-R. Müller, S. Bohne & W. Thole (Hrsg.),

Erziehungswissenschaftliche Grenzgänge. Markierungen und Vermessungen. Beiträge zum 23. Kongress der Deutschen Gesellschaft für Erziehungswissenschaft (S. 131–133). Leverkusen u.a.: Budrich.

Müller, H.-R., Bohne, S., Thole, W. (Hrsg.). (2013). *Erziehungswissenschaftliche Grenzgänge: Markierungen und Vermessungen. Beiträge zum 23. Kongress der Deutschen Gesellschaft für Erziehungswissenschaft.* Leverkusen u.a.: Budrich.

Prange, K. (2013). Überlegungen zur operativen Begründung der einheimischen Begriffe der Pädagogik. In Internationale Herbart-Gesellschaft, Band zur 7. Fachtagung mit dem Thema: *„Einheimische Begriffe" und Disziplinentwicklung* (im Druck).

Reh, S. & Rabenstein, K. (2013). Die soziale Konstitution des Unterrichts in pädagogischen Praktiken und die Potentiale qualitativer Unterrichtsforschung. *Zeitschrift für Pädagogik 59,* 291–307.

Reichenbach, R. (2001). *Demokratisches Selbst und dilettantisches Subjekt.* Münster: Waxmann.

Reusser, K. (2008). Empirisch fundierte Didaktik – didaktisch fundierte Unterrichtsforschung. Eine Perspektive zur Neuorientierung der Allgemeinen Didaktik. *Zeitschrift für Erziehungswissenschaft 10,* 219–237.

Reusser, K. & Pauli, Ch. (2013). Verständnisorientierung in Mathematikstunden erfassen. Ergebnisse eines methodenintegrativen Ansatzes. *Zeitschrift für Pädagogik 59,* 308–225.

Ritter, J. (1974). Die Aufgabe der Geisteswissenschaften in der modernen Gesellschaft. In Derselbe, *Subjektivität* (S. 105–140). Frankfurt a. M.: Suhrkamp.

Schelsky, H. (1965). Der Mensch in der verwissenschaftlichten Zivilisation. In Derselbe, *Auf der Suche nach Wirklichkeit* (S. 439–480). Düsseldorf/ Köln: Diederichs.

Thompson, Ch. (2009). *Bildung und die Grenzen der Erfahrung. Randgänge der Bildungsphilosophie.* Paderborn: Schöningh.

Wigger, L., Cloer, E., Ruhloff, J., Vogel, P. & Wulf, Ch. (Hrsg.). (2002). *Forschungsfelder der Allgemeinen Erziehungswissenschaft* (1. Beiheft der Zeitschrift für Erziehungswissenschaft). Opladen: Leske & Budrich.

Zedler, P. (2011/2012). Vom Verschwinden der „Erziehung". Aus der Erziehungswissenschaft. Zum Nebeneinander von (Erziehungs-)Philosophie und sozialwissenschaftlicher Forschung. In J. Breithausen & F. Caputo, *Pensiero critico. Scritti internazionali in onore di Michele Borrelli* (S. 319–347). Cosenza: Pellegrini.

Zedler, P. (2013). Allgemeine Erziehungswissenschaft und Empirische Bildungsforschung. Entwicklungslinien eines gelegentlich schwierigen Verhältnisses. In *Die Deutsche Schule, 105* (4), 305–320, 415–433.

Martin Bonsen und Kristina A. Frey

Der Beitrag unterrichtsbezogener Lehrerkooperation zur Qualitätsentwicklung nach der Schulinspektion

1. Einleitung

Die Überprüfung der Bildungsergebnisse von Schülerinnen und Schülern im Rahmen von Schulleistungsstudien und die Schulinspektion (auch externe Evaluation oder Qualitätsanalyse genannt) werden von der Bildungspolitik seit geraumer Zeit als Strategien betrachtet, Schulqualität zu messen und zu verbessern. Beide für die Bildungssysteme im deutschsprachigen Raum vergleichsweise neuen Steuerungsinstrumente, sowohl die Schulinspektion als auch der Schulleistungsvergleich, führen in der Praxis zu einer empirisch begründeten Feststellung, die Quesel, Husfeld, Landwehr und Steiner (2013) folgendermaßen auf den Punkt bringen: „Es gibt Schulen, die einen Unterschied im negativen Sinne machen, weil sie dauerhaft hinter den an sie gestellten Erwartungen zurückbleiben und gravierende Probleme aufweisen, die nicht einfach der sozialen Umwelt angelastet werden können" (S. 9). Im englischen Sprachraum hat sich für dieses Phänomen der Begriff der „failing school" etabliert (OECD, 2012).

Die Gründe, warum Schulen den an sie gestellten Erwartungen nicht gerecht werden, entziehen sich in der Praxis oft der eindeutigen Diagnose, da sie zum einen organisationsintern, zum anderen schulextern bedingt sein können. In der Realität dürften schulinterne Faktoren wie eine mangelhafte Lehrerprofessionalität, schulinterne Konflikte oder ein schlechtes Schulklima (Quesel et al., 2013, S. 10f.) und externe Faktoren wie die soziale und leistungsbezogene Komposition der Schülerschaft (Thrupp, Lauder & Robinson, 2002) oder eine allgemein mangelnde Unterstützung durch die Eltern oft zusammenwirken.

Erwartungswidrige und kritische Befunde der Qualitätsanalyse können im Kollegium mindestens zwei Reaktionen hervorrufen: Die Lehrkräfte können einen Teil der Ursache im eigenen Handeln suchen. In diesem Fall würden sie kritische Ergebnisse als professionelle Herausforderung verstehen und aktiv nach Veränderungsmöglichkeiten suchen. Das Kollegium würde somit gemeinsam Verantwortung für die Schulentwicklung übernehmen und davon ausgehen, durch geeignete Maßnahmen eine Verbesserung der Qualität bewirken zu können.

Kritische Befunde der Qualitätsanalyse können aber auch andere Reaktionen hervorrufen. Fühlen sich die, deren Handeln beurteilt wird, überfordert, so wird die eigene Aufmerksamkeit gerne auf externe Ursachen gerichtet.

Sieht man die Qualität der eigenen Schule oder des eigenen Unterrichts allein durch äußere Faktoren beeinträchtigt (z.B. fehlende Ressourcen, mangelnde Unterstützung durch Eltern, schlechte Bildungspolitik) so entfallen eigene Handlungsmöglichkeiten.

Dass der Glaube an die Wirksamkeit des eigenen Handelns aber tatsächlich für den Erfolg im pädagogischen Handlungsfeld eine große Rolle spielt, zeigen Untersuchungen zur Kollektiven Selbstwirksamkeit von Lehrkräften. Kollektive Selbstwirksamkeit ist definiert als die von einer Gruppe geteilte Überzeugung, dass ihre gemeinsamen Fähigkeiten ausreichen werden, um diejenigen Handlungen auszuführen, die für ein bestimmtes Leistungsniveau erforderlich sind (Bandura, 1997, S. 477). Bandura (1993) weist nach, dass Schulen umso bessere Schülerleistung aufweisen, je mehr ihre Lehrkräfte daran glauben, gemeinsam ihre Schüler motivieren und unterrichten zu können. Anhand seiner Daten demonstriert er sogar, dass Schülermerkmale wie sozioökonomischer Status und Migrationshintergrund eben insofern für Schülerleistung verantwortlich sind, als sie zu einem erheblichen Anteil die kollektive Selbstwirksamkeit ihrer Lehrkräfte beeinflussen.

2. Forschung zur Umsteuerung bei gravierenden Defiziten in der Qualität

Schulen, die auf Krisen und die Feststellung des Scheiterns aktiv und erfolgreich reagiert haben und in denen eine Umsteuerung gelang, werden in der Literatur als „turnaround schools" (Kowal, Hassel & Hassel, 2009; Murphy, 2009, 2010b) bezeichnet. Das Umsteuern einer Organisation bei gravierenden Defiziten in der Qualität der Leistungserbringung bzw. der Effektivität ist an sich eine Herausforderung, die grundlegende Qualitätsverbesserung an Schulen offenbar noch mehr: Kendrick (2008) zitiert hierzu einen Unternehmensberater: „Turnarounds in the public education space are far harder than any turnaround I've ever seen in the for-profit space" (10. Abs.).

Analog zum Gedanken, dass die Gründe für mangelhafte Qualität von Schulen sowohl schulintern, als auch schulextern bedingt sein können, werden in der Literatur Strategien zum Turnaround auf zwei Ebenen unterschieden: auf der Ebene des Gesamtsystems und auf der Ebene der Einzelschule. Für einen erfolgreichen Turnaround sollten beide Ebenen parallel berücksigt werden (OECD, 2012, S. 9f.).

Folgt man der Überblicksarbeit von Murphy (2010a), so sind strukturelle Maßnahmen allerdings kaum wirksam, um grundlegende Veränderungen in Einzelschulen einzuleiten: „Structural changes have not, do not now, and never will predict organizational performance" (S. 96). Zum Verständnis sei an dieser Stelle angemerkt, dass mit strukturellen Maßnahmen in erster Linie Änderungen in der Schul-Governance gemeint sind und nicht Fragen der Gliederung des Schulwesens, welche in Deutschland mit der „Strukturfrage" assoziiert werden. Murphy deutet mit seinem Zitat darauf hin, dass Maßnahmen zu erfolgreichem Turnaround in der Einzelschule ansetzen müssen. Dies ist in der deutschsprachigen Schulentwicklungsliteratur geradezu paradigmatisch. Qualitätsentwicklung setzt danach sinnvollerweise in der Einzelschule als „Gestaltungseinheit" (Fend, 1986) an und setzt die Schule selbst als „Motor der Entwicklung" (Dalin & Rolff, 1990) voraus. Doch die Besonderheiten der Schule als soziale Organisation (Rolff, 1992) dürfen dabei nicht außer Acht gelassen werden.

Mehrere Autoren versuchen, aus der allgemeinen Forschung zu erfolgreich umgesteuerten Organisationen im außerschulischen Bereich Erkenntnisse für die Schulentwicklung abzuleiten. Wir verdichten an dieser Stelle ihre Aussagen zu 7 Thesen zum Turnaround in Schulen:

1. Führung ist zentral

   Tiefgreifender Wandel erfolgt in erster Linie zunächst nicht *bottom-up* sondern *top-down*: Die Führungsspitze einer Schule ist für Turnaround die erste und entscheidende Stellschraube (Murphy, 2009, S. 803f.). Kurzfristig, zu Beginn eines Veränderungsprozesses in Folge einer Krise, ist Führung nicht zu dezentralisieren und selbstorganisierten Teams zu übertragen; im Gegenteil: Zunächst erfolgt die Zentralisierung von Entscheidungen an der Spitze (Murphy, 2010a, S. 95). Erst mittel- und langfristig, nachdem sich erster Erfolg eingestellt hat, sind andere in Führungsverantwortung einzubeziehen, Lehrerteams zu etablieren und Führungsfunktionen auf andere Personen zu übertragen (Harris & Chapman, 2002, S. 15).

2. Veränderungen nicht aufschieben, zügig handeln

   Probleme in Organisationen werden oftmals dadurch verschärft, dass die Führung sie lange Zeit ignoriert oder dementiert, sich zurückzieht, andere Schuldige und Sündenböcke sucht, ihre Erwartungen herunterschraubt, Fakten nach eigenem Belieben neu interpretiert oder die gegenwärtigen Bedingungen verteidigt (Murphy 2010a, S. 94). Dabei weist die Forschung zu Turnaround eindeutig nach, dass gerade sofortiges Handeln – insbesondere in Zeiten der Krise – notwendig ist: „Leaders need to herald the crisis confronting the organization, however unpleasant, and establish aggressive timelines for recovery work" (ebd.).

3. Genaue Diagnose der Situation

   Eine gründliche Diagnose des Problems ist das Fundament des Turnarounds und skizziert seine Bausteine (Murphy, 2010b, S. 166). Mit Diagnose ist keinesfalls die bloße Spezifizierung des Problems gemeint (ebd., S. 164f.); es bedarf der akribischen Informationssammlung über den Ist-Zustand, um in einem zweiten Schritt zu bestimmen, welcher Aspekt inwiefern für das Problem mitverantwortlich ist (ebd., S. 165). Die Diagnose gibt Aufschluss darüber, ob die Schule in ihrer gegenwärtigen Form gerettet werden kann, ob sie geschlossen werden muss, oder ob sie verkleinert und dabei optimiert werden kann.

4. Organisationen „wachsen sich nicht gesund"
„Erfolgreiche Turnarounds konzentrieren sich zunächst auf Betriebsverkleinerung, nicht auf Wachstum und neue Projekte" (Murphy, 2010a, S. 95). Die (knappen) Ressourcen müssen angespart werden, um ganz gezielt und selektiv Reformen anzugehen (ebd.).

5. Alles oder nichts – bloß kein Stückwerk!
Wirksame Umsteuerungsbemühungen erfolgen auch im Schulkontext nicht stückweise, sondern nach dem „Alles-oder-Nichts-Prinzip" (Hess & Gift, 2009, S. 3). Alle am Prozess Beteiligten müssen sich unumstößlich der Reform verschreiben, als wären sie Neueingestellte einer neueingestellten Schulleitung, und müssen völlig neue Strukturen schaffen (ebd.).

6. Hohe Maßstäbe und eine Vision
Die Schulleitung muss hohe Erwartungen formulieren und eine eigene Vision transportieren. Beides muss sie regelmäßig gegenüber dem Kollegium und ihrer Schülerschaft tun (Harris & Chapman, 2002, S. 13). Wichtig ist darüber hinaus, dass sie im Schulalltag das vorlebt, was sie von ihrem Kollegium erwartet, um die Schule zu Erfolg zu führen (ebd., S. 6).

7. Intensivierung von Kooperation
Für die Intensivierung von Kooperation zwischen Lehrkräften müssen neue Formen etabliert werden (z.B. Mentoring, Coaching und kollegiale Hospitation) (Harris & Chapman, 2002, S. 14). Hierfür bedarf es ggf. eigens verfügbarer Zeitfenster.

3. Lehrerkooperation als wichtiger Faktor der Unterrichtsentwicklung

Schuleffektivitätsstudien zeigen einen moderaten Zusammenhang zwischen Lehrerkooperation und der Entwicklung von Schülerleistungen (Lomos, Hofman & Bosker, 2011; Goddard, Goddard & Tschannen-Moran, 2007; Bolam, McMahon, Stoll, Thomas & Wallace, 2005; Rosenholtz, 1991). Allerdings wird Kooperation im Schulalltag nur begrenzt realisiert (Steinert & Maag Merki, 2009, Terhart & Klieme, 2006), was aus Sicht der Schulentwicklung problematisch ist. Hier gelten kooperative Arbeitsweisen und die Überwindung der allzu losen Kopplung der Schulorganisation als wichtige Gelingensbedingungen von Schul- und insbesondere Unterrichtsentwicklung (vgl. Bryk, Camburn & Seashore Louis, 1999). Entscheidend ist dabei die Art und Weise, wie kooperiert wird. Merkmale von wirksamer Lehrerkooperation sind nach Bryk (2010):

- Gegenseitige Unterrichtsbesuche,
- den Unterricht reflektierender Dialog zwischen Lehrkräften,
- unterrichtsbezogene Kooperation (z.B. gemeinsame Planung von Unterricht, gemeinsame Entwicklung von Material, gemeinsame Planung von Leistungsüberprüfungen),
- die Begleitung neuer Lehrkräfte in der Fachgruppe (Mentorate),
- eine gemeinsame Verantwortungsübernahme der Lehrkräfte für die Schul- und Unterrichtsentwicklung, sowie
- die Fokussierung auf das Lernen der Schülerinnen und Schüler.

Lomos, Hofman und Bosker (2011) haben in einer Meta-Analyse fünf Schuleffektivitätsstudien aus dem Zeitraum zwischen 1996 und 2005 ausgewertet, in denen die Wirkung anspruchsvoller Formen von Lehrerkooperation auf die Entwicklung von Schülerleistungen untersucht wurde. Mit der Gesamteffektstärke von $d = 0.25$ ergibt sich in der Gesamtschau ein positiver, statistisch bedeutsamer Effekt der Lehrerkooperation auf die Leistungen der Schülerinnen und Schüler. Interessanterweise arbeiten sowohl Bryk, als auch Lomos, Hofman und Bosker (2011) mit einem Modell von Lehrerkooperation, das durchaus für die Schulentwicklung instruktiven Wert besitzt. Lehrerkooperation, die den angeführten Merkmalen nach Bryk entspricht, wird dabei als Professionelle Lerngemeinschaft bezeichnet. Im Zentrum dieser spezifischen Art der Lehrerkooperation steht die kooperative Unterstützung der professionellen Entwicklung der Lehrkräfte mit dem Ziel der Verbesserung des Unterrichts und dem Lernen der Schülerinnen und Schüler.

3.1 Professionelle Lerngemeinschaften als Modell für kollaborativ-reflexive interne Fortbildung

Darling-Hammond und Richardson (2009) konstatieren einen Paradigmenwechsel in der Lehrerprofessionalisierung. Demnach sind kurze Fortbildungsveranstaltungen nach dem „drive-by workshop model" (ebd., S. 46) wenig wirksam (vgl. zusammenfassend Lipowsky, 2011, S. 402). Solche eher traditionellen Formen der Lehrerfortbildungen arbeiten mit externen Impulsen, die von den Lehrkräften aufgegriffen und für den eigenen Unterricht nutzbar gemacht werden sollen. Der Praxis-Transfer ist dabei in der Regel eine selbstständig zu lösende Aufgabe der Teilnehmerinnen und Teilnehmer. Ihnen werden neue Unterrichtsideen, Inhalte und Methoden vorgegeben, welche schließlich nur noch im eigenen Unterricht implementiert werden müssen. Entsprechende Fortbildungsveranstaltungen sind typischerweise kurzfristig angelegt und umfassen nur Stunden oder wenige Tage. *Follow up*-Aktivitäten sind in der traditionellen Lehrerfortbildung die Ausnahme (vgl. Butler, Lauscher, Jarvis-Selinger & Beckingham, 2004).

Neuere Fortbildungskonzepte für Lehrerinnen und Lehrer gehen im Unterschied zu den traditionellen Ansätzen von folgenden Annahmen aus (vgl. Kennedy, 1999, S. 2):
– Fortbildungen sollen längerfristig ansetzen.
– Die Lehrkräfte sollen an der Auswahl der Inhalte mitwirken können.
– Fortbildungs- und Praxisphasen sollen sich abwechseln.
– Die Lehrkräfte sollen in Gruppen, nicht alleine arbeiten.

Betrachtet man als Zielvariablen den „Zuwachs an Wissen und Fertigkeiten der Lehrkräfte" und die „Veränderung des Unterrichtshandelns der Lehrkräfte" so sind nach Garet, Porter, Desimone, Birman und Yoon (2001) vor allem drei Fortbildungsmerkmale wichtig:
1) Die Fokussierung auf fachliches und fachdidaktisches Wissen,
2) Gelegenheiten zu aktivem Lernen (durch Selbst- und Fremdbeobachtung, Planung der Umsetzung im eigenen Unterricht; Möglichkeiten zur Evaluierung von Schülerarbeiten; Möglichkeiten für eigene Präsentationen, Diskussionen und schriftliche Reflexionen), sowie
3) die Wahrnehmung von Kohärenz (Möglichkeiten der Verknüpfung mit bereits bestehendem Wissen; Kohärenz mit nationalen Vorgaben, Standards und Tests; Dialog mit Lehrkräften, die ähnliche Veränderungen in ihrer pädagogischen Praxis vornehmen).

Anstelle traditioneller „one shot-Fortbildungen" werden arbeitsplatznahe, kooperative und praxisbezogene Formen der Professionalisierung, in denen selbstgesteuertes und selbstorganisiertes Lernen realisiert wird, gefordert (für die Diskussion im deutschsprachigen Raum: Lipowsky, 2011; Fussangel, Rürup & Gräsel, 2010; international: Butler et al., 2004). Der von Darling-Hammond und Richardson (2009) festgestellte Paradigmenwechsel bedeutet demnach eine Abkehr vom traditionellen Trainingsmodell und eine Hinwendung zu einem *kollaborativ-reflexiven Modell*. In diesem werden Gruppen von Lehrkräften in einen langfristigen Veränderungsprozess eingebunden, in dem sie ihre eigene Praxis und ihre zugrundeliegenden Überzeugungen reflektieren. Die gemeinsame forschungsorientierte Auseinandersetzung mit der eigenen Unterrichtspraxis wird mittlerweile in unterschiedlich akzentuierten Ansätzen wie dem der *Lesson Study* oder dem der *Professionellen Lerngemeinschaft* berücksichtigt: „Um das eigene Unterrichtsrepertoire gezielt weiterzuentwickeln und zu verbessern, bedarf es aber vermutlich des professionellen Diskurses in einer *„Community of Practice"* wie dies etwa in den *Lesson Studies* der japanischen Kollegien vorgeführt wird" (Baumert & Kunter, 2006, S. 487).

Die Grundprinzipien der Lesson-Study-Arbeit sind Kooperation, langfristige Entwicklung, Arbeit direkt im Unterrichtskontext und Fokussierung des Schülerlernens. Mit diesen Merkmalen entspricht der Lesson-Study-Ansatz in wesentlichen Punkten der Idee der Professionellen Lerngemeinschaft. Wie auch die Lesson Study bietet das Konzept der Professionellen Lerngemeinschaft einen zentralen Vorteil gegenüber klassischen Fortbildungsangeboten: Das Lernen findet im Kontext der eigenen Schule und des eigenen Unterrichts statt und ist nicht an einen schulfernen Fortbildungskontext gebunden. Die theoretische Begründung dieses Vorteils kollaborativ-reflexiver Professionalisierung lässt sich aus der Lehr-/Lernforschung, zum Beispiel dem Konzept des situierten Lernens ableiten (Mandl, Gruber & Renkl, 1997). So ist im traditionellen Fortbildungskontext erworbenes theoretisches Wissen meist „träge", d.h. findet in Kontexten außerhalb der Fortbildung keine Anwendung (Renkl, 2001). Aufgrund dieser Erfahrung wird argumentiert, dass die Lernsituation und die spätere Anwendungssituation eine möglichst hohe Übereinstimmung zeigen sollten (Hasselhorn & Gold, 2009). Vom Konzept des situierten Lernens lassen sich Aspekte benennen, die auch für das professionelle Lernen von Lehrkräften relevant sein dürften. Hierzu zählen (Mandl, Gruber & Renkl, 1997):

– komplexe Ausgansprobleme,
– Authentizität und Situiertheit,
– komplexer und facettenreicher Erarbeitungsweg, Betrachtung des Problems aus verschiedenen Perspektiven,
– Artikulation und Reflexion,
– Lernen im sozialen Austausch.

Diese Aspekte lassen sich in Professionellen Lerngemeinschaften eher berücksichtigen als in traditionellen Fortbildungsveranstaltungen. Es überrascht daher nicht, dass für die Wirksamkeit dieser Art der Lehrerkooperation mittlerweile empirische Evidenz belegt ist: Die unter Abschnitt 2 aufgeführten Schuleffektivitätstudien von Bryk (2010) sowie Lomos, Hofman und Bosker (2011) untersuchen explizit die Effekte Professioneller Lerngemeinschaften auf die Entwicklung von Schülerleistungen.

3.2 Die Herausforderung der auf Systemebene aggregierten Rückmeldungen zur Unterrichtsqualität

Kotthoff und Böttcher (2010) stellen unter Bezug auf eine wissenschaftliche Begleitung der Schulinspektion in Baden-Württemberg fest, dass circa die Hälfte der befragten Schulleitungen der Meinung sind, die Evaluation des schulischen Qualitätsmanagements habe ihnen geholfen, die Qualität der Schule zu verbessern (S. 317). Diese auf das innerschulische Qualitätsmanagement bezogene Feststellung schränken die Autoren jedoch mit Blick auf die Verbesserung der Unterrichtsqualität ein: „Schließlich empfinden es viele befragte Lehrerinnen und Lehrer als schwierig, von der in Baden-Württemberg derzeit üblichen gesamtsystemischen Rückmeldung zum Unterricht zu einer veränderten Unterrichtspraxis zu kommen (S. 316f.). Gerade bezogen auf die Kerntätigkeit der Lehrkräfte, also die pädagogische Praxis, werden kaum Wirkungen gesehen (ebd.). Allerdings könne Qualitätsentwicklung im Bereich des Unterrichts, so die Schlussfolgerung der Autoren, wohl nur eintreten, „wenn explizit auf die Unterrichtspraxis fokussiert" (ebd.) werde.

Zwar sehen Inspektionskonzepte in der Regel Unterrichtsbesuche vor, jedoch werden unterrichtsbezogene Ergebnisse bislang auf Systemebene aggregiert, wie das Beispiel der Qualitätsanalyse in Nordrhein-Westfalen zeigt. Dort gibt es

> „Unterrichtsbeobachtungen, bei denen mindesten 50 Prozent aller Lehrkräfte oder in kleinen Systemen mindestens 20 Unterrichte besucht werden. Dabei werden alle Jahrgänge und die Fächer nach ihrem Wochenstundenanteil besucht. Die Schule und auch die Schulleitung werden vorab nicht darüber informiert, welche Lehrkraft besucht wird und wann dieser Unterrichtsbesuch ggf. stattfindet. Eine Bewertung einzelner Lehrkräfte findet nicht statt. Deshalb erhalten sie grundsätzlich keine Rückmeldung über den erteilten Unterricht. Alle Ergebnisse werden auf Systemebene aggregiert" (Homeier, 2009, S. 233).

Dass die Schulinspektion – methodisch betrachtet aus gutem Grund – zwar in der Regel Unterrichtsbesuche vornimmt, aber nur Ergebnisse für die Gesamtheit des schulischen Unterrichts an einer Schule rückmeldet, dürfte es kaum vereinfachen, Lehrkräfte zur Auseinandersetzung mit ihrer eigenen Unterrichtsqualität zu motivieren. Die Einschätzung der allgemeinen Qualität des Unterrichtens an einer Schule sollte deshalb für die Lehrerinnen und Lehrer konkretisiert werden und ihre eigene Unterrichtspraxis in das Zentrum eigener und gemeinsamer Reflexion rücken. Dem professionellen Anspruch des Lehrerberufs entsprechend, kann dies nur durch die Lehrkräfte selbst und mit Blick auf die „historisch einmaligen" Erfordernisse des Unterrichts in ihren Lerngruppen erfolgen, da die Gestaltung des Unterrichts und damit auch die Realisierung von Unterrichtsqualität sich nur bedingt standardisieren und regeln lassen: „Trotz allgemeiner und spezieller dienstrechtlicher Bestimmungen, inhaltlicher Lehrplanvorgaben etc. bleibt dem Lehrer mit Blick auf die ihm anvertrauten Schülergruppen ein erheblicher Auslegungsfreiraum bezogen auf diese Vorgaben" (Rothland & Terhart, 2007, S. 14). Ein einfaches Überprüfen von Qualität und ggf. Abstellen von Fehlern ist für den Unterricht somit unpassend und taugt nicht als Handlungsmodell für die Qualitätsentwicklung nach der Inspektion. Das von Bryk aber auch anderen Autoren beschriebene Konzept der Professionellen Lerngemeinschaft könnte an dieser Stelle weiter führen. Professionelle Lerngemeinschaften ließen sich dann als relativ selbstständige Einheiten eines schulischen Qualitätsmanagementsystems verstehen, welche Unterrichtsentwicklung ermöglichen. Somit würde das Lernen aus Inspektionsdaten dort ansetzen, wo pädagogische Prozesse geplant und gestaltet werden, nämlich bei der kooperativen Planung und Reflexion von Unterricht. Die Qualitätsanalyse bzw. deren Bericht würde mit ihrem Feedback als Katalysator wirken, indem die Rückmeldung den professionellen Diskurs im Kollegium anregt, der, strukturell abgesichert, in Fachteams, die als Professionelle Lerngemeinschaften arbeiten, stattfindet.

Literatur

Bandura, A. (1993). Perceived self-efficacy in cognitive development and functioning. *Educational Psychologist, 28*, 117–148.

Bandura, A. (1997). Self-efficacy: The exercise of control. New York, NY: Freeman.

Baumert, J. & Kunter, M. (2006). Stichwort: Professionelle Kompetenz von Lehrkräften. *Zeitschrift für Erziehungswissenschaft, 9*(4), 469–520.

Bolam, R., McMahon, A., Stoll, L., Thomas, S. & Wallace, M. (2005). *Creating and sustaining effective professional learning communities. Research Report RR637*: University of Bristol, Department for Education and Skills.

Bryk, A. S. (2010). Organizing Schools for Improvement. *Phi Delta Kappan, 91*(7), 23–30.

Bryk, A., Camburn, E. & Seashore Louis, K. (1999). Promoting school improvement through professional communities: An analysis of Chicago elementary schools. *Educational Administration Quarterly, 35*, 707–750.

Butler, D. L., Lauscher, H. N., Jarvis-Selinger, S. & Beckingham, B. (2004). Collaboration and self-regulation in teachers' professional development. *Teaching and Teacher Education, 20*(5), 435–455.

Dalin, P. & Rolff, H.-G. (1990). *Institutionelles Schulentwicklungsprogramm. Eine neue Perspektive für Schulleiter, Kollegium und Schulaufsicht.* Soest: Soester Verlagskontor.

Darling-Hammond, L. & Richardson, N. (2009). Teacher Learning: What Matters? *Educational Leadership, 66*(5), 46–53.

Fend, H. (1986). „Gute Schulen – Schlechte Schulen". Die einzelne Schule als pädagogische Handlungseinheit. *Deutsche Schule, 78*(3), 275–293.

Fussangel, K., Rürup, M. & Gräsel, C. (2010). Lehrerfortbildung als Unterstützungssystem. In H. Altrichter & K. Maag Merki (Hrsg.), *Handbuch Neue Steuerung im Schulsystem* (S. 2328–2354). Wiesbaden: VS Verlag für Sozialwissenschaften.

Garet, M. S., Porter, A. C., Desimone, L., Birman, B. F. & Yoon, K. S. (2001). What Makes Professional Development Effective? Results from a National Sample of Teachers. *American Educational Research Journal, 38*(4), 915–945.

Goddard, Y. L., Goddard, R. D. & Tschannen-Moran, M. (2007). A theoretical and empirical investigation of teacher collaboration for school improvement and student achievement in public elementary schools. *Teachers College Record, 109*(4), 877–896.

Harris, A., & Chapman, C. (2002). *Effective Leadership in Schools Facing Challenging Circumstances*. NCSL: National College for School Leadership.

Hasselhorn, M. & Gold, A. (2009). *Pädagogische Psychologie. Erfolgreiches Lernen und Lehren* (2., durchges. Aufl.). Stuttgart: Kohlhammer.

Hess, F. M. & Gift, T. (2009). School Turnarounds: Resisting the Hype, Giving Them Hope. *Education Outlook No. 2*. Washington, DC: American Enterprise Institute for Public Policy Research.

Homeier, W. (2009). Unterrichtsentwicklung durch Qualitätsanalyse. In H.-G. Rolff, E. Rhinow & T. Röhrich (Hrsg.), *Unterrichtsentwicklung – Eine Kernaufgabe der Schule. Die Rolle der Schulleitung für besseres Lernen* (S. 231–241). Köln: Wolters Kluwer.

Kendrick, R. (2008). Turning Around America's Worst Schools. *The American, 8.* April, verfügbar unter: http://www.american.com/archive/2008/april-04-08/tur ning-around-america2019s-worst-schools [17.01.2014].

Kennedy, M. M. (1999). *Form and Substance in Mathematics and Science Professional Development. NISE Brief Vol.3, No.2*: National Institute for Science Education, University of Wisconsin-Madison.

Kotthoff, H.-G. & Böttcher, W. (2010). Neue Formen der „Schulinspektion": Wirkungshoffnungen und Wirksamkeit im Spiegel empirischer Bildungsforschung. In H. Altrichter & K. Maag Merki (Hrsg.), *Handbuch Neue Steuerung im Schulsystem* (S. 295–325). Wiesbaden: VS Verlag für Sozialwissenschaften.

Kowal, J., Hassel, E. A., & Hassel, B. C. (2009). *Successful School Turnarounds: Seven Steps for District Leaders*. Washington, DC: Center for Comprehensive School Reform and Improvement.

Lipowsky, F. (2011). Theoretische Perspektiven und empirische Befunde zur Wirksamkeit von Lehrerfort- und -weiterbildung. In E. Terhart, H. Bennewitz & M. Rothland (Hrsg.), *Handbuch der Forschung zum Lehrerberuf* (S. 398–417). Münster: Waxmann.

Lomos, C., Hofman, R. H. & Bosker, R. J. (2011). Professional communities and student achievement – a meta-analysis. *School Effectiveness and School Improvement, 22*(2), 121–148.

Mandl, H., Gruber, H. & Renkl, A. (1997). Situiertes Lernen in multimedialen Lernumgebungen. In L. J. Issing & P. Klimsa (Hrsg.), *Information und Lernen mit Multimedia* (S. 166–178). Weinheim: Psychologie Verlags Union.

Murphy, J. (2009). Turning Around Failing Schools: Policy Insights from the Corporate, Government, and Nonprofit Sectors. *Educational Policy, 23*(6), 796–830.

Murphy, J. (2010a). Nine Lessons for Turning around Failing Schools. *Kappan, 91*(8), 93–97.

Murphy, J. (2010b). Turning around Failing Organizations: Insights for Educational Leaders. *Journal of Educational Change, 11*(2), 157–176.

OECD (2012). *Equity and Quality in Education: Supporting Disadvantaged Students and Schools*: OECD Publishing.

Quesel, C., Husfeld, V., Landwehr, N. & Steiner, P. (Hrsg.). (2013). *Failing Schools. Herausforderungen für die Schulentwicklung.* Bern: hep Verlag.

Renkl, A. (2001). Träges Wissen. In D. H. Rost (Hrsg.), *Handwörterbuch Pädagogische Psychologie* (S. 717–721). Weinheim: Psychologie Verlags Union.

Rolff, H.-G. (1992). Die Schule als besondere soziale Organisation. Eine komparative Analyse. *Zeitschrift für Sozialisationsforschung und Erziehungssoziologie, 12*(4), 306–324.

Rosenholtz, S. J. (1991). Teachers' workplace: The social organization of schools. New York: Teachers College Press.

Rothland, M. & Terhart, E. (2007). Beruf: Lehrer – Arbeitsplatz: Schule. In M. Rothland (Hrsg.), *Belastung und Beanspruchung im Lehrerberuf. Modelle, Befunde, Interventionen* (S. 11–31). Wiesbaden: VS Verlag für Sozialwissenschaften.

Steinert, B. & Maag Merki, K. (2009). Kooperation zwischen Lehrpersonen und Schulen. Empirische Analysen und offene Forschungsfragen. *Beiträge zur Lehrerbildung, 27*(3), 395–403.

Terhart, E. & Klieme, E. (2006). Kooperation im Lehrerberuf – Forschungsproblem und Gestaltungsaufgabe. *Zeitschrift für Pädagogik, 52*(2), 163–166.

Thrupp, M., Lauder, H. & Robinson, T. (2002). School composition and peer effects. *International Journal of Educational Research, 37*, 483–504.

Wulf Homeier

Perspektiven für eine Verbindung von Qualitätsanalyse und Qualitätsentwicklung

1. Die Ausgangslage

Das Niedersächsische Landesinstitut für schulische Qualitätsentwicklung in Hildesheim (NLQ) ist in Niedersachsen für die Durchführung von Schulinspektionen verantwortlich. Im November 2012 sind alle etwa 3000 Schulen des Landes einmal inspiziert worden. Der Abschlussbericht über die Ergebnisse der ersten Inspektionsrunde wird voraussichtlich Anfang 2014 veröffentlicht werden. Deshalb beziehen sich die Daten und Grafiken, die dem Vortrag und diesem Artikel zugrunde liegen, auf den Zwischenbericht[1] aus dem Jahr 2008.

1.1 Überblick

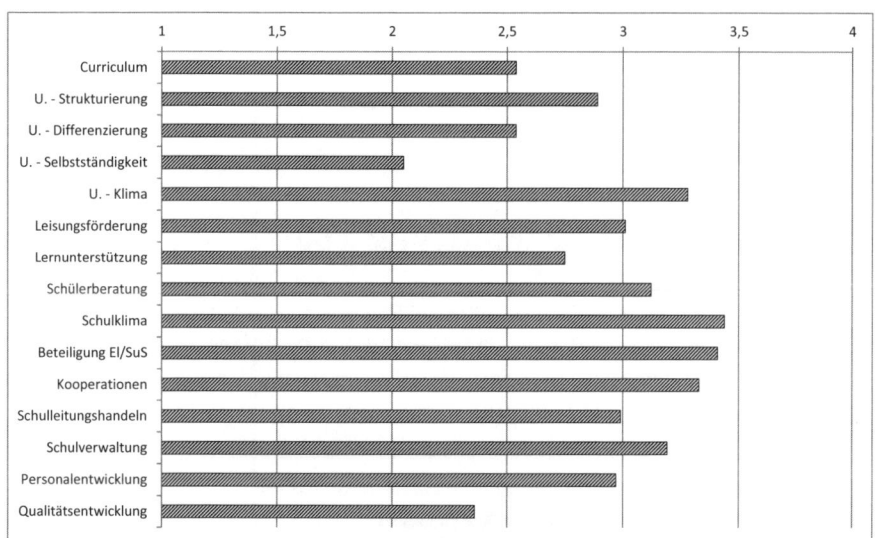

Abb. 1:   Überblick über die durchschnittlichen Bewertungen aller 15 bewerteten Qualitätskriterien von allen bis 2008 untersuchten Schulen

Einen Überblick über die bis dahin erreichten durchschnittlichen Bewertungen gibt Abbildung 1. Dargestellt sind die durchschnittlichen Bewertungen aller 15

---

1   Niedersächsische Schulinspektion (2008). Periodischer Bericht Oktober 2008. Bad Iburg. Verfügbar unter http://www.nibis.de/nibis3/uploads/2nlq-a2/files/materialien/jahresbericht2008.pdf [30.12.2013].

bewerteten Qualitätskriterien über alle bis dahin untersuchten Schulen und alle Schulformen (die genaue Ausformulierung der Kriterien finden Sie ebenfalls im Zwischenbericht).

In Niedersachsen sind die Qualitätskriterien auf einer vierstufigen Skala „schwach", „eher schwach als stark", „eher stark als schwach", „stark" bewertet worden. Die horizontale Achse zeigt diese Bewertungsskala, wobei die Bewertungsstufen mit den Zahlen 1 für „schwach" bis 4 für „stark" kodiert wurden. Der Skalenmittelwert liegt also bei M = 2,5. Der angestrebte Minimalwert für eine Bewertung liegt bei 3 („eher stark als schwach"). So wurde z.B. das Qualitätskriterium „Schülerberatung" über alle besuchten Schulen im Mittel mit M = 3,12 bewertet.

Der aggregierte Mittelwert über *alle* Qualitätskriterien und alle besuchten Schulen liegt bei M = 2,92 (schwarze senkrechte Linie in Abbildung 2). Dieser Wert sagt für sich nichts aus. Interessant ist aber zu betrachten, wie sich dieser Mittelwert auf Basis der Einschätzungen für die einzelnen Qualitätskriterien errechnet und welche dieser Qualitätskriterien unterhalb oder oberhalb dieses aggregierten Wertes liegen und somit dessen Ausprägungen beeinflussen.

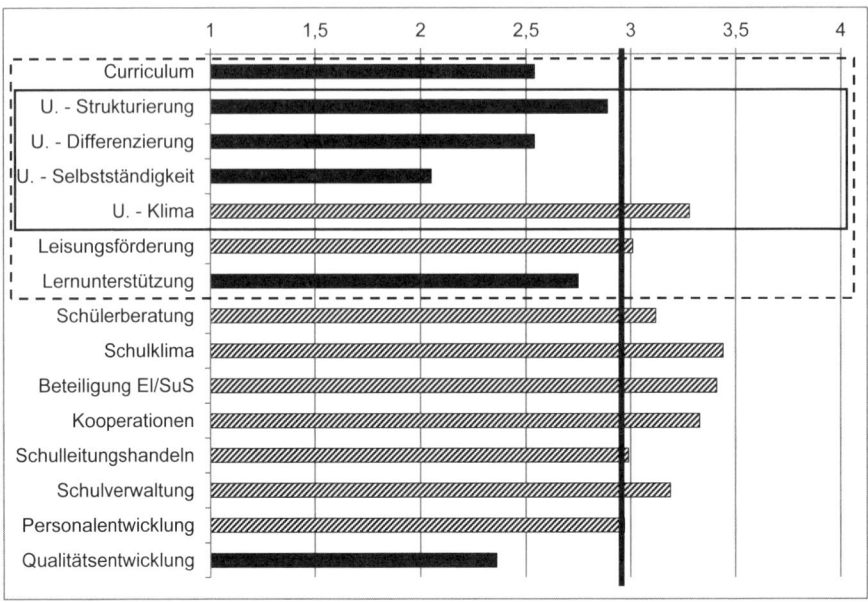

Abb. 2: Mittelwert einzelner Qualitätskriterien für alle besuchten Schulen

Drei der vier direkt im Unterricht beobachteten Qualitätskriterien (sie sind durch den schwarzen Rahmen gekennzeichnet) liegen dabei unterhalb dieses Wertes. Der gestrichelte Rahmen kennzeichnet die Qualitätskriterien, die unmittelbar mit Unterricht zu tun haben. Von diesen sieben liegen fünf unterhalb des aggregierten Mittelwertes.

Abbildung 3 zeigt die Abweichungen der vier am besten und der vier am schlechtesten bewerteten Qualitätskriterien vom Mittelwert. Deutlich wird, dass gerade die auf Atmosphäre und Zusammenarbeit zielenden Kriterien besonders positiv bewertet werden, während deutliche Schwächen in den Bereichen des Unterrichts und der Qualitätsentwicklung vorliegen. Gerade die positiven Beurteilungen in den Bereichen Klima und Beteiligung zeigen, dass in den Schulen sehr gute Voraussetzungen vorliegen, um die Defizitbereiche gezielt anzugehen.

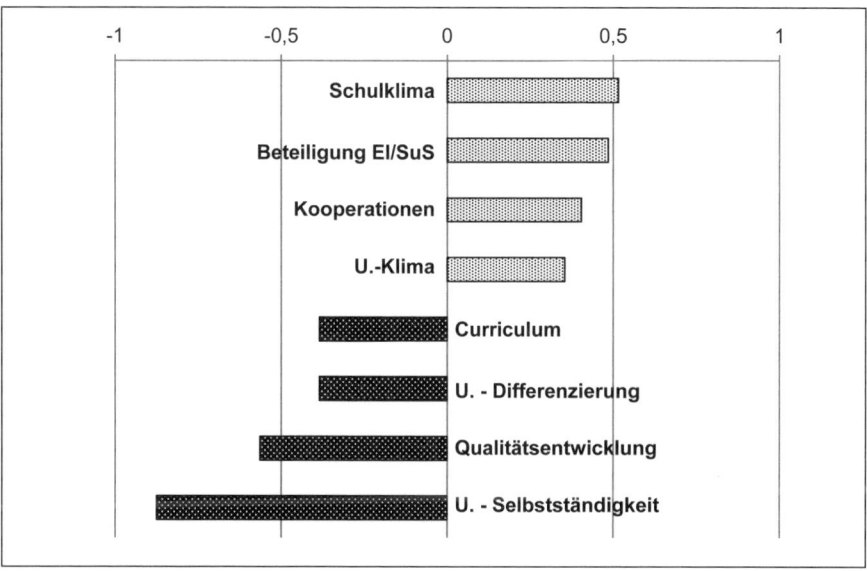

Abb. 3:   Abweichungen der vier am besten und der vier am schlechtesten bewerteten Qualitätskriterien vom Mittelwert

1.2 Die Bewertung von Teilkriterien

Die Bewertung der Qualitätskriterien wird über die Bewertung von Teilkriterien ermittelt. Für genauere Erkenntnisse müssen deshalb die Bewertungen dieser Teilkriterien in den Blick genommen werden. In Niedersachsen wurden diese Teilkriterien mit Hilfe einer dreistufigen Skala bewertet:

++	trifft in besonderem Maß zu
+	trifft zu
-	trifft nicht zu

Wie sich aus der Bewertung der Teilkriterien die Bewertung des Kriteriums ergibt, ist in Normierungsvorschriften festgelegt, die sich ebenfalls im Zwischenbericht finden, die für diesen Beitrag allerdings keine Rolle spielen.

Eine Übersicht über die durchschnittlich im Land zurückgemeldeten Bewertungen ermöglicht einer Schule die Einordnung der eigenen Ergebnisse und liefert Argumente dafür, welche Entwicklungsschwerpunkte angegangen werden können. Referenzwerte bergen natürlich auch die Gefahr, als Entschuldigung für schlechte Werte missbraucht zu werden. Dies konnte immer wieder in Diskussionen z.B. im Bereich der Schüleraktivierung beobachtet werden („Das macht nichts, dass wir da nur eine 2 haben, denn die anderen sind ja auch nicht besser"). Referenzwerte entfalten dann ihre Wirkung, wenn sie genutzt werden, um immer wieder Verbesserungen anzustreben.

Für das Qualitätskriterium 2 „Lernkultur: Schuleigenes Curriculum" bestehen z.B. folgende Teilkriterien:

Curriculum	
2.1	Die Fachkonferenzen der Schule haben schuleigene Arbeitspläne erstellt, auf die sich der Unterricht bezieht
2.2	Die Schule hat ein Methodenkonzept erarbeitet und in die Arbeitspläne integriert.
2.3	Fachübergreifendes Lernen und Projektunterricht sind Bestandteil des Curriculums
2.4	Sprachfördermaßnahmen für SuS mit nicht ausreichenden Deutschkenntnissen
2.5	Konzepte zum Bildungsauftrag NSchG (z. B. Gesundheitsförderung, Umwelt, ...)
2.6	Konzept zur Medienerziehung, besonders IuK

In der folgenden Abbildung 4 sind die durchschnittlichen Bewertungen für die Teilkriterien dargestellt.

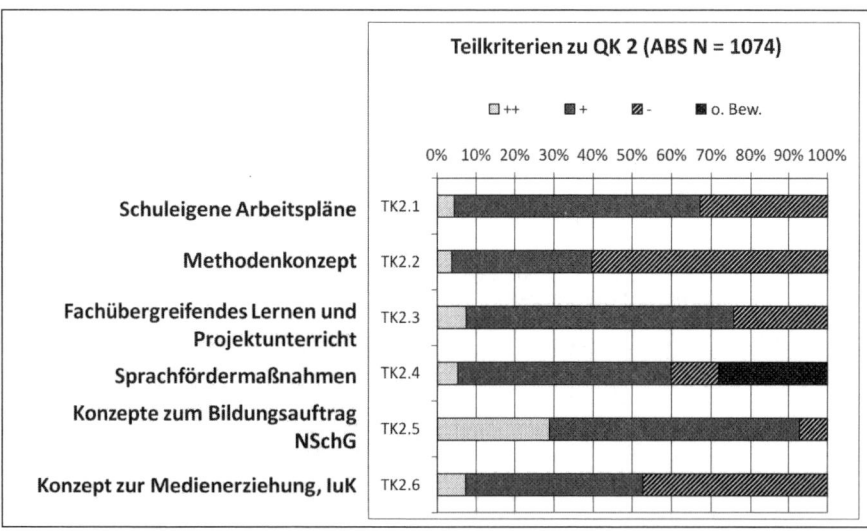

Abb. 4:   Teilkriterien zu QK 2

Im Teilkriterium 2.5 (Konzepte zum Bildungsauftrag NSchG) wurden 29% der Schulen mit „++" und 64% mit „+" bewertet. Während in diesem Bereich der Konzepte nur 7% mit „trifft nicht zu" bewertet wurden, ist die Situation etwa im Bereich der schuleigenen Arbeitspläne (TK 2.1) oder im Bereich eines in die Arbeitspläne integrierten Methodenkonzepts (TK 2.2) nicht so positiv: In 60% aller Schulen liegt ein solches Methodenkonzept nicht in hinreichender Qualität vor.

Abbildung 5 zeigt die Bewertung der Teilkriterien des Qualitätskriteriums 3 „Lernkultur: Lehrerhandeln im Unterricht – Zielorientierung und Strukturierung des Unterrichts", die insgesamt recht positiv ausfällt.

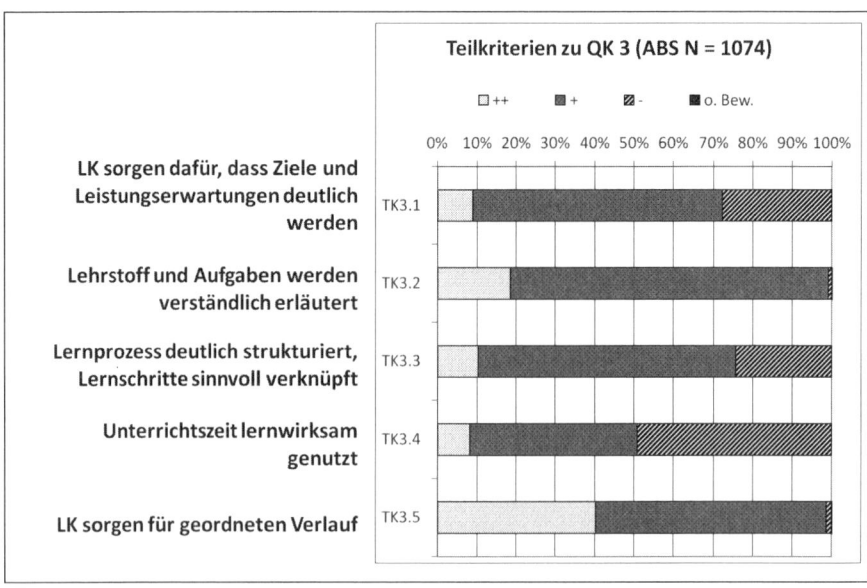

Abb. 5:   Teilkriterien zu QK 3

Aus diesem positiveren Gesamtbild fällt die Bewertung des Teilkriteriums 3.4 „Die Unterrichtszeit wird lernwirksam genutzt" mit fast 50% Bewertungen „trifft nicht zu" deutlich heraus.

Die Bewertungen in den Qualitätskriterien 4 („Lernkultur: Lehrerhandeln im Unterricht – Stimmigkeit und Differenzierung des Unterrichts") und 5 („Lernkultur: Lehrerhandeln im Unterricht – Unterstützung eines aktiven Lernprozesses") in den Abbildungen 6 und 7 zeigen z.T. erhebliche Qualitätsmängel, die auf unmittelbaren Handlungsbedarf in den Schulen hinweisen.

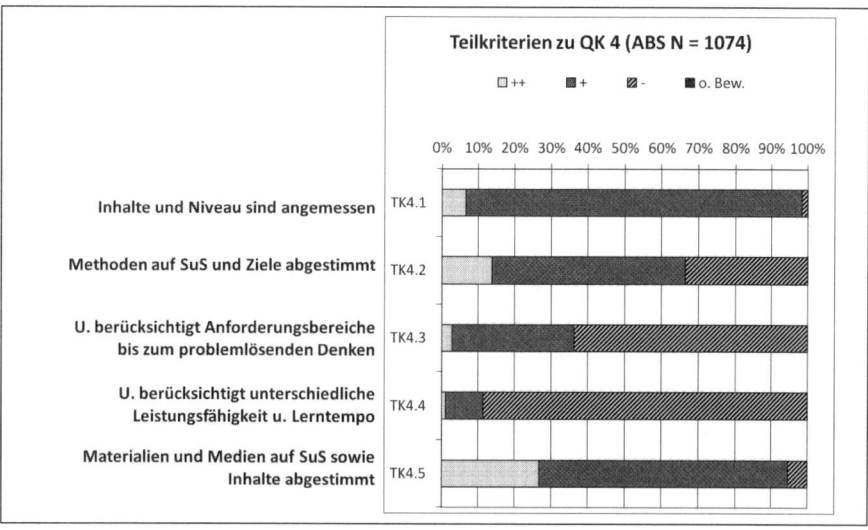

Abb. 6:   Teilkriterien zu QK 4

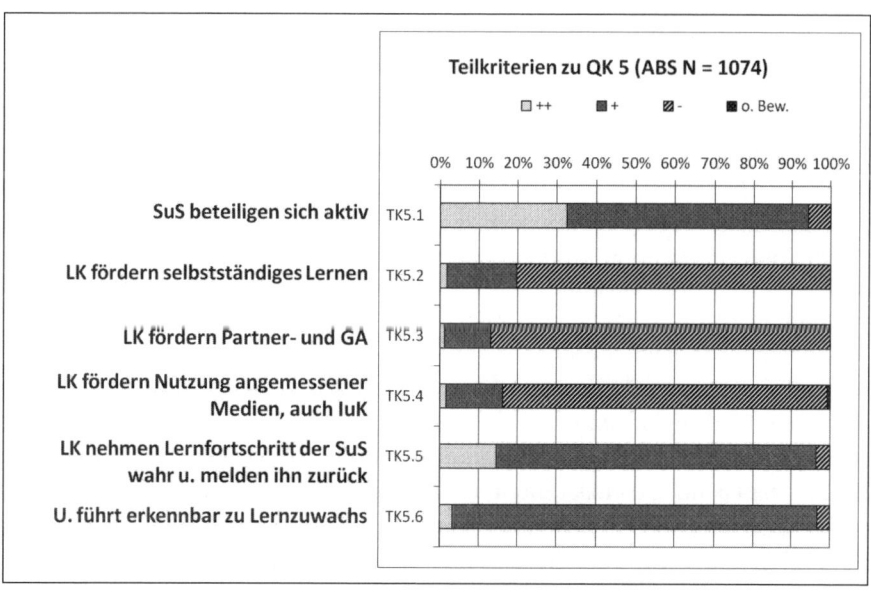

Abb. 7:   Teilkriterien zu QK 5

Auch in der Bewertung der Teilkriterien wird deutlich, dass der gesamte Bereich des schulischen Klimas sehr positiv bewertet wird. Dies zeigt das Diagramm zu Qualitätskriterium 6 („Lernkultur: Lehrerhandeln im Unterricht – Pädagogisches Klima"; Abbildung 8), in dem deutlich wird, dass alle Teilkriterien durchgängig sehr positiv oder zumindest positiv bewertet werden.

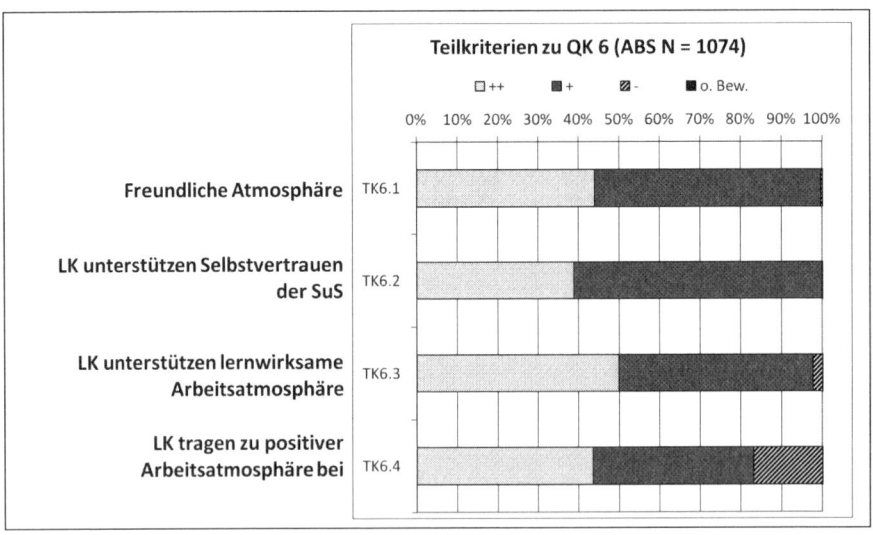

Abb. 8:   Teilkriterien zu QK 6

1.3   Warum benötigen wir die QA immer noch?

In Diskussionen hört man in der Folge der Vorstellung solcher Ergebnisse immer wieder Äußerungen der Art „Wir wissen ja jetzt, wie es in den Schulen aussieht, deshalb benötigen wir die Qualitätsanalyse nicht mehr".

Natürlich sind diese Ergebnisse auf Landesebene recht stabil und variieren durch die Inspektion der restlichen 2000 Schulen nur gering. Der Einzelschule liefern sie aber nur Erkenntnisse für ihre Qualitätsarbeit, wenn die Schule über Detailinformationen über ihre eigene Qualität verfügt.

Abbildung 9 zeigt die durchschnittliche Bewertung der Qualitätskriterien, aufgegliedert nach Schulformen. Es zeigt sich ein vergleichbarer Verlauf, bei dem verschiedene Schulformen bei unterschiedlichen Qualitätskriterien mal sehr positive, mal eher negative Ergebnisse erzielen. So überrascht es nicht, dass Förderschulen im Qualitätskriterium 5 (Differenzierung) die besten Werte erzielen. Überraschend ist eher, dass Hauptschulen im Bereich der Kooperationen (QK 12) deutlich schwächer als die anderen Schulformen abschneiden.

Die Ellipse beim QK 5 zeigt, wie sich hier die Mittelwerte der Schulformen unterscheiden. Die Werte variieren etwa zwischen M = 2,1 und M = 2,6. Diese Spannbreite macht der senkrechte Balken deutlich.

Betrachtet man nun die Mittelwerte in den Schulen *einer* Schulform, sieht man in der folgenden Grafik, dass die Unterschiede zwischen den Durchschnittswerten der Schulen innerhalb einer Schulform größer sind als die Unterschiede zwischen den Durchschnittswerten der Schulformen (M = 2,13 bis M = 3,24). Diese Spanne wird durch den rechten Balken dargestellt.

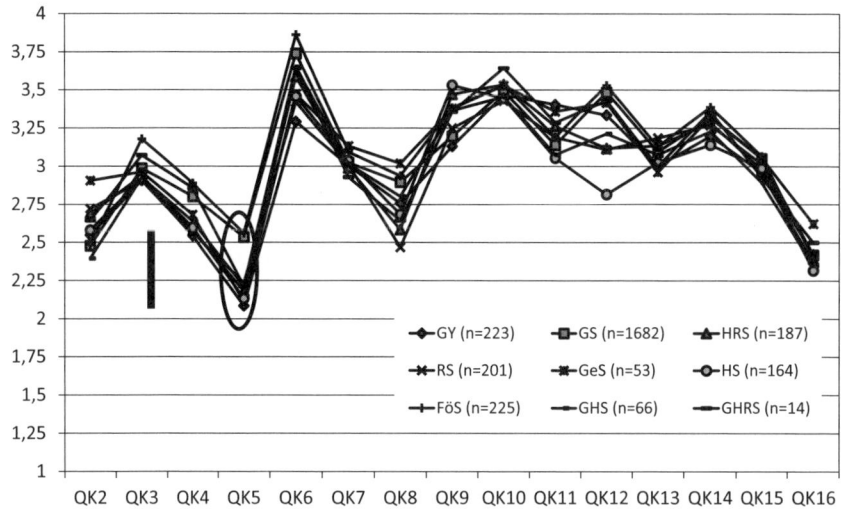

Abb. 9: Inspektionsergebnisse der ABS nach Schulformen

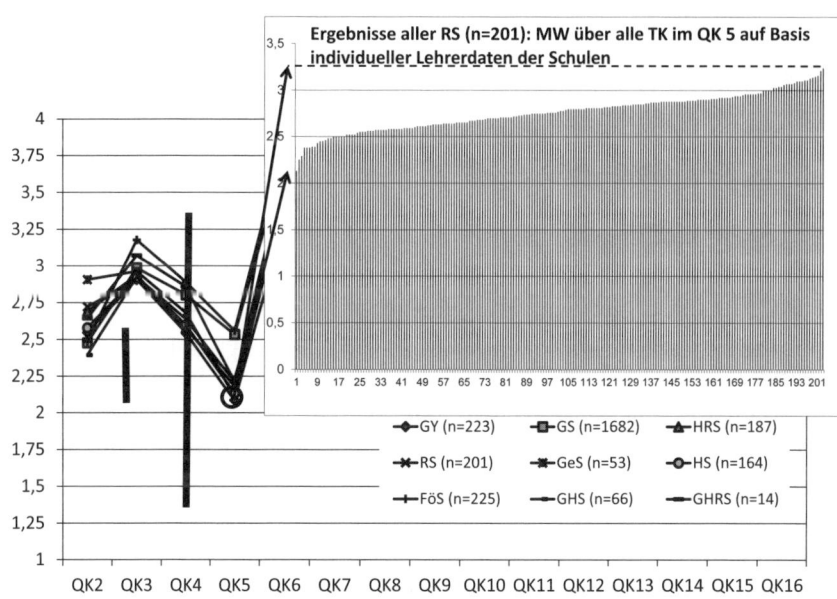

Abb. 10: Ergebnisse aller RS im QK 5

Greift man eine einzelne Schule heraus, ergeben sich zwischen den Durchschnittswerten der einzelnen Lehrkräfte noch größere Unterschiede. Hier können die Bewertungen von M = 2,0 (Bewertung aller Teilkriterien mit „-") bis zu M = 4,0 (Bewertung aller Teilkriterien mit „++") variieren.

Damit lässt sich insgesamt feststellen:

Die *Unterschiede zwischen zwei Schulformen* sind im Durchschnitt *geringer* als die *Unterschiede zwischen zwei Schulen der gleichen Schulform*, die wiederum im Durchschnitt *geringer* als die *Unterschiede zwischen zwei Lehrkräften der gleichen Schule* sind.

Die zusammenfassenden Darstellungen der Abbildungen 5 bis 9 liefern Hinweise auf generelle landesweite Stärken und Entwicklungsbereiche, sagen jedoch nichts über die Qualität der Einzelschule oder gar einer einzelnen Lehrkraft aus. Dies wird aber benötigt, will eine einzelne Schule Unterrichts- und Qualitätsentwicklung gezielt angehen.

Die Aussage, man benötige die externe Evaluation nicht mehr, weil man ja jetzt wisse, wie es in Schulen aussähe, greift also viel zu kurz und ist schlicht falsch.

Wesentliche Erkenntnis ist in diesem Zusammenhang aber auch, dass eine Schulinspektion einer einzelnen Schule am meisten bringt, wenn sie dort auch stattfindet.

2. Die Neuentwicklung in Niedersachsen

2.1 Der Entwicklungsauftrag

Das NLQ hat im September 2011 den Auftrag erhalten, auf der Basis eines vom Kultusministerium vorgegebenen Grobkonzepts ein neues Inspektionsverfahren zu entwickeln. Auf Grund der Entscheidungen der neuen Landesregierung soll dieses Konzept nun so fortgeschrieben werden, dass zukünftig alle Schulen in einem Rhythmus von vier Jahren besucht werden können. Damit zieht die Landesregierung auch eine Konsequenz aus den Überlegungen des letzten Abschnitts. Auf diese Weise wird die Schulinspektion in Niedersachsen weiterhin Entwicklungsimpulse in jeder Einzelschule entfalten. Basis für die Ausgestaltung des Auftrages waren auch die Erkenntnisse, die in der ersten Inspektionsrunde gewonnen worden sind.

Die folgende Darstellung fußt auf den Vorschlägen des NLQ, die derzeit im niedersächsischen Kultusministerium geprüft und abgestimmt werden. Deshalb können sich gegenüber der Darstellung durchaus noch deutliche Veränderungen ergeben.

Im Zentrum des Verfahrens stehen deshalb beim neuen Konzept die Qualität des Unterrichts und der Prozesse, die dessen Qualität und ihre Weiterentwicklung unterstützen. Die Schulinspektion wird dafür die gleichen Instrumente verwenden, die auch den Schulen für ihre eigene Qualitätseinschätzung zur Verfügung stehen.

Das neue Verfahren setzt unter anderem folgende Grundsätze um:

– Bei der Vorbereitung auf eine Inspektion werden Schulen weniger Aufwand betreiben, u.a. weil zukünftig vorab keine Konzepte mehr eingefordert werden.

– Die Inspektion wird in einem Basisverfahren erfolgen, das für alle Schulen ähnlich ist und dem das Kernaufgabenmodell (s.u.) zugrunde liegt.

– Grundsätzlich werden alle Instrumente und Verfahren für alle Schulformen gleich sein, aber auch die unterschiedlichen Zielsetzungen verschiedener Schulformen werden geeignet berücksichtigt werden können.

– Zukünftig werden aufbauend auf dem Kernaufgabenmodell (s.u.) besondere Fragestellungen angegangen werden können, deren Beantwortung Steuerungsinformationen für das Kultusministerium liefern.

– Thematisch wird die Schulinspektion zukünftig fokussierter vorgehen: Besonders werden die Unterrichtsqualität und die Qualität der sie stützenden Prozesse in den Blick genommen.

– Auf diese Weise wird die Qualitätsentwicklung bei jedem einzelnen untersuchten Merkmal betrachtet, nicht nur als zusammenfassendes Thema des allgemeinen Vorgehens in diesem Bereich.

– Dafür werden die Schulen zukünftig eine schulische Selbsteinschätzung (QES) vornehmen. Die Inspektion wird die Schule mit dem gleichen Instrumentarium in den Blick nehmen. Im Zentrum des Verfahrens steht der datengestützte Diskurs (Abgleichgespräche) über diese Einschätzung und damit die gemeinsame Arbeit an der Qualität.

– Eine wesentliche Verbesserung soll an der Schnittstelle zum Anschlusshandeln erreicht werden. Deshalb kommt der Zusammenarbeit mit der Niedersächsischen Landesschulbehörde (NLSchB), die hierfür zuständig ist, besondere Bedeutung zu.

– Insgesamt sollen Schulen damit stärker dabei unterstützt werden, ihre Eigenverantwortung auch tatsächlich wahrnehmen zu können.

Im Folgenden sollen die einzelnen Elemente des neuen Verfahrens etwas detaillierter dargestellt werden.

2.2 Basisverfahren

Das Basisverfahren folgt den in Abbildung 11 dargestellten Abläufen und wird voraussichtlich in den in der Abbildung dargestellten Phasen ablaufen, wobei jede dieser Phasen ein ganzes Bündel einzelner Maßnahmen umfasst, die hier nicht im Einzelnen dargestellt werden sollen.

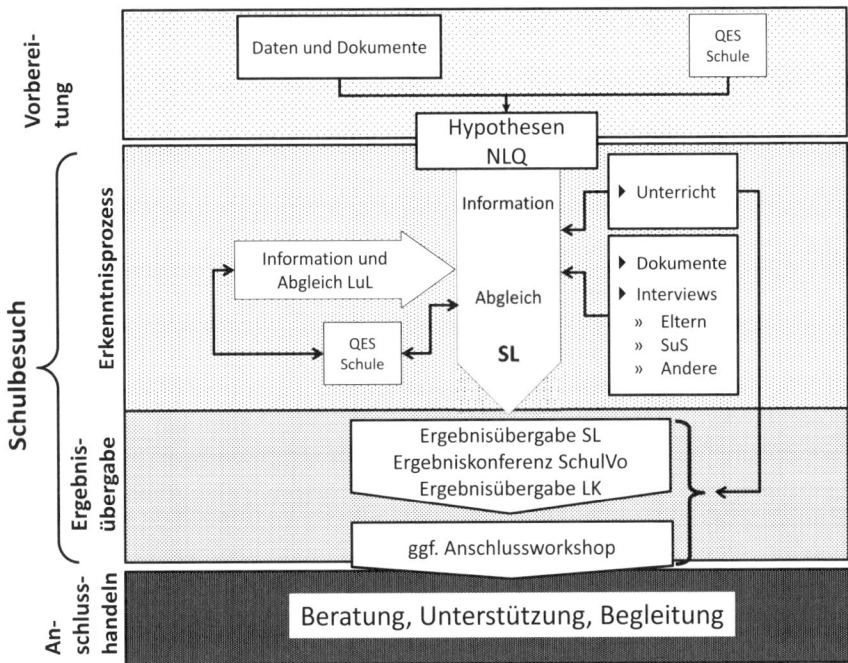

Abb. 11: Abläufe des Basisverfahrens

Nach Auswahl einer Schule (auf die Kriterien für die Auswahl gehe ich hier nicht ein) wird für jede Schule der entsprechende Inspektionsvorgang angelegt (Bereitstellung der bereits vorhandenen Dokumente und Daten, Freischaltung der entsprechenden Software für alle Beteiligten etc.) und das für diese Schule passende Inspektionsteam benannt.

Ein grundsätzlich neuer Ansatz der Inspektion ist es, in viel stärkerem Maß als bisher mit jeder inspizierten Schule darüber ins Gespräch zu kommen, wie sie ihre Qualität selbst einschätzt und diese Selbsteinschätzung mit der Einschätzung der Inspektion – also der externen Wahrnehmung – abzugleichen.

Das zentrale Instrument dafür ist die Qualitätseinschätzung der Schule (QES), das vom NLQ entwickelt und allen Schulen (nach derzeitigem Planungsstand als einfach zu bedienendes Online-Tool) zur Verfügung gestellt werden wird. Schulen können dieses Instrument auch nutzen, um ihrer Verpflichtung zur regelmäßigen Rechenschaftslegung [NSchG § 32(3)] nachzukommen.

In der QES soll die Schule für alle Kernaufgaben (s.u.) einschätzen, in welcher Qualität diese erfüllt werden und welche Qualität der Prozess ihrer Weiterentwicklung hat. Die QES wird es den Schulen ermöglichen, ihre Aussagen zu kommentieren und ggf. mit Dokumenten zu hinterlegen.

Bei der Analyse der QES durch das Inspektionsteam nimmt das Inspektionsteam auf der Grundlage vorliegender Daten (Schulstatistik, Inspektionsbericht der ersten Runde, QES der Schule etc.) eine datenbasierte Einschätzung der Situation der Schule von außen vor und formuliert am Ende dieses Analyseprozesses Hypothesen zur Situation der Qualitätsarbeit der Schule. Die Inspektion verwendet für ihre Qualitätseinschätzung das gleiche Instrumentarium wie die Schulen, so dass beim folgenden Schulbesuch die schulische Qualitätseinschätzung und die Einschätzung des Inspektionsteams miteinander abgeglichen werden können.

Im Anschluss daran und auf der Analyse der QES aufbauend wird dann die Detailplanung für den Schulbesuch (Unterrichtseinsichtnahmen, Gesprächspartner, Auswahl der Kernaufgaben etc.) vorgenommen.

Beim Schulbesuch werden durch Einsichtnahme in Dokumente und Gespräche mit allen schulischen Partnern (z.B. auch Schülerinnen und Schülern sowie Eltern) weitere Informationen zur Verifizierung oder Falsifizierung der Hypothesen zusammengetragen. Der Schwerpunkt liegt allerdings auf dem Abgleich der schulischen QES mit der des Inspektionsteams und damit dem Einstieg in einen Diskurs über die Qualitätsarbeit der Schule mit der Schulleitung und den Lehrkräften. Der Fokus liegt damit auf diesem Diskurs und der darin liegenden Impulsgebung für die weitere Qualitätsarbeit der Schule und nicht auf der Kategorisierung und Einordnung. Hieran wird besonders deutlich, dass das Inspektionsverfahren in Richtung eines Unterstützungsinstrumentes für die Schulen weiterentwickelt werden wird. Mit fortlaufender Dauer eines Schulbesuchs wird sich auch der Charakter der Gespräche ändern: Steht zu Beginn die Informationsgewinnung im Vordergrund, wird im Lauf des Besuchs der diskursive Anteil deutlich zunehmen.

Dazu gehört auch, dass die bisher bekannte Rückmeldung durch andere Formate ersetzt werden soll, die auf die Interaktion zwischen Schule und Inspektionsteam setzen. Die Ausgestaltung dieser Formate und unterschiedlicher (Wahl-)Angebote wird derzeit als Vorschlag für das Ministerium entwickelt.

Wie bisher wird das NLQ Berichte für die Schulen und den sich anschließenden Prozess, der auch die NLSchB einbezieht, anfertigen. Er wird aufgrund der veränderten Instrumente und Verfahren anders aufgebaut sein als bisher. Ziel ist es, den Bericht für die Weiterarbeit der Schule wesentlich aussagekräftiger und kompakter zu gestalten und den Schulen vor allem alle ermittelten Detailinformationen aufbereitet zur Verfügung zu stellen.

Auswertungsformate auf Landesebene und eine daran anknüpfende regelmäßige Berichterstattung an das Kultusministerium sollten von vornherein stärker als bisher als konstituierendes Element vorgesehen werden.

2.3 Kernaufgabenmodell

Ein wesentliches Ziel bei der Weiterentwicklung des Inspektionsverfahrens war die Fokussierung auf die Bereiche des Orientierungsrahmens, die hinsichtlich der Unterrichtsqualität von besonderer Bedeutung sind. Ein zweites Ziel ist es, den Schulen dabei zu helfen, sich Klarheit über ihre Vorgehensweisen – also über die Qualität ihrer Prozesse – zu verschaffen.

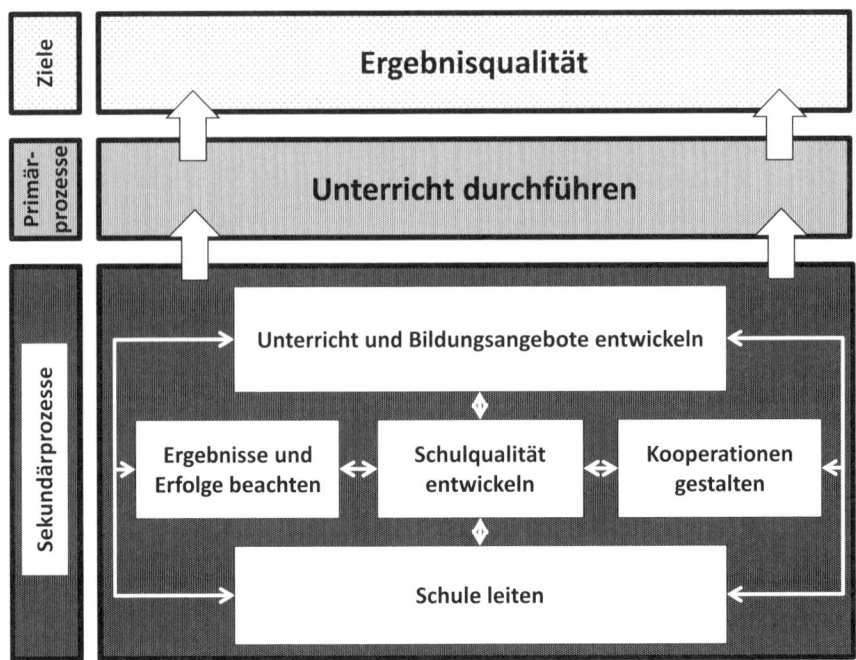

Abb. 12: Handlungsfelder und Prozessebenen

Zunächst wurden insgesamt fünf Handlungsfelder identifiziert, die von der Inspektion in den Blick genommen werden und die in ihren Abhängigkeiten und Wirkungen in der obigen Abbildung 12 dargestellt sind. In den fünf Handlungsfeldern wurden insgesamt 22 Kernaufgaben formuliert, die eine hohe Relevanz für die Schulqualität haben und bei denen von einer Hebelwirkung auf die Unterrichts- und Ergebnisqualität auszugehen ist.

Kernaufgaben werden von den Schulen prozesshaft umgesetzt: Um das in der Kernaufgabe formulierte Ziel zu erreichen, sollte die Schule Prinzipien des Prozessmanagements anwenden. Basis der Prozessbetrachtung ist die Qualität des „Gegenstandes", um den sich der Prozess dreht. Die Anforderungen an die „Gegenstandsqualität" sind in den sogenannten Grundlegenden Anforderungen festgelegt. Diese beziehen sich in der Regel auf die Anforderungen der einschlägigen, häufig schulformbezogen unterschiedlichen Erlasse und Verordnungen.

Die Struktur des Kernaufgabenmodells soll anhand eines Beispiels verdeutlicht werden:

Kernaufgabe: Die Schule verbessert ihr schuleigenes Curriculum		
Grundlegende Anforderung	Hinweis und Beispiele*)	Bezüge zu Rechts- und Verwaltungsvorschriften
Die schuleigenen Arbeitspläne sind erarbeitet.	▸ Arbeitspläne jährlich anpassen ▸ Tagungsrhythmus für Fachgruppen- und Fachkonferenzarbeit zur Anpassung der Arbeitspläne verbindlich festlegen ▸ an das Ergebnis der Erstinspektion anknüpfen, Teilkriterium 2.1 „Die Fachkonferenzen der Schule haben schuleigene Arbeitspläne erstellt, auf die sich der Unterricht bezieht, Teilkriterium 2.3 „Fachübergreifendes und projektbezogenes Lernen sind Bestandteil des Curriculums" und Teilkriterium 2.6 „Die Schule hat ein Konzept zur Medienerziehung erarbeitet"	▸ Kerncurricula der Fächer, ebd. Aufgaben der Fachkonferenz ▸ NSchG §32 II (Schulprogramm) ▸ NSchG § 35 (Gestaltung der Lehrpläne durch die Schule) ▸ NSchG § 122 (Arbeit der Fachkonferenzen) ▸ Schulformbezogene Grundsatzerlasse der allgemein bildenden Schulen
Übergreifende Konzepte und Unterrichtsvorhaben sind in den schuleigenen Arbeitsplänen berücksichtigt.	▸ Schuleigenes Curriculum und Schulprogramm miteinander verzahnen ▸ an das Ergebnis der Erstinspektion anknüpfen, Teilkriterium 2.5 „Die Schule hat besondere Konzepte zum Bildungsauftrag des Niedersächsischen Schulgesetzes entwickelt und umgesetzt (z.B. Gesundheitsförderung, Umweltbildung, interkulturelle Bildung)."	▸ NSchG § 2 (Bildungsauftrag) ▸ Erlasse z. B.: „Berufsorientierung an allgemein bildenden Schulen" vom 01.12.2011 ▸ Curriculum Mobilität ▸ Schulformbezogene Grundsatzerlasse der allgemein bildenden Schulen ▸ Orientierungsrahmen Schulqualität in Niedersachsen 2.1
Die schuleigenen Arbeitspläne sind in kompetenzorientierten Unterrichtseinheiten konkretisiert.	▸ Kompetenzorientierte Unterrichtseinheiten im Rahmen der Fachgruppenarbeit sukzessive erarbeiten und in das schuleigene Curriculum aufnehmen ▸ Zusammenarbeit mit der Fachberatung der NLSchB nutzen	▸ vgl. Kerncurricula: „Aufgaben der Fachkonferenz" ▸ Erlass: „Schulformübergreifende und schulformbezogene Beratung an den Schulen in Niedersachsen" vom 02.04.2011

*) die Hinweise sind nicht vollständig und als Beispiel zu verstehen

2.4 Qualitätseinschätzung der Schule

Zur Selbsteinschätzung wird den Schulen ein einfach zu bedienendes Werkzeug auf Excel-Basis zur Verfügung gestellt, mit dessen Hilfe sie die Qualität des Prozesses, mit dem sie die jeweilige Kernaufgabe umsetzt, auf einer dreistufigen Skala bewertet:

– Die Prozesse zur Umsetzung der Kernaufgabe sind geklärt und werden zumindest in einem Teilbereich der Schule (probeweise) umgesetzt.
– Die Prozesse zur Bearbeitung der Kernaufgabe sind verbindlich eingeführt und werden in allen Bereichen der Schule umgesetzt.
– Die Prozesse zur Bearbeitung der Kernaufgabe werden kontinuierlich überprüft und verbessert.

Zu jeder Prozessstufe liegen Indikatoren vor, die die Einstufung erleichtern. In einer Tabelle kann die Schule zudem stichwortartig ihre Stärken und bereits bekannte Verbesserungsbereiche angeben sowie Nachweise und Belege nennen, auf die sich ihre Einschätzung bezieht.

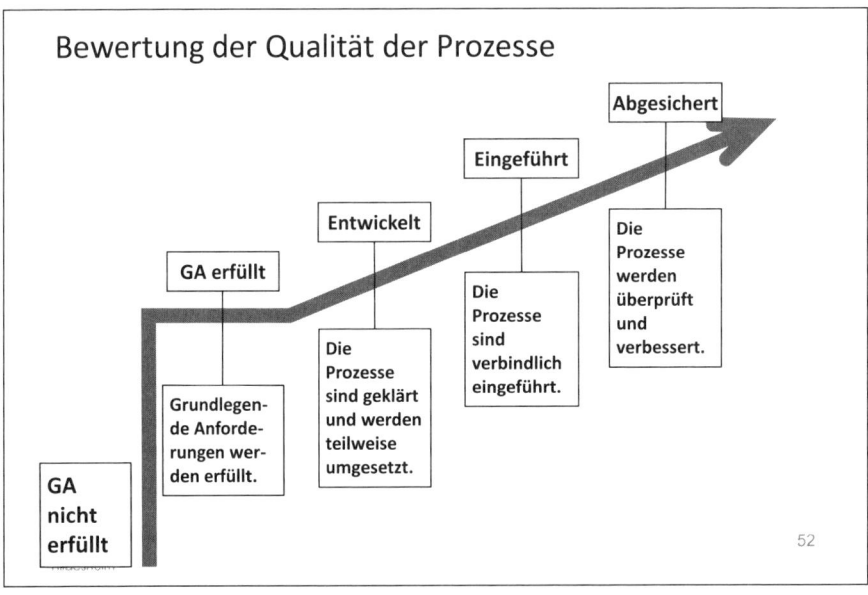

Abb. 13: Bewertung der Qualität der Prozesse

Das Inspektionsteam benutzt für seine Qualitätseinschätzung das gleiche Instrumentarium. Über die gleichen und natürlich auch die unterschiedlichen Einschätzungen werden Abgleichgespräche geführt, in denen intensive Impulse für die Qualitätsentwicklung der Schule gegeben werden sollen.

Einen Ausschnitt aus dem in den berufsbildenden Schulen verwendeten Instrument zeigt Abbildung 14.

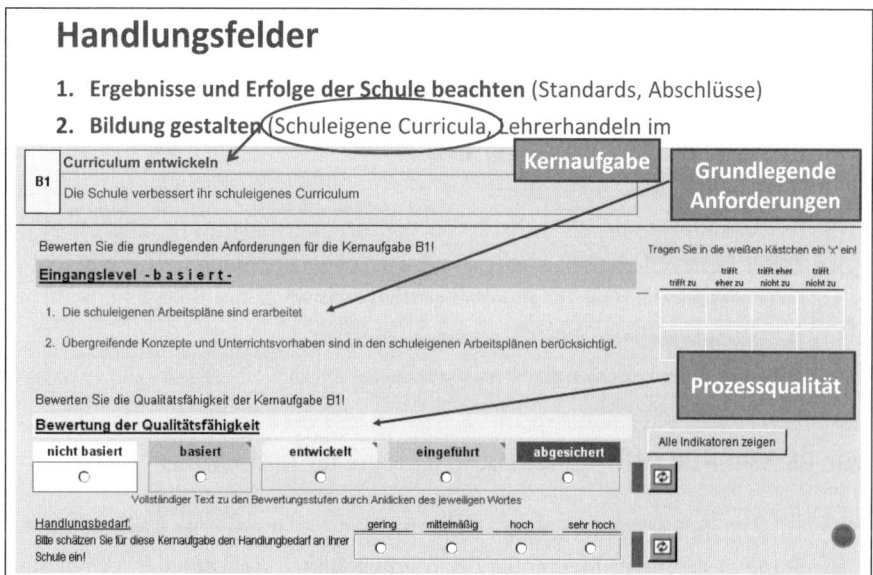

Abb. 14: QES Berufsbildende Schulen

Im Unterschied zum bisherigen Inspektionsverfahren werden keine Zusammenfassungen der Bewertung von Kernaufgaben vorgenommen. Die Einschätzungen zur Prozessqualität jeder einzelnen Kernaufgabe, verbunden mit den Aussagen zu den Grundlegenden Anforderungen, bilden die Grundlage der Ergebnisübergabe an die Schule.

2.5 Der Unterrichtsbeobachtungsbogen

In den deutschen Inspektionssystemen ist die Beobachtung von Unterricht auf Systemebene von besonderer Bedeutung. Verwendet werden dabei standardisierte Unterrichtsbeobachtungsbögen, die wesentliche Elemente guten Unterrichts in den Blick nehmen und die Grundlage für die Rückmeldungen an die Schulen darstellen. In den letzten Jahren hat es dabei Neuentwicklungen mit inhaltlichen und strukturellen Veränderungen gegeben. Die Erprobungsfassung des neuen niedersächsischen Bogens findet sich im Netz.[2]

Dort findet man auch ein Handbuch, in dem Aufbau und Inhalt dieses Erprobungsbogens näher erläutert werden.

Einen Ausschnitt des Bogens zeigt Abbildung 15.

	Unterrichtsorganisation	trifft zu	trifft nicht zu
1.	Der Unterricht verläuft ohne organisatorische Zeitverluste.	☐	☐
2.	Die Unterrichtszeit wird als Lernzeit genutzt.	☐	☐
3.	Der Unterricht verläuft geordnet.	☐	☐
	Unterrichtsklima und Motivation		
4.	Die Lehrkraft geht wertschätzend mit den Schülerinnen und Schülern um.	☐	☐
5.	Die Schülerinnen und Schüler zeigen sozial kompetentes Verhalten.	☐	☐
6.	Die Lehrkraft unterstützt die Motivation für den Unterrichtsinhalt.	☐	☐
	Ziel- und Strukturklarheit		

Unterrichtsbeobachtungsbogen für Niedersachsen — Niedersächsisches Landesinstitut für schulische Qualitätsentwicklung

Abb. 15: Ausschnitt Unterrichtsbeobachtungsbogen für Niedersachsen

Ein grundsätzlicher Unterschied zum bisherigen Bogen ist die deutliche Ausweitung deskriptiver Elemente (z.B. Medieneinsatz, Redeanteile, Aktivitäten, Anforderungsbereiche etc.), die es ermöglichen, ein sehr differenziertes Bild des Unterrichtsgeschehens an einer Schule darzustellen, und die es auch möglich machen, schulformspezifische Schwerpunkte gezielt in den Blick zu nehmen (z.B. über die Formulierung von Operatoren und Anforderungsbereichen, die schulformspezifisch unterschiedlich ausgeprägt sind).

Neben die deskriptiven Elemente treten Qualitätsmerkmale, die im Kern zentrale Aspekte guten Unterrichts beschreiben und zu denen Qualitätsaussagen getroffen werden (s. Abb. 15).

Bewährt hat sich – bestätigt wird dies vor allem auch durch die Rückmeldungen der Schulen – besonders die Verwendung einer dichotomen Skala, die die gesamte Spanne der positiven Bewertungen auf der einen und der negativen Bewertungen auf der anderen Seite zusammenfasst.

Aus der Kombination solcher Qualitätsaussagen, die als Häufigkeitsverteilungen im Detail zurückgemeldet werden sollen, mit deskriptiven Elementen entstehen sehr präzise Bilder der Unterrichtsrealität in einem System. Sie kön-

---

2   Niedersächsisches Landesinstitut für schulische Qualitätsentwicklung (2013). Unterrichtsbeobachtungsbogen für Niedersachsen. Verfügbar unter http://www.nibis.de/nibis3/uploads/2nlq-a2/files/2013-01-22_UBB.pdf [30.12.2013].

nen zu den Aussagen in Bezug gesetzt werden, die Schulen in ihrem Schulprogramm zu ihren eigenen Entwicklungsvorstellungen im Handlungsfeld „Unterricht und Bildungsangebote gestalten; individuell Fördern" machen. Auf diese Weise ergeben sich entscheidende datengestützte Hinweise für den Bereich der Unterrichtsentwicklung.

Beim niedersächsischen Bogen deckt die Bewertung „trifft zu" (genau: „trifft in guter Qualität zu") in der dichotomen Bewertungsskala den gesam ten positiven Bewertungsbereich von noch akzeptabler bis zu herausragender Unterrichtsqualität ab. Entsprechend beschreibt die Einschätzung „trifft nicht zu" den Bereich von gerade nicht mehr ausreichender bis zu völlig unzureichender Unterrichtsqualität (siehe Abbildung 16).

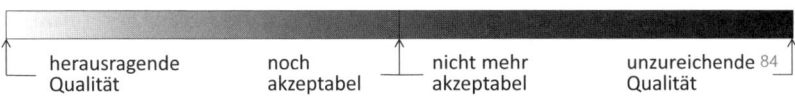

Abb. 16: Dichotome Skala

Unterrichtsbeobachtungsbögen, die in ihrer Konstruktion dem niedersächsischen Instrument ähneln, sind für eine Systemrückmeldung entwickelt worden. Sie orientieren sich an wissenschaftlichen Erkenntnissen über guten Unterricht und geben Auskunft über wesentliche Elemente guten Unterrichts auf schulischer Ebene – sie erheben nicht den Anspruch, die Unterrichtsqualität einer Einzelstunde vollständig zu beschreiben. Sehr wohl erheben sie aber den Anspruch, für den beobachteten Zeitraum Auskunft darüber zu geben, in welcher Qualität zentrale Elemente guten Unterrichts auftreten.

Insofern sind sie auch als Basis für gegenseitige Unterrichtshospitationen und auch für Schüler-Lehrer-Feedback geeignet. Für Beratungszwecke und auch für gegenseitige Hospitationen wird man die für die Inspektion notwendige Bewertungsskala in dieser Form vermutlich nicht benötigen.

Auf diese Weise können schulinterne Verfahren entwickelt werden, mit denen Lehrkräfte detaillierte Informationen über die Qualität ihres Unterrichts erhalten.[3] Außerdem erhalten Schulen sehr genaue Hinweise, in welchen Bereichen des Unterrichts auf Schulebene der größte Entwicklungsbedarf besteht.

---

3   „Ich war als Lehrer mein Leben lang im Blindflug – ich wusste nie, wie gut oder schlecht der Unterricht war, es gab keine Daten". Zitat Prof. Dr. Rolf Dubs, vgl. Egli, L. (2009).

3. Ein Beispiel

Was der neue Unterrichtsbeobachtungsbogen der Schulinspektion in Niedersachsen leisten kann, soll an einem Beispiel erläutert werden. Ich weise ausdrücklich darauf hin, dass die Daten konstruiert sind, sich aber durchaus an realen Werten orientieren. Eine konkrete Schule liegt diesen Daten nicht zu Grunde.

In diesem Beispiel legt eine Schule besonderen Wert auf schüleraktiviertes und selbstgesteuertes Lernen unter Nutzung kooperativer Lernformen. Das Beispiel ist konstruiert, orientiert sich aber an Erkenntnissen aus vielen Inspektionen und ist daher sehr realistisch.

In der Beispielschule besucht die Inspektion 20 Unterrichte und spiegelt eine Fülle unterschiedlicher Daten zurück. Diese werden im Folgenden immer unter der Fragestellung betrachtet, ob sie einen Hinweis geben, inwieweit das schulische Schwerpunktziel bereits zur Zufriedenheit der Schule erreicht ist oder inwieweit die Schule weiteren Entwicklungsbedarf sieht.

Einen ersten Überblick über den Schulbesuch liefert Abbildung 17. Für jede einzelne Einsichtnahme ist hier dargestellt, wie hoch der Anteil der mit „trifft zu" eingeschätzten Merkmale ist. Da die Anzahl dieser Merkmale von der Zahl der realisierten Sozialformen abhängig ist, können hier nur Prozentwerte angeben werden. Die einzelnen Einsichtnahmen sind nicht chronologisch, sondern nach dem Erfüllungsgrad sortiert.

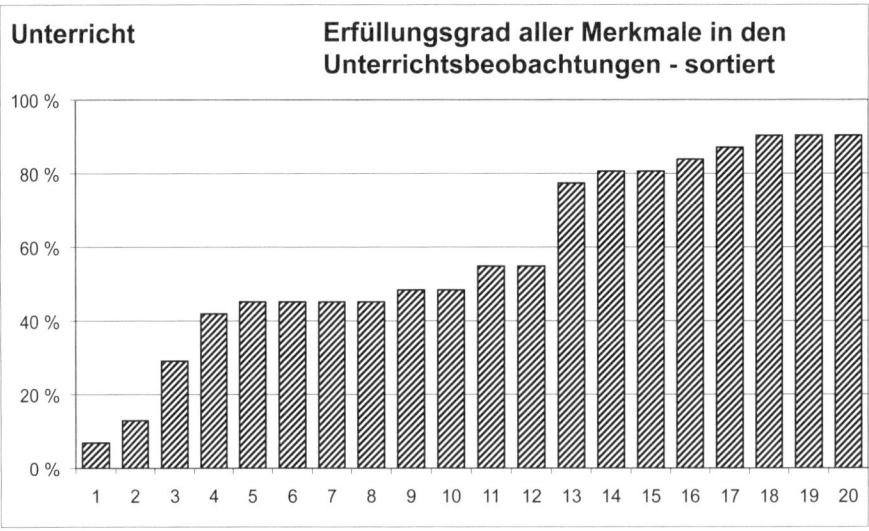

Abb. 17: Erfüllungsgrad aller Merkmale in den Unterrichtsbeobachtungen

Deutlich wird, dass es neben einer Gruppe von Einsichtnahmen mit vielen positiv gewerteten Merkmalen (Nr. 13 bis Nr. 20) ein großes – schwaches – Mittelfeld gibt (Nr. 4 bis Nr. 12) sowie einige Einsichtnahmen, in denen außerordentlich wenige Merkmale positiv eingeschätzt wurden (Nr. 1 bis Nr. 3).

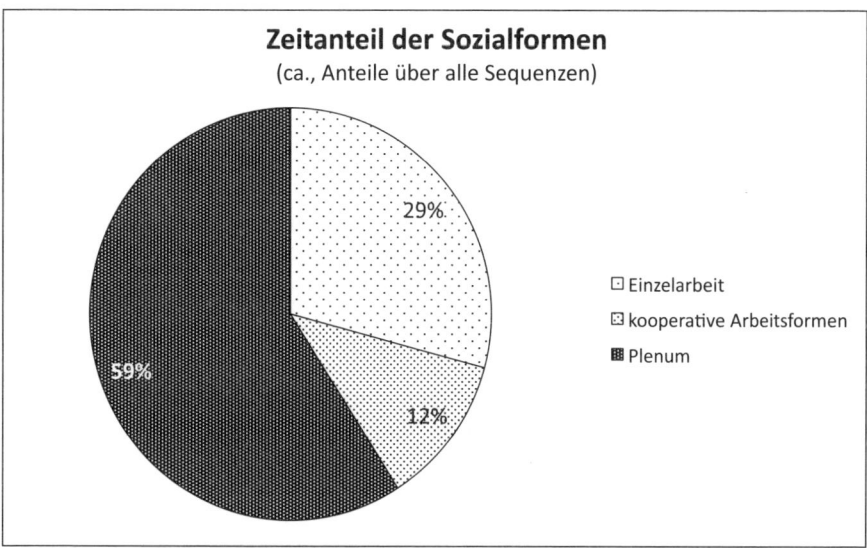

Abb. 18: Zeitanteile der Sozialformen in Unterrichtsbeobachtungen

Die Beispielschule hatte sich den Schwerpunkt gesetzt, schüleraktiviertes und selbstgesteuertes Lernen unter Nutzung kooperativer Lernformen besonders zu fördern. Mit den Daten in Abbildung 18 erhält sie eine Rückmeldung, welche Zeitanteile für die jeweiligen Sozialformen verwendet werden, und sie muss sich fragen, ob sie mit 12% Zeitanteil für kooperative Lernformen ihrem eigenen Anspruch gerecht werden kann.

Da in der Beispielschule 59% der Unterrichtszeit für Plenumsunterricht verwendet wird, müsste die Schüleraktivierung in dieser Sozialform in besonderer Weise erfolgen. Dies soll an den nächsten Diagrammen überprüft werden.

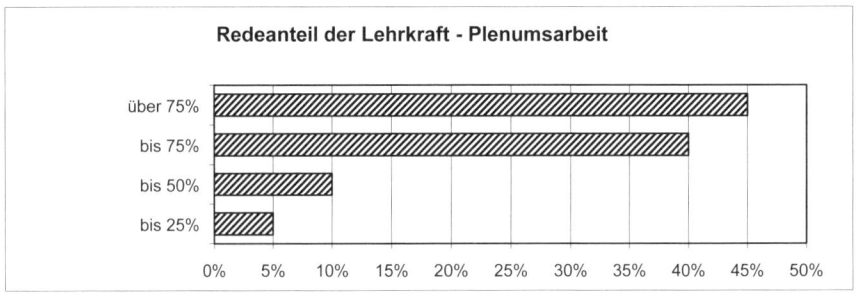

Abb. 19: Redeanteil der Lehrkraft

Aus Abbildung 19 kann man ablesen, dass in 45% aller Stunden die Lehrkräfte einen Redeanteil von mehr als 75% haben, in 40% aller Stunden zwischen 50% und 75%. Nur in insgesamt 15% aller Stunden liegt der Redeanteil der Lehrkräfte unter 50%. Diese Werte korrespondieren mit denen in Abbildung 20, die zeigen, dass in 70% aller Stunden weniger als ein Viertel aller Schülerinnen und Schüler das Plenum aktiv mit gestalten – dies sollte immer wieder unter dem Aspekt betrachtet werden, welches Ziel sich die Schule selbst gesetzt hat (s.o.).

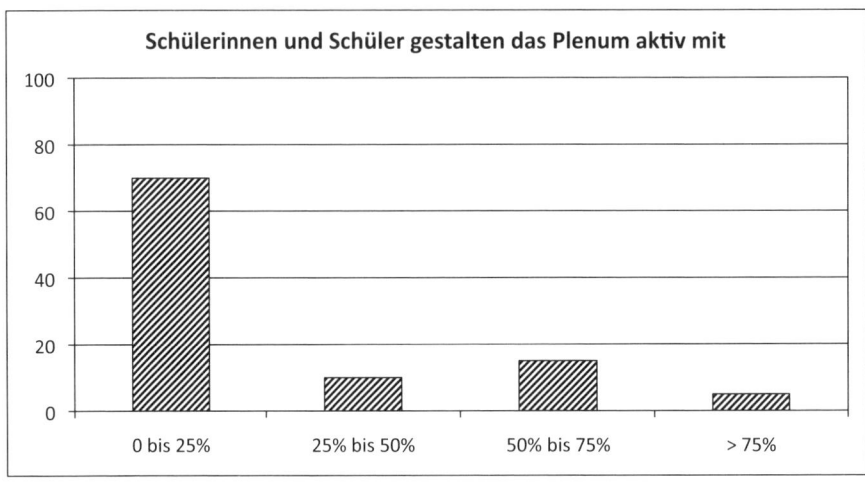

Abb. 20: Schülerinnen und Schüler gestalten das Plenum aktiv mit

Für die Aktivierung von Schülerinnen und Schülern ist die Arbeit an und mit Sprache zur Verbesserung der Sprachkompetenz besonders wichtig. In Abbildung 21 wird deutlich, dass die Lehrkräfte der Beispielschule zwar als Sprachmodelle agieren (in 85% aller Einsichtnahmen ist dies mit „trifft zu" bewertet worden), dass aber die Arbeit mit den Schülerinnen und Schülern an deren Sprachkompetenz und vor allem an ihrer kommunikativen Kompetenz sehr gering ausgeprägt ist (Merkmal 18 mit etwa 45% „trifft zu", Merkmal 19 mit etwa 15% „trifft zu"). Auch hier erhält die Schule also deutliche Hinweise darauf, in welchen Bereichen sie sich weiterentwickeln muss, um ihrem eigenen Anspruch und ihrer Zielsetzung gerecht zu werden.

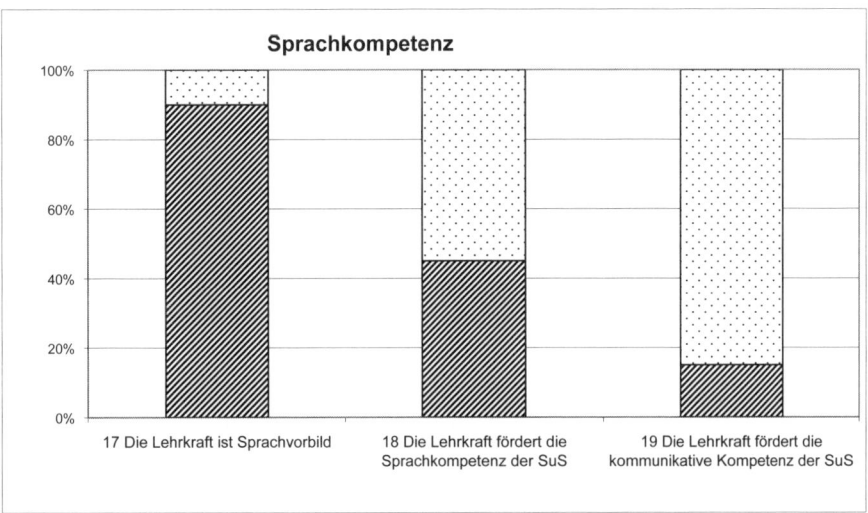

Abb. 21: Arbeit an der Sprachkompetenz der Schülerinnen und Schüler

Zu selbstaktiviertem und selbstgesteuertem Lernen gehört vor allem auch die Ausbildung von Lösungsstrategien. Ein wesentlicher erster Schritt dazu ist es, sich bewusst zu machen, wie man vorgegangen ist und was die erarbeiteten Ergebnisse bedeuten. Diese Reflexion über das eigene Vorgehen und die erzielten Ergebnisse wird in Merkmal 11 erfasst. Die Inspektion nutzt die Stufe „trifft zu" bereits dann, wenn Schülerinnen und Schüler nur beschreibend zusammenfassen, wie sie vorgegangen sind – also weit entfernt von einer echten Reflexion über die gegangenen Wege und von Überlegungen hinsichtlich anderer Lösungsmöglichkeiten.

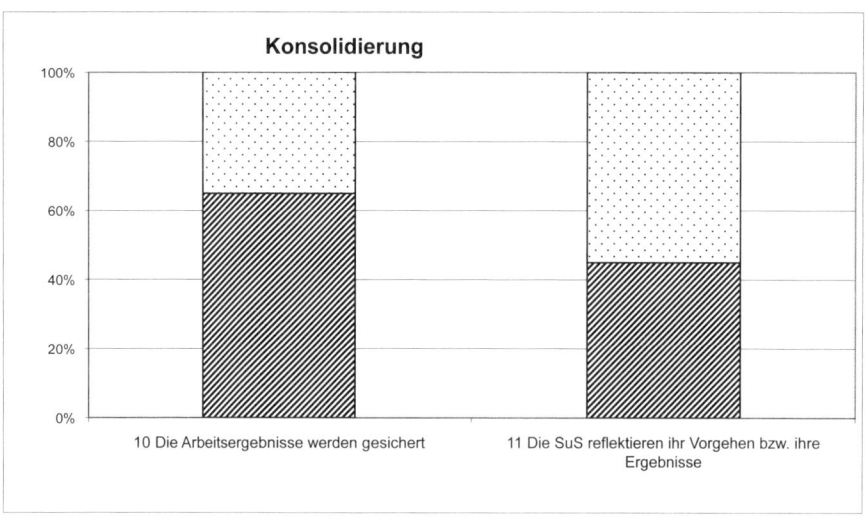

Abb. 22: Konsolidierung

Dieses wesentliche Element guten Unterrichts wird an der Beispielschule nur in knapp mehr als 40% der Unterrichtseinsichtnahmen in guter Qualität beobachtet. Das ist auch dann ein niedriger Wert, wenn man berücksichtigt, dass eine Reflexion im genannten Sinn eher in der zweiten Stundenhälfte anzutreffen sein mag – auch wenn dies sicherlich in der ersten Hälfte einer Stunde ebenfalls sinnvoll ist.

Auch der Wert von ca. 70% „trifft zu" im Merkmal 10 ist durchaus steigerungsfähig, da es hier nicht nur um einfaches Abschreiben geht, sondern darum, Ergebnisse für Schülerinnen und Schüler intellektuell verfügbar zu machen.

Eine Schule, die sich ein Ziel wie die Beispielschule setzt, wird besonders die Bewertungen aus Abbildungen 23 nutzen, um Stärken und Schwächen im Unterricht zu identifizieren. Besonders Merkmal 15 wird Anlass sein, über die eigene Unterrichtspraxis nachzudenken, denn dieses Merkmal zielt direkt auf die Selbststeuerung im Lernprozess.

Nicht selten ist zu beobachten, dass Unterricht in Phasen kooperativen Lernens bessere Qualität aufweist als in Plenumsphasen. Hierzu sind entsprechende Merkmale in Abbildung 24 dargestellt, wobei diese Werte nur auf die Unterrichtseinsichtnahmen bezogen sind, in denen tatsächlich kooperative Arbeitsformen auftreten.

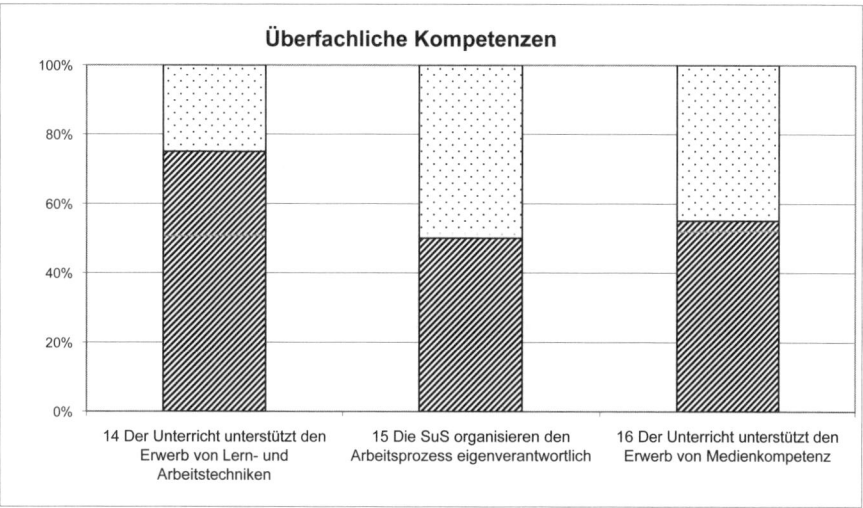

Abb. 23: Überfachliche Kompetenzen

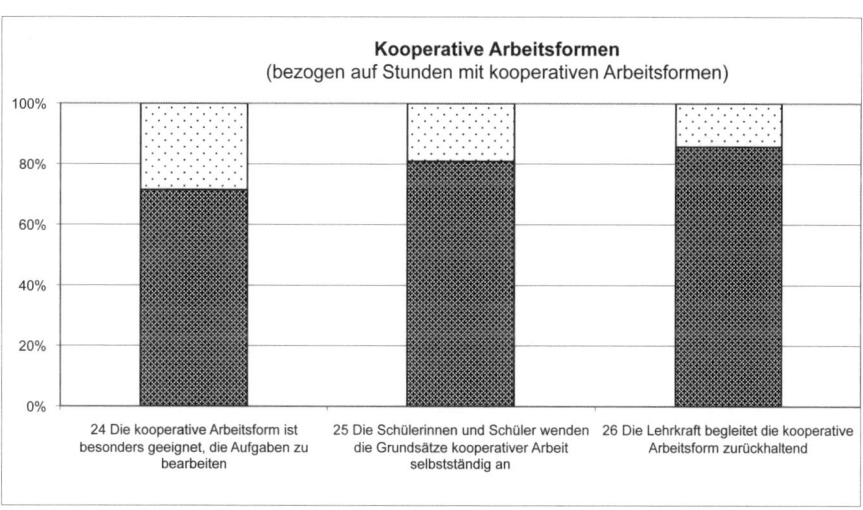

Abb. 24: Kooperative Arbeitsformen

Abbildung 25 liefert Hinweise darauf, welche Anspruchsniveaus in den einzelnen Sozialformen erreicht werden. Zugrunde liegt jeweils die Zahl der besuchten Sequenzen mit der entsprechenden Sozialform. Im Beispiel wird in etwa 26% aller Unterrichtseinsichtnahmen mit Einzelarbeit der AFB III erreicht, der AFB II in 58% sowie in 63% aller Einsichtnahmen mit Einzelarbeit der AFB I.

Der nächste und in der Regel aufwändigere Schritt ist, Zusammenhänge der oben gezeigten Daten mit anderen Qualitätskriterien zu finden und zu analysieren.

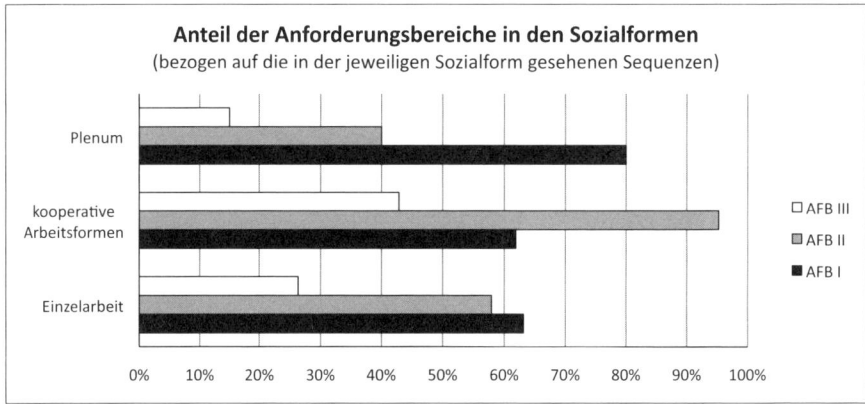

Abb. 25: Anteil der Anforderungsbereiche in den Sozialformen

Wenn die Beispielschule für sich feststellt, dass die Umsetzung des bearbeiteten Entwicklungsschwerpunktes nicht die gewünschte Qualität hat, wird sie die Gründe ermitteln müssen.

5. Ausblick

Das hier vorgestellte neue Verfahren wird seit Januar mit Schulen aller Schulformen erprobt. Zugleich wird das Konzept umfänglich kommuniziert und diskutiert werden, so dass sowohl die Ergebnisse der Pilotphase als auch die Erkenntnisse aus dem Diskussionsprozess in das Feinkonzept des neuen Verfahrens mit einfließen können.

Das Feinkonzept wird abschließend in einen neuen Erlass (voraussichtlich Frühjahr/Sommer 2014) münden, zu dem dann auch das formale Anhörungsverfahren durchgeführt werden wird.

Literatur

Egli, L. (2009). Dummes Prestigedenken. *NZZ Folio. Der Lehrlingsreport. Probieren geht über Studieren* [Themenheft September]. Verfügbar unter http://www.nzz-folio.ch/www/d80bd71b-b264-4db4-afd0-277884b93470/showarticle/c74d4a85-6ad8-4a5c-9c35-74afad15136e.aspxv [11.01.2014].

Niedersächsisches Landesinstitut für schulische Qualitätsentwicklung (2013). *Unterrichtsbeobachtungsbogen für Niedersachsen.* Verfügbar unter http://www.nibis.de/nibis3/uploads/2nlq-a2/files/2013-01-22_UBB.pdf [30.12.2013].

Niedersächsische Schulinspektion (2008). *Periodischer Bericht Oktober 2008.* Bad Iburg. Verfügbar unter http://www.nibis.de/nibis3/uploads/2nlq-a2/files/materialien/jahresbericht2008.pdf [30.12.2013].

Sich über Qualität verständigen – Unterricht entwickeln
Konzepte und Erfahrungen aus der Praxis

Konzepte zur Bewertung von Qualität

Berthold Hufnagel, Joachim Joosten und Walter Ruhwinkel

Impulse zur Unterrichtsentwicklung aus aggregierten Daten von Qualitätsanalysen in der Bezirksregierung Münster

1. Einführung

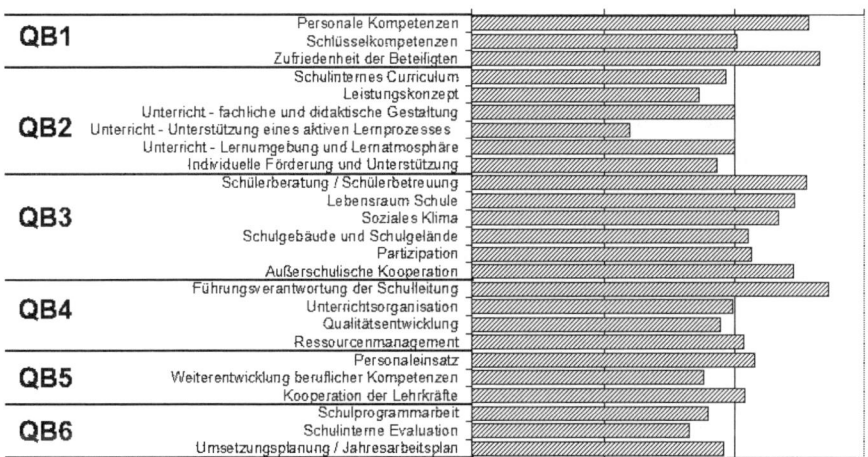

Abb. 1: Profil aus Durchschnittswerten der Qualitätsaspekte von 131 Schulen der Sekundarstufe I

In diesem Artikel soll aufgezeigt werden, wie die interpretative Bündelung und Vernetzung von Einzeldaten der Qualitätsanalyse genutzt werden kann, um gezielte Steuerungsimpulse für die Einzelschule zu erhalten.

Die Qualitätsanalyse bewertet eine Schule in 25 Qualitätsaspekten, die zu sechs Qualitätsbereichen zusammengefasst sind. Die vier vertikalen Geraden markieren die Stufenwertungen 1, 2, 3 und 4. Eine Durchschnittsangabe für einen einzelnen Aspekt kann nur Werte zwischen 1 und 4 haben. Dargestellt sind die die Durchschnittswerte aus N=133 Schulen im Bereich der Bezirksregierung Münster bis Ende 2010.

In der oben stehenden Grafik sieht man die akkumulierten Ergebnisse von 131 Schulen der Sekundarstufe I, die vom Dezernat 4Q der Bezirksregierung Münster analysiert wurden. Wirft man einen oberflächlichen Blick auf diese Ergebnisse, könnte man zusammenfassend sagen: „Kultur (QB3) können unsere Schulen, aber im Unterricht (QB2) und bei der Qualitätsentwicklung (QB6) hapert es". An diesem verkürzten Blick wird vor allem deutlich, dass Ergebnisse differenziert analysiert und interpretiert werden müssen, um eine passgenaue Interpretation der Daten zu erhalten.

Die Qualitätsanalyse hat zwei Aufgaben. In erster Linie soll sie einer einzelnen Schule gezielte Impulse zur Weiterentwicklung geben (QA-VO vom 27.04.2007). Schwerpunkt sind dabei Impulse zur Weiterentwicklung des Unterrichts, denn Qualitätsanalyse ist bisher das einzige systemische Evaluationsverfahren, das Unterricht in seiner ganzen Vielfalt in den Blick nimmt. Die zweite Aufgabe ist die Gewinnung von Steuerungswissen z.B. für die Schulformaufsicht oder die Planung von Fortbildungen.

Die Produktion von Durchschnittswerten, wie den oben dargestellten, ist zur Erfüllung dieser Aufgaben wenig hilfreich. Es geht darum, ein „Auswertungsmodell" für die erhobenen Daten zu entwickeln, das beiden Aufgaben gerecht wird. Ein Weg über diese beiden Aussagen ist Gegenstand dieses Aufsatzes.

In den folgenden zwei Abschnitten sollen dafür aggregierte Daten aus Unterrichtsbeobachtungen dargestellt werden. Der erste Teil dient der exemplarischen Darstellung von ausgewählten Gesamtergebnissen. Es zeigt sich, dass aus diesen Überblicksdaten nur in geringem Maße Impulse bzw. Handlungsanleitungen für Unterrichtsentwicklung einer konkreten Schule abgeleitet werden können. Für die Einzelschule haben die Gesamtdaten ausschließlich als Hintergrundwissen eine Bedeutung für konkrete Entwicklungsansätze. Sie benötigt Hilfen, die schulspezifischen Daten durch eine vernetzende Interpretation zu bewerten. Im zweiten Teil dieses Artikels wird deshalb versucht, eine Methode zu entwickeln, die für die Interpretation der Einzelergebnisse der Schule einen Rahmen zur Vernetzung vorstellt, der Unterricht als Kernaufgabe der Schule in den Mittelpunkt stellt.

## 2.	Ergebnisse der Auswertung von QA-Daten

### 2.1	Die Unterschiede zwischen Schulen sind groß

Was stellt diese Grafik dar? (siehe Abbildung 2)
Für 131 Schulen ist der Zeitanteil des Unterrichts im Plenum in der Sekundarstufe I in den Unterrichtsbeobachtungen der Qualitätsanalyse erfasst worden. Die Schulen sind nach Zeitanteil sortiert dargestellt. In der Schule am linken Rand etwa wurden 20 von 30 Wochenstunden im Plenum unterrichtet, am rechten Rand waren es „nur" 7 von 30. Der Durchschnitt liegt etwa bei 14 Stunden, also knapp der Hälfte der Unterrichtszeit.

Die Kenntnis des Durchschnittswertes allein ist wenig hilfreich, wohl aber das Ergebnis, dass sich Schulen im zeitlichen Umfang der Verwendung der Sozialform Plenum um diesen Durchschnitt herum stark unterscheiden. Ein

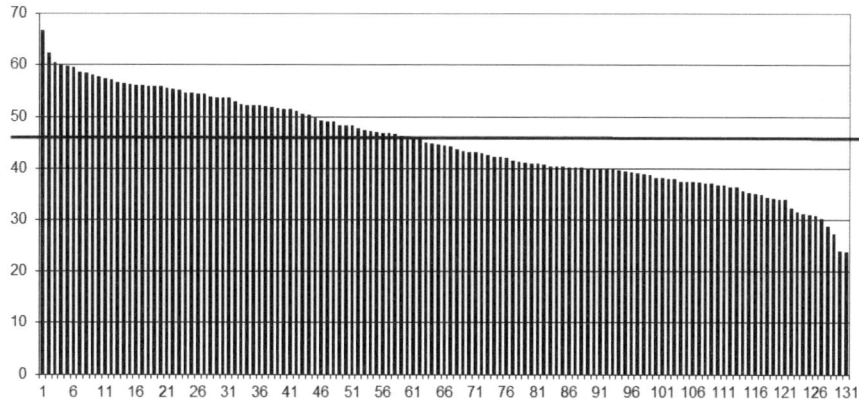

Abb. 2:   Verteilung der Zeitanteile von Plenum in 131 Schulen.

Blick auf die Gestaltung der Plenumsphasen ist dann von besonderer Bedeutung, wenn diese häufiger gewählt werden. Hier stehen dem „fragend entwickelnden Vorgehen" interaktive Vorgehensweisen gegenüber, wobei die Beobachtung von Ersterem an vielen Schulen vorherrschend ist.

Die Frage, in welchen Fächern Plenumsphasen bevorzugt werden, beantwortet die folgende Darstellung.

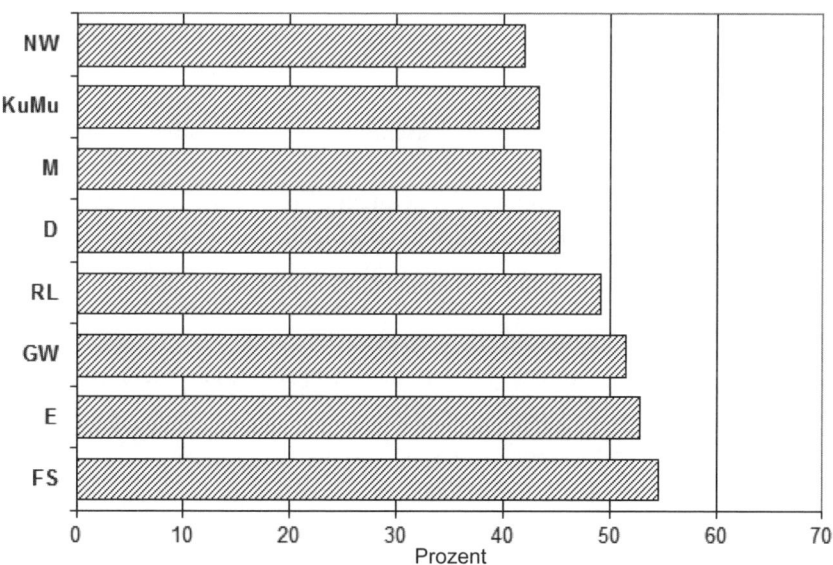

Erläuterungen zu den Fächergruppen: SP = Sport, Reli/PP = Religionslehre oder Praktische Philosophie, KU/MU = Kunst, Musik, Theater, Literatur, NW/TC = Biologie, Chemie, Informatik, Physik oder Technik, M = Mathematik, FS = Fremdsprachen (außer Englisch), E = Englisch, GL = Geschichte, Erdkunde, Politik, Sozialwissenschaften, Erziehungswissenschaften, Wirtschaftswissenschaften oder Philosophie, D = Deutsch

Abb. 3:   Nutzung von Plenumsanteilen in Fächergruppen

Die Grafik legt angeblich Erstaunliches nahe: Sprachunterricht findet häufiger im Plenum statt als Naturwissenschaften – was hätten Sie erwartet? – Gesellschaftswissenschaften mit ganz wenig Plenum?

Genauer betrachtet sind die durchschnittlichen Ergebnisse im Vergleich der Fächer kein Hinweis auf große Unterschiede. Die Durchschnittswerte für die Fächer unterscheiden sich um 12 Prozentpunkte, das entspricht 22 Minuten (= ½ Stunde) bei 4 Wochenstunden (180 Minuten). Entscheidende Unterschiede offenbaren sich beim Blick auf die Umsetzung des Fachunterrichts in den einzelnen Schulen, hier exemplarisch am Mathematikunterricht dargestellt.

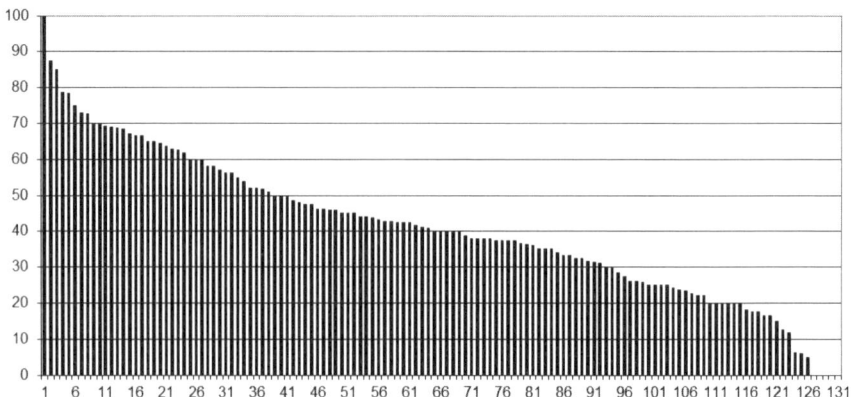

Abb. 4:   Verteilung der Plenumsanteile im Fach Mathematik

Wieder ist die Streuung um den Durchschnitt riesig. Für andere Fächer ist das ähnlich.

Fazit: Der zeitliche Umfang der Nutzung der Sozialform Plenum im Unterricht ist zwischen Schulen sehr unterschiedlich. Der Beitrag der Fächer bzw. Fächergruppen ist in keiner Weise gleichmäßig. Schulinterne Curricula lassen z.B. keine Rückschlüsse darauf zu, wie viel Plenum oder kooperative Lernformen im Mathematikunterricht zu erwarten sind.

In der Vorgehensweise analog sollen die Ergebnisse zum Aspekt 2.4 ‚schüleraktivierender Unterricht' dargestellt werden.

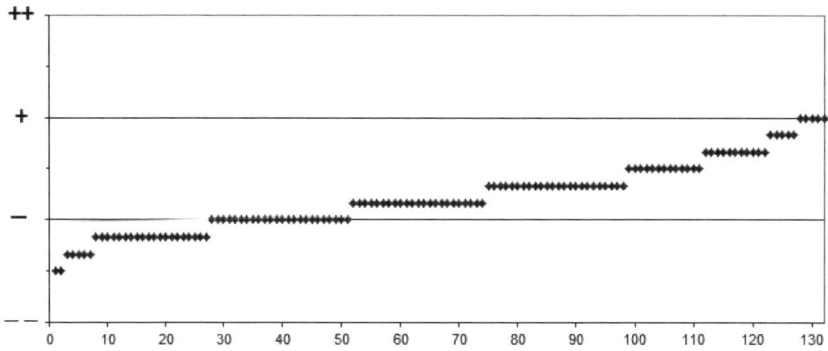

Abb. 5:   Durchschnitte der Bewertungen aus den Kriterien des Aspektes 2.4 nach
          Schulen aufsteigend sortiert.

Jeder dargestellte Durchschnittswert für eine Schule ergibt sich aus den
Bewertungen zu sechs Kriterien. Die Bewertung jedes Kriteriums ergibt sich aus
den Bewertungen von drei zugeordneten Indikatoren. Jeder Indikator wird in je-
der Unterrichtsbeobachtung bewertet. Die Kriterien sind:
– Der Unterricht fördert eine aktive Teilnahme der Schülerinnen und Schüler.
– Der Unterricht fördert die Zusammenarbeit zwischen den Schülerinnen und
  Schülern und bietet ihnen Möglichkeiten zu eigenen Lösungen.
– Der Unterricht berücksichtigt die individuellen Lernwege der einzelnen
  Schülerinnen und Schüler.
– Die Schülerinnen und Schüler erhalten Gelegenheit zu selbstständiger Arbeit
  und werden dabei unterstützt.
– Der Unterricht fördert strukturierte und funktionale Partner- bzw.
  Gruppenarbeit.
– Der Unterricht fördert strukturierte und funktionale Arbeit im Plenum.

Diese Darstellung zum Aspekt 2.4 ist sehr streng, weil sie den Blick auf die gesamte Schule wirft und dabei Abwertungen erfolgen, die aus den mengenmä-
ßigen Beobachtungen zur individuellen Förderung und zum selbstständigen
Arbeiten im Unterricht resultieren. Diese Grafik stellt also eine Vermischung aus
Mengen- und Qualitätsbetrachtungen dar.

2.2   Entscheidend sind die Unterschiede innerhalb einer Schule

Die erheblichen Unterschiede innerhalb einer Schule sollen in der Betrachtung
der Einzelbeobachtungen vertieft werden.

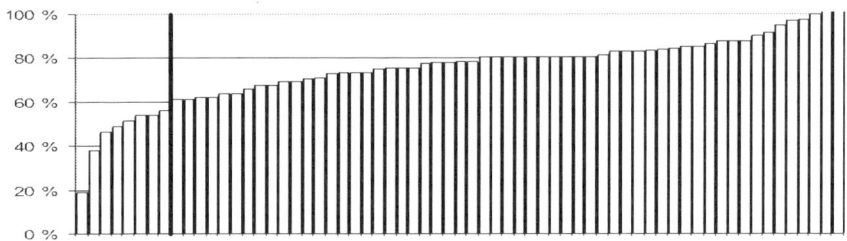

Abb. 6: Für 65 Unterrichtsbeobachtungen der Schule A sind die Erfüllungsgrade
         dargestellt.

Erfüllungsgrad nennen wir den Anteil der positiv bewerteten Indikatoren an der Gesamtzahl aller im Rahmen der Einzelbeobachtung untersuchten Indikatoren. Die Höhe des Erfüllungsgrades gibt an, wie viele Merkmale guten Unterrichts in der Einzelbeobachtung erfüllt waren.

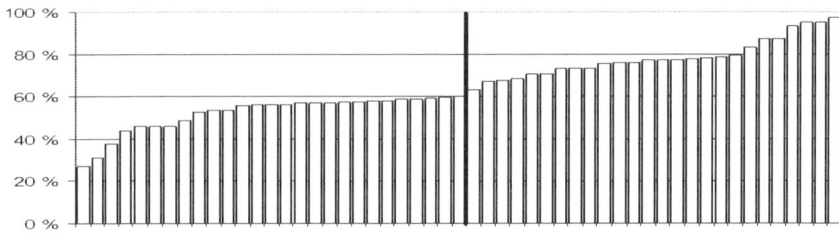

Abb. 7: Für 53 Unterrichtsbeobachtungen der Schule B sind die Erfüllungsgrade
         dargestellt.

Der Vergleich der beiden Abbildungen zeigt deutlich unterschiedliche Muster in der „Unterrichtskultur" der beiden Schulen. Zur Orientierung ist eine Markierung beim Erfüllungsgrad 60% eingetragen. Strategien zur Weiterentwicklung des Unterrichts müssen sich in den beiden Fällen deutlich unterscheiden. Hinweise dafür geben die Auswertungen zu den Unterrichtsbeobachtungen in den Qualitätsberichten.

2.3 Umsetzung von Individueller Förderung

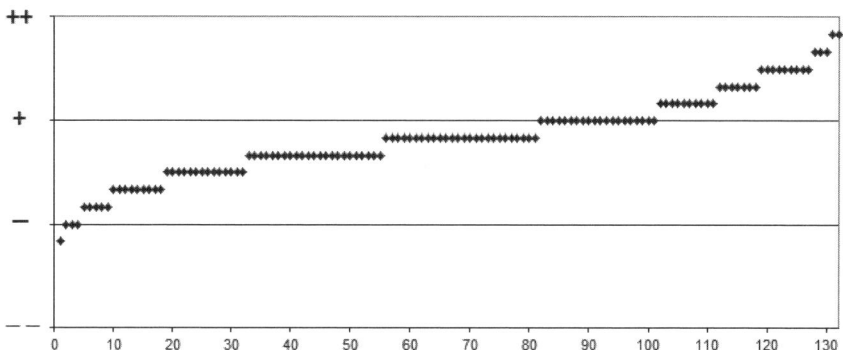

Abb. 8: Aspekt 2.6: Durchschnitte der sechs Kriterienbewertungen für 131
Einzelschulen der Sekundarstufe I

Im Aspekt 2.6 werden Konzepte zur Individuellen Förderung und ihre
Umsetzung kriterial bewertet. Eine insgesamt positive Bewertung ergibt sich
für eine Durchschnittsbewertung in der Mitte zwischen Plus (+) und Minus (-).
18 der 131 Schulen erhielten eine negative Bewertung. Der Schwerpunkt dieses Aspektes liegt auf außendifferenzierenden Maßnahmen etwa in zusätzlichem
Unterricht.

Die Umsetzung Individueller Förderung durch binnendifferenzierende
Maßnahmen im Unterricht stellt die aus Unterrichtsbeobachtungen generierte
folgende Grafik dar.

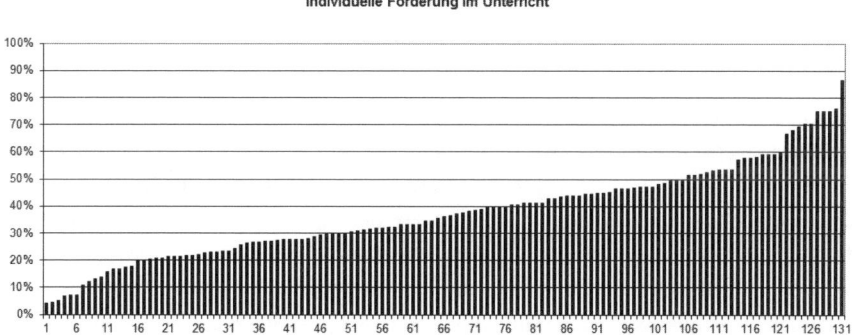

Abb. 9: Anteile von Unterrichtsbeobachtungen mit individueller Förderung (Differenzierung nach Umfang und Zeit beim Lösen von Aufgaben) in 131
Schulen der Sekundarstufe I.

Für eine Differenzierung nach Niveau ergibt sich ein vergleichbares Bild mit allerdings etwa halb so großen Anteilen.

Eine differenzierte Darstellung nach Schulformen ergibt erhebliche Unterschiede. Die konsequenteste Umsetzung der Berücksichtigung individueller Lernwege erfolgt in den Grundschulen (Mittelwert 55%). In Hauptschulen, Gymnasien und Berufskollegs sind diese Anteile deutlich geringer (Mittelwerte unter 25%). Die Bedeutsamkeit dieser Mittelwerte ist aber gering, weil die Umsetzung in der Einzelschule im Allgemeinen erheblich von diesem Mittelwert abweicht.

2.4 Übergang Primarstufe – Sekundarstufe

	Einzelarbeit	Kooperative Lernformen	Arbeiten im Plenum
Grundschule Klasse 4 n=619	M = 31,6 %	M = 27,6 %	M = 40,8 %
Gymnasium Klasse 5 n=135	M = 18,5 %	M = 25,6 %	M = 54,6 %
Sekundarschulen Klasse 5 n=651	M = 27,9 %	M = 21,8 %	M = 49,0 %

Abb. 10: Durchschnittliche Zeitanteile der Sozialformen bei der Durchführung des Unterrichts (Die an 100% fehlenden Werte kommen durch die grobe Schätzung im Zwei-Minuten-Takt zustande)

Zentrale Erkenntnis aus der obigen Tabelle ist, dass die Schülerinnen und Schüler im Übergang von der Primarstufe zur Sekundarstufe I mit sehr unterschiedlichen Kulturen in Bezug auf die Verwendung der Sozialformen konfrontiert werden. Dieser „Kulturschock" ist ein möglicher Erklärungsansatz für die gehäuften Problemlagen an dieser Schnittstelle. Da diese Werte „nur" Durchschnitte angeben, liegt nach den vorausgegangenen Ausführungen nahe, dass der Umbruch im Einzelfall deutlich stärker oder milder ausfallen kann. An den Schulbesuchstagen wurde in den Interviews der Qualitätsprüfer deutlich, dass fast alle weiterführenden Schulen regelmäßig mit Grundschullehrern gemeinsame Erprobungsstufenkonferenzen durchführen. Unterricht ist nur ausnahmsweise Gesprächsgegenstand. Gegenseitige Hospitationen fanden nur in sehr seltenen Ausnahmefällen statt. Man kann also davon ausgehen, dass die Lehrkräfte weiterführender Schulen im Allgemeinen keine Einblicke in den Unterricht „ihrer" Grundschulen haben.

Sichtbare Unterschiede zeigen sich analog bezüglich des Medieneinsatzes im Übergang von der Primarstufe zur Sekundarstufe I. Die Nutzung von Lehrbüchern und Arbeitsblättern erfolgt zu etwa vergleichbaren Anteilen. Erhebliche Unterschiede ergeben sich in der Verwendung von Fachrequisiten, Anschauungsmaterial, Modellen, Audiomedien und Computern, die in der Grundschule in fast der Hälfte der Unterrichtsstunden zum Einsatz kommen. Der Anteil sinkt in der Klasse 5 auf etwa ein Viertel der Stunden. Die Nutzung von Tafeln und Overheadprojektoren dagegen verdoppelt sich.

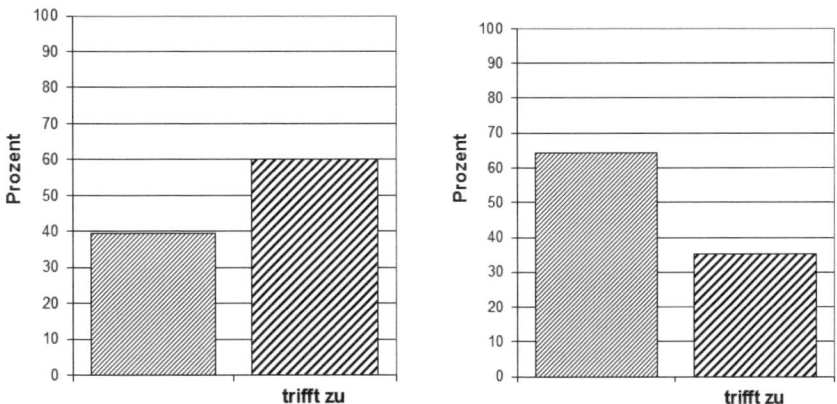

Abb. 11: „Förderschock" haben wir die unterschiedliche Berücksichtigung individueller Lernwege beim Übergang von der Grundschule in die Sekundarstufe genannt

Diese Grafiken stellen Durchschnittswerte aus Beobachtungen in den Klassenstufen dar. Im Einzelfall kann die Veränderung erheblich massiver ausfallen.

„Wohlfühlschock" haben wir die nicht zu übersehenden Veränderungen in der Lernumgebung beim Übergang von der Grundschule in die Sekundarstufe I genannt. Diese Veränderungen fallen in den Bewertungen der Unterrichtsbeobachtungen signifikant aus. Auf eine grafische Darstellung verzichten wir an dieser Stelle.

Die veränderte Lernumgebung hat über den Wohlfühlaspekt hinaus schwerwiegende Auswirkungen auf die Durchführung des Unterrichts selbst. Diese zeigen unter anderem beim Vergleich der Auswertungen zum Indikator 2.5.1.b des Unterrichtsbeobachtungsbogens.

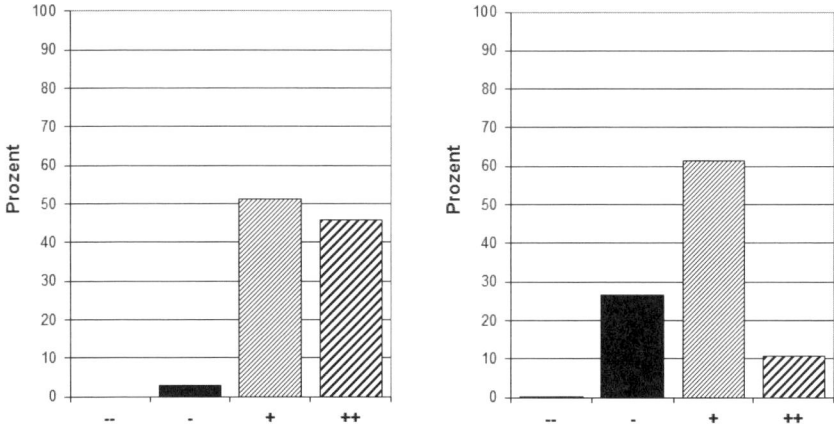

Abb. 12: Anteil der Bewertungen zum Indikator 2.5.1.b „In der Lernumgebung sind Materialien bzw. Arbeitsergebnisse bereitgestellt, auf die die Lernenden von sich aus zurückgreifen können"

„Selbstständigkeitsverlust" ist das Schlüsselwort für die Beobachtung, dass im vierten Grundschuljahr deutlich mehr Möglichkeiten für die Schülerinnen und Schüler bestehen, selbstständig auf im Unterrichtsraum vorhandene Materialien zurückzugreifen. Die gestellten Aufgaben fordern diese Selbstständigkeit deutlich öfter heraus.

3. Systemische „Rahmenbedingungen" für Unterrichtsentwicklung

Die Betrachtung von Gesamtergebnissen lässt, wie oben dargestellt, fokussierte Erkenntnisse zur Unterrichtskultur im Schulsystem zu. Die Qualitätsanalyse hat darüber hinaus den Anspruch, der Einzelschule Hinweise für ihre Unterrichtsentwicklung zu geben. Aus diesem Grunde wurden im Dezernat 4Q der Bezirksregierung Münster Möglichkeiten gesucht, Einzeldaten einer Schule so in Beziehung zu setzen, dass systemrelevante Faktoren für guten Unterricht in ihren gegenseitigen Bezügen für die Schule sichtbar werden.

Anhand der in der Bezirksregierung Münster im Rahmen von Qualitätsanalysen erhobenen Daten wurde deshalb zunächst die Frage untersucht, ob sich Schulen mit eher starkem/eher schwachem Unterricht (Diktion entsprechend der Bewertungsbezeichnungen der Qualitätsanalyse) in ihren „systemischen" Qualitäten unterscheiden.

Die Schüleraktivierung als ein zentraler Baustein wirksamen Unterrichts wurde exemplarisch betrachtet, um dieser Frage nachzugehen. Wir untersuchten, ob es auf Basis der Datengrundlage der Qualitätsanalyse Systemvariablen in Schulen gibt, die sich messbar zwischen Schulen mit starker bzw. schwacher Ausprägung im schüleraktivierenden Unterricht unterscheiden. Sind solche Variablen identifizierbar, so war der Denkansatz, können sie bei der Steuerung der Schulentwicklung in besonderer Weise berücksichtigt werden, weil sie als fördernde Rahmenbedingungen für schüleraktivierenden Unterricht gelten können.

Wie identifizieren wir Schulen mit eher stark/eher schwach schüleraktivierendem Unterricht?

Aus dem Pool der Daten (4132 Unterrichtsbeobachtungen in 133 Schulen innerhalb der Bezirksregierung Münster) wurden die Durchschnittsbewertungen der sechs Kriterien im Aspekt 2.4. („Unterstützung eines aktiven Lernprozesses") akkumuliert und grafisch ausgewertet. Hierzu wurden die Bewertungen der Kriterien mit Zahlenwerten versehen (++ = 4, + = 3, - = 2, -- = 1) und gemäß dem Durchschnitt über der X-Achse aufgetragen.

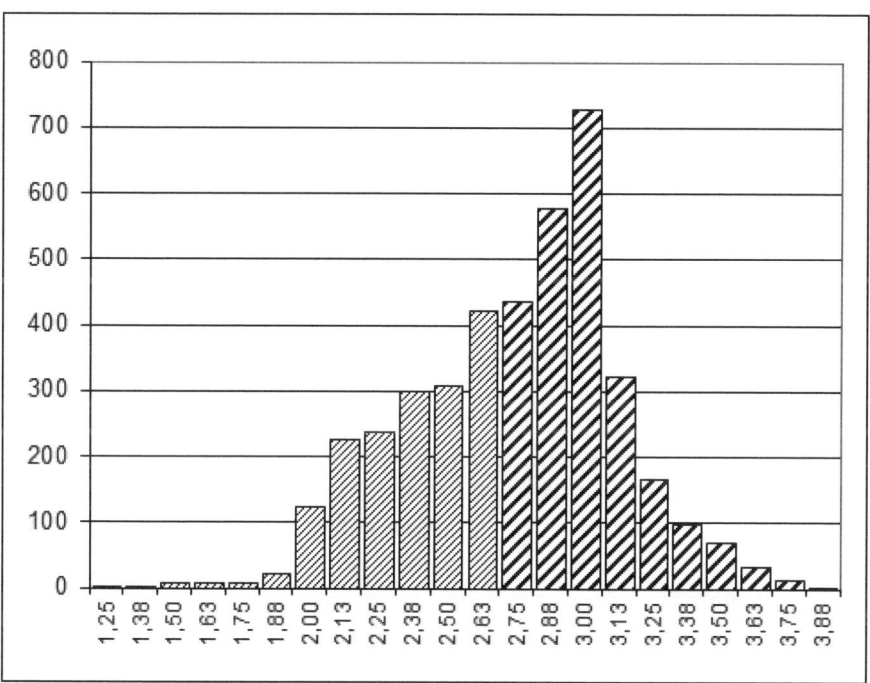

Abb. 13: „Schüleraktivierenden Unterricht" identifizieren

Der Mittelwert aus den 4132 Unterrichtsbeobachtungen ist 2,73. Mit Hilfe dieses Mittelwertes haben wir jede der 4132 Unterrichtsbeobachtungen zwei Gruppen zugeordnet:

– „Weniger schüleraktivierende Beobachtung", wenn der Durchschnittswert des Aspektes der Beobachtung unter dem Mittelwert liegt und
– „mehr schüleraktivierende Beobachtung", wenn der Durchschnittswert des Aspektes der Beobachtung über dem Mittelwert liegt.

Um die Unterrichtsbeobachtungen, die bis hier unabhängig von den Einzelschulen betrachtet wurden, wieder auf konkrete Schulsysteme beziehen zu können, wurden die Unterrichtsbeobachtungen der einzelnen Schulen daraufhin gefiltert, wie viele Unterrichtsbesuche in eher starker oder eher schwacher Qualität (bezogen auf Aspekt 2.4) prozentual während der jeweiligen Qualitätsanalyse gesehen wurden. Die Ergebnisse aus 133 Schulen wurden also sortiert nach dem Anteil des „mehr schüleraktivierenden" Unterrichts an der Gesamtzahl der Einzelbeobachtungen.

Ergebnis: Es konnten 17 Schulen mit mehr als 75% schüleraktivierendem Unterricht identifiziert werden und 29 Schulen mit weniger als 40% schüleraktivierendem Unterricht.

Diese beiden „Extremgruppen" wurden im nächsten Schritt bezüglich aller übrigen Kriterien der Qualitätsanalyse miteinander über Gruppendurchschnittswerte verglichen.

Ergebnis: Schulgruppen mit mehr schüleraktivierendem/weniger schüleraktivierendem Unterricht unterscheiden sich in 31 von 125 Kriterien um mindestens eine halbe Bewertungsstufe.

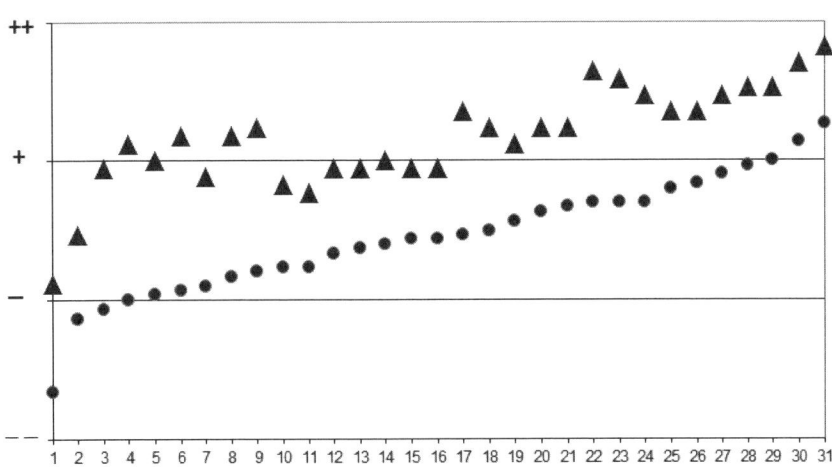

Abb. 14: Bewertungsdifferenzen bei 31 Kriterien (sortiert)

Es folgt die Liste der 31 Kriterien mit einer Bewertungsdifferenz der Durchschnitte der beiden Gruppen von mindestens 0,5 Bewertungsstufen.

4.1.4   Die Schulleiterin bzw. der Schulleiter kontrolliert die Umsetzung der Zielvereinbarungen.

6.3.5   Die Schule setzt eine Jahresplanung um.

5.3.4   Die Lehrkräfte praktizieren eine akzeptierte Rückmeldekultur bei Konflikten bzw. Problemen.

5.3.5   Die Lehrkräfte sind es gewohnt, im Team zu arbeiten.

5.3.6   Die Ergebnisse von Fortbildungen werden gemeinsam genutzt.

4.4.1   Die Schule beteiligt die zuständigen Gremien bei der Festsetzung und Verteilung der Ressourcen.

3.1.2   Die Schule bietet attraktive Arbeitsgemeinschaften und eine vielfältige und sinnvolle Freizeitgestaltung an.

2.6.2   Die Schule hat ein Konzept zur systematischen Förderung leistungsschwächerer Schülerinnen und Schüler.

2.6.5   Die Schule verwirklicht ein Konzept zur systematischen Sprachförderung.

5.2.8   Die Schule evaluiert die Wirksamkeit des Fortbildungskonzepts und der einzelnen Fortbildungsmaßnahmen für die Schule.

6.1.6   Die Schule überprüft regelmäßig die Wirksamkeit der Schulprogrammarbeit.

2.6.6   Die Schule verwirklicht ein Konzept zur Leseförderung.

2.1.7   Die Lehrerinnen und Lehrer bereiten den Unterricht gemeinsam (kollegial) vor und nach.

2.6.3   Die Schule unterstützt die systematische Förderung eines individualisierenden, differenzierenden Unterrichts.

6.2.3   Die Schule informiert alle Beteiligten über Ergebnisse der Bestandsanalyse und Entwicklungsbedarf.

5.2.7   Die Schule berücksichtigt in ihrem Fortbildungskonzept relevante schulspezifische Handlungsfelder.

4.4.5   Die Schule akquiriert erfolgreich zusätzliche Ressourcen.

4.3.2   Die Schulleiterin bzw. der Schulleiter überprüft systematisch die schriftlichen Arbeiten zur Leistungsfeststellung.

6.1.5   Die Schule arbeitet im Rahmen der Schulprogrammarbeit an Aspekten eines schulinternen Curriculums.

5.3.3   Die Lehrkräfte pflegen eine offene und konstruktive Kommunikation untereinander.

1.4.3   Die Schule fördert die Fähigkeit der Schülerinnen und Schüler zur Teamarbeit.

4.4.4   Die Schule verfügt über ein Controllingsystem, um die geplante und gezielte Verwendung der Ressourcen nachzuvollziehen.

3.2.6	An der Schule herrscht ein respektvoller und freundlicher Umgang zwischen den Beteiligten.
1.3.2	Die Schule fördert die Selbstständigkeit der Schülerinnen und Schüler (z.B. durch ein Konzept, durch Projekte, im Unterricht).
1.4.1	Die Schule vermittelt mit Hilfe eines Konzeptes die Fähigkeit zum selbstständigen Lernen und Handeln (einschließlich Lernstrategien).
5.2.6	Die Schule hat ein Fortbildungskonzept für einen festgelegten Zeitraum.
2.1.5	Die Schule hat fächerverbindendes Lernen in ihrem Curriculum systematisch verankert.
3.3.3	Die Schule nutzt ihre Gestaltungsmöglichkeiten bezogen auf das Schulgebäude.
4.2.3	Die Inhalte des Vertretungsunterrichts basieren auf der Grundlage eines gemeinsam erstellten und akzeptierten Konzepts.
6.3.3	Die Schule hat mit den schulinternen Gremien Ziele für die Weiterentwicklung der Evaluation vereinbart.
5.2.1	Die Schule hat ein Mitarbeiterentwicklungskonzept für einen festgelegten Zeitraum.

Um die systemische Wirkung der 31 identifizierten Kriterien auf die Einzelschule zu beschreiben, haben wir diese zu Gruppen zusammengefasst, die als „Rahmenbedingungen" anschaulich dargestellt werden können. Die Leitidee dieser Zusammenfassung ist eine Gruppenbildung, die eine inhaltliche Beziehung von Kriterien innerhalb einer Gruppe ausdrückt und die Kriterien gleichzeitig wesentlichen Schulentwicklungsfeldern zuordnet.

Insgesamt unterscheiden wir vier „Rahmenelemente", die als begünstigende Bedingungen für einen schüleraktivierenden Unterricht gelten können: Schulleitung, Förderung von Schülerkompetenzen, Ganzheitlicher Ansatz und Zusammenarbeit der Lehrkräfte.

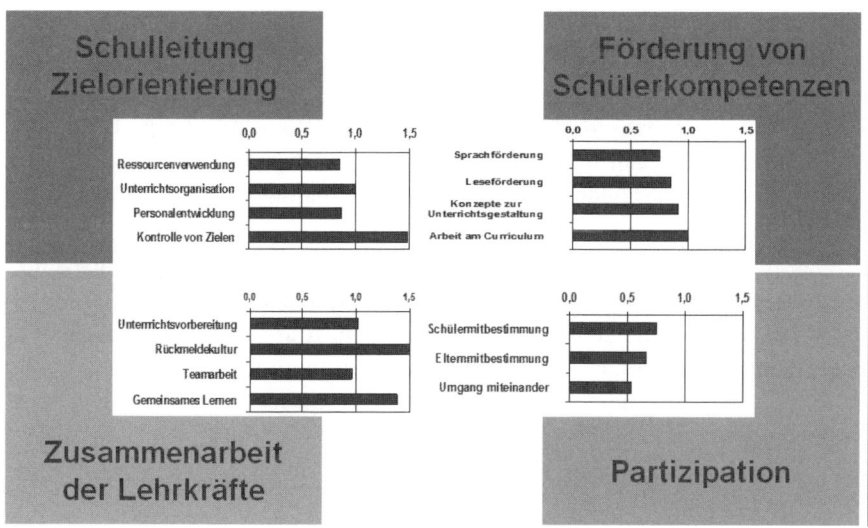

Abb. 15: „Rahmenbedingungen", die schüleraktivierenden Unterricht begünstigen.

Bedeutsame Kriterien aus der obigen Liste werden unter diesen vier „Rahmenelementen" mit ihren Bewertungsdifferenzen dargestellt.

Die „Rahmenbedingungen", deren Ableitung hier dargestellt wurde, stellen eine Möglichkeit dar, Erkenntnisse aus einer Qualitätsanalyse datenbasiert so aufzubereiten, dass sie der einzelnen Schule, dem Schulträger, der Schulaufsicht oder den Eltern Hilfestellungen geben, die Ergebnisse der Schule auf eine bestimmte Fragestellung hin miteinander zu interpretieren, z.B.

„Wieweit gibt es in unserer Schule wirksame Systemvariablen, die schüleraktivierenden Unterricht unterstützen?", oder

„An welchen Systemvariablen können wir in Zukunft verstärkt arbeiten, um einen Effekt auf die Unterrichtsqualität in Bezug auf Schüleraktivierung zu erzielen."

In der Sicht auf die Auswertung der einzelnen Analyse könnte es z.B. sein, dass die Ergebnisse der meisten „Rahmenelemente" eher stark ausgeprägt sind, dass im Bereich des „ganzheitlichen Ansatzes" aber die Partizipation der Eltern und Schülerinnen und Schüler nur in schwacher Ausprägung vorhanden ist. Über den „Rahmen" kann so die Partizipation als mögliches Handlungsfeld identifiziert werden, dessen Bearbeitung aus systemischer Sicht auch eine positive Veränderung der Schüleraktivierung im Unterricht bewirken würde, wenn die abgeleiteten Handlungen auch unterrichtswirksame Elemente enthalten.

Insgesamt kann der „Blick durch diesen Rahmen" die Gefahr reduzieren, dass die Einzelergebnisse des Qualitätsberichts für die Schule in ihrer Fülle eventuell beziehungslos und unüberschaubar bleiben. Anspruch der Vorgehensweise ist dabei in erster Linie, den Beteiligten an Schule zu helfen, die Daten des Berichtes zielgerichtet zu besprechen und systemisch relevante Beziehungen der Einzeldaten zu erkennen. Wenn Schulformaufsicht, Schulleitung, Lehrkräfte, Eltern und Schülerschaft sich auf einen solchen gemeinsamen Rahmen einlassen, entsteht eine Basis zur Beurteilung möglicher Maßnahmen zur Schulentwicklung und der Begleitung ihrer Umsetzung.

Das hier vorgestellte Instrument kann jedoch nicht den Anspruch erheben, wissenschaftlich fundierte Aussagen zu Wirkungsweisen der Kriterien bezogen auf die einzelne Schule treffen zu können. Alle Ergebnisse bedürfen der Interpretation und Diskussion durch die Schule und ihre Akteure.

Brunhilde Jacobi und Peter Wertenbroch

Auswertung von Qualitätsberichten unter Berücksichtigung der Eigenprägung katholischer Schulen

1. Einleitung

Ziel der Qualitätsanalyse ist es, die Qualität von Schulen zu sichern und nachhaltige Impulse für deren Weiterentwicklung zu geben. Die weitaus meisten Schulen bestätigen, diese Impulse in der mündlichen Rückmeldung und insbesondere durch den Qualitätsbericht erhalten zu haben. Wenn jedoch das Ergebnis der Qualitätsanalyse für die Einzelschule eher enttäuschend ist – und das wird oft so empfunden, wenn Schwächen konkret im Unterricht benannt werden, unabhängig davon, wie viele Stärken sonst noch benannt und gelobt werden – sinkt die Bereitschaft im Kollegium, sich mit dem umfangreichen Bericht zu beschäftigen.

Das ist zwar verständlich, für den Entwicklungsprozess jedoch kontraproduktiv. Der Bericht liefert nämlich zahlreiche Hinweise auf Arbeitsfelder, die miteinander vernetzt sind, und gerade dadurch lassen sich Synergieeffekte erzielen. Ein Blick auf die Stärken akzentuiert dabei das Entwicklungspotenzial der Schule.

Wo genau finde ich Impulse im Bericht? Wie interpretiere ich sie? Wie lassen sich gerade diese Zusammenhänge finden? Welche Rolle spielt der Qualitätsbereich 7 (Eigenprägung katholischer Schulen)? Wie kann ich Handlungsschritte für die konkrete Unterrichtsentwicklung an meiner Schule ableiten?

Die folgenden Ausführungen beleuchten diesen Fragenkomplex und beziehen sich beispielhaft auf das Ergebnis der Qualitätsanalyse an einer fiktiven Schule. Dabei wird ein überarbeitetes Qualitätstableau zugrunde gelegt, wie es seit Juni 2011 im Rahmen einer Pilotierungsphase für alle Schulen verbindlich ist, die im Bereich der Bezirksregierung Münster liegen.[1] Die Sonderregelung gilt – auf der Grundlage des Kooperationsvertrages (2010) der fünf nordrhein-westfälischen Bistümer mit dem Ministerium für Schule und Weiterbildung – auch für die katholischen Schulen in dieser Region.

Das Qualitätstableau ist in sieben Qualitätsbereiche gegliedert, denen Aspekte zugeordnet werden. Der Aspektbewertung liegen Kriterien zugrunde, die Bewertung der Kriterien stützt sich wiederum auf die Erfüllung bzw. Nichterfüllung von Indikatoren und Anhaltspunkten.

---

1 In der überarbeiteten Version des Qualitätstableaus wird auf ca. 100 Kriterien fokussiert, alle Kriterien werden durch Indikatoren bzw. Anhaltspunkte präzisiert, einige Aspekte werden modifiziert bzw. ergänzt, ein veränderter Unterrichtsbeobachtungsbogen liegt zugrunde.

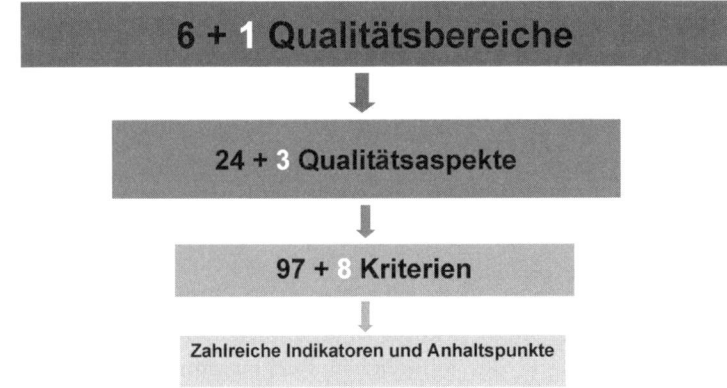

Abb. 1: Grundstruktur des Qualitätstableaus

Der Blick auf das Qualitätstableau erleichtert das Erkennen von Zusammen-hängen. Der Übersichtlichkeit halber werden in den folgenden Grafiken nur die Aspekte abgebildet, die zugrunde liegenden Kriterien würden bei ei-ner Powerpoint-Präsentation von Fall zu Fall eingeblendet. Das folgende Beispiel verdeutlicht, dass die Einbeziehung der Kriterienebene ggf. wichtige Zusatzinformationen liefern kann:

6.1 Schulprogramm		Stufe 4	Stufe 3	Stufe 2	Stufe 1	n. bew.
			X			
Bewertung der Kriterien		++	+	-	--	0
6.1.1	Das Schulprogramm beschreibt kohärent den Entwicklungsstand der Schule.		X			
6.1.2	Das Schulprogramm wird nach einem strukturierten Verfahren regelmäßig fortgeschrieben.		X			
6.1.3	Das Schulprogramm enthält Zielsetzungen für die Unterrichtsentwicklung.			X		
6.1.4	Das Schulprogramm enthält Zielsetzungen für die Erziehungsarbeit.	X				
6.1.5	Die Schule verfügt über eine Struktur für eine Steuerung des Prozesses der Schulentwicklung.			X		

Abb. 2: Kriterien zum Aspekt 6.1 „Schulprogramm"

Der mit Stufe 3 bewertete Aspekt „Schulprogramm" enthält einerseits eine be-sondere Stärke, nämlich das Erziehungskonzept, andererseits eine besonde-re Schwäche: Ziele für Unterrichtsentwicklung sind dort nicht verankert, die Steuerungsstruktur für die Schulentwicklung ist schwach ausgebildet (s. Abb. 2). In der folgenden Abbildung des Qualitätstableaus (Abb. 3) sind die Aspekte – ihrer Bewertungsstufe entsprechend – aus drucktechnischen Gründen weiß bis dunkelgrau hinterlegt, einige Aspekte werden nicht bewertet (s. Legende). In der Schule erleichtert eine farbige Darstellung die Visualisierung der Ergebnisse, Stärken, Schwächen und Vernetzungen werden nacheinander eingeblendet.

QB 1 Ergebnisse der Schule	QB 2 Lehren und Lernen - Unterricht	QB 3 Schulkultur	QB 4 Führung und Schul- management	QB 5 Professio- nalität der Lehrkräfte	QB 6 Ziele und Strategien der Qualitäts- entwicklung	QB 7 Die Eigenprägung Katholischer Schulen in Freier Trägerschaft
1.1 Personale und soziale Kompetenzen	2.1 Schulinterne Lehrpläne	3.1 Gestaltung der Schule als Lebensraum	4.1 Führungs- handeln der Schulleiterin bzw. des Schulleiters	5.1 Qualifizierung der Lehrkräfte	6.1 Schul- programm ☆	7.1 Der besondere Bildungs- und Erziehungs- auftrag ☆
1.2 Fachkompetenz (nicht bewertet)	2.2 Schülerunter- stützung und individuelle Förderung	3.2 Wertschätzung und soziales Klima	4.2 Delegation von Aufgaben ☆	5.2 Personal- einsatz	6.2 Schulinterne Evaluation	7.2 Lebensraum Katholische Schule
1.3 Lern- und Methoden- Kompetenz	2.3 -2.5 Unterricht ☆ ☆ (nicht bewertet)	3.3 Ganztags- schule bzw. Ganztags- u. Betreuungs- angebote	4.3 Organisation des Unterrichts und des Ganztags ☆	5.3 Kooperation u. Rückmeldung	6.3 Maßnahmen- planung und Umsetzung	7.3 Führung und Personalent- wicklung der Katholischen Schule
1.4 Praktische Kompetenz (entfällt)	☆ ☆ ☆	3.4 Schüler - und Elternberatung	4.4 Arbeits- bedingungen u. Gesundheits- management (nicht bewertet)			
1.5 Schullaufbahn und weiterer Bildungsweg (nicht bewertet	☆ Die Bewertung von Unterricht erfolgt auf Kriterienebene.	3.5 Partizipation der Schüler/- innen sowie der Eltern ☆				
1.6 Zufriedenheit mit der Schule	2.6 Leistungsan- forderung und Leistungs- bewertung	3.6 Kooperation mit außer- schulischen Partnern				

Legende:

Aspekt Stufe 4 ☐

Aspekt Stufe 3 ▨

Aspekt Stufe 2 ■

Kriterium Stufe 4 (++) ☆

Brunhilde Jacobi 2013-03-18

Abb. 3:   Stärken der Musterschule

2.   Von den Stärken zu den Schwächen – von den Einzelaspekten zu den Beziehungen und Vernetzungen

Zuerst wird nur auf die *Stärken* der Schule geschaut. Alle Aspekte mit der Bewertungsstufe 4 werden im Tableau weiß einfärbt. Die Höchstbewertungen (++) auf der Kriterienebene werden mit einem „Sternchen" markiert. Diese Stärken lenken den Blick auf das Entwicklungspotenzial der Schule. Es zeigt

QB 1 Ergebnisse der Schule	QB 2 Lehren und Lernen - Unterricht	QB 3 Schulkultur	QB 4 Führung und Schul-management	QB 5 Professio-nalität der Lehrkräfte	QB 6 Ziele und Strategien der Qualitäts-entwicklung	QB 7 Die Eigenprägung Katholischer Schulen in Freier Trägerschaft
1.1 Personale und soziale Kompetenzen	2.1 Schulinterne Lehrpläne ⚡	3.1 Gestaltung der Schule als Lebensraum	4.1 Führungs-handeln der Schulleiterin bzw. des Schulleiters ⚡⚡	5.1 Qualifizierung der Lehrkräfte ☆ ⚡⚡	6.1 Schul-programm ☆	7.1 Der besondere Bildungs- und Erziehungs-auftrag ☆ ⚡⚡
1.2 Fachkompetenz *(nicht bewertet)*	2.2 Schülerunter-stützung und individuelle Förderung	3.2 Wertschätzung und soziales Klima	4.2 Delegation von Aufgaben ☆	5.2 Personal-einsatz	6.2 Schulinterne Evaluation ⚡	7.2 Lebensraum Katholische Schule
1.3 Lern- und Methoden-Kompetenz	2.3 -2.6 *Unterricht* ☆ ☆ ⚡	3.3 Ganztags-schule bzw. Ganztags- u. Betreuungs-angebote *(nicht bewertet)*	4.3 Organisation des Unterrichts und des Ganztags ☆	5.3 Kooperation u. Rückmeldung ☆ ⚡⚡	6.3 Maßnahmen-planung und Umsetzung ⚡	7.3 Führung und Personalent-wicklung der Katholischen Schule ⚡
1.4 *Praktische Kompetenz* *(entfällt)*	☆⚡ ☆⚡ ☆⚡	3.4 Schüler- und Elternberatung	4.4 *Arbeits-bedingungen u. Gesundheits-management* *(nicht bewertet)*			
1.5 Schullaufbahn und weiterer Bildungsweg *(nicht bewertet)*	☆⚡ *Die Bewertung von Unterricht erfolgt auf Kriterienebene*	3.5 Partizipation der Schüler/-innen sowie der Eltern ☆				
1.6 Zufriedenheit mit der Schule	2.6 Leistungsan-forderung und Leistungs-bewertung	3.6 Kooperation mit außer-schulischen Partnern				

Legende:

Aspekt Stufe 4 ☐

Aspekt Stufe 3 ▨

Aspekt Stufe 2 ■

Kriterium Stufe 4 (++) ☆

Kriterium Stufe 2 (-) ⚡

Indikator/Anhaltspunkt nicht erfüllt ⚡

Brunhilde Jacobi 2013-03-18

Abb. 4: Stärken und Schwächen der Schule

sich das Bild einer Schule mit einer großen Anzahl von Stärken (Stufe 4) auf der Aspektebene. Lenkt man den Blick auf die Sternchen (= Stärken auf Kriterienebene), so fällt zunächst die Häufung im Aspekt 2.3 Unterricht auf. Insgesamt scheint die Schule über ein gutes Polster an Stärken und konkreten Best-Practice-Beispielen zu verfügen, um ihre Handlungsfelder erfolgreich angehen zu können.

Der zweite Blick gilt den *Schwächen*, den Handlungsfeldern. Aspekte mit der Bewertungsstufe 2 werden dunkelgrau eingefärbt, für wichtige Kriterien und ggf. Indikatoren werden „Blitze" eingesetzt.

Nur ein Aspekt wurde mit Stufe 2 („eher schwach als stark") bewertet. Häufigere „Blitze" weisen jedoch auch auf Entwicklungsbedarf innerhalb eines insgesamt positiv bewerteten Aspektes hin.

Beachtenswert ist weiterhin die Spreizung der Aspektbewertung auf Kriterienebene: Beispielsweise zeichnet sich die Kooperation der Lehrkräfte (Aspekt 5.3) durch ein vorbildliches Engagement bei der Schulentwicklung und -gestaltung (++) aus, dem steht jedoch eine schwache Rückmeldekultur in den Bereichen „Schülerfeedback" (-) und „kollegiale Hospitation" (-) gegenüber.

Der dritte Blick gilt den Vernetzungen. Wo werden Zusammenhänge deutlich? Für unsere fiktive Schule ergibt sich folgendes Bild (Abb. 5).

Wo lassen sich nun Zusammenhänge erkennen? Die gerahmten „K" deuten darauf hin, dass hinter diesen Aspekten Konzepte bzw. verbindliche schulinterne Absprachen hinterlegt sind. Der Aspekt 1.3 Lern- und Methodenkompetenz wurde mit Stufe 2 (eher schwach als stark) bewertet. Hier geht es eher um die Konzeptebene. Die in diesem Aspekt hinterlegten „Werkzeuge" für selbstständiges Lernen wie Lernstrategien, Lernstandsreflexion und reflektierter Medieneinsatz scheinen konkret *im* Unterricht (2.3) nicht anzukommen. Insbesondere die Kriterien „Individuelle Förderung" und „Selbstgesteuertes Lernen" wurden mit „schwach ausgeprägt" bzw. „sehr schwach ausgeprägt" bewertet.

Entsprechend gibt es auch keine Maßnahmenplanung zur Umsetzung des Methodenkonzeptes (s. Aspekt 6.3) und keine diesbezüglichen Evaluationsvorhaben (s. Aspekt 6.2). Zum Aspekt 2.1 „Schulinterne Lehrpläne" (insgesamt Stufe 3) finden wir im Bericht den Hinweis auf fehlende didaktisch-methodische Vereinbarungen im Hinblick auf das Methodencurriculum.

Eine Parallele findet sich im Qualitätsbereich 7: Die Stärke bei der „Erfüllung des besonderen Erziehungs- und Bildungsauftrages" (Aspekt 7.1) liegt in den Zielsetzungen für die Erziehungsarbeit, ein konkreter Bezug zu Unterrichtsinhalten im Sinne curricularer Eigenprägung wird nicht hergestellt.

Diese Auswahl soll verdeutlichen, dass es für die Unterrichts- und Schulentwicklung wenig bringt, eine Schwäche isoliert zu bearbeiten, wie hier z.B. ein Konzept zur Lern- und Methodenkompetenz zu verfeinern. Wichtig ist es zu schauen, welche anderen Aspekte und Kriterien damit in Zusammenhang stehen könnten. Diese sollten in jedem Fall bei der Weiterentwicklung mitbedacht und einbezogen werden – der systemische Blick ist gefragt!

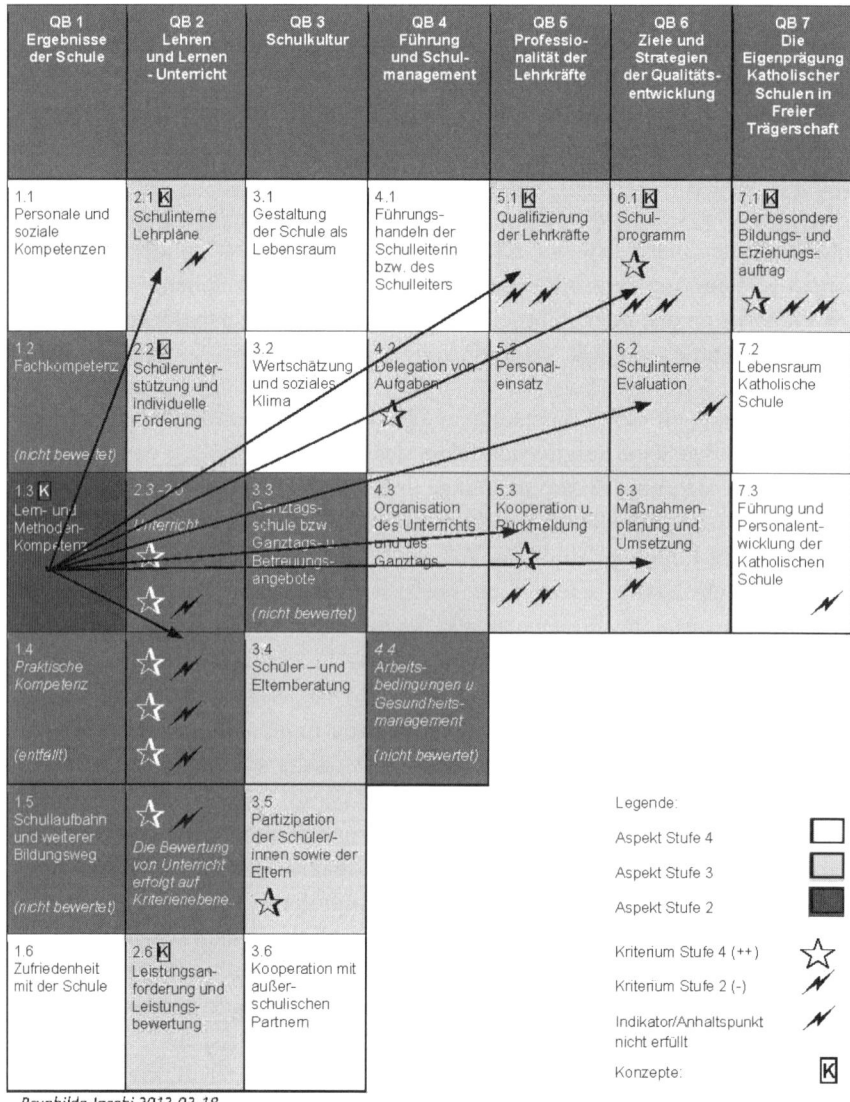

Brunhilde Jacobi 2013-03-18

Abb. 5: Zusammenhänge im Gesamtergebnis der Schule

3. Von der Ergebnisanalyse zu Handlungsschritten

Bei der Diskussion des Qualitätsberichtes in den Mitwirkungsgremien kristallisiert sich möglicherweise das zentrale Anliegen „Förderung der Lern- und Methodenkompetenz" mit Blick auf die „Individuelle Förderung" heraus. Dann wird zu überlegen sein, ob ein Methodenskript oder ein paar Methodentage ne-

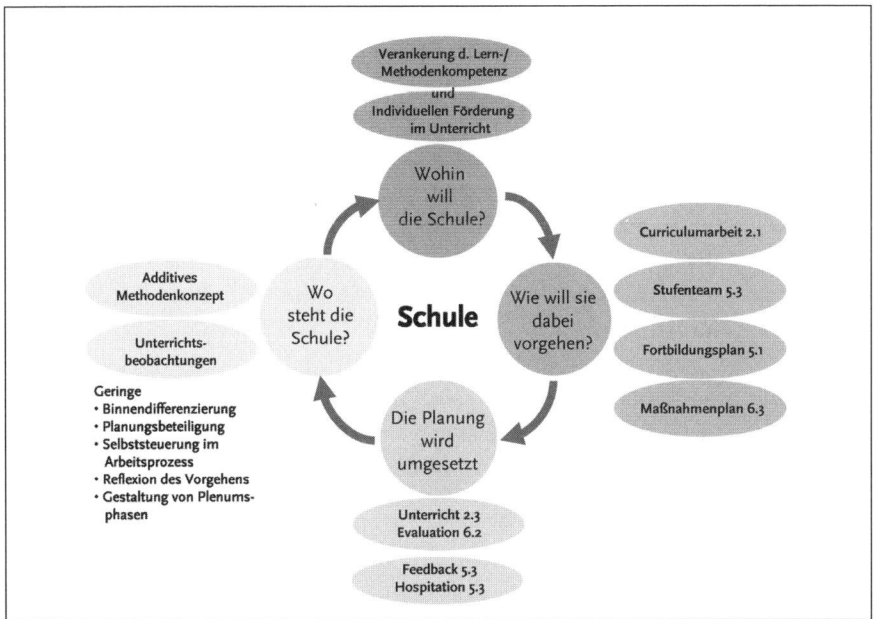

Abb. 6: Weitere Schritte der Schulentwicklung (Beispiel 1)

ben dem Unterricht, die von spezialisierten Lehrkräften durchgeführt werden, ausreichend sind. Wie kann das Erlernte im „normalen" Fachunterricht angewandt und im Sinne alltäglicher „Methodenpflege" trainiert und weiterentwickelt werden *(s. Aspekt 2.3 „Unterricht")*? Die Anbindung der Methoden an Fachinhalte und deren curriculare Verankerung *(s. Aspekt 2.1 „Schulinterne Lehrpläne")* sind dann wichtige Meilensteine.

Eine Verständigung über die Begriffe „Lern-" bzw. „Methodenkompetenz", die Beschäftigung mit alternativen Lernformen (z.B. „Lernwerkstatt", „Wochenplanarbeit", „Stationenlernen"), die Auseinandersetzung mit den Vor- und Nachteilen verschiedener Sozialformen (z.B. Gruppenarbeit, Einzelarbeit, Plenum), die Erweiterung des Methodenrepertoires oder die Handhabung neuer Medien werden mögliche Aspekte der Fortbildungsplanung sein *(s. Aspekt 5.1 „Qualifizierung der Lehrkräfte")*.

Die Kooperationsstrukturen der Lehrerteams sind dabei zu überprüfen *(s. Aspekt 5.3 „Kooperation und Rückmeldung")*: Inwiefern werden curriculare Aspekte der Lern- und Methodenkompetenz arbeitsteilig z.B. in Fachkonferenzen bearbeitet, wie werden die Teilergebnisse interdisziplinär im Klassenteam, Stufenteam bzw. in einem Gesamtkonzept der Schule verzahnt? Welcher Abstimmung bedarf es beispielweise in einer Jahrgangsstufe, sodass der Einsatz bestimmter Einzelmethoden und Sozialformen sich nicht bis zum Überdruss anhäuft oder andererseits verloren geht? Werden Zuständigkeiten und Zeitpunkt bei der Einführung neuer Medien für alle Unterrichtenden dokumentiert, sodass sie in ihrer Unterrichtsplanung daran anknüpfen können?

Die Erprobung von Lernsettings, die z.B. Problemorientierung, individuelle Lernwege, Selbstgesteuertes Lernen und regelmäßige Lernstandsreflexionen ermöglichen *(s. Aspekt 2.3 „Unterricht")* sollte mit regelmäßigem Schüler-Feedback verbunden werden *(s. Aspekte 5.3 „Kooperation und Rückmeldung",* *6.2 „Schulinterne Evaluation").* Zwischenbilanzierungen in Konferenzen machen ggf. Prozesse der Nachsteuerung notwendig, eine abschließende Befragung als Gesamtauswertung (summative Evaluation) liefert die Grundlage für die weitere Schulprogrammarbeit.

Damit die begonnenen Prozesse nicht „versanden" und Vereinbarungen verbindlich eingehalten werden, ist ein Arbeitsplan zu erstellen, in dem die o.a. Teilschritte („Meilensteine") kurz-, mittel- und langfristig terminiert und Verantwortlichkeiten festgelegt werden *(s. Aspekt 6.3 „Maßnahmen zur Umsetzung des Schulprogramms").*

4. Das Gesamtergebnis mit Blick auf die Besonderheit der katholischen Schule

Der einleitend genannte Kooperationsvertrag berücksichtigt die Eigenprägung katholischer Schulen in freier Trägerschaft, die im Qualitätsbereich 7 beschrieben wird. Die Aspekte, Kriterien und Anhaltspunkte wurden von einer Arbeitsgruppe der fünf Bistümer entwickelt (2010) und modifiziert (2012).[2]

Die Stärken der Schule im QB 7 bieten gute Voraussetzungen für eine erfolgreiche Weiterentwicklung ihrer katholischen Eigenprägung: So gibt es
– vielfältige religiöse Angebote, die von den Schülerinnen und Schülern gerne angenommen werden *(s. Aspekt 7.2 „Lebensraum Katholische Schule"),*
– eine engagierte Schulleitung, die sich mit dem kirchlichen Erziehungs- und Bildungsauftrag identifiziert und mit den Verantwortlichen für die Schulpastoral Zielvereinbarungen getroffen hat *(s. Aspekt 7.3 „Führung und Personalentwicklung an der katholischen Schule"),*
– externe soziale – auch kirchliche – Projekte sowie interne Beratungsangebote und Konfliktlösungsregeln, die eine christlich begründete soziale Verantwortungsbereitschaft fördern *(Kriterium 7.1.3).*

Diese Stärken korrespondieren mit positiven Ergebnissen in den Qualitätsbereichen 1 bis 6:

---

2   Die Beschreibung des Qualitätsbereiches 7 mit Kriterien und Anhaltspunkten ist im Anhang zu diesem Beitrag zu finden.

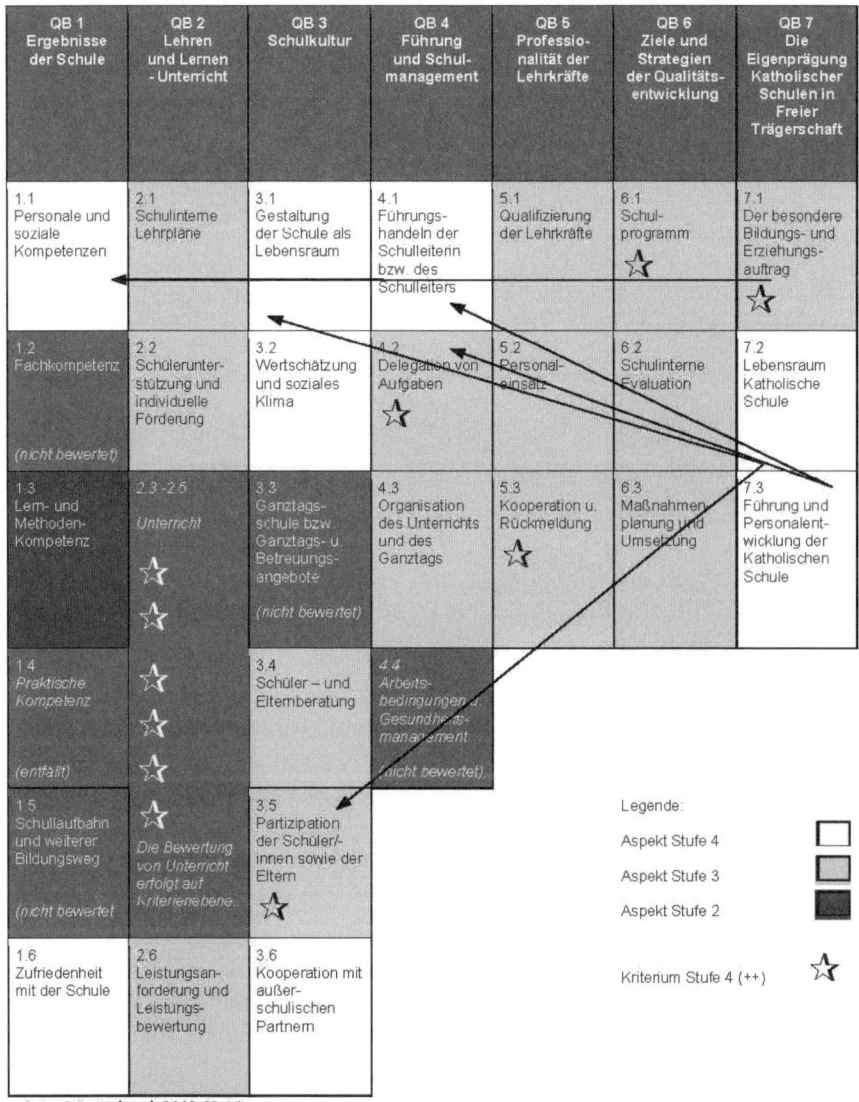

QB 1 Ergebnisse der Schule	QB 2 Lehren und Lernen - Unterricht	QB 3 Schulkultur	QB 4 Führung und Schul- management	QB 5 Professio- nalität der Lehrkräfte	QB 6 Ziele und Strategien der Qualitäts- entwicklung	QB 7 Die Eigenprägung Katholischer Schulen in Freier Trägerschaft
1.1 Personale und soziale Kompetenzen	2.1 Schulinterne Lehrpläne	3.1 Gestaltung der Schule als Lebensraum	4.1 Führungs- handeln der Schulleiterin bzw. des Schulleiters	5.1 Qualifizierung der Lehrkräfte	6.1 Schul- programm ☆	7.1 Der besondere Bildungs- und Erziehungs- auftrag ☆
1.2 Fachkompetenz *(nicht bewertet)*	2.2 Schülerunter- stützung und individuelle Förderung	3.2 Wertschätzung und soziales Klima	4.2 Delegation von Aufgaben ☆	5.2 Personal- einsatz	6.2 Schulinterne Evaluation	7.2 Lebensraum Katholische Schule
1.3 Lern- und Methoden- Kompetenz	2.3 -2.5 *Unterricht* ☆ ☆	3.3 Ganztags- schule bzw. Ganztags- u. Betreuungs- angebote *(nicht bewertet)*	4.3 Organisation des Unterrichts und des Ganztags ☆	5.3 Kooperation u. Rückmeldung	6.3 Maßnahmen- planung und Umsetzung	7.3 Führung und Personalent- wicklung der Katholischen Schule
1.4 *Praktische Kompetenz* *(entfällt)*	☆ ☆ ☆	3.4 Schüler – und Elternberatung	4.4 *Arbeits- bedingungen u. Gesundheits- management* *(nicht bewertet)*			
1.5 Schullaufbahn und weiterer Bildungsweg *(nicht bewertet)*	☆ *Die Bewertung von Unterricht erfolgt auf Kriterienebene.*	3.5 Partizipation der Schüler/- innen sowie der Eltern ☆				
1.6 Zufriedenheit mit der Schule	2.6 Leistungsan- forderung und Leistungs- bewertung	3.6 Kooperation mit außer- schulischen Partnern				

Legende:

Aspekt Stufe 4 ☐

Aspekt Stufe 3 ◻

Aspekt Stufe 2 ◼

Kriterium Stufe 4 (++) ☆

Peter Wertenbroch 2013-03-18

Abb. 7:   QB 7 – Stärken der Schule

– Beispielsweise tragen die vielfältigen religiösen Angebote (Aspekt 7.2) zur „Gestaltung der Schule als Lebensraum" bei (Aspekt 3.1) und werden auch von außerschulischen Personen und Eltern getragen *(Kriterium 5.2.3 „Die Schule bindet Eltern und außerschulische Personen zielbezogen in die pädagogische Arbeit ein").*

Brunhilde Jacobi und Peter Wertenbroch

QB 1 Ergebnisse der Schule	QB 2 Lehren und Lernen - Unterricht	QB 3 Schulkultur	QB 4 Führung und Schul-management	QB 5 Professio-nalität der Lehrkräfte	QB 6 Ziele und Strategien der Qualitäts-entwicklung	QB 7 Die Eigenprägung Katholischer Schulen in Freier Trägerschaft
1.1 Personale und soziale Kompetenzen	2.1 Schulinterne Lehrpläne	3.1 Gestaltung der Schule als Lebensraum	4.1 Führungs-handeln der Schulleiterin bzw. des Schulleiters	5.1 Qualifizierung der Lehrkräfte	6.1 Schul-programm	7.1 Der besondere Bildungs- und Erziehungs-auftrag
1.2 Fachkompetenz (nicht bewertet)	2.2 Schülerunter-stützung und individuelle Förderung	3.2 Wertschätzung und soziales Klima	4.2 Delegation von Aufgaben	5.2 Personal-einsatz	6.2 Schulinterne Evaluation	7.2 Lebensraum Katholische Schule
1.3 Lern- und Methoden-Kompetenz	2.3 -2.5 Unterricht Die Bewertung von Unterricht erfolgt auf Kriterienebene..	3.3 Ganztags-schule bzw. Ganztags- u. Betreuungs-angebote (nicht bewertet)	4.3 Organisation des Unterrichts und des Ganztags	5.3 Kooperation u. Rückmeldung	6.3 Maßnahmen-planung und Umsetzung	7.3 Führung und Personalent-wicklung der Katholischen Schule
1.4 Praktische Kompetenz (entfällt)		3.4 Schüler – und Elternberatung	4.4 Arbeits-bedingungen u. Gesundheits-management (nicht bewertet)			
1.5 Schullaufbahn und weiterer Bildungsweg (nicht bewertet)		3.5 Partizipation der Schüler/innen sowie der Eltern		Legende: Kriterium Stufe 2 (-) Indikator/Anhaltspunkt nicht erfüllt		
1.6 Zufriedenheit mit der Schule	2.6 Leistungsan-forderung und Leistungs-bewertung	3.6 Kooperation mit außer-schulischen Partnern				

Peter Wertenbroch 2013-03-18

Abb. 8:   QB 7 – Handlungsfelder der Schule

– Die Unterstützung kirchlicher Hilfsprojekte und Beratungsangebote der Schulseelsorge *(Kriterium 7.1.3 „Die Schule fördert die Entwicklungsbereit-schaft zur christlich begründeten sozialen Verantwortung")* ist ein wesent-liches Element bei der Entwicklung „personaler und sozialer Kompetenzen" (Aspekt 1.1).

– Die vorbildliche Wahrnehmung von Führungsverantwortung und Personalentwicklung im Sinne der katholischen Eigenprägung (Aspekt 7.3) entspricht
der Bewertung des allgemeinen Führungshandelns (Aspekt 4.1) und der
Klarheit bei der Delegation von Aufgaben *(Kriterium 4.2.2 „Die Schulleiterin
bzw. der Schulleiter vereinbart mit den zuständigen Personen oder Personengruppen regelmäßig Arbeitsvorhaben über bestimmte Zeiträume")*.

Wie bereits dargestellt ergeben sich trotz einer guten Aspektbewertung
Entwicklungsziele auf der Ebene der Kriterien und im o.a. Beispiel auf der Ebene
der Indikatoren bzw. Anhaltspunkte.

Beispielsweise wird der Aspekt 7.1 mit der Stufe 3 (+) bewertet: Der
Erziehungsauftrag wird vorbildlich erfüllt und die christliche Eigenprägung
der Schule wird bei den Unterrichtsthemen teilweise berücksichtigt. Dies ist jedoch sehr lehrerabhängig und kommt einigen, jedoch nicht allen Klassen zugute: Die Bildungsarbeit im Sinne der katholischen Eigenprägung ist curricular
nicht gesichert (s. Anhaltspunkt 7.1.1 c). Weiterhin gibt es in den schulinternen
Lehrplänen bei einzelnen Themen Verweise auf das Fach Religion, diese sind
jedoch weder inhaltlich noch methodisch ausgestaltet (s. Anhaltspunkt 7.1.1d).
Die Konkretisierung fachübergreifender Bezüge setzt wiederum fach(-bereichs-)
vernetzende Konferenzen (s. Aspekt 5.3) voraus.

Ein weiteres Problemfeld stellen die fehlende Berücksichtigung der „theo-
logischen und spirituellen Bildung des gesamten Kollegiums" *(s. Anhaltspunkt
7.3.2 c)* sowie die mangelnde Thematisierung „kirchlicher Dokumente und anderer theologischer Impulse"*(s. Anhaltspunkt 7.3.2 e)* bei der Fortbildungsplanung
(Kriterium 5.1.1) dar. Maßnahmen zur Vernetzung der schulinternen Lehrpläne
und einführende Veranstaltungen dazu haben bisher nicht stattgefunden *(s.
Anhaltspunkt 7.3.2 d)*.

5. Von der Ergebnisanalyse zu Handlungsschritten

Die Grafik veranschaulicht die Verzahnung der Aspekte im Rahmen des
Qualitätstableaus (siehe Abb. 9).

Sollte man sich als ein zentrales Ziel auf die Akzentuierung und Vernetzung
religiöser Inhalte und kirchlicher Dokumente sowie die Thematisierung christlicher Werthaltungen in den schulinternen Lehrplänen (Aspekt 7.2.1) einigen,
so wird der Schulentwicklungsprozess nur dann erfolgreich verlaufen, wenn dabei auch andere (teilweise schwächer bewertete) Aspekte und Kriterien in die
Zielvereinbarung einfließen:

Die Fortbildungsplanung (5.1.1), die Strukturierung der kollegialen Zusammenarbeit (5.3) und die Evaluation (5.3, 6.2) der Umsetzung – im Fachunterricht

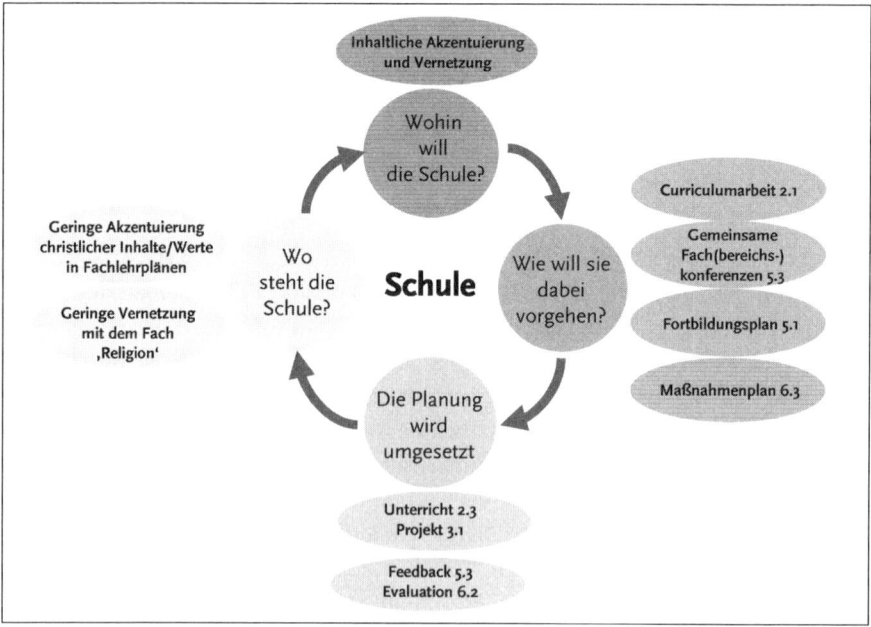

Abb. 9: Weitere Schritte der Schulentwicklung (Beispiel 2 – QB 7)

und in fachverbindenden Projekten – sind wichtige Bausteine. Eine kurz-, mittel- und langfristig angelegte Maßnahmenplanung (6.3) wird die begonnenen Schulentwicklungsprozesse nachhaltig sichern.

6.   Fazit

Es lohnt sich, als Schulleitung oder als Steuergruppe Zeit in die Visualisierung der Ergebnisse der Qualitätsanalyse zu investieren, Beziehungen und Vernetzungen darzustellen, um die sich daraus ergebenden Chancen für die Schul- und Unterrichtsentwicklung zu erkennen. Oder diese Visualisierung wird gemeinsam im Kollegium, in den Fachschaften oder selbstgewählten Gruppierungen vorgenommen und so eine intensive Auseinandersetzung mit dem Qualitätsbericht in Gang gebracht. Wichtig ist dabei ein stärkenorientierter Ansatz, der das Entwicklungspotenzial der Schule in den Blick nimmt.

Die Auswertung des Qualitätsberichtes sollte sich nicht auf die Aspektebene beschränken, sondern auch Kriterien und Indikatoren einbeziehen: In der Gesamtwertung positiv beurteilte Aspekte beinhalten neben Stärken auch einzelne Schwächen auf der Kriterien- und Indikatorenebene, was ebenso umgekehrt gilt.

Folgerichtig werden in der Zielvereinbarung nicht nur langfristig erreichbare Ziele, sondern auch die Teilschritte („Meilensteine") präzisiert. Diese lassen sich oft aus weiteren Aspekten und Kriterien des Qualitätstableaus ableiten. Die Vernetzung der Qualitätsbereiche und ihrer Elemente ist gefragt.

Literatur

Die hier beschriebene Vorgehensweise bezieht sich u.a. auf eine Veröffentlichung der Autorin in der Zeitschrift „Lernende Schule":

Jacobi, B. & Lennartz, A. (2011). Unterrichtsentwicklung: Wenn nicht jetzt, wann dann? Teil II Der Bericht ist da – Wie gehen wir effektiv damit um? *Lernende Schule (56)*, Werkstatt 7–11.

Weitere Artikel zur Thematik finden sich in den Zeitschriften:

Bischöfliches Generalvikariat, Hauptabteilung Schule und Erziehung (Hrsg.). (2013). *Kirche und Schule, 157.* Themenheft: „Lernen – sich beziehen – Lehren. Unterrichtsentwicklung an katholischen Schulen".

Bischöfliches Generalvikariat, Hauptabteilung Schule und Erziehung (Hrsg.). (2013). Unterrichtsentwicklung und Eigenprägung für die Schulen des Bistums Münster. Beispiele und Erfahrungen eines Projektes.

Qualitätsbereich 7. Die Eigenprägung Katholischer Schulen in freier Trägerschaft. Einschließlich Kommentar verfügbar unter: http://www.bistum-muenster.de/downloads/Schule_und_Erziehung/2012/QB7_TUQAN_Neufassung_Stand_12-06-29.pdf [30.10.2013].

Anhang

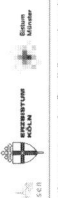

Qualitätsanalyse NRW

Die Kooperationspartner der Qualitätsanalyse NRW

Übersicht zum Qualitätsbereich 7
Die Eigenprägung Katholischer Schulen in Freier Trägerschaft

7.1 Der besondere Bildungs- und Erziehungsauftrag der Katholischen Schule

Kriterium	Anhaltspunkte
7.1.1 Die Schule berücksichtigt in ihrer gesamten Bildungs- und Erziehungsarbeit den katholischen Glauben als Grundlage ihrer Eigenprägung.	a. Das Schulprogramm und seine Entwicklung sind auf die Akzentuierung von Inhalten aus christlicher Sicht ausgerichtet. b. Es gibt ein schulpastorales Konzept, das integrierter Bestandteil des Schulprogramms ist. c. Für die Eigenprägung sind in den schulinternen Lehrplänen spezifische Inhalte bzw. Akzentuierungen berücksichtigt, z. B. solche, die die menschliche Existenz berühren bzw. einen religiösen Gehalt haben. d. Die schulinternen Lehrpläne sind bei einzelnen Themen oder Projekten auch mit dem Fach Religion vernetzt.
7.1.2 Die Schule unterstützt ausgehend von ihrer Eigenprägung die Schülerinnen und Schüler bei der Bildung von eigenen Werturteilen.	a. Die Schülerinnen und Schüler erhalten Lernangebote, christliche Werthaltungen in ihrem Begründungszusammenhang zu verstehen. b. Zur Zielsetzung des Unterrichts aller Fächer gehören Wertungen von Inhalten aus christlicher Sicht. c. Die Schülerinnen und Schüler werden ermutigt, vor diesem Hintergrund eigenständige Werthaltungen zu entwickeln.
7.1.3 Die Schule fördert die Bereitschaft der Schülerinnen und Schüler zur christlich begründeten sozialen Verantwortung.	a. Die Schülerinnen und Schüler lernen die christliche Motivation für das Handeln in sozialer Verantwortung kennen, die in der Gottes- und Nächstenliebe und der Geschöpflichkeit des Menschen begründet ist. b. Im Unterricht und in Arbeitsgemeinschaften wird vor dem Hintergrund der katholischen Soziallehre die konstruktiv-kritische Auseinandersetzung mit politischen und gesellschaftlichen Entwicklungen gefördert. c. Die Erziehung und Bildung zielen darauf ab, dass die Schülerinnen und Schüler Defizite im Umgang mit dem Nächsten wahrnehmen und sich für Lösungen einsetzen. d. Die Schule führt alle Schülerinnen und Schüler durch ein Sozialpraktikum bzw. durch ein anderes soziales Projekt an aktiv gelebte Solidarität und Mitmenschlichkeit heran. e. Die Praktika bzw. Projekte werden nach Möglichkeit in kirchlichen Einrichtungen durchgeführt. f. Die gewonnenen Erfahrungen werden angemessen reflektiert und dokumentiert. g. Die Schule informiert über Aktionen und Projekte kirchlicher Hilfswerke und regt dazu an, daran mitzuwirken.
7.1.4 Der konfessionelle Religionsunterricht ist integraler Bestandteil der Bildungs- und Erziehungsarbeit der Schule.	a. Die Teilnahme am Religionsunterricht ist für jeden Schüler und jede Schülerin verpflichtend. b. Er wird in allen Jahrgangsstufen mindestens gemäß den rechtlichen Vorgaben erteilt. c. Der Religionsunterricht ist mit den übrigen Fächern und dem schulpastoralen Konzept vernetzt.

7.2 Lebensraum Katholische Schule

Kriterium	Anhaltspunkte
7.2.1 Die Schule gibt Raum für ein religiöses Leben.	a. Für Schülerinnen und Schüler gibt es adressatengerechte religiöse Angebote wie z. B. Gottesdienste und Besinnungstage. b. Je nach den Vorerfahrungen der Schülerinnen und Schüler werden Hilfen zur Einführung in Gebet und Gottesdienst angeboten. c. Daneben gibt es Angebote zur Glaubensbildung und zur Feier des Glaubens für Eltern, für Lehrerinnen und Lehrer sowie andere Mitarbeiterinnen und Mitarbeiter in der Schule. d. Die geprägten Zeiten des Kirchenjahres finden ihren Ausdruck im Schulleben. e. Bei besonderen Anlässen findet eine gottesdienstliche Feier statt. Diese können u. a. sein: Patronatsfest, Aufnahme- und Entlassfeier, Trauerfälle. f. Zu bestimmten Zeiten des Schultags wird das gemeinsame Gebet gepflegt. g. Die Schule hat eine Schulseelsorgerin/einen Schulseelsorger bzw. eine Beauftragte/einen Beauftragten für Schulpastoral.
7.2.2 An der Gestaltung der Räumlichkeiten wird die Grundausrichtung der Schule erkennbar.	a. Für Gottesdienst, Gebet, Meditation und Stille gibt es einen Raum bzw. Räumlichkeiten. b. In Zeichen, Symbolen und ästhetischer Gestaltung zeigt sich die christliche Eigenprägung der Schule. c. In den Räumen der Schule ist das christliche Symbol des Kreuzes sichtbar.

7.3 Führung und Personalentwicklung der Katholischen Schule

Kriterium	Anhaltspunkte
7.3.1 Die Schulleiterin bzw. der Schulleiter nimmt ihre/seine Führungsverantwortung auf der Grundlage und im Rahmen der katholischen Eigenprägung der Schule wahr.	d. Die Schulleiterin bzw. der Schulleiter vertritt in den Schulgremien und in der Öffentlichkeit engagiert den kirchlichen Charakter der Schule. e. Die Schulleiterin bzw. der Schulleiter vereinbart mit den beteiligten Gruppen Ziele und Maßnahmen zur Umsetzung des katholischen Bildungs- und Erziehungsauftrags und überprüft die Umsetzung entsprechender Zielvereinbarungen. f. Die Schulleiterin bzw. der Schulleiter integriert die religiös-spirituellen Angebote in das allgemeine Schulleben. g. Die Schulleiterin bzw. der Schulleiter ermöglicht und unterstützt die Arbeit der Schulseelsorgerin/ des Schulseelsorgers bzw. der Beauftragten/des Beauftragten für Schulpastoral. h. Die Schulleiterin bzw. der Schulleiter stellt sicher, dass die Schulseelsorgerin/ der Schulseelsorger bzw. die/der Beauftragte für Schulpastoral bei den Prozessen der Schulentwicklung beteiligt wird.
7.3.2 Die Schule sichert ihre Personalentwicklung im Sinne der katholischen Eigenprägung.	a. Die Teilnahme aller Mitarbeiterinnen und Mitarbeiter an außerschulischen religiösen Fortbildungen bzw. Angeboten wird gefördert. b. Neue Mitarbeiterinnen und Mitarbeiter werden entsprechend ihren Aufgaben systematisch mit der katholischen Prägung der Schule vertraut gemacht, z. B. durch Information, Beratung, Einbezug in bestehende Arbeitsstrukturen. c. In der Fortbildung der Lehrerinnen und Lehrer wird die theologische und spirituelle Bildung des gesamten Kollegiums gesichert. d. Lehrerinnen und Lehrer und Kollegen werden durch Fortbildungsmaßnahmen in die Lage versetzt, die Vernetzungen der schulinternen Lehrpläne sicherzustellen (vgl. 7.1.1 und 7.1.4c). e. Kirchliche Dokumente und andere theologische Impulse, besonders zu Bildung und Erziehung und zu ethischen Fragen, werden im Rahmen der Lehrerfortbildung thematisiert.

Barbara Manschmidt und Wolfram von Moritz

Qualitätsanalyse NRW an evangelischen Schulen
Erfahrungen freier Träger

1. Zusammenarbeit zwischen evangelischen Trägern und der staatlichen Qualitätsanalyse in NRW

In diesem Beitrag wird die „Qualitätsanalyse NRW an Evangelischen Schulen" vorgestellt: Voraussetzungen und Vereinbarungen für die Zusammenarbeit zwischen der Evangelischen Kirche von Westfalen, den v. Bodelschwinghschen Stiftungen Bethel und weiteren diakonischen Trägern mit dem Land NRW, das evangelische Profil sowie die Erfahrungen mit der Durchführung der bisherigen Qualitätsanalysen in dieser Form.

1.1 Entscheidungsgrundlagen

Evangelische Schulen verstehen sich als öffentliche Schulen, indem sie sich „an der gesellschaftlichen Gesamtverantwortung für Kinder und Jugendliche beteiligen" (Kirchenamt der EKD, 2008, S. 12). Wie die öffentlichen Schulen in staatlicher Trägerschaft messen sich die evangelischen Schulen an den Qualitätskriterien für gute Schule, über die ein gesellschaftlicher Konsens besteht, solange nicht aus evangelischer Perspektive ein ausdrücklicher Dissens zu Aspekten dieses Verständnisses festgestellt würde.

Insoweit es aus evangelischer Sicht einen weiten Bereich gemeinsamer Qualitätsanforderungen an Schulen in evangelischer wie in staatlicher Trägerschaft gibt, ist die Teilnahme evangelischer Schulen in NRW an der staatlichen „Qualitätsanalyse NRW" möglich und sinnvoll. Dabei wird es aus evangelischer Perspektive besondere Akzentuierungen beim Bildungsverständnis und bei der Bildungsgerechtigkeit geben. Verfahren der staatlichen Qualitätsanalyse wie Triangulation, Einsichtnahmen in den Unterricht oder strukturierte Gruppeninterviews sind etabliert und sorgen für eine gewünschte Vergleichbarkeit – nicht der einzelnen Schulen, aber der Bewertungspraxis.

1.2 Formale Voraussetzungen

Das Schulgesetz NRW besagt, dass die Durchführung der Qualitätsanalyse des Landes grundsätzlich auch an Ersatzschulen möglich ist, und zwar „auf Wunsch des jeweiligen Schulträgers" (vgl. Schulgesetz NRW § 86 Absatz 5). In der Verordnung zur Qualitätsanalyse wird ausgeführt, dass die Qualitätsanalyse an Ersatzschulen nach Abschluss einer Kooperationsvereinbarung, die die Beteiligung des Ersatzschulträgers regelt, durchgeführt werden kann.[1] Auf diesen beiden formalen Voraussetzungen sowie weiteren Vereinbarungen beruht der Kooperationsvertrag, der im September 2009 zwischen den drei Partnern geschlossen wurde.[2]

1.3 Vereinbarungen zwischen den Kooperationspartnern

Das eigene evangelische Profil als 7. Bereich in das Qualitätstableau einbringen zu können war eine der unabdingbaren Grundlagen für die gemeinsame Qualitätsanalyse. Ebenso wurde festgelegt, dass in die Vereinbarung weitere evangelische/diakonische Partner aufgenommen werden konnten. Die beiden großen Träger, EKvW und vBSBethel stellten sicher, dass je ein eigener Qualitätsprüfer gleichberechtigt ausgebildet und eingesetzt wurde. Die Ausbildung wurde vom Ministerium für Schule und Wissenschaft NRW übernommen.

2. Evangelisch-Diakonisches Profil als 7. Qualitätsbereich

2.1 Erarbeitung

Auf evangelischer Seite erarbeiteten zunächst Schulvertreter der vBSBethel und der EKvW Kriterien und Indikatoren für die Spezifika des evangelisch-diakonischen Profils, welches unabdingbarer Bestandteil der Qualitätsanalyse an Schulen in evangelischer bzw. diakonischer Trägerschaft sein sollte, um die Besonderheiten dieser Schulen zu erfassen und sichtbar zu machen.

Nach ersten Entwürfen in den Jahren 2008/09 wurde nach dem Abschluss des Kooperationsvertrages 2010 ein großes Beteiligungsverfahren in Form einer Tagung durchgeführt. Evangelische und diakonische Schul- und Trägervertreter

---

1 QA-VO § 4 Schulen in freier Trägerschaft. Verfügbar unter: http://www.schulministerium.nrw.de/QA/Tableau/A_Grundlagen/1_Recht/1_QA-VO-Anlage_1.pdf [30.10.2013].

2 Im November 2012 ist die Evangelische Kirche im Rheinland der Kooperationsvereinbarung beigetreten.

erarbeiteten, sammelten und diskutierten Vorschläge für spezifische Aspekte, Kriterien und Indikatoren. Eine Arbeitsgruppe verdichtete die Vorschläge zu einem ersten Entwurf. Dieser wurde in Pilot-Analysen im Frühsommer 2010 in drei evangelischen Schulen unterschiedlicher Trägerschaften und Schulformen erprobt und anschließend in die hier vorgestellte bis heute aktuelle Form gebracht.

2.2 Selbstverständnis

Die EKD-Studie „Schulen in evangelischer Trägerschaft", die unter anderem dem Selbstverständnis der evangelischen Schulen in Deutschland nachgeht, stellt fest, dass sich evangelische Schulen auf der Ebene der Begründung für ihr Bildungshandeln von den Schulen in staatlicher Trägerschaft unterscheiden: „Die tiefste Gemeinsamkeit aller Schulen in evangelischer Trägerschaft erwächst aus dem gemeinsamen Bezug auf das Evangelium als Grundlage des Glaubens und Lebens" (Kirchenamt der EKD, 2008, S. 38).

Aus dieser Grundlegung ergeben sich zentrale „Aspekte des gemeinsamen Selbstverständnisses evangelischer Schulen":

Christliches Menschenbild:
„Schulen in evangelischer Trägerschaft berufen sich auf das christliche Verständnis von Mensch und Wirklichkeit, wie es manchmal abgekürzt als christliches Menschenbild bezeichnet wird. Pädagogisch drückt es sich in der Annahme und Bejahung jedes einzelnen Kindes als Geschöpf Gottes aus. Das christliche Menschenverständnis übersieht dabei nicht die Gebrochenheit und Verfehlung menschlichen Lebens, die in der Bibel als Abwendung von Gott und als Sünde, als Rechtlosigkeit und (Selbst-)Zerstörung beschrieben wird. Und schließlich gibt es kein christliches Menschenverständnis ohne die Hoffnung auf Rettung, Befreiung und Erlösung. Dieses Verständnis von Mensch und Wirklichkeit bestimmt die Voraussetzungen des pädagogischen Handelns in evangelischen Schulen" (ebd., S. 39). Evangelische Bildungsarbeit hat ihren Grund in einem Verständnis von der Welt als von Gott geschaffen und den Menschen treuhänderisch übergeben.

Erfahrungen mit gelebtem Glauben:
„Schulen in evangelischer Trägerschaft streben Formen der pädagogischen und institutionellen Gestaltung an, die Erfahrungen mit dem Evangelium ermöglichen. Dies gilt für den Unterricht und seine Inhalte, ganz besonders aber für die Schule als Raum des individuellen und gemeinsamen Lebens. Vielfach bilden evangelische Schulen ausdrücklich Schulgemeinden, in denen das gemeinsame Leben von Christen Ausdruck findet" (ebd., S. 40).

Motiv der Diakonie:

„Evangelische Schulen sehen sich dem Dienst am Nächsten verpflichtet. Sie folgen dem Motiv der Diakonie – des Dienstes, den Kirche und Christen anderen leisten wollen. Diakonie ist hier im weitesten Sinne zu verstehen als Unterstützung bedürftiger Einzelner ebenso wie als Dienst an der Gesellschaft, wie es einem an Integration orientierten diakonischen Bildungsverständnis entspricht. Schulen in evangelischer Trägerschaft geht es um eine Sozialerziehung aus der Nachfolge Jesu Christi" (ebd., S. 41).

Evangelische Freiheit:

„Der Bezug auf das Evangelium eröffnet Freiheit. Die „Freiheit eines Christenmenschen" (Martin Luther) bedingt eine Schule, die den Gewissensentscheidungen Heranwachsender Raum bietet und sie zur Selbstständigkeit herausfordert. Die EKD-Synode in Berlin-Weißensee hat bereits 1958 betont, dass „Freiheit, Wissenschaftlichkeit und Weltoffenheit" in „besonderem Maße" für evangelische Schulen zu gelten haben. Demnach ist es konstitutiv für die Arbeit evangelischer Schulen, unterschiedliche Meinungen und Perspektiven zuzulassen. Schulen sind Stätten der Bildung, in denen Schülerinnen und Schüler über reflektierte Auseinandersetzung zu einer eigenen mündigen Haltung gelangen sollen" (ebd., S. 40).

Vor allem aus diesem verbindenden Selbstverständnis evangelischer Schulen in Deutschland sind spezifische Qualitätskriterien abzuleiten. Sie bilden zusammen mit den besonderen Akzentuierungen im Bereich der für alle öffentlichen Schulen geltenden Anforderungen das „Evangelisch-diakonische Profil" evangelischer Schulen und ergänzen das Qualitätstableau der staatlichen „Qualitätsanalyse NRW" zur „Qualitätsanalyse NRW an Evangelischen Schulen". 16 Qualitätskriterien wurden drei Aspekten zugeordnet.

2.3 Aspekte und Qualitätskriterien des Qualitätsbereichs 7

Das evangelisch-diakonische Profil wird im Qualitätstableau NRW als 7. Bereich geführt. Insofern ist die folgende Aufzählung entsprechend dem Tableau mit 7.1 usw. bezeichnet. Den Kriterien im Bereich „Evangelisch-diakonisches Profil" sind Indikatoren zugeordnet, die Beispiele dafür sind, auf welche Weise in einer Schule erkennbar werden kann, dass ein Kriterium erfüllt wird. Dabei müssen die Indikatoren, die den jeweiligen Kriterien zugeordnet sind, nicht unbedingt Alleinstellungsmerkmale evangelischer Schulen darstellen, da das durch die Indikatoren erfasste schulische Handeln ganz unterschiedlich begründet sein kann. Die Indikatoren werden in der folgenden Aufzählung nicht genannt.

7.1 Wertschätzung des einzelnen Menschen als Geschöpf Gottes – gelebte Diakonie

Die Schule praktiziert – beginnend mit der Aufnahme – eine ermutigende und wertschätzende Grundhaltung, in der die Schüler/innen in ihrer Besonderheit als Geschöpfe Gottes wahrgenommen werden. Die Schule vermeidet Beschämung, eröffnet individuelle Lernwege und ermutigt zu besonderen Leistungen.

7.1.1 Das Aufnahmeverfahren spiegelt die diakonische Grundhaltung der Schule wider

7.1.2 In der Schulgemeinde wird im täglichen Miteinander eine ermutigende und wertschätzende Grundhaltung gelebt

7.1.3 Die Schule begleitet Schüler/innen in Lebenskrisen

7.1.4 Das schulische Angebot berücksichtigt die Unterschiedlichkeit und Vielfalt der Begabungen ihrer Schüler/innen

7.1.5 Die individuellen Leistungen jeder Schülerin und jedes Schülers werden gewürdigt

7.2 Religiöse Bildung und Orientierung – diakonisches Lernen und Handeln

Die Schule gibt der religiösen Bildung Raum, ermöglicht religiöse Orientierung und fördert diakonisches Lernen und Handeln: Spiritualität – Information – Begegnung – Reflexion – Handeln.

7.2.1 Der besondere Stellenwert von religiöser Bildung und Orientierung ist in der Schule konzeptionell verankert

7.2.2 Der Religionsunterricht ist fester Bestandteil der schulischen Bildungs-arbeit

7.2.3 Geistliches Leben hat in der Schule Raum

7.2.4 Die Schule ermöglicht und fördert diakonisches Lernen und Handeln

7.2.5 Die Schule bietet den Schüler/inne/n die Möglichkeit, sich für „Frieden, Gerechtigkeit und Bewahrung der Schöpfung" (konziliarer Prozess der Kirchen) einzusetzen

7.2.6 Die Schule ist mit kirchlichen/diakonischen Einrichtungen und Gruppen vernetzt

7.2.7 Die Schule fördert die ökumenische Gemeinschaft

7.2.8 Die Schule fördert den Dialog mit anderen Religionen

7.3 Modellhaftigkeit in evangelischer Freiheit

Die Schule nimmt ihre Freiheit als evangelische Schule programmatisch und in konkreten Projekten wahr.

7.3.1 Die Schule setzt sich mit ihrem besonderen Profil als evangelische Schule auseinander

7.3.2 Die Schule entwickelt Arbeitsfelder modellhaft

7.3.3 Die Schule betreibt den Dialog mit anderen über modellhafte Entwicklungen

3. Durchführung und aktueller Stand

Die Durchführung der Qualitätsanalysen an den kirchlichen und diakonischen Schulen startete im Anschluss an die Pilotphase und die Überarbeitung des evangelischen Profils im Schuljahr 2011/12. Zur Verarbeitung und Auswertung der Kriterien des 7. Bereichs entwickelten erfahrene Qualitätsprüfer der Bezirksregierungen Detmold und Münster ein computergestütztes Auswertungstool.

Bis Ende des aktuellen Schuljahres wurden 18 Schulen nach dem kirchlich-diakonischen QA-Verfahren evaluiert. Die Akzeptanz des Verfahrens und die Bereitschaft, die Ergebnisse intensiv für die Schulentwicklung zu nutzen, sind bei den Schulen hoch. Das ist auch darauf zurückzuführen, dass die Schulen an der Entscheidung für die Qualitätsanalyse und der Erarbeitung der Qualitätskriterien für den Qualitätsbereich 7 beteiligt waren.

Mit dem Beitritt der Evangelischen Kirche im Rheinland zur Kooperationsvereinbarung wird zum ersten Mal ein gemeinsamer Standard der beteiligten evangelischen Schulen in NRW definiert.

4. Qualitätsanalyse und evangelische Schulentwicklung – Ausblick

Nicht alles, was nach dem Selbstverständnis evangelischer Schulen ihre Besonderheit ausmacht, ist gleichermaßen geeignet, in einem Verfahren der Qualitätsanalyse messbar und vergleichend erfasst zu werden. Ziel der Analyse ist es aber, möglichst aspektreich und genau die Qualität der Bildungsarbeit evangelischer Schulen auch in den Bereichen zu erfassen und zu beschreiben, die für sie spezifisch sind. Von schematisierenden Bewertungen soll dabei abgesehen werden. Dem evangelischen Verständnis von Freiheit entspricht es, dass evangelische Schulen sich in eigener Verantwortung für ihre Wege entscheiden, um den Qualitätsanforderungen zu entsprechen. Gestaltungs- und

Handlungsfreiheit sind der Nährboden dafür, dass die Kollegien in evangelischen Schulen – gemeinsam mit Schüler/inne/n und Eltern – oft modellhafte pädagogische Konzepte entwickeln, die auf das übrige öffentliche Schulwesen ausstrahlen und dieses so bereichern. Auch auf diese Weise nehmen evangelische Schulen ihren Auftrag zum Dienst an der Gesellschaft wahr.

Literatur

Kirchenamt der Evangelischen Kirche in Deutschland (Hrsg.). (2008). *Schulen in evangelischer Trägerschaft. Selbstverständnis, Leistungsfähigkeit und Perspektiven* (1. Auflage). Eine Handreichung des Rates der Evangelischen Kirche in Deutschland (EKD). Gütersloh: Gütersloher Verlags-Haus.

Verordnung über die Qualitätsanalyse an Schulen in Nordrhein-Westfalen (Qualitätsanalyse-Verordnung – QA-VO). Vom 27. April 2007. Verfügbar unter: http://www.schulministerium.nrw.de/QA/Tableau/A_Grundlagen/1_Recht/1_QA-VO-Anlage_1.pdf [30.10.2013].

Jürgen Franzen und Dieter Miedza

Das Evaluationsverständnis von EchriS

1. Eine Standortbestimmung

Der hier beschriebene Arbeitskreis „Das Evaluationsverständnis von EchriS" passte sehr gut in die Tagung *30. Münstersches Gespräch zur Pädagogik*, auch wenn unser Thema zum ersten Teil der Tagungsüberschrift so sehr im Widerspruch steht, wie es sich mit dem zweiten Teil umso mehr verbindet: „Damit Unterricht gelingt. Von der Qualitätsanalyse zur Qualitätsentwicklung".

Uns geht es auch um Unterricht, selbstverständlich. Wir sind Schulpraktiker, deswegen wissen wir um die Bedeutung von Unterricht. Wir sind aber auch und zunächst Christen, der eine ein evangelischer Schulrat, der andere ein katholischer Schulleiter. Deswegen sind wir im christlichen Schulwesen zuhause, das bundesweit mit Ausnahme der Bekenntnisschulen in Nordrhein-Westfalen Teil des freien Schulwesens ist. Wir sind keine Separatisten und definitiv keine Gegner des staatlichen Schulsystems. Ganz im Gegenteil: Wir engagieren uns in Haupt- und Ehrenamt für christliche Schulen, um die Vielfalt des Schulwesens insgesamt zu gestalten. Dazu gehört für uns – zum Ende des Tagungstitels – die Freiheit, Schulentwicklung zu betreiben, und – zum Anfang des Tagungstitels – für die Normen für gute Schule Verantwortung zu übernehmen.

Das muss natürlich erklärt werden. „Damit Unterricht gelingt" enthält aus unserer Sicht die Antwort auf die Frage, was der Kern von Schule ist: der Unterricht. Und gelungener Unterricht ist folglich ein Zeichen von Qualität. Qualitätsentwicklung zielt mithin auf das Gelingen von Unterricht. Was aber, wenn nicht mit einer Antwort, sondern mit einer Frage begonnen wird: „Was steht im Zentrum von Schule?" oder „Was macht eine gute Schule aus?"

Als wir uns unter dem Namen EchriS zusammenschlossen, haben wir zu allererst die Frage gestellt, was eine christliche Schule ausmacht. Diese Frage haben wir Schülern und Lehrern, aber auch Eltern und Partnern der Schule gestellt. Und nicht zuletzt den Trägern der christlichen Schulen, die als Kirchen, Vereine und Gesellschaften in einer besonderen Weise die Trägerschaft gestalten. Wir bekamen viele Antworten, die wir mit wissenschaftlicher Begleitung und mit Rückkopplung zu einigen Schulen in christlicher Trägerschaft geordnet haben. Es kamen 37 Merkmale christlicher Schulen bei unserer Erhebung heraus (siehe Abbildung 1). Der gelungene Unterricht war eines davon, allerdings sind die meisten anderen Merkmale auch im Unterricht relevant. Dennoch gab es auch viele wichtige Merkmale einer christlichen Schule, die nichts oder nur indirekt mit gelingendem Unterricht zu tun haben. So z.B. die Qualität der Verträge, die die Träger mit Lehrern oder Schülern und deren Eltern abschlie-

DIMENSIONEN / Merkmale

Hoffnung

- der positive Blick auf den Anderen
- die gegenseitige Wertschätzung und Fürsorge
- Wahrnehmung des Förderauftrags der Schule
- Angenommensein im Gelingen und Scheitern
- Möglichkeit der Erfahrung von Glauben
- Blick auf eine offene Zukunft und
- Therapieangebote

Klarheit

- Bemühen um Wissen, das zur Orientierung hilft
- Umgang mit Zeit und Raum
- Interaktion derer, die an der Schule beteiligt sind
- Architektur und Ausstattung einer Schule
- Verträge
- Finanzierung
- Öffentlichkeitsarbeit
- Formen der Leistungsbewertung

Verantwortung

- Verantwortung für die Schüler
- gegenseitige Verantwortung innerhalb der Schulgemeinschaft
- Mitwirkung
- Umgang mit Macht und Ohnmacht
- Umgang zwischen Mitarbeitern und Schulträgerin
- Gesellschaftsbezug von Verantwortung

Bildung

- Konkretisierung des Bildungsauftrags
- Kompetenzerwerb der Schüler
- Unterrichtsqualität
- außerunterrichtliche Veranstaltungen
- Förderung von außerhalb des Unterrichts erworbene Kompetenzen
- Abschlüsse und Berufsperspektiven

Erziehung

- Verständigung über Werte
- wertgebundene Handlungsfelder
- Formen von Religiosität
- individuelle Entfaltungsmöglichkeiten
- Formen von Gemeinschaft
- Gestaltung der Erziehungspartnerschaft

Betreuung

- räumliche Rahmenbedingungen und Ausstattung
- Organisationsstruktur von Betreuung
- Gestaltung des Betreuungsauftrags
- Zusammenarbeit mit Partnern in der Betreuungsarbeit

Abb. 1: Dimensionen EchriS

ßen. Oder auch das Vorhandensein eines Andachtsraumes oder einer Kapelle, das als Merkmal benannt wurde. Als Klammer für alle Merkmale zeigte sich schließlich nicht der gelingende Unterricht, sondern die Begegnung zwischen den Menschen in der Schule, das Leben der Schulgemeinde.

Hätten wir also den Titel der Tagung verfasst, hätte er vielleicht so gelautet: „Damit Schulgemeinde lebendig ist. Über die gemeinsame Evaluation zur Schulentwicklung."

In unserem Arbeitskreis wollten wir dieses andere Evaluationsverständnis vorstellen und erläutern. Nicht als Kritik an den normativen Grundlagen des staatlichen Schulwesens und nicht als Gegenrede zum Tagungsthema. Sondern als alternative Betrachtung von Schule und Schulentwicklung für diejenigen, die die Grenzen einer notwendigerweise normierten staatlichen Schulentwicklung für christliche Schulen in freier Trägerschaft erkennen und vor die Evaluation oder Qualitätsanalyse die Frage nach den Normen des Schulträgers oder der Schulgemeinde einer christlichen Schule stellen.

2. Die Frage nach den Normen für Schule

Qualitätsanalyse und Qualitätsentwicklung basieren auf einer grundsätzlichen Verständigung über das, was Bildung, Erziehung und Betreuung in einer Schule hervorbringen sollen. Die Bildungsziele, die Erziehungsaufträge und die Betreuungsstandards sind in den Landesverfassungen, den Schulgesetzen der Länder oder auch in Verordnungen geregelt und festgeschrieben. Es gibt dadurch Normen für die Gestaltung konkreter Bildungsgänge, für die Ausstattung der Schulen, für die Einbeziehung der Eltern, für den Umgang mit Unterrichtsversäumnissen und so weiter. Über diese Normen verständigt sich die Kultusministerkonferenz, Landesparlamente geben die entsprechenden Gesetze vor, Ministerien und Senate formulieren Verordnungen und Erlasse. All das ist notwendig, um allen Schülern die grundgesetzlichen Rechte auf Gleichheit ihrer Chancen und auf die freie Berufswahl zu garantieren.

Ein Bundesland normiert im Interesse der Grundrechte der Bürger die Schule in einem erkennbaren Rahmen. So hat beispielsweise Nordrhein-Westfalen knapp 6000 Schulen, die zwar nach Schularten (Gymnasium, Fachseminar etc.), Schulformen (integrierte Form, Ganztagsschule etc.) oder Schultypen (Fachseminar für Altenpflege, altsprachliches Gymnasium) gegliedert sind, aber dennoch einer gemeinsamen Norm folgen, damit Altenpfleger vom Niederrhein und solche aus dem Bergischen Land denselben Anforderungen an die Altenpflege gerecht werden und ein Abiturient aus der Eifel dieselben Studienvoraussetzungen hat wie einer aus dem Sauerland. Allen staatlichen Schulen liegt dasselbe Aufgabenverständnis zugrunde: Allgemeine und berufliche Bildung soll in allen Landesteilen (und weitestgehend nach bundesweiten Standards) die gleichen Bildungschancen geben und zu vergleichbaren Abschlüssen führen. Dementsprechend haben die Schulen eines Landes eine einheitliche und in Gesetzen und Verordnungen dargelegte Struktur, wenn auch in den verschiedenen Varianten von Schulform und Schulart oder auch Bildungsgang. Und schließlich gibt es festgelegte Rahmenbedingungen für die Kultur in der Schule: Die Rolle der Schulleiterin oder des Schulleiters, die Rechte der Eltern, die Vertretungsorgane, die Durchführung von Wahlen und Konferenzen sind geregelt und liegen nicht im Belieben derer, die an einer Schule wirken.

All diese Sachverhalte liegen vor der Qualitätsanalyse. Die Normen für das Aufgabenverständnis, die Struktur und die Kultur sind bereits vorhanden, wenn die Qualität einer staatlichen Schule analysiert wird. Es gibt Kriterien für eine Qualitätsanalyse, die landesweite Gültigkeit haben und die von landesweit aktiven Qualitätsbeauftragten überprüft werden können. Im Prinzip sind diese Kriterien selbstverständlich auch auf Schulen in freier Trägerschaft anwendbar. Ein katholisches Gymnasium in Opladen ist auch ein Gymnasium in Nordrhein-Westfalen und für ein diakonisches Kinderpflegeseminar in Wesel gelten zunächst keine anderen Regeln als für ein staatliches Fachseminar. Deshalb ist es möglich und für viele Träger freier Schulen auch wünschenswert, dass eine staatliche Qualitätsanalyse mit den allgemein gültigen Kriterien des Bundeslandes die Qualität der Schule untersucht.

Was aber, wenn eine Schule aus einem anderen Bildungsverständnis heraus entstanden ist, z.B. als Ordensschule weit vor Gründung der Bundesrepublik?

Oder wenn eine Religionsgemeinschaft ihre besonderen Erziehungsziele in einer eigenen Schule verwirklichen will? Oder wenn ein Berufsbildungswerk seine Schüler nicht nur ausbilden und unterrichten, sondern in einem Gesamtkonzept in einem nach eigenen Kriterien organisierten Internat betreuen will? Dann führt das zu einer Ausgestaltung von Bildung, Erziehung und Betreuung, die nicht unbedingt mit den Kriterien einer staatlichen Qualitätsanalyse bewertet werden kann. Sie muss dem deswegen allerdings noch lange nicht entgegenstehen. Aber jedenfalls unterliegen solche Schulen nicht unbedingt und umfassend den Normen des staatlichen Schulwesens. Es gelten die Normen der Träger, also der Schulvereine, der Kirchen, der Bildungsgesellschaften und damit auch Kirchengesetze (z.B. das Kirchenbeamtengesetz) oder das Handelsrecht (z.B. wenn eine gGmbH Schulträgerin ist) und vor allem spezifische Vereinssatzungen von Trägervereinen, um nur einige Normen zu nennen, die für staatliche Schulen nicht relevant sind.

Mit den Zahlen von Nordrhein-Westfalen betrachtet bedeutet das, dass die fast 6000 Schulen in öffentlicher Trägerschaft einer grundlegenden Norm aus Landesverfassung und Schulgesetz unterworfen sind. Über Verordnungen und Erlasse ausdifferenziert in höchstens zwei Dutzend Schularten und Schulformen. Demgegenüber stehen 500 Schulen in freier Trägerschaft. Manche haben in den Bistümern, Orden und Landeskirchen oder auch größeren Trägervereinen gemeinsame Träger, aber viele Schulen stehen allein in der Trägerschaft einer Elterninitiative oder dergleichen. Den 500 Schulen in freier Trägerschaft liegen also sicher weit über 100 verschiedene Normen zugrunde.

Vor aller Qualitätsanalyse muss also die Frage beantwortet werden, welche Kriterien angewendet werden. Ob gelingender Unterricht die Kernaufgabe ist und – falls das so ist – was die Kriterien guten Unterrichts sind. Eine Schule in freier Trägerschaft muss diese Frage beantworten, bevor sie sich damit beschäftigt, ob sie den eigenen Qualitätsansprüchen genügt. Wenn sie sich den staatlichen Qualitätskriterien unterwerfen will, dann kann sie das entscheiden und die staatliche Qualitätsanalyse zur Grundlage ihrer Schulentwicklung machen. Hat sie aber eigene Kriterien, dann muss sie diese formulieren und die staatlichen Kriterien ergänzen oder ersetzen. Und selbstverständlich geht auch eine Kombination aus beidem, aber auch das bedarf einer bewussten und reflektierten Entscheidung.

3.   Merkmale einer christlichen Schule

Wenn aus den gerade ausgeführten Gründen die Schulentwicklung nicht bei der Qualitätsanalyse einsetzt, sondern vordem bei der Frage nach den grundlegenden Normen, wird sie erheblich komplizierter und die Durchführung komplexer. Diejenigen, die die Qualität analysieren wollen, um daraus Ziele für die

Schulentwicklung zu erarbeiten, müssen dann zunächst nach dem Bildungsverständnis, den Erziehungszielen und dem Betreuungsauftrag der Schule fragen, bevor sie dann prüfen, ob diese mit der Realität in Übereinstimmung stehen. Das können einerseits dokumentierte Normen sein, die es ja – wie erwähnt – auch für Schulen in freier Trägerschaft gibt, also z.B. Kirchengesetze oder Satzungen der Trägervereine. Diese Normen sind aber nicht in einem Schema erfasst, das für eine konkrete christliche Schule nachschlagbar macht, welche Normen dort grundgelegt sind. Deshalb muss eine Evaluation, die wir so definieren, dass sie bei der Qualitätsanalyse beginnt und bei der Formulierung der Entwicklungsziele endet, zunächst eine Basis erhalten, die die Konkretion von Merkmalen festschreibt, an denen die Schule gemessen werden soll.

EchriS ist ein Evaluationsinstrument, das dies leistet. Es ist konfessions-, schulart- und bundeslandübergreifend konzipiert und hat 37 Merkmale christlicher Schulen benannt. Zu diesen Merkmalen sind bei EchriS Kriterien formuliert, die wiederum zu Indikatoren führen, an denen die Merkmale sichtbar werden. Während die Merkmale durch EchriS konkret formuliert sind, werden die Indikatoren von der Schulgemeinde selbst festgelegt, sie sind nicht vorgegeben. Die für die konkrete Schule gültigen Normen fließen in die Formulierung der Indikatoren ein (Franzen, 2009a, b).

Die Evaluation mit EchriS geht von einem „Evaluationskubus" aus, der drei Perspektiven umfasst: die der Schulgemeinde, die christliche und die pädagogische Perspektive. Das geht weit über die Betrachtung der Aufgaben einer Schule hinaus: nicht nur Bildung, Erziehung und Betreuung sind Dimensionen der Schule, sondern auch die verschiedenen Glieder der Schulgemeinde. Schüler besuchen auf eigenen oder den Wunsch der Eltern eine Schule, die nicht in öffentlicher, sondern in freier Trägerschaft steht. Damit ist in der Regel ebenso eine besondere Erwartungshaltung verbunden wie bei Eltern, die oft ja auch Schulgeld oder weite Wege für diese besondere Wahl in Kauf nehmen. Lehrer entscheiden sich bewusst für einen Arbeitsplatz außerhalb des staatlichen Beamtenstatus, und die Partner der freien Schule bringen sich mit Kooperationsverträgen und Vereinbarungen nicht nur mit Pflichten, sondern auch mit Rechten in die Schule ein. Und eine ganz besondere Rolle kommt dem Träger der Schule zu. Der oft sehr hohe Eigenanteil an den Kosten des Schulbetriebes muss erwirtschaftet werden und dient deswegen auch der Erfüllung spezifischer Ziele. Kirche, Orden, Elternvereine, Bildungsgesellschaften verbinden auch gesellschaftliche und wirtschaftliche Ziele mit dem Betrieb einer Schule.

Aufgabe, Struktur und Kultur einer Organisation – also auch einer Schule und insbesondere einer Schule in freier Trägerschaft – sind geeignet, die Organisation insgesamt zu beschreiben (Steiger, 2008). EchriS versteht Bildung, Erziehung und Betreuung als Aufgabe der Schule und diese drei Dimensionen zugleich als pädagogische Perspektive. Grundlegend hierfür ist zunächst das Aufgabenverständnis. Dies bildet zusammen mit Struktur und Kultur die organisationsbezogene Perspektive der Schule. Auf eine christliche Schule übertragen und mit Bezug zu den Merkmalen, die EchriS bei seiner Entstehung und Entwicklung für diese Perspektive gesammelt hat, wurden hier ebenfalls drei Dimensionen definiert. Hoffnung überschreibt die Merkmale, die sich auf das Aufgabenverständnis der Schule beziehen, Klarheit überschreibt die Merkmale der Struktur, und die Kultur, also die Art des Umgangs miteinander, ist mit Verantwortung überschrieben. Hinter diesen Zuordnungen liegen lange Auseinandersetzungen in wissenschaftlichen und Schulexpertenrunden und Diskussionen mit Schulgemeinden. Das macht dieses Evaluationsverständnis noch nicht universell und unstreitbar. Es ist aber die Grundlage für eine Verständigung über eine Evaluation, die die Normen der konkreten Schule einbezieht und sich mit der gesamten Schulgemeinde auf den Weg der Schulentwicklung macht.

4. Eine Evaluation mit EchriS

Wie verläuft nun ganz praktisch eine Evaluation mit EchriS auf dem Hintergrund eines so komplexen Evaluationsverständnisses? Theoretisch ist das leicht erklärt: Die Schulgemeinde entscheidet sich, mit EchriS zu evaluieren. Dann legt sie die konkreten Indikatoren fest, an denen sie die von EchriS vorgegebenen Merkmale überprüfen will. Danach überprüft sie in einer Selbstevaluation, ob sie den eigenen Ansprüchen (einschließlich der übernommenen, z.B. aus dem Schulgesetz oder dem Tarifrecht etc.) gerecht wird. Die Ergebnisse dokumentiert sie und lässt sie dann in einer Fremdevaluation überprüfen. Und schließlich formuliert sie die Entwicklungsziele.

In der Praxis ist das ein aufwändiger und an die eigene Substanz gehender Prozess, der z.B. in einer Praxishilfe beschrieben ist (EchriS, 2010). EchriS beteiligt die gesamte Schulgemeinde an der Evaluation und bevor diese beginnt, wird das Evaluationsinstrument von der Schulgemeinde ausformuliert.

Im Verlauf der Evaluation formuliert die Schule zu jedem Merkmal Indikatoren, mit denen sie zeigen kann, dass sie die einzelnen Merkmale christlicher Schulen hat. Gelingt die Belegführung nicht, dann sind die Merkmale wahrscheinlich nicht oder nicht ausreichend ausgeprägt. Dieser Unterschied zwischen Anspruch und Wirklichkeit ist einer der Motoren für Schulentwicklung. Ein zweiter ist die Feststellung, dass ein Merkmal zwar vorhanden ist, aber seine Ausprägung nicht dem entspricht, was sich z.B. aus dem Leitbild oder dem Bildungsverständnis oder vielleicht auch dem Wunsch der Lehrer, Schüler oder Eltern ergibt.

An diesen beiden Stellen setzt Schulentwicklung ein. Wenn der Zustand der Schule festgestellt ist, lässt sich prüfen, ob er den Normen – oder auch

Wünschen – entspricht. Tut er es nicht, dann lässt sich ein Weg dahin beschreiben. Es können Schulentwicklungsziele verabredet werden und es können Prozesse verabredet und eingeleitet werden, die dem Erreichen der Ziele dienen (Franzen, 2009a, b).

5. Ausblick

EchriS hat weder die Schulentwicklung noch die Evaluation neu erfunden. EchriS ist an sich auch nicht innovativ, es ist reaktiv. Das beschreibt den Umstand, dass EchriS als Reaktion auf die Qualitätsoffensive der Bundesländer entstanden ist. Allerdings erweist es sich auch in der Praxis zunehmend als guter Begleiter im Aufbau von neu gegründeten Schulen.

Nichtsdestotrotz muss vor einer Evaluation – auch der mit EchriS – eine Entscheidung aller Beteiligten erfolgen, sich auf die Evaluation einzulassen. Evaluation ist nicht automatisch gut und gegen den Willen der Beteiligten ist sie in der Regel alles andere als qualitätsfördernd. Dieses Einvernehmen über die Durchführung einer Evaluation ist gerade für EchriS unerlässlich. Das Verfahren ist in seinem Ablauf nicht mit einer Schulinspektion vergleichbar, bei der staatliche Inspektoren Daten abfragen und eigene Beobachtungen anhand von Checklisten dokumentieren. EchriS verlangt das Mitwirken aller. Es ist dialogisch aufgebaut und es lebt davon, dass die Schulgemeinde, die mit und nach EchriS evaluiert, sich auf die Kriterien und die Betrachtung der jeweils anderen einlässt.

Literatur

EchriS – Förderung der Entwicklung christlicher Schulen e. V. (Hrsg.). (2010). *Praxishilfe zur Evaluation christlicher Schulen*. (2., überarbeitete Auflage). Stuttgart: EchriS.

Franzen, J. (2009a). *Profil. Vorschläge zur Entwicklung christlicher Schulen*. Band 1. Münster: Monsenstein und Vannerdat.

Franzen, J. (2009b). EchriS. In K. Baur & A. Dietl (Hrsg.), *Wertschätzend evaluieren*. *Festschrift der Evangelischen Hochschule* (S. 23-38). Ludwigsburg.

Steiger, T. (2008). Organisationsverständnis. In T. Steiger & E. Lippmann (Hrsg.), *Handbuch Angewandte Psychologie für Führungskräfte* (3. Auflage, S. 17ff.). Berlin: Springer.

Rita Freund-Schindler

Erfahrungen mit dem Konzept der Wahrnehmungs- und wertorientierten Schulentwicklung (WWSE)

1. Zum Thema

Im Folgenden soll das Konzept der Wahrnehmungs- und Wertorientierten Schulentwicklung (WWSE) vorgestellt werden. Es soll ein Gesamtüberblick über theoretische und organisatorische Hintergründe des Verfahrens und den Ablauf des Evaluationsprozesses mit WWSE gegeben werden. Erfahrungen der Evangelischen Schulstiftung in Bayern, die seit 2006 die Evaluation der ihr angeschlossenen Schulen mit diesem Verfahren in ihrer Weiterentwicklung unterstützt, sollen beschrieben werden.

2. Wahrnehmungs- und Wertorientierte Schulentwicklung (WWSE)

2.1 Was bedeutet WWSE?

Das Konzept einer Wahrnehmungs- und Wertorientierten Schulentwicklung (WWSE) (Wild, 2006) unterstützt Schulen dabei, sich auf Basis ihrer tatsächlichen Bedürfnisse bedarfsgerecht und zielgenau weiterzuentwickeln. Es ermöglicht gleichzeitig eine eigenständige interne Evaluation der bisherigen Entwicklungsarbeit.

WWSE
– ist ein Verfahren für Schulen zur inneren Weiterentwicklung;
– beinhaltet den Einsatz von Moderatorinnen und Moderatoren;
– basiert auf Ergebnissen der Schulqualitätsforschung;
– ist empirisch überprüft;
– führt zeitschonend zu Schulprogrammarbeit.

WWSE umfasst die drei Bereiche der Schulentwicklung Organisationsentwicklung, Personalentwicklung und Unterrichtsentwicklung. In Orientierung an den Ergebnissen der deutschen und angloamerikanischen Schulqualitätsforschung werden diesen drei Bereichen Basiskriterien guter Schule zugeordnet. Diese bilden die Wertegrundlage und werden um die „Profilmerkmale guter evangelischer Schulen" (Evangelische Schulstiftung in Bayern, 2006) ergänzt.

Zu den Basiskriterien guter Schule gehören laut Hallwirth (2009, S. 24):

Bezogen auf Organisationsentwicklung:
- Leitung der Schule;
- unterrichtsbezogene Führung;
- Artikulation und Organisation des Curriculums;
- Unterstützung und Mitarbeit der Eltern;
- klare Ziele und Erwartungen, die von allen geteilt werden;
- Konsens;
- Schulleitungsverhalten.

Bezogen auf Personalentwicklung:
- Lernbedingungen;
- Stabilität des Kollegiums;
- Weiterbildung des Kollegiums;
- gemeinsame Planungen und kollegiale Beziehungen;
- Zusammengehörigkeitsgefühl;
- Arbeitszufriedenheit;
- Kollegialität;
- Lehrer-Schüler-Beziehungen.

Bezogen auf Unterrichtsentwicklung:
- Ausmaß der Leistungsorientierung;
- Lehrerverhalten im Unterricht;
- Übertragung von Verantwortlichkeit an Schüler/innen;
- schulweite Anerkennung fachunterrichtlicher Leistungserfolge;
- wirksam genutzte Unterrichtszeit;
- Ordnung und Disziplin;
- Schulleben.

2.2 Das Verfahren

WWSE setzt im Kollegium, bei den Schülerinnen und Schülern und der Elternschaft der einzelnen Schule an. Über Fragebögen werden die Wahrnehmungen der Lehrkräfte, Schüler/innen und Eltern bezüglich ihrer Vorstellungen einer idealen Schule und ihrer subjektiven Einschätzung der Situation an der eigenen Schule anonym erfasst. Diese Fragebögen werden durch das Institut für Schulentwicklung und Evaluation (ISE) ausgewertet.

Das Gutachten wird als übersichtliche Auswertungsgrafik dem jeweiligen Kollegium und gegebenenfalls auch der Eltern- und Schülervertretung zur Analyse vorgelegt. Anhand dieser Daten erhält dieses Auswertungsgremium

Hinweise auf die tatsächliche Bedarfslage an der eigenen Schule. Über den Vergleich der Wahrnehmungen von idealer und realer Schule sollen in einem strukturierten Verfahren die individuellen Wertungen diskutiert und über eine gemeinsame Konsensfindung in ein bedarfsgerechtes, von Autonomie geprägtes Bearbeiten innerschulischer Handlungsfelder münden. Auf dieser Basis können im Rahmen der innerschulischen Diskussionen, die von externen Experten (Moderatoren) moderiert werden, die Ziele innerer Schulentwicklung eigenständig festgelegt werden.

Nach einem empfohlenen Zeitraum von mindestens zwei, höchstens drei Jahren erhalten die Schulen mit einem erneuten Einsatz des Fragebogeninstruments (Wiederholungsmessung) die Möglichkeit, die Schulentwicklungsarbeit zu evaluieren, sich zertifizieren zu lassen und die Schulentwicklungsarbeit noch einmal neu auszurichten.

3. Das Institut für Schulentwicklung und Evaluation (ISE)

Das Institut für Schulentwicklung und Evaluation ist das Kompetenzzentrum zur Umsetzung und Weiterentwicklung der Wahrnehmungs- und Wertorientierten Schulentwicklungskonzeption. Über das Institut für Schulentwicklung werden schulartspezifische Evaluationsinstrumente erstellt, permanent angepasst und weiterentwickelt. Neben dem Grundfragebogen gibt es spezifische Fragebögen für kirchliche Schulen, die z.B. um Qualitätskriterien Evangelischer Schulen erweitert sind. Weitere Fragebögen mit träger- oder schulartspezifischen Erweiterungen (z.B. Internat/Schülerheim, Ganztagsangebot, Mittagsbetreuung) stehen zur Verfügung. Die Fragebögen sind für Primarstufe und Sekundarstufe I/II altersangepasst und für die verschiedenen Schultypen unterschiedlich gestaltet.

Das ISE bildet Moderator/inne/n einer Wahrnehmungs- und Wertorientierten Schulentwicklung aus und weiter. Diese Moderator/inn/en werden Schulen und anderen Bildungseinrichtungen zur Seite gestellt. Bei Bedarf begleiten sie auch den weiteren Schulentwicklungsprozess.

Das ISE ist in Trägerschaft der Evangelisch-Lutherischen Kirche in Bayern am Religionspädagogischen Zentrum in Heilsbronn angesiedelt. Geschäftsführer des Instituts für Schulentwicklung und Evaluation ist Dr. Klaus Wild, der im Rahmen seiner Dissertation dieses Instrument entwickelt hat. Kooperationspartner des ISE sind das Religionspädagogische Zentrum der Katholischen Kirche in Bayern (München), das Institut für Lehrerfortbildung der Katholischen Kirche in Bayern (Gars am Inn), die Evangelische Schulstiftung in Bayern und das Katholische Schulwerk in Bayern. Das Konzept ist in seinen positiven Auswirkungen evaluiert und wurde bislang an über 600 Schulen verschiedener Arten in Deutschland, Tschechien, der Schweiz und Österreich umgesetzt.

4. Erfahrungen mit WWSE innerhalb der Evangelischen Schulstiftung in Bayern

Seit 2006 arbeitet die Evangelische Schulstiftung in Bayern mit dem Konzept der Wahrnehmungs- und Wertorientierten Schulentwicklung (WWSE) als Instrument der inneren Schulentwicklung und der Evaluation.

Private Schulträger haben in Bayern das Recht, das Instrument zur Schulentwicklung selbst zu wählen. Der Stiftungsrat der Evangelischen Schulstiftung (ESS) hat die Empfehlung an die – der ESS angeschlossenen – Schulen ausgesprochen, WWSE einzusetzen. Die Schulstiftung ist in der Lage, den Einsatz von WWSE an den Evangelischen Schulen, die mit diesem Instrument arbeiten, finanziell zu fördern.

Vor allem berufliche Schulen sind häufig nach AZAV und DIN ISO zertifiziert. Viele dieser Schulen fahren zweigleisig und nutzen WWSE, um damit zu einer qualifizierten Festlegung von Qualitätszielen zu kommen, die alle wesentlichen Aspekte des schulischen Lebens berücksichtigt.

WWSE bietet den Schulen ein – im Vergleich zu anderen Evaluationsinstrumenten – Zeit und Ressourcen schonendes Verfahren an. Nach Klärung der Erwartungen und Bedingungen für den Einsatz von WWSE zwischen Schulleitung und WWSE-Moderator/-in benötigt der erste Termin zur Vorstellung des Verfahrens im Kollegium mit anschließender Beantwortung der Fragebögen in der Regel etwa 1,5 Stunden. Das Verfahren zur Befragung der Schüler/innen und Eltern wird in der für die Schule passenden Weise vereinbart und durchgeführt. Der zweite Termin, bei dem die Ergebnisse präsentiert und die Zielsetzungen für das Schulprogramm erstellt werden, dauert in der Regel nicht mehr als drei Stunden.

Die Kosten orientieren sich an der Menge der auszuwertenden Fragebögen. Hinzu kommen Kosten für das Gutachten sowie Verwaltungsgebühren. Der Einsatz der Moderatoren wird je Stunde im Kollegium und dem Ersatz der entstehenden Fahrtkosten vergütet.

Interessierten Schulen wird zur praktischen Umsetzung der Entwicklungsvorhaben des mit WWSE entstandenen Schulentwicklungsprogramms vor Ort ein bedarfsorientiertes Unterstützungsnetz zur Verfügung gestellt. Hier können die vom ISE ausgebildeten WWSE-Moderator/innen zum Einsatz kommen oder es werden Kontakte zu Experten für den jeweiligen Entwicklungsbedarf hergestellt.

Schulübergreifende Schwerpunkte in den Zielsetzungen, die mit WWSE entstanden sind, und die so gewonnenen Erkenntnisse über Bedarfslagen an den Evangelischen Schulen können auch in der Entwicklung der Fortbildungsangebote der Evangelischen Schulstiftung Berücksichtigung finden. So können Schulen und ihre Entwicklung passgenauer unterstützt und begleitet werden.

Die ausgezeichnete Kooperation mit dem ISE ermöglicht es, auf Bedarfe der uns angeschlossenen Schulen, Schülerheime und Internate direkt einzugehen. So wurde z.B. im vergangenen Schuljahr ein passgenauer Fragebogen für Schülerheime und Internate entwickelt.

5. Ansprechpartner und weitere Informationen

Schulen und Bildungseinrichtungen außerhalb Bayerns, die am Einsatz von WWSE interessiert sind, wenden sich an Herrn Dr. Klaus Wild (klaus.wild@ wwse-moderation.de). Ansprechpartnerin für evangelische Schulen in Bayern ist Frau Rita Freund-Schindler von der Evangelischen Schulstiftung in Bayern (r.freund-schindler@essbay.de). Katholische Schulen in Bayern wenden sich an Frau Iris Lamaack vom Katholischen Schulwerk in Bayern (lamaack@schulwerk-bayern.de). Moderatorinnen und Moderatoren für staatliche Schulen in Bayern vermittelt Herr Armin Ries (armin.ries@wwse-moderation.de).

Weitere Informationen zum Institut für Schulentwicklung (ISE) und zu WWSE finden Sie unter: www.wwse-moderation.de

Literatur

Evangelische Schulstiftung in Bayern (2006). *Lernorte und Lebensräume. Evangelische Schulen in Bayern.* Nürnberg.

Hallwirth, U. (2009). *Evaluation an Evangelischen Schulen – Ergebnisse eines Konsultationsprozesses – Eine Handreichung.* Hrsg. von der Wissenschaftlichen Arbeitsstelle Evangelische Schule. Hannover.

Homepage des ISE – Institut für Schulentwicklung und Evaluation. Verfügbar unter: www.wwse-moderation.de [18.10.2013].

Wild, K. (2006). *Wahrnehmungsorientierte Schulentwicklung – Innere Schulentwicklung unter Berücksichtigung der Wahrnehmung von Schulqualität durch Lehrkräfte.* Winzer: Duschl.

Qualitätsentwicklung mit Hilfe von Netzwerken

Maike Reese

Vom Wettbewerb zur Bewegung guter Schulen: Wie Schulen von den Angeboten der Akademie des Deutschen Schulpreises profitieren können

1. Einleitung: der Deutsche Schulpreis als Beitrag zur Qualitätsentwicklung der Schule

Unter dem Motto „Dem Lernen Flügel verleihen" schrieben die Robert Bosch Stiftung und die Heidehofstiftung im Jahr 2006 erstmals den Deutschen Schulpreis aus. Sie wenden sich seitdem jährlich an alle allgemeinbildenden Schulen in Deutschland und fordern sie auf, sich zu bewerben. Als besonderen Anreiz loben die Stiftungen hohe Preisgelder für die fünf Preisträgerschulen aus, insgesamt vergeben die Stiftungen jährlich Preisgelder in Höhe von fast 240.000 Euro. Nicht zuletzt soll die Höhe der Preisgelder zeigen: Gute Schulen gehören zu den wichtigsten Leistungsträgern für die Zukunft.

An Wettbewerben für Einzeldisziplinen teilzunehmen oder sich um Gütesiegel oder um Zertifikate aufgrund von Teilleistungen zu bewerben, daran hatten viele Schulen seit geraumer Zeit zunehmendes Interesse gezeigt, und das gehörte für eine aktive Schule zum guten Ton. Neu und besonders war und ist beim Deutschen Schulpreis, dass einzelne Schulen sich als ganze in einer zehn Seiten umfassenden Bewerbung darstellen und bewerben sollen. Diese Selbstdarstellung hat den Charakter einer Bilanz der Schulentwicklung, geleitet durch Kriterien, die sich sechs großen Qualitätsbereichen zuordnen lassen. Zusätzlich zur Bewerbung wird das Gutachten eines externen Paten gefordert. Es gerät also das Gesamtgefüge einer Schule in den Fokus und wird hinsichtlich seiner pädagogischen Wirksamkeit betrachtet. Eine solche interne Bestandsaufnahme mit gleichzeitiger externer Referenz kann ein zentraler Bestandteil schulinternen Qualitätsmanagements im Sinne der systematischen Schul- und Unterrichtsentwicklung sein und konnte im Rahmen der Tagung als anregendes Beispiel eingebracht werden.

2. Das Verständnis von Schulqualität in sechs Qualitätsbereichen

Woran ist die Qualität guter Schulen zu messen? Welchen Anforderungen müssen sie entsprechen? Diese Frage beschäftigte die Begründer des Wettbewerbs intensiv. Unter Bezugnahme auf die Schulqualitäts- und Schulentwicklungsforschung der vergangenen zwanzig Jahre ebenso wie zu den Orientierungs-rahmen der Bundesländer werden sechs Qualitätsbereiche beschrieben, anhand derer die Schulen sich messen lassen müssen: *Leistung, Umgang mit Vielfalt, Unterrichtsqualität, Verantwortung, Schulleben und Schulentwicklung.* Es geht beim Wettbewerb um den Deutschen Schulpreis nicht um gute Teilkonzepte, sondern um das tragende Zusammenspiel aller Aspekte im Sinne der vielfach geforderten systemischen Betrachtung. Die Teilbereiche werden als gleichwer-tig und gleichermaßen erforderlich für eine Schule erachtet, in der das „Lernen Flügel bekommt".

Mit diesen sechs Qualitätsbereichen wurde die gemeinsame Bezugsgröße de-finiert und eine gemeinsame Sprache gefunden. Alle Beteiligten beziehen sich immer wieder auf diesen Katalog und reflektieren die Weiterentwicklung zu al-len Bereichen. Wissend um die Zusammenhänge der Bereiche können Einzel-aspekte hervorgehoben und Schwerpunkte gesetzt werden.

1. Leistung: Schulen, die gemessen an ihrer Ausgangslage besondere Schülerleistungen in den Kernfächern (Mathematik, Sprachen, Naturwissen-schaften), im künstlerischen Bereich (z.B. Theater, Kunst, Musik oder Tanz), im Sport oder in anderen wichtigen Bereichen (z.B. Projektarbeit, Wett-bewerbe) erzielen.

2. Umgang mit Vielfalt: Schulen, die Mittel und Wege gefunden haben, um produktiv mit den unterschiedlichen Bildungsvoraussetzungen, Interessen und Leistungsmöglichkeiten, mit kultureller und nationaler Herkunft, Bil-dungshintergrund der Familie, Geschlecht ihrer Schülerinnen und Schüler umzugehen; Schulen, die wirksam zum Ausgleich von Benachteiligungen bei-tragen; Schulen, die das individuelle Lernen planvoll und kontinuierlich för-dern.

3. Unterrichtsqualität: Schulen, die dafür sorgen, dass die Schüler ihr Lernen selbst in die Hand nehmen; Schulen, die ein verständnisintensives und pra-xisorientiertes Lernen auch an außerschulischen Lernorten ermöglichen; Schulen, die den Unterricht und die Arbeit von Lehrern mit Hilfe neuer Erkenntnisse kontinuierlich verbessern.

4. Verantwortung: Schulen, in denen achtungsvoller Umgang miteinander, gewaltfreie Konfliktlösung und der sorgsame Umgang mit Sachen nicht nur postuliert, sondern gemeinsam vertreten und im Alltag verwirklicht wird; Schulen, die Mitwirkung und demokratisches Engagement, Eigeninitiative und Gemeinsinn im Unterricht, in der Schule und über die Schule hinaus tat-sächlich fordern und umsetzen.

5. Schulleben / Schulkultur / Außerschulische Partner: Schulen mit einem guten Klima und anregungsreichen Schulleben; Schulen, in die Schüler, Lehrer und Eltern gern gehen; Schulen, die pädagogisch fruchtbare Beziehungen zu außerschulischen Personen und Institutionen sowie zur Öffentlichkeit pflegen.

6. Schulentwicklung / Schule als lernende Institution: Schulen, die neue und ergebnisorientierte Formen der Zusammenarbeit des Kollegiums, der Führung und des demokratischen Managements praktizieren und die Motivation und Professionalität ihrer Lehrer planvoll fördern; Schulen, die in der Bewältigung der Stofffülle, der Verbesserung des Lehrplans, der Organisation und Evaluation des Schulgeschehens eigene Aufgaben für sich erkennen und daran selbstständig und nachhaltig arbeiten.[1]

Diese sechs Qualitätsbereiche mit den dahinter liegenden Kriterien bilden seitdem den qualitativen Rahmen für die Bewerbungen von Schulen. Sie sind zunächst Basis der Selbstdarstellung der Bewerberschulen, gleichzeitig auch das Tableau der Begutachtungen im mehrstufigen Juryverfahren. Nach ihnen sichten und beurteilen in jeder Preisrunde die rund dreißig Experten und Expertinnen der Vor-Jury die vorgelegten Bewerbungen und leiten davon etwa fünfzig Bewerbungen an die Jury weiter. Diese trifft ihre Entscheidungen ebenso nach dem Maßstab der sechs Kriterien und nominiert zwanzig Schulen für Schulbesuche durch ein kleines Expertengremium.

Abb. 1: Verfahren der Vergabe des Deutschen Schulpreises

3. Schulentwicklung durch Anregung zur Selbstreflexion im Kollegium

Zur Bewerbung gehört eine systematische Selbstdarstellung der Schule anhand der sechs Qualitätsbereiche des Deutschen Schulpreises (s.o.). Im Prozess der Bewerbung setzen Schulleitung und Kollegium sich im Sinne einer internen Evaluation kriteriengeleitet und intensiv mit dem Entwicklungsstand der

---

1   Vgl. http://schulpreis.bosch-stiftung.de/content/language1/html/8779.asp [14.3.2013]

Schule auseinander und das Wissen über die Stärken und Schwächen der eigenen Schule wächst, Entwicklungsfelder werden sichtbar. Mit der schriftlichen Selbstbeschreibung liegt ein kompakter Qualitätsbericht vor, der kompatibel mit den Anforderungen der Schulinspektionen ist und über die Jahre fortgeschrieben werden kann. Oft fällt den Schulen erst beim Schreiben der Bewerbung auf, was sie bereits alles leistet und welcher Weg bereits erfolgreich gegangen wurde. Es entsteht Bewusstheit für die eigenen Stärken, welche für anstehende Veränderungen motiviert und Sicherheit gibt. Eine Schulleiterin einer Preisträgerschule beschrieb es einmal wie folgt: „Wir müssen niemandem zeigen, wie gut wir sind, aber wir müssen uns selbst mit Hilfe der Wettbewerbe vergewissern, wo wir uns in unserem Entwicklungsstand befinden. Dann ist die öffentliche Resonanz und Anerkennung weit wertvoller als jedes Preisgeld."

Motiviert durch einen Wettbewerb kann die schulinterne Qualitätsentwicklung zur gemeinsamen Aufgabe des Kollegiums werden und ein weiterer Schritt auf dem Weg zum Ideal der kollegial geteilten Qualitätsverantwortung gegangen werden.

Wichtig dabei ist, dass die Schule den Zeitpunkt der Selbstvergewisserung selbst bestimmt und sie sich aus eigenem Antrieb den Evaluationskriterien stellt (Selbstevaluation vor Fremdevaluation). Dies ist eine wesentliche Voraussetzung für eine positive Wirkung der Teilnahme auf interne Schulentwicklungsprozesse.

4. Schulentwicklung durch Expertenfeedback

Jede Schule, die sich dem Auswahlverfahren des Deutschen Schulpreises stellt, kann ein ausführliches Feedback zum Abschneiden im Wettbewerb, zu ihren Stärken und zu innovationsbedürftigen Bereichen in der eigenen Schulentwicklung erhalten. Für diese Rückmeldung gibt es unterschiedliche Formen. Allen Schulen, die bereits auf Grundlage der schriftlichen Bewerbung aus dem Verfahren ausscheiden, wird ein telefonisches Rückmeldegespräch angeboten. Ein intensiveres Feedback erhalten die Bewerberschulen, die zum Kreis der zwanzig besuchten Schulen gehören. Bereits im Auswahlverfahren erhalten sie von dem Juryteam konkrete Hinweise und wertschätzendes Feedback. Anders als bei Schulinspektionen, wo der Kontroll- und Legitimationszweck im Vordergrund steht, ist die Jury auf der aktiven Suche nach guten bzw. den besten Schulen, d.h. es wird zwar durchaus kritisch beobachtet, aber es wird immer wieder nach dem Gelingenden geschaut und im Dialog mit den verschiedenen Akteuren der Schule werden Stärken ergründet. Nach Abschluss des Wettbewerbsverfahrens kann es auf Wunsch einen zusätzlichen eintägigen Beratungsbesuch eines Jurymitglieds geben.

Eine Evaluation dieser Besuche zeigt: Die betroffenen Schulleitungen und Kollegien schätzen die anerkennende, offene und fachlich hochwertige Beratung und Rückmeldung zu den Beobachtungen des Schulbesuchsteams durch einen „kritischen Freund". Auch hier dürfte von ausschlaggebender Bedeutung sein, dass der Deutsche Schulpreis und seine Experten ohne staatlichen Kontrollauftrag und ohne Eigennutz, sondern aus rein fachlichen Motiven und aus pädagogischem Engagement handeln.

5. Schulentwicklung in beständiger Gemeinschaft

Mit der Teilnahme am Wettbewerb gehören die Schulen zum Adressatenkreis verschiedener Veranstaltungen und Tagungen, die im Rahmen der Akademie angeboten werden. Immer ist das Ziel, die Praktiker guter Schulen zusammenzubringen und durch pädagogische Expertise angereicherte Weiterentwicklung anzuregen.

In Zusammenarbeit mit lokalen Partnern (Universitäten, Landesinstitute) lädt die Akademie des Deutschen Schulpreises alle Bewerberschulen einmal jährlich zu so genannten *Regionalforen* ein. Diese haben ganz unterschiedliche Formate, beziehen sich jedoch mit der thematischen Schwerpunktsetzung immer auf die Qualitätsbereiche. So trafen sich beispielsweise die niedersächsischen Schulpreisschulen an der Preisträgerschule IGS Franzsches Feld in Braunschweig, um sich über Arbeitsschwerpunkte zum Qualitätsbereich Leistung auszutauschen und eine längerfristige Zusammenarbeit anzuregen. In Bayern wurde ein Regionalforum ausschließlich für Gymnasien ausgerichtet, um die Qualitätsbereiche gemeinsam für diese Schulform mit Inhalten zu belegen.

Ebenfalls jährlich findet das bundesweite *Exzellenzforum* des Deutschen Schulpreises statt. Es bleibt den Bewerberschulen des engsten Kreises vorbehalten und soll eine besondere Auszeichnung für die Schulen sein, die es unter die „50 Besten" eines Wettbewerbsjahrgangs geschafft haben. In acht parallelen Arbeitsgruppen werden Teilaspekte wie „Schulentwicklung in der Migrationsgesellschaft", „Individuelle Lernwege begleiten", „Inklusive Schule" und „Individualisierung und Schulentwicklung" erörtert. Eröffnet werden diese Arbeitskreise jeweils mit einer ausführlichen Vorstellung zweier gelungener Praxisbeispiele – in der Regel von Preisträgerschulen. Im Mittelpunkt stehen dann aber der Austausch von Ideen, Konzepten und auch Fragen aller Teilnehmenden. Pädagogische Expertinnen und Experten kommentieren die Diskussion und lenken den Blick auf weiterführende Fragen. Insgesamt soll das Exzellenzforum des Deutschen Schulpreises von guter Schulpraxis ausgehen, von ihr bestimmt werden und auf sie zurückwirken.

Exklusiv für die Preisträgerschulen findet in jedem Frühjahr das *Kollegtreffen* statt. Es ist das Forum für die Schulleitungen der inzwischen 31 ausgezeichneten Schulen. Sie sind aufgefordert, Reformmotor zu bleiben, die bestehenden Konzepte zu hinterfragen und sich den zukünftigen Herausforderungen der Schulentwicklung zu stellen. Gerade beim Kollegtreffen wurde immer wieder die Erfahrung gemacht, dass die pädagogische Diskussion von der Vielfalt der ausgezeichneten Schulen lebt und gerade das Zusammentreffen sehr unterschiedlicher Schulformen und Kontexte sehr förderlich ist.

6. Unterrichtsentwicklung durch Fortbildung in pädagogischen Werkstätten

Die pädagogischen Werkstätten sind ein modular aufgebautes Fortbildungsprogramm, das sich bundesweit an alle Schulen richtet. Sie werden zu verschiedenen Kernthemen der Unterrichtsentwicklung angeboten, wie zum Beispiel „Umgang mit Heterogenität", „Kollegiale Unterrichtsreflexion", „Verständnisintensives Lernen" und „Lernbegleitung und Leistungsbeurteilung" und von erfahrenen Praktikern durchgeführt.

Eine Teilnahme ist unabhängig von der Beteiligung am Wettbewerb möglich; es sind vielmehr besonders jene Schulen angesprochen, die erst am Beginn einer Entwicklung stehen. Jede Werkstatt besteht aus bis zu vier Bausteinen, welche über einen Zeitraum von bis zu zwei Jahren angeboten werden. Die Zeit zwischen den Bausteinen wird für die Reflektion und Praxiserprobung genutzt. Je Schule sind im Idealfall verbindlich drei Personen beteiligt, wobei eine Person der Schulleitung angehören soll. Durch die explizite Einbindung der Schulleitung soll die systematische Verankerung unterstützt werden und stets der Bezug zu den sonstigen Entwicklungsschwerpunkten erhalten bleiben. Aufgabe der Schulleitung ist es auch, die Lehrkräfte bei der Weitergabe des erworbenen Wissens im eigenen Kollegium zu unterstützen, etwa durch die schulinternen Fortbildungstage oder die konsequente Einbindung in die Konferenzstruktur (Fachschaften, Jahrgänge, Gesamtkonferenzen).

In einer Evaluation betonten die Schulleitungen die besonderen Vorteile, die sich aus der Arbeit in Schulteams ergaben: Im Gegensatz zu anderen Fortbildungen, an denen häufig einzelne Lehrkräfte teilnehmen, habe bei den Pädagogischen Werkstätten immer wieder die Gelegenheit bestanden, mit den anwesenden Kollegen unmittelbar über Übertragung auf die eigene Praxis zu reflektieren.

Die intensive Zusammenarbeit in den Werkstattgruppen führt zu einer kollegialen Verbindung, die auch über das Programm hinausreicht. So haben sich vereinzelt Schulen zusammengeschlossen und sich gegenseitig bei schulinternen Fortbildungen und Implementierung unterstützt.

7. Schulentwicklung durch Spicken: Hospitationen mit anschließender Reflexion

Hospitationen gehören in mehrfacher Hinsicht zu den wirksamsten Impulsen der Fortbildung. Aus der beobachteten Praxis werden Impulse für den eigenen Unterricht gewonnen, eigene Wege bestätigt oder in Frage gestellt. Umgekehrt profitiert die hospitierte Lehrkraft respektive Schule durch das Feedback und die Möglichkeit, das eigene Tun oder die Situation mit unbeteiligten Personen zu reflektieren. Es gibt sehr unterschiedliche Varianten der schulinternen („kollegiale Hospitationsringe") oder schulübergreifenden Hospitation (z.B. in den Netzwerken des Programms Ganztägig Lernen oder Blick über den Zaun).

Im Rahmen des Hospitationsprogramms der Robert Bosch Stiftung erhalten Pädagogen-Tandems ein Stipendium für einen einwöchigen Aufenthalt in einer Schule. Die Preisträgerschulen bieten jedes Jahr insgesamt 150 Personen die Möglichkeit, in ihren Schulalltag „einzutauchen" und auch mitzuarbeiten (Ausschreibung jährlich im Februar/März unter www.deutscher-schulpreis.de). In der persönlichen Begegnung mit erfahrenen Praktikern werden Antworten auf die eigenen pädagogischen Fragen gefunden und auch Ermutigung für den Umbau der eigenen Schule gewonnen.

Die Tandems reisen als Gesandte ihrer Schule mit konkreten Fragen an und stellen immer wieder den Bezug zur eigenen Schul- und Unterrichtsentwicklung her; häufig beteiligen sich auch Schulleitungsmitglieder. Auch die gastgebenden Schulen erleben die Hospitationsbesuche als bereichernd durch die Herausforderungen des kritischen Hinterfragens der eigenen Gewissheiten, aber natürlich auch durch die positive Resonanz und Anerkennung der eigenen Leistungen.

Zur Unterstützung des Transfers werden alle Hospitanten eines Jahres zu einem gemeinsamen Stipendiatentreffen eingeladen, wo Erfahrungen ausgetauscht und Impulse zu Fragen der Umsetzung gegeben werden. Ziel ist es, die externen Impulse immer wieder mit einer systematisierten Schulentwicklungsplanung zu verbinden und Gelegenheiten zur längerfristigen Vernetzung mit Kolleginnen und Kollegen zu schaffen.

8. Experimente im Schulverbund eines Schullabors

Das *Schullabor* ist ein Förderprogramm der besonderen Art, welches von den antragstellenden Schulen ein Höchstmaß an Gestaltungs- und Innovationswillen verlangt, der über eine Lösung von Problematiken der eigenen Schulentwicklung hinausgeht. Im Schulverbund gehen zwei bis sechs Schulen auf „pädagogische Entdeckungsreise" und stellen sich der Weiterentwicklung einer speziellen pädagogischen Herausforderung. Das Besondere ist, dass die Fragestellungen und Zielsetzungen für ein neues Labor von den beteiligten Schulen gefunden werden müssen (im Gegensatz zur verbreiteten Projektförderung, wo die Budgets unter einem Thematischen Fokus ausgeschrieben und meist auch der Arbeitskontext strukturiert vorgegeben wird). Bewusst wird auf rahmende, extern vorbereitete Veranstaltungen verzichtet und die Projektgruppe zur Eigenverantwortung genötigt. Der dreijährige „Forschungs- und Arbeitsplan" ist vor der Antragstellung im Schulverbund zu erarbeiten, wobei es bei Bedarf Beratung gibt. Alle Schullabore kooperieren eng mit Wissenschaftlern, die den Kontakt zur Praxis sehr schätzen.

9. Gelingensfaktoren und Übertragbarkeit

Fragt man nach dem Erfolgsrezept des Deutschen Schulpreises und der Akademie lassen sich drei wesentliche Gelingensfaktoren benennen: Alle Angebote der Akademie sind komplett freiwillig, keine Schule muss sich der Selbstbewertung unterziehen, um sich in einen Wettbewerb zu begeben. Anders als bei Schulinspektionen entscheidet die Schule, wann der geeignete Zeitpunkt ist, sich einer kritischen Analyse zu unterziehen und im Anschluss daran dann auch von externer Seite bewerten zu lassen. Es mögen ganz ähnliche Verfahrensweisen zur Anwendung kommen, die emotionale Gestimmtheit ist eine andere. Die Einladung hat immer eine größere Wirkung als Verpflichtung und Belehrung.

Der zweite Aspekt wird bei allen Angeboten immer wieder zurückgemeldet. Es ist die ausgesprochen anerkennende, wertschätzende und akzeptierende Haltung gegenüber den Schulen und teilnehmenden Menschen. Ein Schulleiter sprach kürzlich vom „Wohlfühlprogramm für Lehrkräfte". (Wenn man bedenkt, dass die Veranstaltungstage oftmals von morgens früh bis in den späten Abend mit intensiven „Arbeitspaketen" gefüllt sind, eine interessante Äußerung). In einer Gemeinschaft von Kolleginnen und Kollegen wird viel Stärkung und Ermutigung erfahren. Es steht das Gelingen im Vordergrund; der gemeinsame Weg führt immer wieder schnell vom Problemraum in den Lösungsraum.

Der dritte Gelingensfaktor für die Wirksamkeit ist die Rückbindung auf das Konzept und die Ziele der Schulentwicklung der beteiligten Schulen. Es wird immer wieder danach gefragt, was die aktuellen Entwicklungsschwerpunkte sind und wie die Aktivitäten in der Akademie des Deutschen Schulpreises diese unterstützen sollen. Außerdem ist immer die Schulleitung mit eingebunden, die den Überblick und die Verantwortung für die sinnvolle Einbindung trägt und Aktionismus oder Inselprojekte verhindern kann.

Es ist eine Gemeinschaft von lernenden Praktikern entstanden, die alle erfahren haben, dass die Utopie einer guten Schule Realität werden kann, wenn die Beteiligten sich kollegial unterstützen. Dieses Verständnis einer lernenden

Gemeinschaft von Praktikern und ihre Formate könnten modellhaft auch für andere Netzwerke oder Schulverbünde sein.

Literatur

Prenzel, Manfred, Schratz, Michacl & Fauser, Peter (2010). Von den besten lernen? Was exzellente Schulen für ihre Entwicklung tun. *Zeitschrift für Organisationsentwicklung, 1,* 13–20.

Prenzel, Manfred, Schratz, Michael & Schultebraucks-Burgkart, Gisela (2011). (Hrsg.). *Was für Schulen! Schule der Zukunft in gesellschaftlicher Verantwortung.* Seelze-Velber: Klett-Kallmeyer.

Reese, Maike & Plessing, Götz (2013). Der Deutsche Schulpreis und seine Akademie. In Peter Fauser, Wolfgang Beutel & Jürgen John (Hrsg.), *Pädagogische Reform: Anspruch – Geschichte – Aktualität.* Seelze-Velber: Klett-Kallmeyer.

Gabriele Herzberg

Schulische Qualitätsentwicklung mit Hilfe des Schulverbundes „Blick über den Zaun"

1. Vorwort

Unsere Haupt- und Realschule Ludwig-Windthorst-Schule in Hannover, ab dem 01.08.2014 Oberschule mit gymnasialem Angebot, ist seit fast 40 Jahren eine katholische Konkordatsschule in Trägerschaft des Bistums Hildesheim. Mit ca. 830 Schülerinnen und Schülern sowie 66 Lehrkräften, 16 Lehrer/in-ne/n im Vorbreitungsdienst, zwei pädagogischen Mitarbeiterinnen sowie ei-nem Schulseelsorger gehört unsere Schule zu den großen Schulen in der Region Hannover. Der Hauptschulbereich ist von Klasse 5 bis 10 zweizügig, der Real-schulbereich vierzügig.

Im Folgenden soll von den mit einem unterstützenden Netzwerk gemachten Erfahrungen berichtet werden: Was bringt die Mitgliedschaft im ‚Schulverbund Blick über den Zaun' (BüZ).

2. Stationen im Schulentwicklungsprozess der Ludwig-Windthorst-Schule

Am Ende der Ära Orientierungsstufe in Niedersachsen im Jahr 2004 mussten die Haupt- und Realschulen ihr schulisches Angebot überdenken. Pädagogische Prozesse konnten nicht mehr am Output orientiert sein, sondern mussten ver-stärkt das individuelle Kind mit seinen Möglichkeiten und Stärken in den Mittelpunkt nehmen.

Die neue Schulleiterin der Ludwig-Windthorst-Schule („LuWi") griff diese Thematik in der ersten schulinternen Lehrerfortbildung (SchiLf) im Frühjahr 2005 auf und zeigte den Film „Treibhäuser der Zukunft"[1]. Zur Steuerung von Entwicklungsschritten bildete sich eine Steuergruppe, die in den nächsten Monaten Veränderungen andachte und schrittweise das Lernen im Haupt- und Realschulbereich veränderte. Begleitet wurde dieser Veränderungsprozess von zwei externen Schulbegleitern, die der Schulträger aus der „Arbeitsstelle für Fortbildung und Beratung des Bistums Hildesheim" zur Verfügung stellte und die bis heute den Weiterentwicklungsprozess an unserer Schule begleiten.

---

1 Treibhäuser der Zukunft – Wie in Deutschland Schulen gelingen", Dokumentarfilm des Journalisten Reinhard Kahl, 2004.

Folgende Stationen der schulischen Veränderungen hat unsere Schule bis heute durchlaufen:

2005/06
- Schulvormittag (fast) ohne Klingel
- Morgenkreis/Wochenanfangskreis

2006/07
- mehrere Besuche der Kolleg/inn/en von Marchtaler-Plan-Schulen[2] sowie Kennenlernen vom „Projekt Hauptschule"[3]
- Planung von thematischen Vernetzungen im gesellschaftlichen und naturwissenschaftlichen Bereich
- konkrete Pläne für das „Neue Lernen" in Klasse 5 ab 2007/08

2007/08
- Jahrgang 5 (Hauptschule/ Realschule) arbeitet mit einem neuen Konzept „Neues Lernen"
- weitere Besuche in Marchtaler-Plan-Schulen und beim „Projekt Hauptschule"

2008/09
- Weiterführung im Jahrgang 6
- Fortführung von Besuchen an Schulen in Baden Württemberg sowie in Vechta
- Zweiter Durchgang Klasse 5 (evaluiert)
- Planung Klasse 7

2009/10
- Weiterführung im Jahrgang 7
- nächste Durchgänge Klassen 5 und 6 (evaluiert)
- Planung Klasse 8
- Anmeldung der Schulinspektion
- intensive Vorbereitung der Schulinspektion: Verschriftlichung aller Konzepte

2010/11
- Weiterführung im Jahrgang 8
- Schulinspektion des Landes Niedersachsen (am dritten Schultag)
- drei Wochen später: Anfrage beim „Blick über den Zaun"

---

2 Der „Marchtaler Plan" ist ein seit 1984 entwickelter Erziehungs- und Bildungsplan, s. www.schulstiftung.de.
3 Das Bischöflich Münstersche Offizialat Vechta startete 2007 in Kooperation mit der Hochschule Vechta einen Schulentwicklungsprozess für die Hauptschulen unter dem Leitwort „... weil du so wertvoll bist".

- Februar 2011: Die „LuWi" wird mit Zustimmung der Gesamtkonferenz 118. Mitglied im Arbeitskreis 14 des Schulverbunds „Blick über den Zaun".
- Hospitationsmöglichkeiten innerhalb und außerhalb der eigenen Schule, Fortbildungen

2011/12
- Doppelstunden-Prinzip (moderat) wird eingeführt
- zwei BüZ-Besuche: Nauen (Brandenburg) und Altach (Vorarlberg/Österreich)
- Jahrgang 9: Übernahme einzelner reformpädagogischer Elemente – intensiver kollegialer Austausch von Klasse 5 bis Klasse 10 auf einer SchiLf
- veränderte Kommunikationsform: Jahrgangsteams werden zu neuen Arbeitsgremien der Schule

2012/13
- zwei BüZ-Besuche: Berg (Bayern) und Landau (Rheinland-Pfalz)
- Jahrgang 10: Elemente vom „Neuen Lernen"
- Planung: „Offene Ganztagsschule"

2013/14
- Einführung: „LuWi" als „Offene Ganztagsschule", Angebot zunächst für Kinder im Jahrgang 5 (42% der Fünftklässler nutzen dieses Angebot)
- Antrag für die Schulform „Oberschule mit gymnasialem Angebot"
- Februar 2014: Genehmigung zur Errichtung einer „Oberschule mit gymnasialem Angebot" ab dem 01.08.2014 aufsteigend ab Schuljahrgang 5
- BüZ-Besuch in Bergatreute (Baden Württemberg)
- Erwartung des eigenen BüZ-Besuches im November 2014

3.　Bausteine vom „Neuen Lernen"

Das „Neue Lernen" an unserer „LuWi" beinhaltet folgende Elemente
I　Wochenanfangs- und Abschlusskreis (WAK)
　　Beginn und Abschluss der Schulwoche werden besonders in den Mittelpunkt gestellt: Impulse, Meditation, Gespräche, Aus- und Rückblick.
II　Offener Anfang
　　Diese Phase – 15 Minuten vor Unterrichtsbeginn – stellt eine Zeit des Ankommens, der Vorbereitung und des Arbeitseinstiegs dar. Die Lehrkraft ist anwesend.
III　Thematische Vernetzung von Unterrichtsinhalten

Schwerpunktmäßig im GW-Bereich (Geschichte, Erdkunde, Religion und Deutsch) sowie im NAT-Bereich (Biologie, Chemie und Physik) werden Unterrichtsinhalte thematisch vernetzt und zu Jahrgangsthemen verbunden.

IV Stunden für selbstständiges, eigenverantwortliches Lernen

In den SEL-Stunden (*selbstständiges, eigenverantwortliches Lernen*) arbeiten die Schülerinnen und Schüler an selbst gewählten Themen und Schwerpunkten, besonders im Rahmen des Wochenplans. Die Lehrkraft geht umher, gibt individuelle Hilfen und Rückmeldungen.

V Wochenplan-Arbeit

Der Wochenplan gibt eine Übersicht über verpflichtende und freiwillige Aufgaben in den SEL-Stunden und zur Hausarbeit.

4. Schule braucht Entwicklung – Entwicklung braucht Evaluation

„Es geht in der Schule um einzelne Menschen, die Kinder und Jugendlichen. Die Schule ist für sie da und nicht umgekehrt." (Groeben, 2010a, S. 6) Diese Grundüberzeugung des BüZ verdeutlicht den eigentlichen Mittelpunkt der schulischen Arbeit: Sie muss sich an den Bedürfnissen der Kinder und Jugendlichen ausrichten. Da in einer sich verändernden Gesellschaft mit ihren sozialen Einflüssen auf die Kinder sich diese rasant verändern, muss Schule sich entwickeln, den Unterricht neu denken, die Kinder in ihren Unterschiedlichkeiten individuell wahrnehmen und fördern.

Diese Entwicklung hin zu einer „guten Schule" braucht Zeit, muss mit einzelnen Entwicklungszielen versehen und immer wieder überprüft – evaluiert – werden. Als „lernende" Organisation, die die Schülerinnen und Schüler im Blick hat, reflektiert die Schule bereits durch die täglichen Erfahrungen die Wirksamkeit ihres Handelns. Hinzu kommen der schulinterne Austausch sowie die Sicherung der Zielabsprachen im gemeinsamen Diskurs.

Neben dieser internen Evaluation ist der „Blick von außen" aber wichtig, denn die Stärken und Schwächen der eigenen Arbeit nehmen die Beteiligten oft nicht mehr bewusst oder eindeutig wahr, vieles ist „selbst-verständlich" geworden. „Der Fremdblick beugt blinden Flecken vor und ermöglicht, voneinander zu lernen." (Brügelmann, 2010, S. 47). Schon durch die Erwartung des „fremden Blicks" wird der eigene Blick verändert: „Wie sehen uns die anderen?"

Die Notwendigkeit zur Veränderung von Schule brachte in den letzten Jahren neben bekannter Fachliteratur (vgl. Meyer, 2004) auch staatliche[4] sowie

---

4 Vgl. Niedersächsisches Kultusministerium (2006). Orientierungsrahmen Schulqualität in Niedersachsen.

für Schulen in kirchlicher Trägerschaft[5] verfasste „Orientierungsrahmen" auf den Plan. Als begleitende externe Evaluationsinstrumente entstanden zum einen Kontrollsysteme der Kultusbehörden – „Schulinspektion" – sowie zum anderen freie Anbieter (z.B. SEIS).

Viele Jahre vor diesen vom Staat aufgelisteten Qualitätskriterien für Schulen und deren verpflichteten Überprüfungen durch Inspektoren entstand 1989 der Schulverbund „Blick über den Zaun", der seit nunmehr 23 Jahren durch Schulbesuche der „critical friends" die pädagogischen Experten miteinander ins Gespräch bringt. „Als ‚Angebot auf Augenhöhe' schafft der Blick über den Zaun eine ganz andere Beziehungs- und Wirkungsebene als jede staatliche Kontrollinstanz." (Seydel, 2008, S. 6).

5.   „Blick über den Zaun" – Was ist eine gute Schule?

Dem Schulverbund „Blick über den Zaun", der seit 1989 den Erfahrungsaustausch von reformpädagogisch orientierten Schulen aller Schularten in staatlicher oder privater Trägerschaft unterstützt und Schulentwicklung „von unten" betreibt, gehören zzt. 15 Arbeitskreise mit inzwischen 129 Mitgliedsschulen an. Unsere Ludwig-Windthorst-Schule ist seit Februar 2011 im Arbeitskreis 14. Angeregt durch den Film „Treibhäuser der Zukunft", den Besuch der Bodenseeschule sowie unsere Erfahrungen mit der Niedersächsischen Schulinspektion suchten wir nach einer konstanten Möglichkeit zur Anregung, Ermutigung und Unterstützung unseres Schulentwicklungsprozesses auf dem Weg zu einer „guten Schule". „Ziel des ‚Blick über den Zaun' ist es, durch regelmäßige wechselseitige Besuche (‚peer reviews'), durch Tagungen und das Anwerben weiterer Schulen dazu beizutragen, dass Schulen im direkten Erfahrungsaustausch voneinander lernen: einander anregen, ermutigen, unterstützen."[6]

Auch wenn wir bis heute dem hohen Anspruch, wie er im „Leitbild einer guten Schule" mit den sich daraus entwickelnden Standards zum Ausdruck kommt, nur in kleinen Schritten gerecht werden können, bleibt doch unser Ziel, immer mehr zu einer „guten Schule" zu werden. Dazu hilft die Rückbesinnung auf diese pädagogischen Grundüberzeugungen und ermöglicht durch ihre Operationalisierungen die schrittweise Veränderung der schulischen Rahmenbedingungen.

---

5   Evangelische Landeskirche: Die Reihe *Schule in evangelischer Trägerschaft* bietet seit 2001 eine Sammlung von Veröffentlichungen zu neuen Entwicklungen, Impulsen und Gestaltung von evangelischen Schulen.
Katholische Kirche: Die deutschen Bischöfe (2009). „Qualitätskriterien für Katholische Schulen", verfügbar unter: http://www.katholische-schulen.de/fileadmin/downloads/DBK_1190.pdf [29.08.2013]
6   Vgl. http://www.blickueberdenzaun.de/Startseite [10.08.2013]

Folgende vier Kriterien stehen für das „Leitbild einer guten Schule":

I   Den Einzelnen gerecht werden – individuelle Forderung und Herausforderung

II   „Das andere Lernen" – erziehender Unterricht, Wissensvermittlung, Bildung

III Schule als Gemeinschaft – Demokratie lernen und leben

IV Schule als lernende Institution – Reform „von innen" und „von unten"

Diese vier Grundüberzeugungen werden zunächst operationalisiert in je vier Standards, die sich auf das Wie des Lernens beziehen. „Die Standards fordern nicht mehr und nicht weniger von uns, als dass wir das schaffen: den Einzelnen gerecht zu werden *und* das Lernen anders anzulegen" (Groeben, 2010b, S. 29). Die Umsetzung dieser Schritte muss auf drei Ebenen erfolgen:

- *Pädagogisch* – konkretes Handeln der Lehrerinnen und Lehrer: Was kann ich als Einzelne/Einzelner tun?
- *Schulisch* – Schaffung von schulischen Rahmenbedingungen: Was kann die Schule tun?
- *Systemisch* – Unterstützung bzw. Voraussetzungen, die durch den Schulträger geschaffen werden müssen: Wie sehen förderliche Rahmenbedingungen aus?

6.   BüZ als Evaluationsinstrument

Der BüZ-Schulverbund ist von Anfang an als Evaluationsinstrument, jedoch nicht als „Autorität, sondern als Dienstleistung" (Brügelmann, 2008, S. 39) angelegt worden: Schulen sollen von Schulen lernen durch

- die gegenseitigen Besuche innerhalb der Arbeitskreise mit dem Austausch ihrer pädagogischen Konzepte und deren Umsetzung im Alltag;
- thematische Tagungen des Gesamtverbandes für alle BüZ-Teilnehmer;
- Stellungnahmen zu pädagogisch brisanten Themen (Expertenrunden);
- den informellen Austausch zwischen den einzelnen Vertreterinnen und Vertretern der Einzelschulen;
- durch regelmäßige Newsletter des Verbandes.[7]

Im Vergleich zur staatlichen Schulinspektion soll die Evaluation nicht „von oben", sondern auf Augenhöhe – ein „Austausch unter Freunden" – sein: „Scharfe Brillen, wache Augen und ein einfühlsamer Blick" (Brügelmann, 2008).

---

7   Download möglich unter www.blickueberdenzaun.de [10.08.2013].

Die wechselnden Besuche an den Schulen des Arbeitskreises dienen als konkrete Rückmeldung an die besuchte Schule und setzen damit den schulinternen Evaluationsprozess in Gang oder unterstützen ihn. Im Schnitt werden jährlich zwei Schulen des Arbeitskreises von zwei Vertretern – möglichst einem Schulleitungsmitglied und einer Kollegin/einem Kollegen – der anderen Arbeitskreisschulen für zwei bis drei Tage besucht, sodass alle vier bis fünf Jahre eine Besuchergruppe in die Einzelschule kommt. Nach der Gründung eines neuen Arbeitskreises werden die ersten Besuche von sogenannten „Paten", erfahrenen BüZ-Kollegen, begleitet, die den Kommunikationsprozess innerhalb dieser neuen Kollegengruppe unterstützen sowie für Fragen und Unklarheiten bereit stehen. Für unseren 2011 gegründeten Arbeitskreis 14 sind diese Paten Annemarie von der Groeben (ehemals Laborschule Bielefeld) sowie Ingrid Kaiser (ehemals Helene-Lange-Schule, Wiesbaden).

7. Ablauf eines Büz-Schulbesuches

Die *Planung* und Vorbereitung des Schulbesuchs übernimmt die zu besuchende Schule: Unterkünfte, Vorbereitung in der Schule (Räume für die Gruppe, Beköstigung), Hospitationspläne und -arten, Planung von informellen Begegnungen, Zusammenstellung schulischer Teilnehmerrunden sowie den gesamten Ablauf dieses Besuches. Entscheidend ist auch die Fragestellung, der „Blickwinkel" für die bevorstehenden Hospitationen: Welchen Eindruck von außen benötigt die Schule für ihren weiteren Entwicklungsprozess? Zu welchen konkreten Fragen braucht sie die Unterstützung der Besucherinnen und Besucher?

Der konkrete *Ablauf* (vgl. Backhaus, Brügelmann, Harder & Seydel, 2009, S. 12) beinhaltet am *ersten Tag* (Anreise meist am Nachmittag) ein Kennenlernen der Schule (Vorstellung, Schulführung) und der Beobachtungswünsche der besuchten Schule: „Schaut mal auf ..." Es folgen Kurzberichte aus den Mitgliedsschulen über neue Entwicklungen und aktuelle Probleme, ein Rückblick auf die zuletzt besuchte Schule (Reaktionen im Kollegium, durch den Besuch ausgelöste Veränderungen, weitere konkrete Entwicklungsschritte).

Am *zweiten Tag* erfolgen vormittags (in Ganztagsschulen auch nachmittags) die Hospitationen in verschiedenen Lerngruppen. Für diese Hospitationen gibt es verschiedene Varianten:

a) als Schatten einer Schülerin/eines Schülers
b) als Schatten einer Kollegin/eines Kollegen
c) nach gezielter Anfrage von Kollegen
d) in einer schwierigen Klasse
e) als freies Angebot – „offenes Haus"

Oft folgen Gesprächsrunden mit Lehrkräften, Eltern und Schülergruppen zu ihrem Blick auf diese Schule.

Ein informeller Abend (gemeinsames Abendessen mit Gesprächen und/oder Kulturveranstaltungen in der Schule), bei dem auch Kolleginnen/Kollegen der Schule teilnehmen sollen, vertieft das Verständnis füreinander, verdeutlicht den „Blick unter Freunden" und ermöglicht den Austausch unter pädagogischen Experten. „Wie im Unterricht ist auch bei der Evaluation die Beziehungsebene mindestens ebenso wichtig wie die Inhalte und Methoden." (Brügelmann, 2008, S. 13)

Die Besucher bereiten am *dritten Tag* die Rückmeldung vor, die „sensibelste Phase" des Schulbesuchs. Hierfür gibt der BüZ Prinzipien vor, damit die besuchten Schulen mit dieser Rückmeldung gut leben und weiterarbeiten können (Backhaus et al., 2009, S. 19):

– Leitgedanke: „Die Wirkung ist wichtiger als die Wahrheit"
– Beachtung des pädagogischen Bezugsrahmens dieser Schule
– Trennung von personen- und systembezogenen Rückmeldungen

Als „Geschenk" erhält das Kollegium eine Rückmeldung, einen „Spiegel", auf die gesamte Schule, auf die wahrgenommenen Stärken, Schwächen und Potenziale zur weiteren Entwicklung. Das besuchte Kollegium soll dieses Feedback nur hörend aufnehmen, aus der differenzierten Wahrnehmung lernen und die Chance für das Entdecken der „blinden Flecken" nutzen. „Die Rückmeldungen der Besucher wirken als Anreger und Verstärker für die Prozesse, mit denen die Schule selbst das eigene Ungenügen, den eigenen Leidensdruck in aktive Veränderungsstrategien aufnehmen kann." (Seydel, 2008, S. 6)

Der Besuch endet mit der Reflexion über die Arbeit der vergangenen Tage und der Planung des nächsten Besuches.

8. Folgen des BüZ-Besuches

Die erhaltenen Rückmeldungen sollte die besuchte Einzelschule für ihren weiteren Entwicklungsprozess nutzen. Neben der spontanen Reflexion des Besuches ist eine systemische Auswertung für die nächsten Arbeitsschritte sinnvoll.

Für die besuchenden Kollegen stellen die gemachten Beobachtungen ebenfalls einen Zugewinn an Erfahrungen und Ideen dar, die sie mit an ihre Schule nehmen:

- Die Konfrontation mit anderen Schulkulturen lässt einen nochmals anders auf die eigene Schule blicken.
- Entscheidend ist der „motivationale Aspekt der Ermutigung und Rücken- wärme" (Seydel, 2008, S. 6): „Das Problem kenne ich." „Andere Schulen bzw. Lehrkräfte haben auch Probleme." „Im Vergleich zu dieser Schule sind wir in einigen Bereichen schon weiter." „Was kann ich als ‚good practice' mitnehmen?" Das eigene Kollegium wird nach dem Besuch über die ge- machten Erfahrungen informiert, sei es in einem bestimmten Gremium, als schriftliche Dokumentation im Lehrerzimmer oder an die gesamte Schulgemeinschaft.

9. Bedeutung des BüZ für unsere Ludwig-Windthorst-Schule

Nach unserer in 2010 mehr negativ besetzten Erfahrung mit der Schulinspektion ist die Rückmeldung durch den BüZ mehr als positiv zu bezeichnen. Wir alle, Beobachter und Beobachtete, wissen uns auf dem gleichen Weg. Wir ken- nen die unterschiedlichen Kulturen unserer Partnerschulen im Arbeitskreis. Die Akzeptanz der Standards, Ausdruck der „BüZ-Identität", bedeutet für un- ser schulisches Handeln Orientierung, Selbstverpflichtung und „bleibende Herausforderung". Diese pädagogischen Leitlinien sind sehr konkret; jedoch be- inhalten sie auf der „Soll-Ebene" ein „utopisches Element", weil ihre Umsetzung immer nur fragmentarisch bleiben wird (Groeben, 2010b, S. 27).

Alle Beteiligten kennen die Schwierigkeiten des „Change-Management- Prozesses". Der Blick über die Schulzäune bedeutet wirklich Anregung, Ermutigung und Unterstützung. Nicht schriftliche Konzepte sind entscheidend, sondern die gelebte Schule.

Der gemeinsame Weg durch die einzelnen Schulen als „kritische Freunde" ist eine gute Basis für die interne Evaluation: „Vertraulichkeit und Vertrauen fördert die Bereitschaft, sich selbst Probleme einzugestehen. Jeder besucht je- den, wir haben also auch eine symmetrische Machtbeziehung." (Brügelmann, 2008, S. 29) Die Bestätigung der noch so kleinen Schritte und die vorsichtig for- mulierten Anregungen durch vielfältige Blicke ermöglichen die Akzeptanz für Veränderungen im Kollegium.

Die einzige „Schwachstelle" bei diesem Evaluationsverfahren ist, dass nur ein festes Tandem-Team diese sich wiederholenden Erfahrungen und die Einblicke in andere sich auf dem Weg befindliche Schulen erhält. So sind die Berichte, die in die eigene Schule zurückgegeben werden, immer nur fragmentarisch und nur aus dem Blickwinkel dieses Teams, das sich aus Schulleitung und einer ebenfalls engagierten Lehrkraft zusammensetzt.

10. Die acht Prinzipien der „anderen" Evaluation – eine Zusammenfassung

Zum Schluss möchte ich die Prinzipien der Evaluation durch den BüZ noch einmal zusammenfassen (Flitner, 2004):

- Freiwilligkeit   Die Teilnahme an der BüZ-Evaluation ist nicht „von oben" angeordnet.
- Grundkonsens: Als gemeinsame Grundlage für Beobachtende und Beobachtete gelten die Standards als Richtschnur für die Weiterentwicklung der Schule.
- Autonomie: Jeder Arbeitskreis einigt sich auf Gestaltung und Organisation der Besuche.
- Gleichrangigkeit: Die Rückmeldung erfolgt auf „Augenhöhe" – „Praxisleute" unter sich.
- Vielfalt: Unterschiedliche Schulformen verschiedener Träger mit vielfältigen pädagogischen Traditionen bereichern alle Teilnehmer.
- Kontinuität: Mehrjährige Zusammenarbeit der einzelnen Teams ermöglicht die Glaubwürdigkeit von und für Kritik.
- Sensibilität: Vorsichtig formulierte Rückmeldungen schaffen eine höhere Akzeptanz für notwendige Veränderungen.
- Nachhaltigkeit: Durch die eingeforderte Rückmeldung bei den folgenden Treffen wird die weitere Entwicklung beobachtet. Die Weitergabe der Erkenntnisse/Ideen beeinflusst ebenso die Entwicklung der anderen Schulen.

Literatur

Backhaus, A., Brügelmann, H., Harder, W. & Seydel, O. (2009). ‚Blick über den Zaun' – Schulen lernen von Schulen – Vorschläge zur Planung und organisatorischen Ausgestaltung von Peer-Reviews durch kritische Freunde. Broschüre – Reformpädagogische Arbeitsstelle ‚Blick über den Zaun' an der Universität Siegen.

Brügelmann, H. (2008). Scharfe Brillen, wache Augen und ein einfühlsamer Blick. In A. Backhaus & H. Brügelmann (Hrsg.), Beobachten, bewerten, beraten – Verfahren und Werkzeuge für eine andere Evaluation (S. 8-52). Broschüre – Reformpädagogische Arbeitsstelle ‚Blick über den Zaun' an der Universität Siegen.

Brügelmann, H. (2010). Ohne persönliche Zuwendung verkommt Pädagogik. In A. Backhaus & H. Brügelmann (Hrsg.), Den Einzelnen gerecht werden – Leistung herausfordern – begleiten – würdigen. Broschüre – Reformpädagogische Arbeitsstelle ‚Blick über den Zaun' an der Universität Siegen, 2011 (S. 45–48).

Die deutschen Bischöfe (2009). *Qualitätskriterien für Katholische Schulen.* Verfügbar unter: http://www.katholische-schulen.de/fileadmin/downloads/DBK_1190.pdf [29.08.2013].

Flitner, A. (2004). Von anderen Schulen lernen? Nachgedanken zu den Erkundungsreisen. In A. Backhaus & H. Brügelmann (Hrsg.), *Schulen lernen von Schulen – Beispiele und Portraits aus dem Schulverbund ‚Blick über den Zaun'* (S. 37–40). Broschüre – Reformpädagogische Arbeitsstelle ‚Blick über den Zaun' an der Universität Siegen, 2009.

Groeben, A. v. d. (2010a). *Wir wollen Schule machen. Eine Streitschrift des Schulverbunds „Blick über den Zaun".* Opladen & Farmington Hills, MI: Verlag Barbara Budrich.

Groeben, A. v. d. (2010b). Individualisierung des Lernens – Unsere Standards als bleibende Herausforderung. In A. Backhaus & H. Brügelmann (Hrsg.). *Den Einzelnen gerecht werden – Leistung herausfordern – begleiten – würdigen* (S. 24–39). Broschüre – Reformpädagogische Arbeitsstelle ‚Blick über den Zaun' an der Universität Siegen, 2011.

Herzberg, G. (2009). Eine Schule für die Zukunft – Neues Lernen an der Ludwig-Windthorst-Schule. *Religion unterrichten – Zeitschrift für Religionspädagogik im Bistum Hildesheim (1).*

Meyer, H. (2004). *Was ist guter Unterricht?* Cornelsen, Berlin.

Niedersächsisches Kultusministerium (Hrsg.). (2006). *Orientierungsrahmen Schulqualität in Niedersachsen.* Broschüre – verfügbar unter: http://www.mk.niedersachsen.de/portal/live.php?navigation_id=1911&article_id=6339&_psmand=8 [27.11.2013].

Seydel, O. (2008). Wie können Schulen voneinander lernen? In A. Backhaus & H. Brügelmann (Hrsg.). *Beobachten, bewerten, beraten – Verfahren und Werkzeuge für eine andere Evaluation* (S. 4–8). Broschüre – Reformpädagogische Arbeitsstelle ‚Blick über den Zaun' an der Universität Siegen.

Alle Texte über die Standards und ihre Umsetzungsmöglichkeiten können im Internet unter www.blickueberdenzaun.de abgerufen sowie alle Broschüren bestellt werden. Das Verfahren der Bewerbung für interessierte Einzelschulen ist dort ebenfalls beschrieben.

Gabriele Bußmann-Strelow

Schul- und Qualitätsentwicklung im Netzwerk!?
Erfahrungen aus der Praxis

1. Unterrichtsentwicklung an der Marienschule – Vorbemerkungen

„Zu fragen ist, auf welche Weise Qualitätsentwicklung gelingt" – das Kernthema der diesjährigen Tagung, wie es schon im Anmeldungsflyer formuliert ist, ist für die Schulpraxis die Frage schlechthin. Sie stellt sich in den einzelnen Schulen tagtäglich. Eine mögliche Antwort ist die Einbettung der schulischen Qualitätsentwicklung in Netzwerke – ein Weg, der hier aus Sicht der Marienschule Münster und ihrer Erfahrungen beleuchtet wird. Dabei gilt es, die Ambivalenz der Netzwerkarbeit, die sich in den Satzzeichen der Überschrift spiegeln, zu benennen.

Anders als es der Titel der Tagung suggerierte, ist eine systematische, von einer schulinternen Steuergruppe begleitete Unterrichts- und Schulentwicklung nicht in erster Linie Konsequenz der staatlichen Qualitätsanalyse und der sich aus ihr formulierten Anforderungen an die schulische Weiterentwicklung. Vielmehr ist sie vor allem Antwort auf den wachsenden Druck, der sich aus der Schulzeitverkürzung (G 8) für Kolleginnen, Kollegen und Schülerinnen und damit auch für die Elternhäuser ergab.

Die Gelegenheit, diesen – alle Schulen gleichermaßen betreffenden – Herausforderungen im Netzwerk zu begegnen, bot sich mit dem Projekt des Bischöflichen Generalvikariats 2008 *„Unterrichtsentwicklung und Eigenprägung für die Schulen des Bistums Münster"*.[1] Dieses hatte sich zum Ziel gesetzt, zunächst Steuergruppen zu qualifizieren und diese dann zu begleiten, um die Nachhaltigkeit der von ihnen angestoßenen Veränderungen zu sichern. In diesem Kontext konstituierte sich die Steuergruppe an der Marienschule, die sich seitdem als Impulsgeber und Moderator schulischer Entwicklungsarbeit versteht und wirkt. Im Projekt hatten ihre Mitglieder vier Jahre lang Zeit, regelmäßige Gelegenheit zum und professionelle Unterstützung beim Austausch mit fünf weiteren bischöflichen Schulen unterschiedlicher Couleur und verschiedenen Projekten, aber gleichen Interessenlagen, Problemen und Erfolgen. Die Vernetzung war eine der wesentlichen Gelingensbedingungen für den Entwicklungsschub an der Marienschule, den die staatliche Qualitätsanalyse dann deutlich und positiv bestätigte.

---

1   Vgl. dazu auch die abschließende Broschüre Unterrichtsentwicklung und Eigenprägung für die Schulen des Bistums Münster. Beispiele und Erfahrungen eines Projektes, herausgegeben vom Bischöflichen Generalvikariat, Hauptabteilung Schule und Erziehung (2012).

Dennoch blieben und bleiben auch und gerade nach der QA Entwicklungsfelder zu beackern, vor allem das der Individuellen Förderung und Binnendifferenzierung im Unterricht. Aufgrund der positiven Erfahrungen der Netzwerkarbeit beschlossen die schulischen Gremien die Teilnahme am Netzwerk ‚Lernpotenziale‘ des Landes NRW,[2] in dem die Schule seit 2012 wichtige Anregungen für die schulische Entwicklungsarbeit erhält. Nicht zuletzt ist die Marienschule für das Netzwerk ‚Zukunftsschulen‘ angemeldet.[3]

Aus den Erfahrungen der Teilnahme an den – Netzwerke fördernden – Projekten lässt sich folgendes, thesenhaft zugespitztes Fazit ziehen.[4]

2.   Schul- und Qualitätsentwicklung im Netzwerk!?

Ja, unbedingt!

… denn Netzwerke ermöglichen den Schulen Austausch, der oft in Impulse mündet, die die Entwicklung der individuellen Schule anstoßen, oder der Folie, gar Korrektiv sein kann: Vergleich tut gut!

Der Austausch ist der offensichtlichste Vorteil der Netzwerkarbeit – die These somit eher eine Binsenweisheit. Beim ersten Treffen des Projektes Lernpotenziale merkten die beteiligten Kolleginnen und Kollegen durch den Austausch mit Ganztagsgymnasien allerdings sehr schnell, dass das Vorhaben an der Marienschule, Wochenplanarbeit zur individuellen Förderung zu implementieren, gar keine Option war. So entstanden die Lernzeiten, die in die Stundentafel des Halbtagsgymnasiums passten.

… denn Netzwerke bieten den Beteiligten Raum für Selbsttätigkeit, Raum für Innovation. Als Kollegin oder Kollege ist man als kompetente Partnerin oder kompetenter Partner gefragt und kann seine Professionalität weiterentwickeln. Dieser Aspekt wurde von Professor Berkemeyer sehr hervorgehoben. Er gilt natürlich für diejenigen besonders, die an Tagungen teilnehmen, aber natürlich auch für alle Kolleginnen und Kollegen, an die Impulse weitergeleitet werden.

… denn man lernt als unterrichtender Mensch andere Menschen kennen, die ebenso motiviert sind und ähnliche Ziele verfolgen.

---

2   Lernpotenziale. Individuell fördern im Gymnasium, www.lernpotenziale-gymnasium.de [12.12.2013].
3   Zukunftsschulen NRW – Netzwerk „Lernkultur Individuelle Förderung“, www.zukunftsschulen-nrw.de [12.12.2013].
4   Bei der Formulierung der Thesen konnte ich auf den sehr anregenden Vortrag von Prof. Dr. Nils Berkemeyer (Universität Jena) bei der Auftakttagung des Projektes Zukunftsschulen am 6.3.2013 zurückgreifen. Ich beziehe mich auch im Folgenden auf seinen Vortrag „Hinweise aktueller Netzwerkforschung: Strukturen und Prozesse erfolgreicher schulischer Netzwerkarbeit“.

… denn Netzwerke drücken den beteiligten Profis als Lehrerin bzw. Lehrer und Mensch Wertschätzung aus. Solche Motivation steigert die Arbeitszufriedenheit und wirkt in die sich entwickelnde Schule zurück.

Diese Wirkung, die Professor Berkemeyer treffend unterstrich, lässt sich kaum empirisch fassen, ist aber subjektiv spürbar und nicht zu unterschätzen. Das haben die Initiatoren der genannten Netzwerke realisiert. Letztlich bleiben diese Initiativen aber zu punktuell.

Ja, aber!?

… nur dann, wenn man wie in der gesamten Schulentwicklungsarbeit eine breite Basis hinter sich weiß – nur Spinnen spinnen alleine ihr Netz.

Die Steuergruppe der Marienschule hatte sich – eher intuitiv – sehr darum bemüht, beim ersten großen Entwicklungsprojekt (Einführung des Doppelstundenmodells) alle beteiligten Gruppen ins Boot zu holen. Dies zahlte sich aus, was man nicht nur an der breiten Unterstützung für die Implementation erkennen konnte, sondern auch auf den Netzwerktagungen als eine quasi negative Bestätigung erhielt. In anderen Netzwerkschulen gingen engagierte Gruppen im Entwicklungsprozess innovativ voran, hatten dann aber ihre Mühe, die Innovationen zu implementieren, weil sie – wenn auch nur subjektiv empfunden – über die Köpfe der Kollegen hinweg gedacht hatten. Die regelmäßige Rückkopplung an die Lehrerkonferenz, die SV und die Schulpflegschaft ist an der Marienschule konstitutives Element der Schulentwicklungsarbeit geworden. Die Bedeutung des Rückhalts ist den Trägern der neueren Netzwerkprojekte nur zu bewusst, wenn sie für die Teilnahme Schulkonferenzbeschlüsse einfordern.

… nur dann, wenn man als Schule und als Kollegin oder Kollege bereit ist, sich wirklich auszutauschen, d.h. Eigenes abzugeben oder in Vorleistung zu treten – um dann von anderen Offenheiten zu profitieren. Manchmal heißt dies auch Preisgabe negativer Erfahrungen oder von Scheitern, aber erfahrungsgemäß folgen diesen eigenen dann ähnliche andere Berichte auf dem Fuß. Fehler sind ungemein lehrreich!

… nur dann, wenn den Kolleginnen, Kollegen und Schulen im Netzwerk Freiräume gegeben werden, die diese allerdings auch nutzen und verteidigen müssen.

Sowohl im Projekt des BGV als auch bei den ‚Lernpotenzialen‘ „kollidierten" in der Anfangsphase die Vorstellungen der Initiatoren, ihr Programm und ihre Zielsetzungen zu verwirklichen und den Netzwerkcharakter durch verschiedenste Formen des gesteuerten Austausches zu fördern, mit den Erwartungen der individuellen Schulen, vor allem mit deren Wunsch nach Zeit, um an eigenen Themen zu arbeiten. Es war positiv zu bemerken, dass die Netzwerkbegleiter und -planer auf diese Wünsche reagiert haben: Die Schulen bekamen die

Möglichkeit, ihre Bedarfe klar einzufordern. Professor Berkemeyer hat dies klar auf den Punkt gebracht: Es muss nicht immer alles gesteuert werden.

Nein, lieber nicht?
… wenn nicht starke Partner durch Gestaltung des strukturellen Rahmens und durch die Bereitstellung von Ressourcen die Konzeption und Umsetzung von Vorhaben ermöglichen und erleichtern.

Aus Sicht der Marienschule gibt der Erfolg der bisherigen Teilnahmen in finanziell gut ausgestatteten, professionell konzipierten und von geschulten Moderatoren begleiteten Netzwerken dieser These Recht. Auch der gegenwärtige Entwicklungsstand des Netzwerks ‚Zukunftsschulen‘ scheint dies zu bestätigen: Für die wenigen angemeldeten Schulen stehen zwar Materialpakete und Fortbildungen dazu bereit, aber es gibt keinen unmittelbaren Austausch mit anderen Schulen.

… wenn das Angebot zur Netzwerkarbeit keinen für die Schule absehbar erfahrbaren praktischen Nutzen verspricht.

Dies ist der Umkehrschluss zu unserer Erfahrung, dass konkreter „Leidensdruck" der Ausgangspunkt für Schulentwicklungsarbeit und damit auch Netzwerkarbeit ist. Um es polemisch zuzuspitzen: nur für ein öffentlichkeitswirksames Schild am Eingang lohnt es nicht, Ressourcen der Schule einzubinden.

… wenn (Zeit-)Druck, ‚Häkchenmentalität‘ und ‚Steuerungswut‘ (Berkemeyer, siehe FN 4) im Projektkonzept keine Möglichkeit zur durchdachten Planung und organischen Entwicklung neuer Ideen lässt.

Ein Negativbeispiel lernten die Netzwerker im Projekt ‚Lernpotenziale‘ kennen. Eine beteiligte Schule erhielt im Nachgang der QA ein Schuljahr Zeit, binnendifferenzierte Maßnahmen möglichst umfassend für alle Fächer zu konzipieren und wurde dabei engmaschig von der zuständigen staatlichen Stelle kontrolliert. Die Teilnahme am Projekt wurde vom nutzbaren Output der Treffen abhängig gemacht. Von eben dieser Häkchenmentalität ist die Marienschule verschont geblieben. Die Zielvereinbarungen der QA enthalten maßvolle zeitliche Vorgaben, deren Einhaltung im normalen Schulalltag oft schon Herausforderung genug ist.

3.   Fazit

Indirekt klang es in den Thesen schon an: Netzwerke – ja bitte, wenn sie den formulierten Gelingensbedingungen entsprechen. Es ist sinnvoll, die Angebote kritisch zu prüfen, aber sie auch anzunehmen, denn im Moment sind die offiziellen Stellen auf dem Weg und bereit – mit Unterstützung der Zivilgesellschaft – den Schulen zu helfen. Man muss seinen Bedarf signalisieren – und der bleibt bestehen!

Letztlich sind ja auch die Münsterschen Gespräche ein Forum, um Fäden zu spinnen. Es bleibt zu wünschen, dass den Kollegien in den Schulen noch viel häufiger die Gelegenheit zum Netzespinnen – zum professionellen Austausch und zu fruchtbringender Zusammenarbeit – gegeben wird.

Literatur

Bischöfliches Generalvikariat. Hauptabteilung Schule und Erziehung (Hrsg.). (2012). *Unterrichtsentwicklung und Eigenprägung für die Schulen des Bistums Münster. Beispiele und Erfahrungen eines Projektes.* Broschüre. Münster.

Lernpotenziale. Individuell fördern im Gymnasium, www.lernpotenziale-gymnasium. de [12.12.2013].

Zukunftsschulen NRW – Netzwerk „Lernkultur Individuelle Förderung", www. zukunftsschulen-nrw.de [12.12.2013].

Unterrichtsentwicklung durch Kooperation
an Einzelschulen

Manuel Ade-Thurow

Erfahrungen einer Schule mit evidenzbasierten Methoden der Unterrichtsdiagnostik und -entwicklung (EMU)

1. Thema des Workshops

1.1 Erfahrungen einer Schule mit evidenzbasierten Methoden der Unterrichtsdiagnostik und -entwicklung (EMU)

„If the teacher's lens can be changed to seeing learning through the eyes of students, this would be an excellent beginning" (Hattie, 2009, S. 252).

Dieses Zitat von Hattie bildete den Ausgangspunkt des Workshops: Den Unterricht durch die Augen der Schüler/innen zu sehen. Im Workshop sollte der Frage nachgegangen werden, wie sich dies in der Unterrichtspraxis konkret umsetzen lässt.

Im ersten Teil des Workshops wurde das von Prof. Dr. Andreas Helmke im Rahmen eines Projektes der Kultusministerkonferenz (KMK) zur *„Aus- und Fortbildung der Lehrkräfte in Hinblick auf Verbesserung der Diagnosefähigkeit, Umgang mit Heterogenität, individueller Förderung – UdiKom"* entwickelte Instrument zur Unterrichtsdiagnostik vorgestellt. Die *„evidenzbasierten Methoden der Unterrichtsdiagnostik und -entwicklung (EMU)"* (vgl. Helmke, Helmke, Lenske, Pham, Praetorius, Schrader & Ade-Thurow 2010)[1] beinhalten einen Fragebogen mit Qualitätsmerkmalen von Unterricht, mit deren Hilfe die Schüler, die unterrichtende Lehrkraft und der hospitierende Kollege eine Unterrichtsstunde beurteilen. Ein auf Excel basierendes Auswertungswerkzeug erstellt nach Eingabe der Daten ein Profil, das dann zur Unterrichtsreflexion herangezogen werden kann.

Ganz im Sinne des Tagungsthemas wurde im zweiten Teil der Weg der *Realschule Bissingen*[2] *von der Qualitätsanalyse zur Qualitätsentwicklung* nachgezeichnet und mit den Workshop-Teilnehmern diskutiert. In Form eines Pilotprojektes wurden an der Schule im Zeitraum 2009 bis 2011 kollegiale Hospitationen unter Rückgriff auf *EMU* eingeführt. Das Pilotprojekt mündete in den *„Bissinger Weg"*, eine Möglichkeit, kollegiale Unterrichtsbesuche organisatorisch und inhaltlich an der Schule zu verankern.

---

1   http://www.unterrichtsdiagnostik.info [6.11.2013]
2   http://www.realschule-bissingen.de [6.11.2013]

2. Zugrundeliegendes pädagogisches Handlungsfeld

2.1 Von der Organisations- zur Unterrichtsentwicklung durch Individual-Feedback

Die Schulentwicklung der *Realschule Bissingen* fand lange Jahre schwerpunktmäßig im Feld der Organisationsentwicklung statt. Das vom Land Baden-Württemberg als Einstieg in die Qualitätsentwicklung vorgeschlagene Instrument „*QZS – Qualitätszentrierte Schulentwicklung*" wurde an der Schule mitentwickelt und bildete lange Zeit den Mittelpunkt der schulischen Qualitätsbemühungen. Schulische Prozesse wurden in Form von Leitfäden und Verfahrensvereinbarungen nach einem bestimmten System in einem onlinebasierten Qualitätsmanagement-Handbuch dokumentiert. Mit der Entscheidung zur Durchführung eines Pilotprojektes zu kollegialen Unterrichtsbesuchen im Schuljahr 2009 rückte die Schulleitung nun explizit die Unterrichtsentwicklung durch kollegiale Unterrichtsbesuche in den Mittelpunkt der Schulentwicklungsbemühungen. Das Pilotprojekt wurde verknüpft mit der Teilnahme an der Pilotierung von *EMU* im Rahmen des *UDiKom*-Projektes.

Die Entscheidung der Schulleitung wurde dabei auf Grundlage des verbindlichen „*Orientierungsrahmens für Schulqualität an allgemeinbildenden Schulen in Baden-Württemberg*" getroffen. Im Bereich „Qualitätssicherung und Qualitätsentwicklung" wird als viertes Kriterium das „*Individual-Feedback*" genannt:

> „Beim Individual-Feedback holt eine einzelne Person Rückmeldungen von anderen Personen, einer oder mehreren Gruppen ein. So wird beispielsweise eine gezielte Unterrichtsentwicklung durch regelmäßig eingeholte Rückmeldungen von Schülerinnen und Schülern sowie gegebenenfalls von deren Eltern unterstützt. Kollegiale Rückmeldungen zum Unterricht, die systematisch durchgeführt werden, tragen zur beruflichen Weiterentwicklung bei und dienen der Qualitätsentwicklung des Unterrichts und der Schule im Gesamten" (MKJS, 2006, S. 35).

3. Theoretische Grundlage

3.1 Evidenzbasierte Methoden der Unterrichtsdiagnostik und -entwicklung (EMU)

Das an der Realschule Bissingen eingesetzte Instrument zur Unterrichtdiagnostik und -entwicklung basiert nach Helmke et al. (2010) auf dem Zyklus von Diagnostik, Reflexion, Intervention und Evaluation (vgl. Abbildung 1):

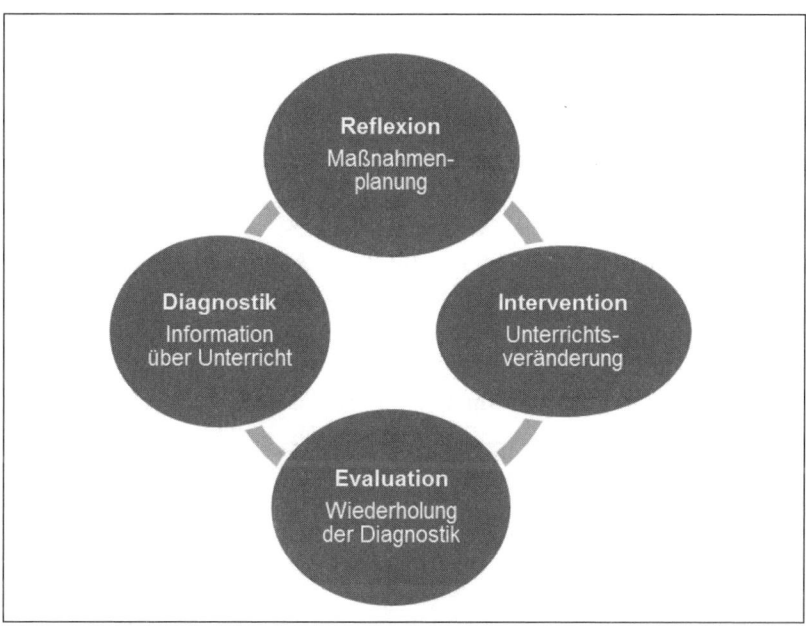

Abb. 1: Zyklus: Diagnostik – Reflexion – Intervention – Evaluation (vgl. Helmke et al., 2010)

Das Instrument bildet den Ausgangspunkt einer evidenzbasierten Unterrichtsentwicklung, in dem *Informationen über Unterricht* in Form von vier fächerübergreifenden Unterrichtsqualitätsbereichen, einem Bereich zu Bilanz, Ertrag und subjektiver Schwierigkeit, sowie in optionalen, individuell erstellten Zusatzbereichen gewonnen werden. Das vorliegende Instrument greift die zentralen Qualitätsbereiche Klassenführung, lernförderliches Klima und Motivierung, Klarheit und Strukturiertheit sowie die Aktivierung auf. Mögliche Schlüsselmerkmale sind im Fragebogen in Form von Variablen abgebildet, die in ihrem Ausprägungsgrad variieren können. Sie werden in einzelnen Items operationalisiert und ermöglichen so ein niedrig-inferentes Urteil. Um angemessene und ausgewogene Aussagen zur Unterrichtsqualität treffen zu können, ist neben dem Blick auf die Qualität der Prozesse auch das Produkt zu berücksichtigen (vgl. Helmke, 2009, S. 24). Im Instrument erfolgt dies in den beiden letzten Fragebogenbereichen „Bilanz und Ertrag" und „Subjektive Schwierigkeit". Ein Zusatzbereich ermöglicht es, den Lehrkräften außerdem bis zu zwanzig eigene Items (z.B. mit einem fachspezifischen Bezug) zu generieren und diese in den Fragebogen zu integrieren.

Als eines der Grundprinzipien der Unterrichtsforschung gilt das Erfordernis, sich bei der Erfassung des Unterrichts nicht auf eine Quelle, eine Gruppe von Adressaten und eine Methode zu verlassen, sondern ein breites Methodenspektrum und verschiedene Perspektiven einzubeziehen (vgl. Helmke & Weinert, 1997, S. 71ff.). Dies berücksichtigend liegt dem Instrument eine mehrperspektivische Unterrichtsbeurteilung zu Grunde: Es berücksichtigt die Perspektive der Schüler (Schülereinschätzung), der unterrichtenden Lehrkraft (Selbsteinschätzung) sowie des hospitierenden Kollegen (Fremdeinschätzung). Äquivalente Fragestellungen erlauben es, die konkrete Unterrichtsstunde aus diesen drei Perspektiven zu beurteilen. Für die Auswertung der Daten aus der Fragebogenerhebung steht ein auf *Excel* basierendes Programm zur Verfügung. Nach der Eingabe bietet das Auswertungsprogramm die Daten automatisch auf verschiedenen Aggregationsniveaus an, die das Verständnis erleichtern sollen. Die Darstellung erfolgt in Form von Urteilsprofilen und einer Verteilung der Schülerantworten. Im Urteilsprofil sind der klassenweise aggregierte Schülermittelwert, der Lehrerwert sowie der Kollegenwert abgebildet. Miteinander verbunden ergeben sie den charakteristischen Profilverlauf (vgl. Abbildung 2).

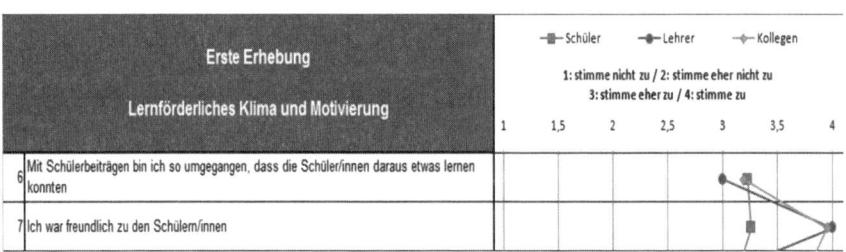

Abb. 2:   Urteilsprofil (Triangulation). Quelle: Helmke et al., 2010, S. 65

Die Verteilung der Schülerantworten erfolgt als Balkendiagramm (vgl. Abbildung 3). Dabei wird jede Urteilsausprägung in einem Balken wiedergegeben. Er stellt die Anzahl der Schüler dar, deren Urteil dem jeweiligen Zahlenwert (1 = stimme nicht zu, 2 = stimme eher nicht zu, 3 = stimme eher zu, 4 = stimme zu) entspricht. Der Blick auf die Verteilung der Schülerantworten lässt Rückschlüsse auf die mögliche Heterogenität der Klasse zu. Da die Items des Fragebogens *Ich-*

bezogen formuliert sind, findet diese subjektive Sichtweise von Unterricht auch in der Darstellung der Rückmeldungen Berücksichtigung.

Erste Erhebung Klarheit und Strukturiertheit	Schüler	
	Verteilung der Antworten (1, 2, 3, 4)	N
13 Ich habe die Schüler/innen auf früher gelernten Stoff hingewiesen, der für die heutige Stunde wichtig ist	8 11 10 6	35
14 Ich habe besonders wichtige Punkte hervorgehoben	11 5 7 12	35

Abb. 3:   Verteilung der Schülerantworten. Quelle: Helmke et al., 2010, S. 55

Grundlage der *Reflexion* bilden die Ergebnisse der Unterrichtsdiagnostik in Form der Urteilsprofile. Die anspruchsvollsten, aber auch gewinnbringendsten Phasen in der Unterrichtsdiagnostik sind der kollegiale Austausch und die Selbstreflexion der Lehrkraft im Rahmen eines Feedback-Gespräches. Neben dem kollegialen Feedback-Gespräch entfaltet sich im Gespräch mit den Schülern das gesamte Potenzial der Unterrichtsdiagnostik. Eine Reflexion der Ergebnisse kann auch in Feedbackgruppen stattfinden.

Am Ende der Feedback-Gespräche mit Kollegen und Schülern steht die *Intervention* in Form der Vereinbarung von individuellen Maßnahmen.

Eine *Evaluation* zur Überprüfung der Wirksamkeit der Maßnahmen findet nach frühestens vier Wochen in der gleichen Klasse, im gleichen Fach und unter vergleichbaren methodisch-didaktischen Voraussetzungen als eine zweite Erhebung (Wiederholungsmessung) statt (vgl. Helmke et al., 2010, S. 80ff.).

Bei der Durchführung von Unterrichtsdiagnostik sind analog zu allen Maßnahmen schulischer Qualitätsentwicklung verschiedene individuelle Bedingungsfaktoren bei den Lehrkräften zu berücksichtigen. Der beschriebene Unterrichtsdiagnostik-Zyklus erfordert verschiedene unterrichtsdiagnostische Kernkompetenzen (vgl. hierzu die Ausführungen zur Diagnose des Unterrichts von Schrader, 2011, S. 635ff.), die vermutlich nicht bei allen Lehrkräften gleichermaßen vorausgesetzt werden können. Nicht zuletzt spielen externe Bedingungsfaktoren eine wichtige Rolle im Prozess. Lehrkräfte werden beim Praktizieren von Unterrichtsdiagnostik mit verschiedenen Anforderungen konfrontiert (z.B. die Durchführung von Feedback-Gesprächen, die Maßnahmenentscheidung etc.). Mangelnde Erfahrung in diesen Feldern erfordern interne und externe Unterstützungsleistungen.

4. Praktische Durchführung des Projektes

4.1 PDCA-Zyklus als Planungsgrundlage

Das an der *Realschule Bissingen* im Zeitraum von 2009 bis 2011 durchgeführte Pilotprojekt zeichnet die Entwicklung von den ersten Schritten bei der Einführung von kollegialem Feedback unter Verwendung von *EMU* hin zum „*Bissinger Weg*" nach.

Dem Projekt liegt der von Deming formulierte PDCA-Zyklus (vgl. MKJS, 2006, S. 5ff.) zu Grunde:

- **Plan (P):** *Was wollen wir erreichen?*
- **Do (D):** *Welche Maßnahmen ergreifen wir, um diese Ziele zu erreichen?*
- **Check (C):** *Erreichen wir mit den Maßnahmen unsere Ziele? Wie gut sind wir?*
- **Act (A):** *Welche Konsequenzen ziehen wir aus den Ergebnissen der Selbstevaluation?*

Die folgende Abbildung soll einen Überblick über den Projektverlauf ermöglichen (vgl. Abbildung 4).

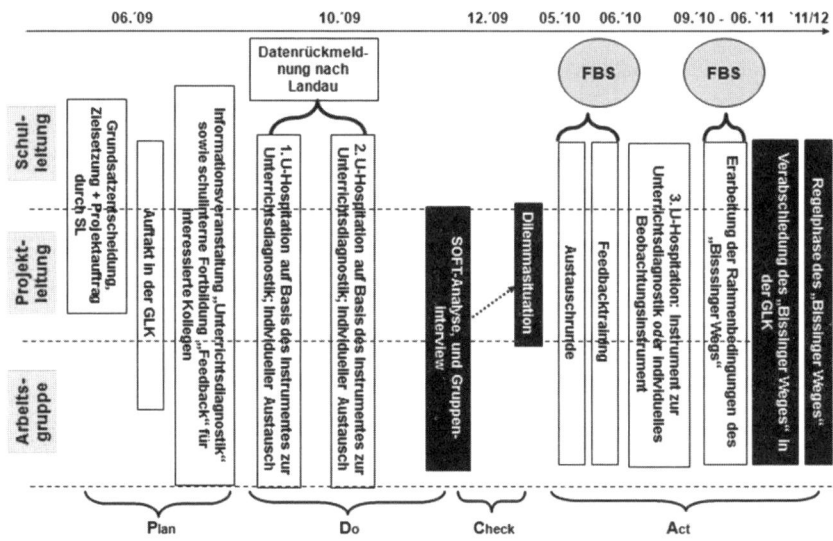

Abb. 4:   Projektverlauf

4.2 Projektverlauf

4.2.1 Planungsphase („Plan")

Die Schulleitung beauftragte zwei Lehrkräfte der Schule mit der Planung des Pilotprojektes. Beide Kollegen waren außerdem Mitglieder der schulischen Steuergruppe. Mit dem Projekt waren die folgenden Ziele verknüpft, die den drei Ebenen *Lehrkraft und Unterricht, Tandem* sowie dem *System Schule* zugeordnet wurden und zugleich auch die drei relevanten Bereiche der abschließenden Überprüfung in Form einer SOFT-Analyse bildeten (vgl. Tabelle 1).

Tabelle 1: Projektziele

Projektziele
Ebene *Lehrkraft und Unterricht*
• Unter Verwendung des Instrumentes zur Unterrichtsdiagnostik holen sich die Lehrkräfte zwei Mal ein Individualfeedback von Schülern und Kollege ein.   • Lehrkräfte reflektieren den eigenen Unterricht.   • Gemeinsam mit den Schülern besprechen sie die Ergebnisse und entwickeln so ihren Unterricht weiter.
Ebene *Tandem*
• Im Zeitraum Mai bis November 2009 besuchen sich zwei Lehrkräfte jeweils zwei Mal im Unterricht.   • In der Nachbesprechung analysieren die Kollegen unter Berücksichtigung von Feedbackregeln die Ergebnisse der Fragebogenerhebung und leiten konkrete Maßnahmen für den eigenen Unterricht ab.   • Die Lehrkräfte entscheiden über die weitere Verwendung der Daten (personenbezogene Protokolle bei der Unterrichtsbeobachtung und Daten aus der Fragebogenerhebung).
Ebene *System Schule*
• Im Projekt findet eine systematische Unterrichtsentwicklung statt, indem kollegiale Unterrichtsbesuche praktiziert werden und dabei auf ein wissenschaftliches Instrument zur Unterrichtsdiagnostik zurückgegriffen wird.   • In einer Abschlussevaluation im Dezember 2009 werden die Erfahrungen in Form eines Leitfadeninterviews und einer SOFT -Analyse zusammengetragen.   • Die Erfahrungen münden in ein Gesamtkonzept, sodass ab dem Schuljahr 2009/2010 kollegiale Unterrichtsbesuche auf breiter Basis durchgeführt werden können.

4.2.2 Durchführungsphase („Do")

Die Durchführung der gegenseitigen Unterrichtsbesuche orientierte sich an dem auf Strahm (2008) basierenden „Tandem-Arbeitsmodell" (Strahm, 2008, S. 65) und umfasste die folgenden Phasen:

Nach der Vorstellung des Projektes in der Gesamtlehrerkonferenz fanden während der *Organisationsphase* zwei Nachmittagstermine statt: In einer Informationsveranstaltung stellten Mitarbeiter der *Universität Koblenz-Landau EMU* und das Thema „Unterrichtsdiagnostik" vor. An einem zweiten Nachmittag fand für interessierte Kollegen eine schulinterne Fortbildung zum Thema „kollegiale Unterrichtshospitationen" statt. Besonderes Augenmerk galt dabei den Feedbackregeln als Grundlage des Nachgespräches sowie der Tandembildung. Die Bildung der Tandems erfolgte auf freiwilliger Basis. Dies hatte den Vorteil, dass bereits vorhandene Teamstrukturen und erfolgreiche Kooperationsstrukturen aufgegriffen und vertieft werden konnten. Des Weiteren wurde den beteiligten Kollegen ermöglicht, auch ihrem Wunsch nach in fremden Fächer zu hospitieren und so ihren (Fach-)Horizont zu erweitern. Nicht zuletzt spielte auch der Sympathiefaktor bei der Wahl des Tandempartners eine große Rolle.

Die *Vorbereitung der Unterrichtsbesuche* umfasste die Vereinbarung einer konkreten Hospitationsstunde, die Rücksprache mit der Schulleitung bei etwaigen Stundenverlegungen und gegebenenfalls die Vereinbarung von zusätzlichen individuellen Beobachtungsschwerpunkten.

Nach der Unterrichtsstunde wurden die *Daten erhoben,* indem die Schüler, die hospitierende Lehrkraft und die unterrichtende Lehrperson in einer Folgestunde den Fragebogen ausfüllten (im Idealfall im Rahmen einer Doppelstunde). Bei Vereinbarung von individuellen Beobachtungsschwerpunkten machte sich die hospitierende Lehrkraft bereits während des Stundenverlaufs Notizen.

Die *Dokumentation und Analyse der Daten* der Fragebögen erfolgte mit Hilfe des Excel-Programmes. Sowohl bei der Ersteingabe der Daten in die Excel-Auswertungsmaske als auch beim möglichen Umgang mit den Ergebnissen bot die Projektleitung Unterstützung im Rahmen des schulischen Kooperationsnachmittages an. Dieses Angebot wurde von einzelnen Kollegen angenommen. Außerdem übermittelten die Teilnehmer (per Mail oder Speicherstick), die anonymisierten Daten an die Projektleitung, die sie wiederum nach Landau weiterleitete. Die spannende Frage, wie sich die Feedback-Gespräche auf Basis der Fragebogendaten bei den einzelnen Tandems bzw. mit der Klasse gestalteten, sollte und konnte nicht Gegenstand des Projektes sein. Abgesehen von allgemeinen Feedbackregeln, die die Kollegen bei der schulinternen Fortbildung kennenlernten und besagtem Angebot zum Umgang mit den Ergebnissen wurde auf weitere Hilfestellungen und Anweisungen bewusst verzichtet. Somit lag die Interpretation der Urteilsprofile der Lehrkraft, des Kollegen und der Schüler ausschließlich in den Händen der Lehrkraft. Sie entschied auch über den weiteren Umgang mit den sensiblen Unterrichtsdaten, über deren Verwendung, und ob über die anonymisierte Rückmeldung nach Landau hinausgehend im Idealfall ein Feedback-Gespräch mit dem Kollegen und der Klasse stattfinden sollte. Insgesamt sollte so der forschende Charakter des Pilotprojektes im Sinne eines Ausprobierens und Kennenlernens kollegialer Unterrichtsbesuche und des systematischen Feedbacks im Mittelpunkt stehen.

Analog zum Umgang mit den Ergebnissen der Erhebung wurden auch zur Ableitung und *Umsetzung von Erkenntnissen* auf Basis der Daten der Fragebögen keine konkreten Vorgaben gemacht. Es blieb den einzelnen Tandems selbst überlassen, inwieweit sie daraus Konsequenzen für ihren eigenen Unterricht zogen. Ein Austausch hierüber mit Kollegen oder Projektleitung fand im Projektverlauf bewusst nicht statt. Nach jeweils ungefähr zwei bis drei Wochen erfolgte der zweite Unterrichtsbesuch und im Anschluss daran eine Wiederholungsmessung, um festzustellen, inwieweit die ergriffenen Maßnahmen Wirkung zeigten.

4.2.3 Überprüfung („Check")

Bei der Wahl des Evaluationsinstrumentes sollte berücksichtigt werden, dass die Teilnehmer bei der Verwendung von *EMU* verstärkt mit Fragebögen konfrontiert wurden. Es wurde befürchtet, dass eine erneute Fragebogenerhebung bei den Teilnehmern zu Ermüdungserscheinungen führen könnte und dann das Potenzial einer differenzierten Rückmeldung nicht optimal ausgeschöpft würde. Da die Methode eines Gruppeninterviews bereits für die Evaluation der Erfahrungen mit *EMU* vorgesehen war, entschied sich die Projektleitung für eine SOFT-Analyse. Sie bringt in der Entwicklungsphase mehrdimensionale Aspekte ein, die für die Weiterentwicklung dahingehend notwendig sind, als dass sich alle Beteiligten aufgrund ihrer Erfahrungen in der Erprobungsphase in den Prozess einfinden können. In einem geleiteten Diskussionsverfahren wurden Stärken und Schwächen, Möglichkeiten und Stolpersteine des Projektes herausgearbeitet (vgl. Moser, 2008, S. 8).

Den Rückmeldungen der Kollegen zur Praxis der kollegialen Hospitationen im Projektzeitraum ist zu entnehmen, dass durch die kollegialen Hospitationen das Miteinander im Sinne eines „Wir-Gefühls" gestärkt wurde. Angemerkt wurde auch, dass sich die Kollegen im Verlauf der kollegialen Hospitationen noch besser kennengelernt haben. In kollegialen Unterrichtsbesuchen sehen die Kollegen auch zukünftig eine Möglichkeit, das Miteinander zu stärken. Das anfängliche Interesse an den Unterrichtsbesuchen scheint sich ausgezahlt zu haben, wenn es um den Blick hinter die offenen Türen und in fremde Fächer geht. Kritisch bewerten die Kollegen den zeitlichen Aufwand sowohl für die gesamte Organisation Schule als auch für den Einzelnen, wenn es um die Auswertung der Fragebogendaten geht. Infrage gestellt wird auch, ob es sich bei dem Feedback um ein ehrliches Feedback handelt. Dieser Punkt könnte sowohl auf die Schüler als auch auf den hospitierenden Kollegen zutreffen. Mögliche Stolpersteine identifizieren die Kollegen vor allem im organisatorischen Bereich: Einerseits wird gefordert, dass es für kollegiale Unterrichtsbesuche Freistellungen geben sollte. Andererseits wird aber auch realistisch angemerkt, dass dies dann Unterrichtsausfälle zur Folge hätte.

4.2.4 Umsetzung („Act")

Auf Basis der oben beschriebenen Ergebnisse der SOFT-Analyse und des Leitfadeninterviews fand ein Austausch zwischen Schulleitung und Projektleitung bezüglich der weiteren Projektvorgehensweise statt. Einig war man sich darüber, dass

- die grundsätzliche Offenheit der Projektteilnehmer gegenüber kollegialen Unterrichtsbesuchen ermutigt, den eingeschlagenen Weg zukünftig weiterzuverfolgen;
- der Bereich der Feedbackgespräche intensivere Unterstützung, z.B. in Form von Trainingsgesprächen bedarf;[3]
- es einer weiteren Projektschleife im Schuljahr 2010/2011 bedarf, um so für alle Beteiligten und insbesondere unter dem Gesichtspunkt des zu entwickelnden *„Bissinger Wegs"* eine zufriedenstellende Gesamtkonzeption erstellen zu können.

Bei der Frage nach der weiteren Vorgehensweise kristallisierte sich folgendes Dilemma heraus: Schwerpunkt zukünftiger Bemühungen würde der Umgang mit Feedback sein, z.B. in Form von Feedbacktrainings. Damit verknüpft war zwangsläufig die Frage, wer diese durchführen sollte. Zwar wurden im Pilotprojekt schulinterne Fortbildungen von Seiten der Projektleitung angeboten, jedoch bedarf es nun einer vertiefenden und kontinuierlichen Prozessbegleitung im Bereich „Feedback". Einerseits wäre dies von der Projektleitung, bedingt durch Erfahrungen in diesem Feld, sicher grundsätzlich möglich, jedoch würde verstärkt die Gefahr eines Rollenkonflikts „Prozessbegleiter vs. Mitglied des Kollegiums" bestehen. Von Seiten der Schulleitung kam daher der Vorschlag, auf externe Unterstützung in Form von *Fachberatern für Schulentwicklung (FBS)* zurückzugreifen. Spätestens an dieser Stelle war endgültig klar, dass das ursprünglich gesetzte Ziel, nämlich der Beginn der verbindlichen kollegialen Hospitation zum Schuljahr 2010/2011, nicht realisierbar ist und zugunsten einer weiteren Projektschleife um ein Jahr auf das Schuljahr 2011/2012 verschoben wird.

Im Mai 2010 nahmen zehn Teilnehmer an einem von den *FBS* geleiteten schulinternen Feedbacktraining teil. Von Oktober 2010 bis Mai 2011 liefen nach dem Muster des bereits bekannten Tandem-Arbeitsmodells weitere Unterrichtsbesuche, teils mit den gleichen, teils mit neuen Tandempartnern. Die Wahl des jeweiligen Feedbackinstrumentes oblag dabei dem Tandem selbst.

---

3   Feedbackgespräche waren, wie bereits an anderer Stelle angedeutet, (leider) nicht expliziter Gegenstand der abschließenden Erhebung. Jedoch sprechen die fehlenden Rückmeldungen von Feedbackerfahrungen der Lehrkräfte im Rahmen der SOFT-Analyse und des Leitfadeninterviews dafür, diesem Bereich zukünftig verstärkte Aufmerksamkeit zu widmen. Stellt er doch einen entscheidenden, wenn nicht sogar *den* Bestandteil einer kollegialen Hospitation dar.

Im vorläufig letzten Treffen mit den *FBS* im Mai 2011 wurden gemeinsam mit den beteiligten Lehrkräften Rahmenbedingungen für den ab dem Schuljahr 2011/2012 verbindlichen *„Bissinger Weg der kollegialen Unterrichtshospitation"* erarbeitet. Unterschieden wurde dabei zwischen sogenannten „Setzungen" und „Empfehlungen" (vgl. Tabelle 2). Unter „Setzungen" wurden Punkte vereinbart, die zukünftig für alle Lehrkräfte an der *Realschule Bissingen* verbindlich sein würden. Die „Empfehlungen" enthalten Punkte, die sich im Verlauf des zweijährigen Pilotprojektes für die Teilnehmer als gewinnbringend und nützlich erwiesen haben, und die sie dem Kollegium daher bei der Durchführung der kollegialen Unterrichtsbesuche empfehlen würden.

Von besonderer Bedeutung sind dabei die *„Piloten"*. Darunter versteht man Lehrkräfte, die bereits Erfahrungen mit kollegialen Unterrichtsbesuchen vorweisen können und Neueinsteigern mit Rat und Tat zur Seite stehen. In einer Gesamtlehrerkonferenz im Juni 2011 wurde über diese Rahmenbedingungen abgestimmt und der *„Bissinger Weg"* mehrheitlich verabschiedet. Mit Beginn des Schuljahres 2011/2012 ist dieser Weg für alle Lehrkräfte an der Schule verbindlich.

Tabelle 2: Bissinger Weg der kollegialen Hospitationen

	Setzungen	Empfehlungen
Anzahl der Hospitationen	eine Hospitationsrunde pro Schuljahr	mindestens zwei Hospitationsrunden
Zusammensetzung der Tandems oder Tnos	können frei gebildet werden	
Einführung neuer Kollegen	Neueinsteiger werden in das kollegiale Feedback eingeführt	Einführung mit externen Fachberatern (eine Fortbildung an einem Nachmittag)
		„Piloten" stehen mit Rat und Tat zur Seite
		Erfahrungsaustausch: „Piloten" + Neue
Beobachtungsaspekte	jedes Team wählt individuelle Beobachtungsschwerpunkte	ein gemeinsamer schulischer Beobachtungsschwerpunkt wird festgelegt
	jedes Team einigt sich aufgrund der Beobachtungsschwerpunkte auf Indikatoren (direkt beobachtbare Sachverhalte) zur Beobachtung	kollegiales Feedback braucht Indikatoren – der EMU-Fragebogen kann als Grundlage hierfür dienen
Organisation	für Hospitationstermine wird bei Bedarf eine Vertretungslösung organisiert	der Hospitationstermin und das Feedbackgespräch werden gemeinsam vor der Hospitation festgelegt

5. Ausblick

Aus den Erfahrungen der *Realschule Bissingen* mit evidenzbasierten Methoden der Unterrichtsdiagnostik und -entwicklung (EMU) lassen sich abschließend zwei wesentliche Gelingensbedingungen bei der Durchführung von kollegialen Hospitationen ableiten:

– *Forschendes Kennenlernen kollegialer Unterrichtsbesuche:* Ein wesentlicher Erfolgsfaktor des Pilotprojektes war der offene Charakter des Projektes. Die Teilnehmer hatten die Möglichkeit, in selbstgewählten Tandems in das für die meisten noch unbekannte Feld der Unterrichtshospitationen einzusteigen. Außerdem wurde EMU ergänzt durch individuelle interessengeleitete Beobachtungsschwerpunkte. Innerhalb der Rahmenbedingungen des Projektes hatten die Teilnehmer somit die Möglichkeit, die Unterrichtshospitationen an ihre Interessen und Bedürfnisse anzupassen. Dieser Aspekt ist nicht zuletzt auch ein Schlüsselmerkmal des „Bissinger Weges".

– *Bedeutung von Feedbackgesprächen:* Feedbackgespräche mit Kollegen und Schülern erfordern professionelle Unterstützung, z.B. in Form von Feedbacktrainings durch externe Begleiter. Denkbar wäre auch der Rückgriff auf Zusatzmaterialien wie z.B. *EMU plus*[4]. Der quantitative Ansatz des *EMU*-Instrumentes wurde mit *EMU plus* durch einen qualitativen Ansatz in Form eines Leitfadens zur Durchführung von Feedback-Gesprächen ergänzt. Er ermöglicht es Lehrkräften, mit Hilfe eines Gesprächsleitfadens, sich im Anschluss an eine hospitierte Stunde über Bereiche von Unterricht (z.B. Umgang mit Störungen, die Rolle des Lehrers etc.) auszutauschen.

Zum Abschluss ist ebenfalls mit Hattie (2009) zu hoffen, dass das noch wenig genutzte Potenzial von (Schüler-)Feedback von Schulen entdeckt und verstärkt aufgegriffen wird: *„One powerful, but most unused method is student evaluation of teachers (SETs). Students are more than passive observers of teachers."* (Hattie, 2009, S. 141)

Literatur

EMU. *Evidenzbasierte Methoden der Unterrichtsdiagnostik und -entwicklung.* Verfügbar unter: http://www.unterrichtsdiagnostik.info [6.11.2013].

Hattie, J. A. C. (2009). *Visible Learning. A synthesis of over 800 Meta-Analyses relating to achievement.* London and New York: Routledge.

---

4   *EMU plus* entstand im Rahmen der Maßnahme *Lehrergesundheit „10 plus"* des *Ministeriums für Kultus, Jugend und Sport Baden-Württemberg.*

Helmke, A. & Weinert, F. E. (1997). Bedingungsfaktoren schulischer Leistungen. In F.F. Weinert (Hrsg.), *Enzyklopädie der Psychologie, Band 3 (Psychologie der Schule und des Unterrichts)* (S. 71–176). Göttingen: Hogrefe-Verlag.

Helmke, A. (2009). *Unterrichtsqualität und Lehrerprofessionalität. Diagnose, Evaluation und Verbesserung des Unterrichts.* Seelze: Klett Kallmeyer.

Helmke, A., Helmke, T., Lenske, G., Pham, G., Praetorius, A.-K., Schrader, F. & Ade-Thurow, M. (2010). *Studienbrief Unterrichtsdiagnostik,* Projekt Udikom der Kultusministerkonferenz, Universität Koblenz-Landau: Campus Landau.

Ministerium für Kultus, Jugend und Sport (2006). *Orientierungsrahmen zur Schulqualität für allgemein bildende Schulen in Baden-Württemberg.* Stuttgart.

Moser, H. (2008). *Instrumentenkoffer für die Praxisforschung.* Zürich: Verlag Pestalozzianum.

Realschule Bissingen – Homepage. Verfügbar unter: http://www.realschule-bissingen.de [6.11.2013]

Schrader, F.-W. (2011). Lehrer als Diagnostiker. In Terhart, E., Bennewitz, H. & Rothland, M. (Hrsg.), *Handbuch zur Forschung zum Lehrerberuf* (S. 627–642). Münster: Waxmann.

Strahm, P. (2008). *Qualität durch systematisches Feedback, Grundlagen, Einblicke und Werkzeuge.* Bern: Schulverlag.

Jutta Meyer und Wolfgang Riechmann

Individuelle Förderung und systemische Qualitätsanalyse – das pädagogische Konzept des Fichte-Gymnasiums Hagen

1. Einführung

„Damit Unterricht gelingt." Der Titel dieser Tagung suggeriert, dass es für den gegenwärtigen Unterricht bestimmter pädagogischer oder institutioneller Unterstützungsangebote bedarf, um die Qualität von Unterricht zu sichern, oder – etwas defätistisch formuliert – wiederherzustellen. Dabei ist dies keineswegs so: Es gab und gibt immer guten Unterricht von pädagogisch hochqualifizierten und überdurchschnittlich engagierten Lehrerinnen und Lehrern aller Schulformen, die durch ein hohes Maß an Sach- und Fachkompetenz den Schülern „eine ganze Menge Wissen beigebracht" und sie auf das Leben als mündige Bürger vorbereitet haben.

Warum ist dann aber immer mehr die Rede von Qualitätsanalyse, Qualitätsentwicklung und Qualitätssicherung? Die Antwort auf die Frage erscheint ebenso einfach wie komplex: Die Institution Schule unterlag und unterliegt einem permanenten Wandel, so auch die Schule des 21. Jahrhunderts. Mindestens zwei Gründe sind für diesen Wandel verantwortlich zu machen. Erstens: Aus den Bildungsanstalten im Humboldtschen Sinne von einst sind moderne Schulbetriebe geworden, die in vielen Bereichen nach unternehmerischen Gesichtspunkten geführt werden und die aufgrund zurückgehender Schülerzahlen untereinander im Wettbewerb stehen. Die Schnelllebigkeit politischer Entscheidungen und curricularer Vorgaben, aber auch die Schnelllebigkeit der modernen Medien tun ihr Übriges hinzu. Zweitens: Nach §1 des Schulgesetzes des Landes Nordrhein-Westfalen haben Schüler ein gesetzlich verbrieftes Recht auf individuelle Förderung.[1] Was sich zunächst als staubtrockene Lektüre eines Gesetzesparagrafen liest, hat in Wirklichkeit ungeheure Auswirkungen auf den Schulalltag. Schülerinnen und Schüler haben das einklagbare Recht, ihren Fähigkeiten und Neigungen entsprechend individuell gefördert zu werden. Dies hat faktisch folgenschwere Auswirkungen auf den Schulalltag und damit auf den Unterricht. Das Bundesland NRW in diesem Falle hat politisch und vor allem systemisch dafür Sorge zu tragen, „damit Unterricht gelingt". Auf der Basis ministerieller Vorgaben werden die einzelnen Schulen verpflichtet, diesem Anspruch gerecht zu werden.

---

[1]   Schulgesetz für das Land Nordrhein-Westfalen. Hier zitiert in der Fassung nach dem Gesetz vom 13. November 2012, S. 2. Im Folgenden abgekürzt SchulG NRW.

2. Das pädagogische Konzept des Fichte-Gymnasiums Hagen

Das Fichte-Gymnasium, 1799 gegründet, ist das Traditionsgymnasium im Zentrum Hagens – eine Regelschule mit etwa 1.000 Schülern und etwa 80 Lehrern; zum Kollegium zählt auch eine Schulsozialarbeiterin. Die Schule bietet umfangreiche Angebote im offenen Ganztag. Eine Besonderheit des Fichte-Gymnasiums ist die professionelle Übermittagsbetreuung – gewissermaßen eine Schule innerhalb der Schule.[2]

Die Raumsituation sowie die Möglichkeiten zu Sport- und Freizeitangeboten sind sehr beengt und begrenzt, so dass diese Einschränkungen nur durch ein überzeugendes pädagogisches Konzept und eine hohe Professionalität der Lehrer ausgeglichen werden können.

Die Schülerschaft dieser Innenstadtschule spiegelt die Gesellschaft der Stadt wider. Sie stammt aus allen Gesellschaftsschichten und repräsentiert alle Bildungsniveaus. Etwa zwanzig Grundschulen und fünf Realschulen sind es, deren Schüler anschließend ab der Klasse 5 resp. ab der Sekundarstufe II das Fichte-Gymnasium besuchen. Der Anteil der Schüler mit Zuwanderungsgeschichte liegt bei etwa 30%; er entstammt vielen verschiedenen Nationen. Diese Zahl ist steigend, entsprechend der Entwicklung in der Stadt Hagen.

Nicht zuletzt diese Rahmenbedingungen einer Innenstadtschule sind es, die besondere pädagogische Ansätze erfordern. So fanden die Ideen der individuellen Förderung (§1 des Schulgesetzes) schnell einen allgemeinen Konsens als Basis der Schul-, vor allem der Unterrichtsentwicklung am Fichte-Gymnasium – sowohl im Kollegium als auch in der Elternschaft[3] – und die Individualisierung des Unterrichts fand rasch Eingang in den pädagogischen Alltag. Dies bedeutet jedoch nicht die Einführung des „Hauslehrerprinzips", sondern in erster Linie die Bewusstmachung des vielfach diskutierten Perspektivwechsels, ganz im Sinne John Hatties: „Ein guter Lehrer sieht den eigenen Unterricht mit den Augen seiner Schüler."[4]

In einer Schule, in der vielfältige Schülerpersönlichkeiten gemeinsam lernen, kann zudem nur eine Orientierung an den jeweiligen Stärken der Schüler ein erfolgreiches Lernen ermöglichen und ein positives soziales Klima entstehen lassen. Ohne dieses ist ein gemeinsames Arbeiten nicht möglich.[5] Aus diesem Kontext heraus hat sich das Konzept des Forderns und Förderns ent-

---

2   Jörg Bockow stellt dies ebenfalls in seinem Aufsatz „Fordern und Fördern" heraus, nennt sie sogar „liebevolle Übermittagsbetreuung". Vgl. Bockow (2012), S. 99.

3   Zum pädagogischen Konzept des Fichte-Gymnasiums vgl. grundlegend das Schulprogramm in der verabschiedeten Version von September 2010, hier insbesondere S. 9ff.

4   Hier zitiert nach Spiewak (2013), S. 56. Der neuseeländische Bildungsforscher John Hattie untersuchte in einer vielfach beachteten Studie Kriterien, die guten Unterricht ausmachen und schuf damit einen wesentlichen Beitrag zur Unterrichtsforschung.

5   Dies weist auch der Qualitätsbericht der Qualitätsanalyse am Fichte-Gymnasium aus. Vgl. Qualitätsbericht Fichte-Gymnasium Hagen Schuljahr 2010/2011, S. 14 u. S. 41.

wickelt. Der Motor des systemisch verankerten Forderns ist die Forderung besonders begabter Kinder. Dabei gilt der Ansatz sowohl in der Forderung der leistungsstarken hochbegabten Schüler als auch bei der Forderung derjenigen Hochbegabten, die bei der Organisation des Lernens Unterstützung benötigen. In Zusammenarbeit mit dem ICBF in Münster (Internationales Centrum für Begabungsforschung) hat eine hohe Qualifizierung des Kollegiums stattgefunden. Neben drei Kolleginnen, die das ECHA-Diplom (European Council for High Ability) erworben haben, nehmen regelmäßig Kolleginnen und Kollegen an Fortbildungen zur Durchführung der Forder-Förder-Projekte teil.[6] Diese werden in jedem Schuljahr in unterschiedlicher Ausrichtung und in verschiedenen Jahrgangsstufen angeboten und durchgeführt. Die darin gewonnenen Erfahrungen eines eigenverantwortlichen Lernens durch die Schüler und die gewonnenen Erfahrungen im Rahmen von Recherche, Textproduktion und Präsentation haben einen nachhaltigen Einfluss auf den Regelunterricht. So sind diese Projekte aus dem Schulalltag nicht mehr wegzudenken. Sie haben auch die Wettbewerbsmentalität und den Mut der Schülerschaft, an diesen teilzunehmen, sehr positiv beeinflusst.[7] Im vergangenen Schuljahr beispielsweise nahmen 23 Schülerinnen und Schüler der Jahrgangsstufe 9 erfolgreich am unlängst initiierten Projekt „MINT auf Schlössern" teil.[8]

Diese Teilnahme ist auch der Tatsache zu verdanken, dass das Fichte-Gymnasium Mitglied im Netzwerk der MINT-EC Schulen ist.[9] Die Zugehörigkeit zu diesem Verein erfordert nicht nur ein vielfältiges und differenziertes Angebot im Bereich der Naturwissenschaften und der Mathematik, sondern auch ein hohes qualitatives Niveau in diesen Fächern. Regelmäßige Wiederbewerbungen und die verpflichtende Teilnahme an Wettbewerben, Workshops und Projekten verlangen eine kontinuierliche Evaluation.

Neben dem Angebot einer speziellen MINT-Klasse, der speziellen Förderung von Mädchen und der Teilnahme an Projekten des Ministeriums ist das Projekt „MINT-Entdecker" besonders zu nennen. Hierbei handelt es sich um eine Kooperation mit Grundschulen, wobei Schüler des Fichte-Gymnasiums Grundschüler im Rahmen von naturwissenschaftlichen Projekten begleiten, darüber hinaus findet eine Vernetzung mit dem Konzept der Studien- und Berufsvorbereitung und des Sozialpraktikums statt, auf das noch einzugehen

---

6   Zum Forder-Förder-Projekt vgl. grundlegend das Schulprogramm des Fichte-Gymnasiums (2010), S. 10f.

7   Ebd., S. 6 u. S. 18. Eine genaue Auflistung über die Teilnahme an den verschiedenen Wettbewerben findet sich auf den Seiten 23ff. So gelangten die Qualitätsprüfer zu dem Ergebnis: „Die Schülerinnen und Schüler des Fichte-Gymnasiums beteiligen sich in einem bemerkenswerten Umfang an Wettbewerben und sind dabei in vielen Fällen erfolgreich." Hier zitiert nach S. 6.

8   Vgl. hierzu auch die Dokumentation „MINT auf Schlössern." (2013), S. 16ff.

9   MINT steht für Mathematik, Informatik, Naturwissenschaft und Technik. Dem Verein MINT-EC, gegründet auf Initiative des Arbeitgeberverbandes, gehören bundesweit ca. 160 Schulen an, die in diesen Fächern besondere Initiativen entwickeln.

sein wird. Dabei geht es um die Motivation der Schüler für naturwissenschaftliche Berufe.

Die Teilnahme an der Initiative „Komm mit!" hat das Bewusstsein des Förderns positiv beeinflusst. Sie knüpft an die Tradition der Schule an, Schüler mit Potenzial, aber auch mit Lernbedarfen zu fördern und ihnen ein erfolgreiches Lernen zu ermöglichen (vgl. Schulprogramm, 2010, S. 13). Hieraus entwickelte sich ein umfangreiches Förderprogramm. Das betrifft den Regelunterricht sowie ergänzende Angebote. Auch hierbei bildet der Ansatz der Förderung vorhandener Stärken und Kompetenzen die entscheidende Grundlage. Das bedeutet beispielsweise für den Regelunterricht ein vielfältiges Portfolio an binnendifferenzierten Materialien, welche im Rahmen der Zielvereinbarungen nach der Qualitätsanalyse in allen Unterrichtsfächern entwickelt und erprobt worden sind. So hat sich beispielsweise im Fach Mathematik die Wochenplanarbeit etabliert, in den Naturwissenschaften der Klassen 5 und 6 werden Lernzirkel durchgeführt und im Englischunterricht findet – je nach Unterrichtsreihe – eine Differenzierung nach verschiedenen Lerntypen statt.[10]

Besondere Lerndiagnosen in den Kernfächern und pädagogische Konferenzen bilden die weitere Basis für die Unterrichtsplanungen, die wiederum differenzierte Lernzugänge und Lösungswege ermöglichen.

In der Oberstufe bietet das Fichte-Gymnasium traditionell den ehemaligen Realschülern ein inhaltliches und methodisches Vorgehen, das ihnen eine erfolgreiche Mitarbeit in der Qualifikationsphase ermöglicht. Dazu existiert ein verbindliches Konzept, in dessen Mittelpunkt die individuelle Schülerpersönlichkeit steht und das von den Beratungslehrern der Oberstufe konstruktiv umgesetzt wird (vgl. ebd., S. 45ff.).

Die Förderung über den Unterricht hinaus bietet auf der Grundlage von Lernvereinbarungen und in Absprache mit den Fachlehrern eine qualitative Unterstützung bei den Hausaufgaben und die Chance zur individuellen Vertiefung. Diese Förderung wird von Lehrern und ausgebildeten Lernmentoren durchgeführt.[11]

Überdies spielt das soziale Lernen und damit die Förderung der personalen Kompetenzen für das pädagogische Konzept des Fichte-Gymnasiums eine besondere Rolle,[12] auch wenn dies durch die zunehmende Unterrichtsverdichtung durch G8 zusehends erschwert wird. Als exponiertes Beispiel sind an dieser Stelle die Schülertutoren zu sehen. Seit über 40 Jahren existiert eine Gruppe von älteren Schülern, die es sich zur Aufgabe gemacht hat, Schüler der Klassen 5 und 6 auf dem Weg in die gymnasiale Laufbahn zu begleiten und ihre Integration

---

10 Hier geht es um die Unterscheidung, ob jemand ein auditiver, ein visueller, ein handlungsorientierter, ein kognitiv-analytischer oder kommunikativ-kooperativer Lerntyp ist.

11 Letztere erwerben über einen Kurs, der über mehrere Wochenenden verteilt stattfindet, die dafür notwendige Qualifikation. Vgl. dazu auch Bockow (2012), S. 100f.

12 Dieser Schwerpunkt wird auch im Qualitätsbericht besonders hervorgehoben. Vgl. Qualitätsbericht (o.J.), S. 6, überdies das Schulprogramm (2010), S. 51ff.

zu fördern; dies geschieht durch zahlreiche Freizeit-, überdies auch schulische Angebote (vgl. Schulprogramm, 2010, S. 52f.).

Zum sozialen Lernen zählt auch das Angebot einer professionellen Lern- und Lebensbegleitung. Die Einstellung einer Schulsozialarbeiterin garantiert für alle Schüler eine professionelle Beratung in schwierigen Lebensphasen, sie garantiert aber auch die Teilnahme an Klassenprojekten und den Kontakt zu Beratungsstellen.

Ein weiterer Baustein des sozialen Lernens ist das Sozialpraktikum. Das heißt: Für eine Woche verlassen die Schüler der Einführungsphase (EF) den gewohnten Klassenraum, um den oft anstrengenden Arbeitsalltag in sozialen Einrichtungen kennen zu lernen, vor allem aber, um mit Menschen in Kontakt zu kommen, die mit einer Behinderung leben, die sehr alt sind, die an einer Demenz erkrankt sind, die familiäre Probleme haben. Gelegenheit, diese eindrücklichen Erfahrungen aufzuarbeiten, haben die Schüler im Religions- und Philosophieunterricht direkt im Anschluss an das Praktikum. Seit Kurzem findet auch eine Verknüpfung des Projektes „MINT-Entdecker" mit dem Sozialpraktikum statt, indem sich ausgewählte Schüler der EF als Mentoren für die jüngeren Schüler im Rahmen des Sozialpraktikums betätigen.

Was also macht das pädagogische Konzept des Fichte-Gymnasiums aus? Am besten lässt es sich mit den pädagogischen Leitideen erklären, wie sie ganz zu Beginn des Schulprogramms festgelegt sind:

> „Das Fichte-Gymnasium versteht sich als eine Schule, die mehr als nur ein Ort der Wissensvermittlung ist. Ausgehend von einem Welt- und Menschenbild, das die individuelle Persönlichkeit in den Mittelpunkt des Geschehens stellt, leben und gestalten Schüler, Lehrer und Eltern gemeinsam das Schulleben.
>
> Das soziale Miteinander der verschiedenen Altersgruppen, Nationalitäten und Religionen – unter Einbeziehung individueller Stärken und Schwächen – ist ein Grundsatz, dem besondere Beachtung geschenkt wird. […]
>
> Gegenseitige Toleranz und die Entwicklung der einzelnen Persönlichkeit schaffen ein verbindendes Gemeinschaftsgefühl, das weit über das Schulleben hinauswirkt." (vgl. ebd., S. 5.)

3. Die Qualitätsanalyse NRW

Seit dem Schuljahr 2006/2007 existiert an den staatlichen Schulen des Landes Nordrhein-Westfalen die Qualitätsanalyse NRW oder kurz die „QA". Dabei handelt es sich um ein Instrument, das dem Ziel dient, „die Qualität von Schulen zu sichern und nachhaltige Impulse für deren Weiterentwicklung zu geben". (Homeier, 2009, S. 38)[13] Doch nicht nur dieses von außen formulierte Ziel ist ein wesentliches Charakteristikum der QA, sie dient überdies als „ein Instrument zur Selbstvergewisserung von Schulen", (ebd.) das heißt, Schulen werden nicht nur in die Lage versetzt, ihre Stärken und Entwicklungsbedarfe zu formulieren, sondern auch eine Standortbestimmung innerhalb der Schullandschaft vorzunehmen. Denn: Wer wollte noch bestreiten, dass Schulen mittlerweile nicht auch in einen gegenseitigen Wettbewerb eingetreten sind.

Im Zentrum der QA stehen erwartungsgemäß die Beobachtung und Analyse von Unterricht als der zentralen Aufgabe schulischer Arbeit, die im sogenannten Qualitätstableau als Grundlage für die Durchführung der QA den großen Qualitätsbereich 2 einnimmt[14] und so wichtige Aspekte wie etwa die fachliche und didaktische Gestaltung, die Unterstützung aktiver Lernprozesse, die Lernatmosphäre und die individuelle Förderung von Schülerinnen und Schülern ausweist; überdies berücksichtigt es Grundlagen wie hausinterne Fachcurricula und Konzepte wie etwa Leistungskonzepte unterrichtlicher Arbeit.

Obgleich alle an der Qualitätsanalyse beteiligten Institutionen – die Schulen, die Qualitätsteams, die Schulaufsicht[15] – den jeweiligen Bezirksregierungen zugeordnet sind, gibt es eine eindeutige Antwort in der Rollenfrage: Es herrscht eine klare Trennung zwischen den Aufgaben und Verantwortungen der Qualitätsteams und der Schulaufsicht: Diese führen die Schulinspektionen durch, jene treffen Zielvereinbarungen mit den Schulen über die jeweiligen Entwicklungsbedarfe.

---

13   Grundlegend zum Bereich der Qualitätsanalyse vgl. auch Müller, Dedering & Bos (2008).
14   Die übrigen Qualitätsbereiche berücksichtigen die Prozesse und Institutionen, die den Unterricht unterstützen, wie etwa Schulkultur, Führung und Management, Professionalität der Lehrkräfte, Qualitätsmanagement. Vgl. ebd., überdies die Qualitätstableaus der entsprechenden Qualitätsberichte.
15   Im weiteren Sinne gehören auch die Städte als Schulträger dazu, sind sie doch für die infrastrukturelle Ausstattung der Schulen verantwortlich. Im Nachgang der QA erhalten auch sie den entsprechenden Qualitätsbericht der inspizierten Schule.

4. Die Qualitätsanalyse am Fichte-Gymnasium Hagen

„Wenn eine Schule erst zur Ankündigung einer Qualitätsanalyse mit Vorberei-tungen beginnt, ist es viel zu spät", so schreibt Peter-Michael Minnema, Schul-leiter am Steinbart-Gymnasium Duisburg, in seinem Leitfaden zur Vorbereitung auf die Qualitätsanalyse (Minnema, 2010, S. 194). Diese ebenso anschauliche wie bisweilen auch Angst einflößende Feststellung würden all jene, die dieses Verfahren einmal durchlaufen haben, bestätigen wollen – so auch alle an der durchgeführten Qualitätsanalyse beteiligten Personen des Fichte-Gymnasiums Hagen, das im November 2010 diese Schulinspektion erfolgreich durchlief.

Die offizielle Ankündigung über die durchzuführende Qualitätsanalyse durch das Qualitätsteam erfolgte im Juni desselben Jahres, die vorbereitende Sitzung zwischen ausgewählten Vertretern des Qualitätsteams auf der einen Seite und Schulleitung mit ausgewähltem Mitarbeiterstab auf der anderen Seite nur weni-ge Wochen später, Anfang Juli, kurz vor den Sommerferien.[16] Bereits im Rahmen dieser vorbereitenden Sitzung zeigten sich zwei grundlegende prozessuale Dinge, die sich durch das gesamte Verfahren hindurch ziehen sollten: die professio-nelle Konstruktivität der Mitglieder des Qualitätsteams auf der einen Seite[17] und die Trias des Qualitätsmanagements – bestehend aus organisatorischem Rahmen, dem zielgerichteten Einsatz von Personen und der Entwicklung von Unterricht – auf Seiten der Schule als nicht nur wichtige, sondern unabdingbare Voraussetzung für eine erfolgreiche Durchführung der Qualitätsanalyse auf der anderen Seite.

Ein wesentliches Anliegen dieser vorbereitenden Sitzung war zudem die Information über Inhalt und Ablauf der Qualitätsanalyse, die aus vier Eck-koordinaten resp. vier standardisierten Instrumenten bestand: 1. dem Schul-portfolio, das wichtige Daten über die Schule und ihre pädagogische Arbeit enthält, 2. dem Schulrundgang, der die infrastrukturellen Bedingungen und Möglichkeiten einer Schule dokumentiert, 3. den Unterrichtsbeobachtungen, die die professionelle Arbeit der Lehrkräfte zum Ausdruck bringen, 4. den Inter-views, die mit ausgewählten Vertretern aller an Schule beteiligten Gruppen, auch dem nicht-pädagogischen Personal, geführt werden (vgl. hierzu Homeier, 2009, S. 38, der auf diese vier Instrumente besonders eingeht). Diese vier Instrumente sind keineswegs unabhängig voneinander zu sehen, sondern repräsentieren auch den chronologischen Ablauf der Qualitätsanalyse an einer Schule. Für das Fichte-Gymnasium hieß das konkret: Bis Anfang Oktober des Jahres war in digi-talisierter Form ein Schulportfolio abzugeben, das sich aus einem standardisier-ten Raster, bestehend aus 46 Einzelordnern, zusammenzusetzen hatte.

---

16 Zum zeitlichen und inhaltlichen Ablauf der Qualitätsanalyse vgl. auch Müller (2009), S. 172ff.
17 Dies betont auch Wolfram v. Moritz in seinem Beitrag über die Qualitätsanalyse an evangelischen Schulen. Vgl. Moritz (2011), S. 13.

Der organisatorische Rahmen: Sehr früh zeigte sich, dass es weniger eine inhaltliche als vielmehr eine strategische und logistische Herausforderung war, dieses Schulportfolio zu erstellen. Dabei wurden zwei Dimensionen deutlich: eine horizontale und eine vertikale Dimension. Was die horizontale Dimension anbelangte, so erwies sich das Instrument des Masterplans als sehr praktikabel. Hierbei ging es um die synchrone Aufgabenverteilung in der Waagerechten, also konkret um die Fragen: Wer ist für was zuständig? Wer macht was? Was die vertikale Dimension anbelangte, so erwies sich das Instrument des Zeitsprungs[18] als sehr praktikabel. Hierbei ging es um die diachrone Ausrichtung der Vorbereitung. Als anzustrebender Fixpunkt galt hier das Datum der Durchführung der Qualitätsanalyse. Konkret standen Fragen im Mittelpunkt wie: Wann muss was fertig sein? Wann muss welche Teilkonferenz stattfinden, um was auf den Weg zu bringen? Sowohl was die eine als auch was die andere Dimension anbelangte, galt es eines nicht aus dem Blick zu verlieren: die Setzung von Prioritäten! Alles andere hätte dazu geführt, dass inhaltlich gesehen bestimmte – wichtige – Ziele nicht erreicht worden wären und dass personell gesehen eine Überforderung und damit Frustration vieler Beteiligter stattgefunden hätte.[19] Umso wichtiger war es, eine Person in den Mittelpunkt zu rücken, die gleichsam als *strategy master* fungierte und wichtige Aufgaben – neben der Schulleitung – koordinierte.

Der zielgerichtete Einsatz von Personen: Es versteht sich von selbst, dass der Schulleitung in der Vorbereitung, der Durchführung und der Nachbereitung der QA *ex officio* die wichtigste Rolle zukommt. Die Schulleitung ist Herrin des Verfahrens und steht in der Verantwortung, „Prozesse zu initiieren, die Ressourcen für das Gelingen bereitzustellen, Zielvereinbarungen zu treffen und deren Umsetzung zu kontrollieren." (ebd., S. 196) Oder kurz gesagt: Die Schulleitung trägt gesetzlich die Verantwortung für die Durchführung und für das Gelingen der gesamten QA.

Eine wenn auch gesetzlich geringere, aber strategisch durchaus relevante Bedeutung hat in dieser Angelegenheit der Einsatz einer schulischen Steuergruppe. Obgleich Schulen zu der Einrichtung einer solchen Institution gesetzlich nicht verpflichtet sind, empfiehlt sich sehr wohl die Institutionalisierung einer solchen, da sie – wenn sie erfolgreich arbeitet – wichtige Schulentwick-

---

18 Dabei handelt es sich um ein Instrument, das aus dem Bereich des Qualitäts- und Changemanagements kommt. Im Prinzip stellt es ein Koordinatensystem dar, dessen Nullpunkt die Gegenwart darstellt; die x-Achse weist in die Zukunft und die y-Achse formuliert mögliche Widerstände. Die dann darzustellende Gerade oder auch Kurve weist auf einen bestimmten Termin in der Zukunft. Durch Eintragen von Terminen rechts der Geraden und qualitativen Widerständen links der Geraden erfolgt eine anschauliche Darstellung des zu erreichenden Ziels – mit zeitlichen Perspektiven und realen Hindernissen. Im Prinzip handelt es sich um nichts anderes als um eine grafische Darstellung einer Agenda mit festem Zeitplan und zu erwartenden Widerständen.

19 Dies betont auch Minnema in seinem schon erwähnten Aufsatz. Vgl. Minnema (2010), S. 194.

lungsprozesse inhaltlich initiiert und gegenüber dem Kollegium kommuniziert. Die Arbeit einer solchen Gruppe – besonders in größeren Systemen – wird leider immer noch zu sehr unterschätzt. Im vorliegenden Falle erwies es sich als sehr erfolgreich, dass das Fichte-Gymnasium bereits seit geraumer Zeit vor der Ankündigung der QA über die Existenz einer Steuergruppe verfügte, so dass diese sofort arbeitsfähig war. Sie strukturierte und begleitete die einzelnen Prozesse zur Erlangung der inhaltlichen Ziele in einem festgesetzten zeitlichen Rahmen und kommunizierte diese gegenüber der Schulöffentlichkeit. Dies schuf eine für die erfolgreiche Durchführung einer Qualitätsanalyse notwendige Transparenz zwischen allen Beteiligten, was wiederum den Grad der Partizipation, vor allem auf Seiten der Lehrerschaft, nicht unerheblich steigerte.

Gerade beim letztgenannten Aspekt zeigte sich, dass das Kollegium des Fichte-Gymnasiums einerseits den sich abzeichnenden Wandel vom Primat der pädagogischen Freiheit hin zum „Primat gegenüber systemischer Verantwortung" bereits weitestgehend vollzogen hatte (ebd.). Dies zeigte sich ganz konkret in der Praxis insofern, als professionelle „Teamarbeit auf der Basis offener Kommunikation" (ebd.) durchaus gelebter Alltag war. Verbindliche Grundlagen, weitestgehende Verhinderung von kommunikativen Missverständnissen und die Schaffung eines grundlegenden Konsenses waren so die wichtige Konsequenz, die für das gesamte Gelingen der QA eine unabdingbare Voraussetzung war (Dies betont auch Minnema, ebd., S. 194). Andererseits wusste das Qualitätsteam die gestalterische Freiheit des Kollegiums zu würdigen, war doch eben diese Freiheit die Grundlage für die Entwicklung pädagogischer Konzepte, die vom Qualitätsteam gebührend und als schulspezifisch herausgestellt wurden.[20]

Die Entwicklung von Unterricht: Was mittlerweile für die Professionalität der Lehrkräfte gilt, gilt auch für die Entwicklung von Unterricht. Auch hier hat sich in den letzten Jahren ein Paradigmenwechsel vollzogen, der zwei grundlegende Komponenten aufweist: Zum einen rückte auch hier der Primat der pädagogischen Freiheit im Unterricht zugunsten des Primates gegenüber der systemischen Verantwortung in den Hintergrund,[21] zum anderen wurden in NRW vor einigen Jahren die Lehrpläne für die einzelnen Fächer in Kernlehrpläne umgewandelt, „als neue Form kompetenzorientierter Unterrichtsvorgaben".[22] Für die einzelnen Fachkonferenzen an den Schulen bedeutete dies, dass die schulinternen Fachcurricula überarbeitet werden mussten; das heißt, sie mussten fortan mindestens vier grundlegende Dinge berücksichtigen resp. ermöglichen: 1. den Erwerb von Schlüsselkompetenzen für die Schüler auf der Basis des Unterrichts zu Lasten des sachlichen Wissens und der fachlichen Förderung; Kompetenz-

---

20 Auch Wolfram v. Moritz arbeitet die Wichtigkeit dieser Gestaltungs- und Handlungsfreiheit für die Kollegien heraus. Vgl. Moritz (2011), S. 13.
21 Siehe oben. Dies zeigt sich besonders in der Semantik des Begriffes; sowohl in der wissenschaftlichen Literatur als auch in den Fortbildungsangeboten für die Lehrkräfte ist sehr stark die Rede von systemischer (!) Unterrichtsentwicklung.
22 Hier zitiert aus dem Vorwort des Kernlehrplans Geschichte (2007), o.S.

und Wissenserwerb werden nun gleichrangig behandelt; 2. die Festschreibung von Grundsätzen zur Leistungsmessung und Leistungsbewertung und deren Transparentmachung gegenüber Schülern und Eltern; 3. die Festschreibung verbindlicher didaktischer und methodischer Prinzipien und deren Umsetzung und Evaluation; 4. das Recht der Schüler auf individuelle Förderung nach §1 des Schulgesetzes NRW; für die praktische Umsetzung des Unterrichts bedeutet dies die Einführung individualisierender und binnendifferenzierender Formen, fakultativ auch für die Leistungsmessung möglich (vgl. hierzu auch Minnema, 2010, S. 195).

Gerade bei der Umsetzung der Kompetenzorientierung erwies es sich als äußerst hilfreich und vorteilhaft, dass die einzelnen Fachkonferenzen des Fichte-Gymnasiums sich schon relativ früh auf den Weg gemacht hatten, ihre Fachcurricula kompetenzorientiert auszurichten. Dies hatte mit mehreren organisatorischen Rahmenbedingungen zu tun, unter anderem mit der Tatsache, dass die Schule bereits im Jahre 2008 das „Gütesiegel für Individuelle Förderung" des Landes NRW verliehen bekommen hatte und seinerzeit bereits umfangreiche Bemühungen in diesem Sinne geleistet worden waren, so dass es im Rahmen der Vorbereitung für die QA nur noch um die redaktionelle und optische Harmonisierung der einzelnen Curricula im Sinne eines überzeugenden Gesamtauftritts ging.

Dem zur Seite stand und steht das „Siegel zur Studien- und Berufswahlorientierung", für dessen Verleihung es notwendig war, ein umfangreiches und breit angelegtes Beratungssystem zu etablieren, das den Interessen und Bedürfnissen des einzelnen Schülers gerecht wird.

Auf der Basis dieser umfangreich angelegten Vorbereitung, die eher von organisatorischen und logistischen Herausforderungen und weniger bis kaum von inhaltlicher Arbeit geprägt war, gestaltete sich die Durchführung der Qualitätsanalyse vor Ort als relativ entspannt.[23] Bei den noch verbleibenden drei Schwerpunkten – Schulrundgang, Unterrichtsbeobachtungen und Interviews – stellte sich das Fichte-Gymnasium so dar wie es war und ist: als eine Schule, deren Gebäude „in die Jahre gekommen" (vgl. Bockow, 2012, S. 98) sind und deren infrastrukturelle Rahmenbedingungen viele Wünsche offen lassen, aber deren unterrichtliche Angebote und Inhalte die Begabungen und Stärken der einzelnen Schüler fordern und fördern bei gleichzeitiger Mitgestaltung und Mitverantwortung der individuellen Lernprozesse.

Der abschließende Qualitätsbericht wies die Stärken der Schule entsprechend aus: ein vielfältig gestaltetes schulisches Angebot für den unterrichtli-

---

23 Untersuchungen zufolge werden Vorbereitung, Durchführung und Auswertung der Qualitätsanalyse an nordrhein-westfälischen Schulen als sehr positiv und konstruktiv angesehen. So schreibt etwa Sabine Müller: „60 Prozent der Schulen waren insgesamt zufrieden mit der Durchführung der Qualitätsanalyse, 30 Prozent sogar sehr zufrieden. Zwei Drittel der Schulen gaben an, dass sie das Ergebnis der Rückmeldung für ihre Weiterentwicklung gut nutzen konnten." In: Müller (2009), S. 173.

chen und außerunterrichtlichen Bereich; qualitätvolle, kompetenzorientierte Curricula in der Sek. I; hohes Engagement der Schülerschaft bei der Gestaltung des Schullebens; Förderung der personalen Kompetenzen der Schülerinnen und Schüler; kollegiale und fachliche Unterstützung innerhalb des Kollegiums; effektive Entwicklung und Umsetzung des Schulprogramms resp. der Schulprogrammarbeit mit einem hohen Stellenwert der Unterrichtsentwicklung in der Schulprogrammarbeit.

Es wäre aber auch unredlich, unerwähnt zu lassen, dass der Bericht nicht auch einige Entwicklungsbedarfe für die Schule hervorgebracht hätte. So wurde anschließend in den Zielvereinbarungen zwischen dem Fichte-Gymnasium und der zuständigen Bezirksregierung Arnsberg vereinbart,[24] dass eine Ausweitung differenzierender Aufgabenstellungen und Materialgestaltungen im Bereich der individuellen Förderung zu erfolgen habe, die im Erfolgsfall eine stärkere unterrichtliche Umsetzung der Konzepte zur individuellen Förderung nach sich ziehe.

5.   Fazit

Nicht die infrastrukturellen Rahmenbedingungen sind entscheidend für eine erfolgreiche Qualitätsanalyse und Qualitätsentwicklung einer Schule; sie sind allenfalls behilflich. Es sind die pädagogische Arbeit, die Grundlage für innovativen Unterricht sein muss, und der gelebte Geist einer Schule, der jeden Schüler als individuelle Persönlichkeit mit ganz bestimmten Begabungen und Fähigkeiten, die es zu fordern und zu fördern gilt, sieht. Beide letztgenannten Aspekte lassen sich im Rahmen der Vorbereitung auf die Qualitätsanalyse nicht institutionalisieren; sie müssen den pädagogischen Alltag einer Schule über den Tag hinaus ausmachen, damit Unterricht gelingt und die Qualität der Schule nachhaltig gesichert wird.

---

24   In persona ist es der Schulleiter oder die Schulleiterin, der/die die Zielvereinbarungen unter Mitwirkung der Schulkonferenz mit der Schulaufsichtsbehörde abschließt (nach §65 Abs. 2 SchulG NRW). Vgl. überdies §3 des Schulgesetzes NRW, in dem gleichsam die Balance zwischen eigenverantwortlicher Schule und dienstvorgesetzter Aufsicht festgelegt wird. Beide Institutionen treten somit quasi als Vertragspartner im Sinne eines partnerschaftlichen Verhältnisses zwischen Schule und Aufsicht im Rahmen der Festlegung von Zielvereinbarungen auf. Vgl. grundlegend hierzu auch Müller (2008), S. 235. Überdies Homeier (2008), S. 129ff.

Literatur

Bockow, J. (2012). Fordern und Fördern. *Westfalium 41*, S. 98–101.

Homeier, W. (2008). Zielvereinbarung – Was nach der Qualitätsanalyse folgt. In S. Müller, K. Dedering & W. Bos (Hrsg.), *Schulische Qualitätsanalyse in Nordrhein-Westfalen. Konzepte, erste Erfahrungen und Perspektiven* (S. 129–137). Köln: Luchterhand.

Homeier, W. (2009). Qualitätsanalyse in Nordrhein-Westfalen. Standortbestimmung auch im Bereich der Werteerziehung. *SchVw 3, 38*–40.

Kernlehrplan Geschichte. Sekundarstufe I. Gymnasium (2007). Frechen: Ritterbach Verlag.

Minnema, P.-M. (2010). Vorbereitung auf die Qualitätsanalyse. Ein Leitfaden. *SchVw NRW 7–8*, 194–196.

MINT auf Schlössern. Pilot-Projekt der Stiftung Jugend und Schlösser 2012/2013 in Zusammenarbeit mit dem zdi-Zentrum Neanderlab Hilden (2013). o.O.

Moritz, W. von (2011). Qualitätsanalyse NRW an Evangelischen Schulen. *SchVw NRW 1*, 12–13.

Müller, S. (2008). Zielvereinbarungen als Steuerungsinstrument für Entwicklungsprozesse nach der Schulinspektion. *SchVw 9*, 235–237.

Müller, S. (2009). Was halten Schulen von der Qualitätsanalyse? Ein Feedback. *Schule NRW 4*, 172–174.

Müller, S., Dedering, K. & Bos, W. (Hrsg.). (2008). *Schulische Qualitätsanalyse in Nordrhein-Westfalen. Konzepte, erste Erfahrungen und Perspektiven.* Köln: Luchterhand.

Qualitätsbericht Fichte-Gymnasium Hagen Schuljahr 2010/2011. o.O., o.J.

Schulgesetz für das Land Nordrhein-Westfalen. In der Fassung nach dem Gesetz vom 13. November 2012 (2013). In Ministerium für Schule und Weiterbildung des Landes Nordrhein-Westfalen (Hrsg.), *BASS. Bereinigte Amtliche Sammlung der Schulvorschriften* (28. Ausgabe 2013/2014). Düsseldorf/Frechen.

Schulprogramm des Fichte-Gymnasiums. Unveröffentlichte Ausgabe. September 2010.

Spiewak, M. (2013). „Ich bin superwichtig!". *Die Zeit, 68. Jahrgang, Nr. 2*, 55–56.

Dietrich Benner und Sabine Reh[1]

Ordnungen des Unterrichts
Didaktische Innovationen und ihre Evaluation durch Lehrerinnen[2]

Im Folgenden wird über ein Vorhaben berichtet, das gegenwärtig an Schulen der Schulstiftung der Evangelischen Kirche Berlin-Brandenburg-schlesische Oberlausitz durchgeführt wird, und es wird ein erster Einblick in die Form und den Stand seiner Arbeit vermittelt.

1. Zur Konzeption des Vorhabens

Auf Anregung ihres Pädagogischen Beirats initiierte diese Stiftung 2008 ein Vorhaben, mit dem sowohl Innovationen im Unterricht an den zur Stiftung gehörenden Schulen vorangetrieben als auch ein Instrument zur Evaluation der unterrichtlichen Innovationen bereit gestellt werden sollten. Die Schulstiftung unterstützte die Umsetzung des Konzeptes zunächst an vier Schulen – zwei Grundschulen, einer Realschule/Sekundarschule und einem Gymnasium – durch Freistellungen (Stundenreduktion) der beteiligten Lehrerinnen sowie Sicherstellung der Finanzierung von Fortbildungsmaßnahmen. Mit der Durchführung des Vorhabens verfolgte die Schulstiftung das Ziel, gegenüber den Schulen deutlich zu machen, dass deren Weiterentwicklung neben der Arbeit am Schulprogramm und der Verbesserung von Schulklima und Schulleben vor allem am Unterricht als dem Kernstück der pädagogischen Arbeit anzusetzen solle. Darum entschied sie sich dafür, einen besonderen Akzent auf die Stärkung und Professionalisierung ihrer Lehrerschaft zu setzen und Lehrerinnen dafür zu gewinnen, ihre eigene pädagogische und unterrichtliche Arbeit nicht nur didaktisch zu reflektieren, sondern innovatorisch weiterzuentwickeln und zu evaluieren.

Die Projektidee zielte von Anfang an auf ein Modell, das in mehreren Phasen die Zusammenarbeit der Lehrerinnen bei der Planung, Durchführung und Auswertung von Unterricht optimieren sollte, und wurde in einer von Rita Hallwirth geleiteten Arbeitsgruppe entwickelt. Anliegen der Initiative war es, neuere Konzepte zur Beratung und kollegialen Supervision mit qualifizier-

1 Wir danken Christine Gaigl, Claudia Kayser, Sabine Hikel, Christiane Machnow, Gabriele Naß-Schrenk, Christine Noak, Iris Stegmann, Regine Tretbar, Heike Weber, die am Projekt beteiligt waren und uns bei der Erstellung des Beitrags unterstützt haben.
2 Dieser Beitrag wurde zuerst veröffentlicht in: Benner, D. & Reh, S. (2011). Ordnungen des Unterrichts. Didaktische Innovationen und ihre Evaluation durch Lehrerinnen. *Pädagogik* 63. H. 7-8, 68–72.

ten didaktischen Gesprächen über Ordnungen des Unterricht zu verbinden und auf diese Weise sicherzustellen, dass sich das ganze Unternehmen nicht in einer Rezeption einfacher Regeln „guten Unterrichts", nicht nur in Überlegungen zur methodologischen Konstitution von Unterricht oder in heute allzu geläufigen Bekenntnissen zu konstruktivistischen Lerntheorien erschöpfte. Zu Beginn konzentrierte sich die Arbeit der Gruppe auf die Formulierung von Kriterien für Unterricht, die an theoretische Diskurse der allgemeinen Didaktik anschlussfähig und auf spezielle, einzelschulisch bestimmte Interessen der am Projekt mitwirkenden Lehrerinnen auslegbar sein sollten. Ein von Dietrich Benner und Sabine Reh in Zusammenarbeit mit der Arbeitsgruppe erstelltes Papier zu Qualitätskriterien und auf diese Bezug nehmende Ordnungen des Unterrichts bildete die Grundlage der weiteren Arbeit. In ihm wird Unterricht mit Herbart als jene pädagogische Handlungsform verstanden, in der es um etwas Drittes, eine Sache geht, die methodisch strukturiert gelehrt und gelernt werden soll, thematisch ausgewiesen sein muss und in institutioneller Hinsicht nicht nur für das Lernen in der Schule, sondern auch für das Verstehen von Welt bedeutsam ist. Die an die Tradition didaktischer und schulpädagogischer Diskurse anschließenden Kriterien beanspruchten ausdrücklich nicht, dass sich aus ihnen die Ordnung guten Unterrichts linear ableiten ließe, wohl aber, dass sie für eine systematische Klärung der Vielzahl historisch entstandener, empirisch gegebener und sich in wesentlichen Merkmalen unterscheidender Formen von Unterricht hilfreich sein können. Sie wollen eine systematische Heuristik liefern, welche es erlaubt, übergreifende methodische, thematische und institutionelle Problemaspekte auf unterschiedliche Formen des Unterrichts so auszulegen, dass die Qualität von Unterricht kriteriengeleitet beurteilt und überprüft werden kann.

Bei der Umsetzung des Konzeptes wurde so vorgegangen, dass jeweils zwei Lehrerinnen aus den insgesamt vier beteiligten Schulen ein bestimmtes Entwicklungs- und Evaluationsprojekt konzipierten. Vier Lehrerinnen aus den beiden Grundschulen und zwei aus dem beteiligten Gymnasium wählten die Arbeit an Binnendifferenzierung von Unterricht (vgl. Klafki & Stöcker, 1976) und die Entwicklung von Vorstellungen zu einem kriteriengeleiteten Planunterricht (vgl. Reusser, 2007). Zwei Lehrerinnen aus der Realschule entschieden sich dafür, den im Schulprogramm ihrer Schule verankerten Projektunterricht auszubauen und zu evaluieren.

Zu Beginn der Arbeit fanden in einer ersten Phase Fortbildungen über Konzepte und Strategien der Führung kollegialer Gespräche über Unterricht statt (durch Rudolf Lanker, vgl. Enns, Gick, Lanker & Racine, 1996). An diese schloss sich in einer zweiten Phase die Entwicklung von Beobachtungsbögen an, die auf die von den Kolleginnen gewählten Arbeitsschwerpunkte Bezug nehmen und in den aus jeweils zwei Lehrerinnen gebildeten Tandems zum Einsatz kommen. In der dritten Phase gegenseitiger Unterrichtshospitationen prüften die Lehrerinnen dann die Stimmigkeit der gesamten Konzeption, indem sie ihr Potenzial ermittelten und ihre Übertragbarkeit mit weiteren Kolleginnen diskutierten. In einer vierten Phase sollen die Ausgangstandems aufgelöst und von den Lehrerinnen mit hierfür neu zu gewinnenden Kolleginnen andere Tandems gebildet werden. Die Hoffnung ist, dass sich auf diese Weise an allen beteiligten Schulen mehrere Gruppen von gegenseitig hospitierenden Lehrern und Lehrerinnnen bilden werden und dass dieses zur Etablierung einer Kultur innovativer Entwicklungsprojekte sowie evaluativer Gespräche über eigenen Unterrichts führt. In einem letzten, noch ausstehenden Schritt sollen die beteiligten Lehrerinnen ihre mit Beratungs- und Beobachtungsarbeit verbundene Unterrichtspraxis nicht nur selbstständig fortführen, sondern auch Vorschläge ausarbeiten, wie sie über ihre evaluative Tätigkeit gegenüber sich selbst, der Stiftung und der Öffentlichkeit in einer Weise Rechenschaft ablegen können, die über die bekannten Formen einer Innovations-Rhetorik mit problematischen Bekenntnisstrukturen (vgl. Reh, 2008) hinausführt und Einblicke und Erkenntnisse über den vollzogenen Prozess der Professionalisierung der pädagogischen und unterrichtlichen Tätigkeit vermittelt.

Im Folgenden beschreiben wir einzelne Phasen des Gesamtprozesses und geben damit Einblick in einige Ergebnisse der Arbeit.

2. Das Kriterien-Papier zur Analyse der Ordnungen des Unterrichts

Das Papier entwickelt unter hier nicht näher ausgewiesenen Bezugnahmen auf Traditionen von Didaktik und Schulpädagogik zunächst übergreifende methodische, thematische und institutionelle Kriterien zur Beurteilung der Qualität von Unterricht (siehe Abb. 1).

Legt man diese Kriterien auf bekannte Formen von Unterricht aus, so lassen sich kriteriengeleitete Ordnungen von Unterricht wie die folgenden unterscheiden, die auch ohne Bezugnahme auf den theoretischen, historischen und empirischen wissenschaftlichen Apparat ihrer Entwicklung eine gewisse Plausibilität für sich beanspruchen können (Abb. 2).

---

a) Kriterien für die methodische Struktur guten Unterrichts

- Anerkennendes Anknüpfen an das außerschulisch und innerschulisch erworbene Wissen der Lernenden;
- Erzeugung von Irritationen/ Staunen darüber, dass es in diesem Wissen Nicht-Gewusstes gibt;
- Strukturierung des Lehr-Lernprozesses durch Akte eines didaktischen Fragens und Zeigens, in denen der Unterschied zwischen den Logiken des Lehrens und des Lernens beachtet und Raum für selbstständiges Denken von SchülerInnen gegeben ist;
- produktive Nutzung von Schülerfragen und -antworten durch Lernprozessanalysen, die Lernanstrengungen anerkennen und zwischen der richtigen oder falschen Struktur der Suchbewegung unterscheiden und ein sachlich strukturiertes Lernen aus Fehlern unterstützen.

---

b) Kriterien für die thematische Struktur guten Unterrichts

- Berücksichtigung lebensweltlicher, szientifisch-technischer, historisch-hermeneutischer, ideologiekritischer Wissensformen sowie anwendungsbezogener (ökonomischer, ethischer, pädagogischer, politischer, ästhetischer und religiöser) Weltverhältnisse;
- separate Thematisierung dieser Formen und Herausarbeitung ihrer Differenzen am konkreten Unterrichtsinhalt;
- Reduktion der Aspekte in einer themenbezogenen Landkarte, die angibt, was im Zentrum des Unterrichts stehen soll und was weiterem oder anderem Unterricht vorbehalten werden soll (Konzentration).

---

c) Kriterien für die institutionelle Struktur guten Unterrichts

- Herstellung einer für Lernen und Zusammenleben in der Schule günstigen Raumgestaltung und Entwicklung einer Schulkultur, die der gegenseitigen Anerkennung und Achtung dient;
- künstliche Erweiterung von Erfahrung und Umgang durch passive und aktive Erfahrungen statt Einheit von Leben und Tun;
- Sicherung einer sach- und themenbezogenen Arbeitsatmosphäre und Entwicklung einer unterrichtsbezogenen Lernkultur;
- künstliche Sicherung einer kontinuierlichen Struktur des schulisch erworbenen Wissens und Könnens;
- Gestaltung von Übergängen zwischen innerschulischen und außerschulischen Formen des Lernens.

Abb. 1

---

a) Die Ordnung des lehrerzentriert geführten gemeinsamen Unterrichts (Frontalunterricht)

- ist eine Normalform des Lehrens und Lernens in Schulen, in der der Lehrer die vornehmliche Verantwortung für den Unterricht trägt;
- wird strukturiert durch unterschiedliche Akte und Formen des Fragens und Zeigens (analytische, synthetische, narrative), die eindeutig auf die zur Geltung zu bringende Struktur der Sache im Lernhorizont der Schüler ausgerichtet sind und einen Spannungsbogen vom Vorwissen, über das Staunen, richtige und falsche Antworten, deren Analyse bis hin zu einem Ergebnis erzeugen;
- bietet Anschlussmöglichkeiten an verschiedene Niveaus des Wissens und Verstehens;
- thematisiert unterschiedliche Wissensformen unter diesen angemessenen methodischen Leitfragen für ihre Aneignung (z.B. Was ist Gesundheit? Wie schütze ich mich vor Infektion? Seit wann gibt es bestimmte Infektionskrankheiten? Warum sind statistisch gesehen Arme kränker und leben Reiche länger? Ist gesund zu leben ein oberstes Ziel? Wie hängt Gesundheit mit dem Anspruch, ein auch moralisch, politisch etc. gutes Leben zu führen, zusammen?);
- konzipiert Übergänge in Formen und Praktiken eines Übens und Erkundens, die sowohl innerhalb als auch außerhalb der Schule stattfinden können.

---

b) Die Ordnung des Kreisgesprächs

- findet zu Beginn oder zum Abschluss eines Unterrichts(halb)tags oder einer Unterrichtswoche statt;
- wird nach Regeln der Gesprächsführung und thematischen Konzentration geleitet durch den Lehrer oder einen Schüler;
- kann genutzt werden, um themenbezogene Querverbindungen zwischen außerschulischen und innerschulischen Lernprozessen und Wissensformen herzustellen

c) Die Ordnung der vom Lehrer geplanten Gruppenarbeit

- setzt bei einem unterrichtlich zuvor erarbeiteten Problemstand ein, der die Arbeitsteilung und den Zusammenhang zwischen den Gruppen orientiert;
- organisiert die Arbeit in den zu bildenden Gruppen unter Berücksichtigung der schon erworbenen Arbeits- und Interaktionskompetenzen der Schüler und mit Blick auf sinnvolle Teilaspekte der gestellten Aufgabe;
- differenziert die Aufgaben für die Gruppe durch Berücksichtung unterschiedlicher Wissensformen und vergibt Aufgaben so, dass die Ergebnisse am Ende sinnvoll aufeinander bezogen werden können;
- unterstützt auch Formen der Gruppenarbeit, die durch Anwenden oder Erkunden schulischem Unterricht zeitlich nachfolgen oder neuen Unterricht anbahnen.

d) Die Ordnung der von Schülern erarbeiten Präsentationen/ Portfolioarbeit

- eignet sich für Exkurse zu anderem Unterricht;
- verlangt von dem unterrichtenden Schüler eine schon erreichte Sachkompetenz, die es ihm erlaubt, nach Beratung durch den Lehrer der Aufbereitung eines Gegenstandes für andere eine besondere Aufmerksamkeit zu widmen;
- verlangt einen Gegenstand, der von beteiligten Schülern an geeigneten Materialien bearbeitet werden kann;
- vermittelt Kompetenzen, in denen die Fähigkeit zu lernen um die zu lehren erweitert wird.

e) Die Ordnung der „Planarbeit" (Binnendifferenzierung)

- wird zu Beginn eines Arbeitszeitraums (Tag, Woche, Epoche) vereinbart;
- sieht optionale Zeiten für individualisiertes Lernen, Einzelarbeit von Lehrer mit SchülerInnen sowie Lernen in Auseinandersetzung mit selbstinstruierendem Material vor;
- differenziert die Aufgaben nach Lernstand, Kompetenz und intendierter Interessenbildung;
- wird hinsichtlich Einhaltung, sinnvoller Abänderung und Ergebnisbewertung durch Lehrer und Schüler kontrolliert;
- gestaltet Übergänge zwischen allen Formen des Lehren, Lernens und Lebens in der Schule.

f) Ordnung des Projektunterrichts

- bedarf eines Gesamtkonzepts, das anschlussfähig ist an vorausgegangene Unterrichtssequenzen, Curriculum und Schulprogramm;
- strukturiert den Projektverlauf in eine Planungs-, Durchführungs-/Produktgestaltungs- sowie Reflexions- und Auswertungsphase und setzt methodisch verstärkt auf ein selbstständiges Handeln der SchülerInnen;
- verknüpft thematisch verschiedene Wissensformen und nutzt diese für eine differenzierte Bearbeitung der Projektaufgaben;
- entwickelt und erprobt die Urteils- und Partizipationskompetenz der SchülerInnen an Aufgaben, deren Bearbeitung gleichermaßen von individueller und öffentlich-zivilgesellschaftlicher Bedeutung ist.

Abb. 2

3. Die Arbeit in den Schulen zu den gewählten Entwicklungsthemen

Die Tandems begannen dann die Arbeit an den jeweils von ihnen gewählten Entwicklungsthemen. Die Wahl der Tandempartner war freiwillig erfolgt und basierte auf einem Vertrauensverhältnis, die Zusammenarbeit sollte über einen längeren Zeitraum erfolgen und die Schwerpunkte der Arbeit waren selbst festgelegt.

Unterricht beobachten
Gemeinsam wurden auf der Grundlage des Papieres über die Ordnungen des Unterrichts Kriterien für einen binnendifferenzierenden Unterricht entwickelt: Wird die Individualität der Kinder (ihre Interessen, Voraussetzungen, Zugänge, Lernnotwendigkeiten) in Konzeption und Planung berücksichtigt? Wie ist die Qualität der Aufgabenstellungen? Sind die Schüler in den Arbeitsphasen – selbstständig – aktiv? Wofür sind die Schüler in den Arbeitsphasen verantwortlich, worüber treffen sie Entscheidungen? Gibt es Rückmeldungen an die einzelnen Schüler? Darüber hinaus wurde offensichtlich, dass der Rahmen, in dem alles stattfindet, geklärt sein muss: Sind etwa die „Zeitfenster" für Organisatorisches klar eingegrenzt? Gibt es eine klare (und den Schülern bekannt zu machende) Zeitplanung für den Ablauf? Wissen die Schüler, was das Ziel ihrer Arbeiten ist? Ist der Raum gut für binnendifferenzierendes Arbeiten vorbereitet? Sind die Materialien vorhanden, verfügbar? Besonders wichtig zu beobachten schien den Lehrerinnen der Umgang der Beteiligten miteinander: Ist der Umgang der Lehrerinnen mit den Schülern und umgekehrt respektvoll? Nehmen die LehrerInnen die SchülerInnen, sich selbst und die Sachen des Unterrichts ernst? Sind die Rückmeldungen präzise und sachbezogen, situationsspezifisch und nicht festschreibend?

Die Lehrerinnen bezogen diese Kriterien auf die konkreten Inhalte ihres aktuellen Unterrichts. Sie spürten hier Möglichkeiten für Differenzierung auf und bearbeiteten z.B. an einer Schule die Inhalte für den Deutschunterricht zweier fünfter Klassen entsprechend. Zunehmend interessierte sie aufgrund der Diskussionen in der Fortbildungsgruppe auch immer stärker die Verknüpfung des Gedankens der Binnendifferenzierung mit der Ordnung des Projektunterrichtes. Dazu entwickelten sie weitere Fragestellungen: In welcher Form und nach welchen Kriterien kann im Projektunterricht differenziert werden? Nach welchen Kriterien können die Leistungen in selbstständig arbeitenden, differenzierten Projektgruppen benotet werden?

Vor den gegenseitigen Hospitationen entwickeln die Partner Beobachtungsbögen, so dass klar ist, worauf in der jeweiligen Stunde geachtet werden soll. Wichtig ist es, solche Beobachtungsfragen zu wählen, mit deren Hilfe wirklich genau beobachtet werden kann und die sinnvolle und interessante

Rückmeldungen ermöglichen. Häufig stieg – so die Erfahrung – durch diese gemeinsame intensive Vorbereitung schon die Qualität des Unterrichts, weil neue Gesichtspunkte in das Blickfeld der Planung gerieten.

Beispiel für einen Beobachtungsbogen

Kriterium: Ich möchte, dass meine Schüler in Form einer Schreibkonferenz verschiedene Aspekte einer beispielhaften Nacherzählung analysieren und Gelungenes sowie Nicht-Gelungenes herausarbeiten und verbessern.		
Indikatoren	**Beobachtungsfragen**	
I. Wie schaffe ich Möglichkeiten der Textanalyse?	I.II Wie lautet der Auftrag an die einzelnen Gruppen, wie stark ist dieser differenziert? I.III Wie hilfreich sind meine vorbereiteten Materialien (Arbeitsauftrag, Nacherzählung, Checkliste und Tabelle (+/-) für die Textanalyse der Gruppe?	
II. Wie effektiv kommunizieren die einzelnen Gruppen?	II.I Wie lege ich Regeln für die Schreibkonferenz fest? II.II Welche Bausteine der Aufgabe unterstützen die Kommunikation (Fragen/Materialien)? II.III Wie geht die Diff.gruppe mit den konkreten Prüfhinweisen um? II.IV Wie geht die Diff.gruppe mit der offenen Aufgabenstellung um? II.V Wie reagiere ich auf Schwierigkeiten der Gruppen? II.VI Wie reagiert die Gruppe auf mögliche Lehrer-Impulse?	
III. Wie verläuft die Präsentation?	III.I Wie inszeniere ich diese Unterrichtsphase? III.II Wie setzen die einzelnen Gruppen die Präsentation um? III.III Wie sehen die Ergebnisse der verschiedenen Diff.gruppen aus? III.IV Wie reagiere ich auf die Präsentation? Welche besonderen Erkenntnisse zieht die Klasse aus dieser Stunde?	

4. Gemeinsam über den Unterricht sprechen

Das sich an die Hospitation anschließende „Küchentischgespräch" wird von dem Partner geleitet, dessen Unterricht besucht wurde. So hat jeder Partner selber die Möglichkeit zu bestimmen, welchen Verlauf das Gespräch nimmt, man kann u.U. auch später nochmals über eine bestimmte Stunde miteinander ins

Gespräch kommen. Es entsteht nicht die oftmals als unangenehm empfundene Situation des Referendariats, der Austausch erfolgt „auf Augenhöhe":

> Für die Nachbesprechung wählten wir einen ruhigen Rahmen, um offen sprechen zu können. Die unterrichtende Lehrerin führte das Gespräch, die Beobachterin antwortete auf ihre Fragen. Der vorher besprochene Rahmen mit Ziel und Beobachtungskriterien diente dabei als roter Faden. Die Kunst der Rückmeldung bestand darin, tatsächliche Beobachtungen sachlich wiederzugeben, ohne dabei in Bewertungen oder Ratschläge zu verfallen. So entstand auf einmal die Erkenntnis, dass der Beobachter ganz im Dienste des Unterrichtenden gehandelt hat, der plötzlich die große Entlastung spürte, nicht gleichzeitig alles selbst tun zu müssen – zu unterrichten und zudem alle Kinder präzise wahrzunehmen. Es gab aus dieser luxuriösen Personalsituation heraus einen enormen Erkenntnisgewinn in unserem Tandem. Die Hospitation zeigte, ob eine Zielsetzung erfolgreich war, welche Kriterien dazu beigetragen hatten und welche ggf. nicht – alles Dinge, die der Unterrichtende selbst erfragen wollte. Die unterrichtende Lehrkraft hatte nicht für einen fremden Beobachter ein Theaterstück aufgeführt, sondern sie bekam auf ihre eigenen Fragen wahrhaftige Antworten, mit denen sie in den weiteren Stunden konkret weiterarbeiten konnte. Dies alles geschah im Vertrauen und auf gleicher Augenhöhe – und beim nächsten Mal würde die Rollenverteilung umgekehrt sein.

Die Erfahrungen mit diesem Vorgehen waren äußerst positiv. Obwohl manche Kolleginnen sich schon lange kannten, hatten sie vorher nie die Gelegenheit gesucht oder genutzt, gegenseitig den Unterricht zu besuchen. Auch die Tatsache, dass sie teilweise unterschiedliche Fächer unterrichten, wirkte sich günstig aus, weil die Beobachtende sich vollständig auf diejenigen Aspekte konzentrierte, die vorher abgesprochen waren. Alle Beteiligten profitierten von der Arbeit: Die Beobachtete bekommt eine Rückmeldung über ihren Unterricht, hat die Möglichkeit, sich Hinweise zu den gewünschten Schwerpunkten geben zu lassen, kann gezielt an „Schwachpunkten" arbeiten, ohne bei der Hospitation das Gefühl zu haben, auf dem das Gefühl zu haben, auf dem Prüfstand zu stehen. Die Beobachtende lernt die Kollegin als Lehrperson kennen und nimmt Ideen und Anregungen für den eigenen Unterricht mit.

5. Beispiel: Entwicklung und Beobachtung von Projektunterricht

Für die Planung und Auswertung von Projektunterricht wurden zwei Bausteine entwickelt, von denen der eine die aufsteigende Komplexität von Fachunterricht, fächerübergreifendem Unterricht und Projektunterricht in den Blick bringt und der zweite konzentrierende Mitten als mögliches Zentrum von Projekten vorstellt. Die Stufenfolge von Fachunterricht, fächerübergreifendem Unterricht und Projektunterricht verweist nicht nur darauf, dass Projektunterricht auf fachlichen und überfachlichen Unterrichtsformen aufbaut, sondern auch darauf, dass in diesen unterschiedliche Wissensformen zum Zuge kommen und in Folge dessen auch unterschiedliche methodische Vorgehensweisen eine wichtige Rolle spielen. Fachunterricht stützt sich auf lebensweltliche Wissensformen und erweitert diese zu Wissensformen bereichsspezifischer Kunden sowie zu wissenschaftlichen Wissensformen. Fächerübergreifender Unterricht knüpft hieran an, indem er auf Wissensformen aus unterschiedlichen Fächern zurückgreift; Projektunterricht bringt darüber hinaus auch pragmatische Wissensformen aus den Bereichen Arbeit, Erziehung, Ethik, Politik, Kunst und Religion ins Spiel (vgl. Benner, 2009). Die pragmatische Dimension von Projektunterricht lässt sich thematisch an der konzentrierenden Mitte festmachen, die angibt, welches Problem in einem Projekt bearbeitet werden soll. Dieses weist in der Regel nicht nur Bezüge zu einem einzigen Handlungsfeld auf, sondern erlaubt meist Verbindungen zu mehreren Handlungsfeldern (vgl. Benner & Ramseger, 1981, S. 113ff.). Beide Bausteine legen nahe, bei der Vorbereitung Fragen wie die folgenden zu klären: Welche Unterrichtsfächer weisen Bezüge zum Projektthema auf? Welche Wissensformen sind für die Klärung des Themas und seine Bearbeitung relevant? Welche Vorerfahrungen bringen die SchülerInnen in den zu beteiligenden Wissensformen mit? Wo soll der Unterricht erfahrungserweiternd wirken und wie lassen sich Thema und Verlauf des Projekts so abstimmen, dass dies gelingt? Welche Handlungsfelder weisen Bezüge zum Projekt auf und wie lassen sich diese zu für die Lernenden sinnvollen fachlichen, überfachlichen und pragmatischen Aufgaben verknüpfen?

Diese Fragen erwiesen sich als hilfreich, um Projektverläufe zu planen, im Tandem zu diskutieren und von Woche zu Woche neu abzustimmen.

6. Ausblick

Eine wichtige Bewährungsprobe hat das Vorhaben „Die Ordnungen des Unterrichts" noch vor sich. Sie findet statt, wenn die bisherigen Tandempartnerinnen neue Tandems gründen. Dann muss sich zeigen, ob das, was in den Gründungstandems gelang, auch in Nachfolgetandems gelingen wird.

Literatur

Benner, D. (2009). Auf der Suche nach einer Didaktik der Urteilsformen und einer auf ausdifferenzierte Handlungsfelder bezogenen partizipatorischen Erziehung. *Pädagogische Korrespondenz, 39,* 5–20.

Benner, D. & Ramseger, J. (1981). *Wenn die Schule sich öffnet. Erfahrungen aus dem Grundschulprojekt Gievenbeck.* München: Juventa.

Enns, E., Gick, C., Lanker, R. & Racine, J. (1996). Lehrer- und Lehrerinnenfortbildung im Tandem. *Forum Lehrerfortbildung, 29-30,* 165–169.

Klafki, W. & Stöcker, H. (1976). Innere Differenzierung des Unterrichts. *Zeitschrift für Pädagogik, 4,* 497–523.

Reh, S. (2008). „Reflexivität der Organisation" und Bekenntnis. Perspektiven der Lehrerkooperation. In W. Helsper, S. Busse, M. Hummrich & R.-T. Kramer (Hrsg.), *Pädagogische Professionalität in Organisationen. Neue Verhältnisbestimmungen am Beispiel Schule* (S. 163–183). Wiesbaden: Verlag für Sozialwissenschaften.

Reusser, K. (2007). *Adaptiver Unterricht mit Arbeitsplänen.* Zürich: Universität Zürich.

Autorinnen und Autoren

Manuel Ade-Thurow, M.A.
Realschule Bissingen, Lehrerfortbildner für das Ministerium für Kultus, Jugend und Sport Baden-Württemberg
manuel.ade-thurow@web.de

Prof. em. Dr. Dr. h.c. mult. Dietrich Benner
Humboldt-Universität zu Berlin, Institut für Erziehungswissenschaft, Abt. Allgemeine Erziehungswissenschaft, Berlin
dietrich.benner@rz.hu-berlin.de

Univ.-Prof. Dr. phil. Oliver Böhm-Kasper, Dipl.-Päd.
Professur für Erziehungswissenschaft mit dem Schwerpunkt Quantitative Methoden der Sozialforschung an der Universität Bielefeld
oliver.boehm-kasper@uni-bielefeld.de

Prof. Dr. Martin Bonsen
Institut für Erziehungswissenschaft, Abteilung Schulpädagogik/Schul- und Unterrichtsforschung, Westfälische Wilhelms-Universität Münster
martin.bonsen@uni-muenster.de

Univ.-Prof. Dr. phil. habil. Thomas Brüsemeister, Dipl.-SozWiss.
Professur für Soziologie mit Schwerpunkt Sozialisation und Bildung am Institut für Soziologie an der Justus-Liebig-Universität Gießen
Thomas.Bruesemeister@sowi.uni-giessen.de

Dr. Gabriele Bußmann-Strelow
Marienschule Münster
gabriele.bussmann-strelow@mmm.schulbistum.de

Prof. Dr. Christian Fischer
Institut für Erziehungswissenschaft, Abt. Schulpädagogik/Schul- und Unterrichtsforschung, Westfälische Wilhelms-Universität Münster; wissenschaftlicher Leiter des Landeskompetenzzentrums für Individuelle Förderung NRW
ch.fischer@uni-muenster.de

Dr. Jürgen Franzen
EchriS – Förderung der Entwicklung christlicher Schulen e. V., Hamburg
juergen.franzen@echris.org

Rita Freund-Schindler
Evangelische Schulstiftung in Bayern, Nürnberg
r.freund-schindler@essbay.de
www.essbay.de

Dr. Kristina Antonette Frey, Dipl.-Psych.
Institut für Erziehungswissenschaft, Westfälische Wilhelms-Universität Münster
kristina.frey@uni-muenster.de

Univ.-Prof. Dr. phil. habil. Martin Heinrich
Professur für Bildungsforschung am Institut für Erziehungswissenschaft der
Leibniz Universität Hannover. Leiter des Arbeitsbereichs Bildungsforschung
martin.heinrich@iew.phil.uni-hannover.de

Gabriele Herzberg
Schulleiterin der Ludwig-Windthorst-Schule Hannover, Haupt- und Realschule
in Trägerschaft des Bistums Hildesheim
g.herzberg@ludwig-windthorst-schule.de

Wulf Homeier
Präsident des Niedersächsischen Landesinstituts für schulische Qualitätsentwicklung, Hildesheim
wulf.homeier@nlq.niedersachsen.de
http://www.nlq.niedersachsen.de

Berthold Hufnagel
Qualitätsprüfer des Dezernats 4Q in der Bezirksregierung Münster
berthold.hufnagel@brms.nrw.de

Brunhilde Jacobi
Regierungsschuldirektorin, Bezirksregierung Münster, Dezernat 46 (Fortbildung)
brunhilde.jacobi@brms.nrw.de

Joachim Joosten
Qualitätsprüfer des Dezernats 4Q in der Bezirksregierung Münster
joachim.joosten@bezreg-muenster.nrw.de

Maike Lambrecht, M.A.
Wissenschaftliche Mitarbeiterin am Institut für Erziehungswissenschaft der Leibniz Universität Hannover, Arbeitsbereich Bildungsforschung
maike.lambrecht@iew.phil.uni-hannover.de

Barbara Manschmidt
Geschäftsführerin der v. Bodelschwinghschen Stiftungen Bethel, Stiftungsbereich Schulen, Bielefeld
barbara.manschmidt@bethel.de

Jutta Meyer
Schulleiterin des Fichte-Gymnasiums Hagen
juw.meyer@dokom.net

Dr. William Middendorf
Leiter der Hauptabteilung Schule und Erziehung im Bischöflichen Generalvikariat Münster; Lehrbeauftragter am Institut für Erziehungswissenschaft, Westfälische Wilhelms-Universität Münster.
middendorf-w@bistum-muenster.de

Dieter Miedza
EchriS – Förderung der Entwicklung christlicher Schulen e.V., Hamburg
dieter.miedza@echris.org

Dr. Wolfram von Moritz, Landeskirchenrat
Pädagogischer Schuldezernent im Landeskirchenamt der Evangelischen Kirche von Westfalen, Bielefeld
Wolfram.vonMoritz@lka.ekvw.de

Prof. Dr. Hans Anand Pant
Direktor des Instituts zur Qualitätsentwicklung im Bildungswesen (IQB) an der Humboldt-Universität zu Berlin
iqboffice@iqb.hu-berlin.de
www.iqb.hu-berlin.de

Dr. Maike Reese
Leiterin des Schulreferats der Schulstiftung der Evangelischen Kirche Berlin-Brandenburg-schlesische Oberlausitz; Schulentwicklungsberaterin und Moderatorin für Großgruppen
M.Reese@schulstiftung-ekbo.de

Prof. 'in Dr. Sabine Reh
Institut für Erziehungswissenschaften, Abteilung Historische Bildungsforschung,
Philosophische Fakultät IV, Humboldt-Universität zu Berlin
Direktorin der Bibliothek für Bildungsgeschichtliche Forschung (BBF) des
Deutschen Instituts für Internationale Pädagogische Forschung (DIPF)
sabine.reh@hu-berlin.de
sabine.reh@dipf.de

Dr. Dirk Richter
Wissenschaftlicher Mitarbeiter am Institut zur Qualitätsentwicklung im
Bildungswesen (IQB)
dirk.richter@iqb.hu-berlin.de

Dr. Wolfgang Riechmann
Fichte-Gymnasium Hagen
Wolfgang.Riechmann@t-online.de

Walter Ruhwinkel
Leitender Regierungsschuldirektor, Qualitätsprüfer und Leiter des Dezernats 4Q
der Bezirksregierung Münster
walter.ruhwinkel@brms.nrw.de

Anna Schliesing
Wissenschaftliche Mitarbeiterin am Institut zur Qualitätsentwicklung im
Bildungswesen (IQB)
anna.schliesing@iqb.hu-berlin.de

Peter Wertenbroch, Oberschulrat i.K.
Hauptabteilung Schule und Erziehung im Bischöflichen Generalvikariat Münster, Fachstelle Qualitätsanalyse
wertenbroch@bistum-muenster.de
p@wertenbroch.de

Univ.-Prof. Dr. phil. habil. Jochen Wissinger
Professur für Erziehungswissenschaft mit dem Schwerpunkt Schulpädagogik an
der Justus-Liebig-Universität Gießen
jochen.wissinger@erziehung.uni-giessen.de

Sebastian Wurster
Wissenschaftlicher Mitarbeiter am Institut zur Qualitätsentwicklung im
Bildungswesen (IQB)
sebastian.wurster@iqb.hu-berlin.de

Christian Fischer (Hrsg.)

Diagnose und Förderung statt Notengebung?

Problemfelder schulischer
Leistungsbeurteilung

Münstersche Gespräche zur Pädagogik, Band 28
2012, 176 Seiten, br., 16,90 €
ISBN 978-3-8309-2665-8

Neben einer angemessenen Beurteilung von Leistungsvoraussetzungen, -stand und -möglichkeiten des einzelnen Schülers gewinnt die Beurteilung der Leistungsfähigkeit von Schulen bzw. Bildungssystemen zunehmend an Bedeutung. Bezogen auf den einzelnen Schüler treten damit Diagnostik und individuelle Förderung verstärkt in den Blick. Wer, wie, was mit welchem Ziel beurteilt, sind schulpädagogisch wie auch schulpraktisch hochaktuelle Fragen. Die Beiträge dieses Bandes analysieren zentrale Problemfelder schulischer Leistungsbeurteilung und präsentieren in der Schulpraxis entwickelte alternative Beurteilungskonzepte.

[N]eben den im Grunde bekannten, aber immer noch bestehenden Problemen werden alternative Konzepte theoretisch begründet und mit anschaulichen Berichten überzeugend erläutert, mit denen Leistung mit pädagogischen Zielsetzungen verbunden werden kann. – Eine Ermutigung zu machbaren Reformschritten.
Jörg Schlömerkemper in: Pädagogik 11/2012

Christian Fischer (Hrsg.)

Schule und Unterricht adaptiv gestalten

Fördermöglichkeiten für
benachteiligte Kinder und Jugendliche

Münstersche Gespräche zur Pädagogik, Band 29
2013, 152 Seiten, br., 16,90 €
ISBN 978-3-8309-2864-5
E-Book-Preis: 15,99 €

Kann es gelingen, in ihren schulischen Entwicklungsmöglichkeiten bislang begrenzte oder benachteiligte Schülerinnen und Schüler in inklusiven und damit höchst heterogenen Lerngruppen angemessen zu fördern? Der Themenband reflektiert aus empirischer und normativer Sicht die Frage, welche Schülergruppen besondere Aufmerksamkeit benötigen.

Mit Beiträgen von Helga Boldt, Wilfried Bos, Benjamin Euen, Sabine Gruehn, Marianne Heimbach-Steins, Burkhard Jungkamp, Bernd Knorreck, Karl Köster, William Middendorf, Andrea Müting, Markus Niehaus, Reinhard Stähling, Stephanus Stritzke, Irmela Tarelli, Heike Wendt und Ariane S. Willems.

WAXMANN